跨國移轉訂價策略及風險管理（第三版）

財團法人資誠教育基金會◎編著
商周編輯顧問股份有限公司◎發行

推薦序
我國移轉訂價之建制

中華財政學會理事長 陳聽安

由於所得稅之課徵，降低企業稅後利潤，跨國企業面臨不同國家之所得稅制度，基於追求全球稅後利潤最大化之目標，偶有藉彼此間之控制關係，安排相互間交易所訂定之價格（即移轉訂價），將利潤實現在低稅負或免稅之一方，以達降低集團總稅負之目的。為防止企業藉移轉訂價規避我國所得稅負，我國參考許多國家做法，於2004年12月28日發布營利事業所得稅不合常規移轉訂價查核準則（以下簡稱移轉訂價查核準則），以提升關係企業避稅案件之查核效率，進而保障我國稅收，維護租稅公平。

近年來，各國稅捐機關爭相訂定移轉訂價規定，大肆查核各國轄內跨國企業之訂價政策，展開國際級的租稅競賽。台商所投資的國家或地區大都有移轉訂價規定，台商也面臨前所未有的稅務風險。但某些國家訂定移轉訂價的目的不是為了對投資該國的企業補稅，而是為了防禦其他國家或地區搶稅，避免喪失課稅主權，例如我國，實施移轉訂價的目的在於「跨國企業可能迫於各國強大的查稅壓力，而將集團企業的整段交易利潤儘可能實現在查核較嚴、處罰較嚴厲的國家，如美國、英國、日本、中國大陸等，而造成相對查核較寬鬆的我國稅收流失」。隨著台商近年來在全球的發展規模愈來愈大，國稅局自然也要加緊捍衛我國的租稅主權。

台商事業版圖日益壯大，事業布局日漸國際化，然而，面對日趨複

雜的各國稅務問題，不免擔心稅務風險日漸升高，因此，稅務問題已成為不容忽視的重要經營課題，其中最令人頭痛的莫過於各國稅務機關鎖定跨國企業的查稅焦點——移轉訂價。

　　財團法人資誠文教育基金會從事財務、會計、稅務與法務等教育工作，扮演工商業界與稅捐機關溝通之橋梁，其出版的《跨國移轉訂價策略及風險管理》內容涵蓋全球重要國家之移轉訂價制度與法規介紹、如何因應移轉訂價之查核、預先訂價協議機制、著名案例等資訊，理論與實務兼容並蓄，適度防範並管理因移轉訂價而引發之稅務風險。多年來，不僅成為台商跨國企業訂定移轉訂價政策的重要依據，亦為國內從事移轉訂價學術研究的重要資訊，國內稅務機關於移轉訂價查核實務時，不妨參考本書其他國家之法令規定與實際做法。

　　本書在資誠會計師事務所薛明玲所長、高文宏營運長及稅務暨法律服務部吳德豐營運長領導之下，參酌各國移轉訂價法規變動及理論與實務更迭，完成2009年之改版工作。有感於資誠團隊群策群力，投入高階人力，以公益為目的，以知識分享工商界、稅務界及學術界之高尚情操，爰樂於為序。

推薦序

跨國企業稅務法律首要議題

台灣大學法律學院院長　蔡明誠

近年來，各國政府基於課稅權之維護，對於跨國關係企業間的交易所採取的各項反避稅措施，使得移轉訂價成為跨國企業首要的租稅議題。跨國企業透過各項內部交易的移轉訂價政策以遂行其全球經營管理及策略，但在訂定訂價政策時，可能有諸多策略性的考量，也可能疏忽稅務風險的管理。因此，如何一方面善用全球專業分工促進有效經營，一方面又可選用適當的移轉訂價策略，並符合各國稅制的要求，是目前跨國關係企業亟需面對的租稅課題。

我國對公司不合營業常規或其他不利益之經營，於公司法關係企業專章已有規範(公司法第369條之4至第369條之7)，主要目的在保護從屬公司及少數股東之權利。移轉訂價在我國所得稅法的定義為：關聯企業相互間有關收益、成本、費用與損益之攤計，以不合營業常規之安排，規避或減少納稅義務(所得稅法第43條之1)，其目的是評估關係企業交易的移轉訂價是否符合營業常規，及有無稅捐規避。金融控股公司法第50條及企業併購法第42條亦有類似規定。2004年12月28日財政部據此發布營利事業所得稅不合常規移轉訂價查核準則，並自2004年起開始施行，使得我國稅法對關係企業間交易的移轉訂價的申報與查核，有了較全面性的規範，且與國際接軌。

依營利事業所得稅不合常規移轉訂價查核準則第33條第1款規定，企業已依規定提出相關文據者，稽徵機關得據以調整該企業之所得額。

同條第2款規定，企業未依規定或未能提示規定文據者，稽徵機關得依查得之資料核定其所得額；其無查得之資料者，得依同業利潤標準核定其所得額。倘若企業申報之所得額已達所稅法第80條第2項之各該業所得額標準，甚至超過同法第83條第1項之同業利潤標準，稽徵機關是否仍得調高企業之所得額增加企業之納稅負擔？諸如此類，事關公權力行使、人民權益保障、法律與命令之適用，非仰賴租稅與法律專業無從解決疑難。

資誠會計師事務所是國內首屈一指的專業機構，熱心推動會計與相關專業之跨領域之事務或活動，該所在會計、稅務、法律、經濟、產業等專業人才濟濟，不但學有專精，而且實務經驗豐富。尤其是有機會擔任國內單位智慧財產權管理評鑑工作時認識該所吳德豐營運長，之後又因該所資助本院舉辦稅法相關研討會時，更深刻認識資誠稅務法律服務部在吳營運長之領導下，一向致力於稅務法律領域的專業創新發展及重視稅法相關議題之研究。

在專業創新發展方面，從90年代配合我國企業的國際化趨勢，提出「跨國企業國際稅務管理」的策略方向。復於2003年於財政部頒布移轉訂價法規前提出「移轉訂價稅制及策略」，並出版專書介紹。另於2007年呼籲跨國企業應重視「智慧財產權稅務法律整合性管理」及「跨國企業稅務管理」，均對我國企業的稅務法律管理思維產生很大的影響。最近（2008年）鑒於我國稅法改革計劃，建議政府應推動及建立「綠色稅制」，堪稱在國內稅務實務界的稅務思維領導者（Thought Leadership）。 再者，對於國內一向以會計師為主導的稅務服務，資誠稅務法律服務部亦參考國外先進國家作法，結合具法學背景的法學人才，協同會計與稅務專家共同提供稅務服務，對我國學習法律的人員提供另

一嶄新的專業服務領域，亦對企業在稅務管理方面的權益保護提供更厚實的專業基礎。

由於資誠在稅務法律方面的卓然成就，其所出版的第三版「移轉訂價」專著內容豐富，而且其立論或所舉案例均對企業的助益很大。爰於本書修訂再版之際，承蒙邀請寫序，深感榮幸。閱讀該書後，認為該書深具實用及參考價值。因此，極為樂意推薦，期待讀者如我一樣，能夠從書中獲得移轉訂價上寶貴的理論及實務知識。

推薦序
移轉訂價與企業發展

台積電公司副總經理 何麗梅

近年企業的租稅環境變化頗大，為維護課稅公平並保障稅收，防杜跨國企業經由訂價策略移轉利潤至有租稅優惠或稅率較低之國家或地區，美國、英國、日本、大陸等各國陸續制定各種規範，並進行全面之查核。國際化的廠商為因應各國新規定，勢必須重新檢視其租稅規畫架構的有效性。

由於租稅成本是企業經營不可避免的經營成本，隨著世界各國租稅環境之日趨嚴峻，跨國企業也必須日漸重視稅務風險管理，對於稅務法令的遵循，必須建構一套機制進行控管，以管理及避免稅務風險的產生。進一步言，企業應積極對稅務控管賦予必要及常態性的關注與改善，以減輕公司稅務風險、降低租稅成本，並提升外部市場競爭能力。

我國《營利事業所得稅不合常規移轉訂價查核準則》自從93年底實施以來，因應稅務申報，許多廠商企業總部業已備妥移轉訂價文件。而同時，在世界各國積極執行移轉訂價查核之際，企業在世界各地的聯屬公司也必須準備相關移轉訂價文件以為因應。因此，若能妥善管理關係人彼此之間移轉訂價文件與訂價政策，除能合理評估各國聯屬公司之績效表現，落實市場策略之發展外，進而可消除被重複課稅的情形。

資誠會計師事務所吳德豐會計師所領導之團隊，將其歐美各國的豐富稅務知識，加上協助許多國內外廠商發展跨國移轉訂價與營運模式之實務經驗，輔導本公司管理公司全球移轉訂價文件之準備，使公司在各

國均有相同概念之移轉訂價政策，對公司稅務風險之控管，充分發揮事前管理功能，就跨國企業稅務管理制度之建構與規劃言，事半功倍、頗具成效。

　　企業如不再就移轉訂價的理論與實務與時精進，必遭遇國內外各稅捐單位移轉訂價之夾殺。國內最早即注意到移轉訂價議題對企業發展之重要性者，即為資誠會計師事務所吳德豐會計師所領導之團隊，先於2002年出版了國內第一本詳述移轉訂價議題理論與實務之專書——「移轉訂價—企業全球化之優勢租稅策略」；2005年出版「移轉訂價議題理論與實務」；2009年再版，增添許多重大著名案例分析。本書內容精闢、理論與實務兼具，尤其相關案例更可以啟發廠商對移轉訂價議題之嶄新思維，企業亦可從中學習因應各國移轉訂價之正確方法，本諸「好的東西要與大家分享」，爰樂於為序推薦。

推薦序

移轉訂價是國際租稅風險管理之關鍵

資誠會計師事務所所長 薛明玲

企業之移轉訂價不是單純的會計與稅務申報問題，而是涉及公司經營決策，包括公司治理、經營布局、交易模式、績效考核、財務管理、資訊系統等議題。資誠會計師事務所及資誠稅務諮詢顧問股份有限公司於2000年即已著手研究各國移轉訂價法規，處理跨國企業在其他國家之移轉訂價問題，累積豐富的學識與實務經驗。財政部於2004年底發布「營利事業不合營業常規移轉訂價查核準則」後，資誠更協助我國企業因應移轉訂價稅制帶來的轉變，以及協助規劃、訂定移轉訂價策略。包括：移轉訂價同期紀錄文件（Full Set Contemporaneous Documentation）、移轉訂價利潤指標分析（Benchmarking Report）、移轉訂價可比較對象利潤區間分析（Comparable Set Study）、建立全球核心文件（Global Core Documentation）、進行預先訂價協議（Advance Pricing Arrangements）等。

企業對外界供應產品或勞務，價格通常由市場競爭所決定，稱之為常規交易。但企業集團內公司間之產品或勞務移轉，其價格未經市場競爭，即發生所謂的移轉訂價(transfer pricing)。由於各國稅制差異，跨國企業可能經由移轉訂價方式，將營業利潤從高稅率國家轉移到低稅率或免稅國家，以降低企業集團整體稅負。各國政府為防杜稅收損失，亦紛紛制定移轉訂價查核法規，以鞏固國家稅源，並彰顯租稅主權。跨國企業為免除各國政府搶稅困擾，通常需依賴其投資母國政府與主要貿易國

簽署租稅協定。

　　但我國情況特殊，與主要經貿往來國家，例如：美國、日本、韓國、中國大陸等，尚無簽署全面性租稅協定。因此，我國跨國企業在移轉訂價政策方面，如無完善規劃，於面臨各國政府擴大其租稅主權時，將承受雙重課稅的苦果。

　　資誠會計師事務所及資誠稅務諮詢顧問股份有限公司深刻體認企業對移轉訂價所面臨之問題及需求，乃以跨國企業之營運模式為基礎，並輔以個別企業之移轉訂價研究與政策制定，協助檢視及修正現行交易模式，以強化企業整體租稅管理並有效降低於全球之稅務風險。並於2005 年出版「移轉訂價理論與實務」乙書，提供企業參考。本書出版後，廣受企業及學界歡迎，爰予再版更新，請各界多予支持指教。

編審序

移轉訂價　最具影響力的反避稅措施

資誠會計師事務所稅務暨法律服務部營運長 吳金枝

各國政府為了防杜跨國企業的避稅行為，相繼制定了各項反避稅法規，其中移轉訂價稅制被公認為最具影響力的反避稅措施。

跨國企業為了經營管理目的或由多方關係企業間的協商而決定了內部交易價格政策。但是，這項價格，與移轉訂價稅制揭櫫的按「常規交易原則」決定的價格可能有所不同，因此，企業應參酌不同租稅管轄權的規定，盡合理的努力(make reasonable efforts)，蒐集更多的證據與外部可比較的財務與非財務性資料，提出移轉訂價報告與有關文據來支持其內部交易價格或營運結果是符合常規交易原則。除此之外，跨國企業亦應定期檢視有關國家的移轉訂價稅制與反避稅稽徵實務趨勢，謹慎檢討訂價政策變動，利潤分配與功能配置的匹配性，且發展有效的移轉訂價防禦策略，以免於被重複課稅與處罰的風險。這是重視公司治理的現代化企業的稅務管理模式。

移轉訂價衍生的重複課稅或處罰問題，不僅可能嚴重侵蝕企業的利潤，更可能對企業守法的正面社會形象與商譽產生傷害。所以為協助企業進行有效的稅務管理，本書內容的編寫，首先以闡述如何發展防禦性的移轉訂價策略為主軸，並引證重要範例，再佐以介紹重要貿易伙伴國移轉訂價稅制及其變動，解說清楚易懂。另本書第五章（第0549-0553節）亦分析了目前最熱門的綠色環保議題在移轉訂價稅制的影響與發

展趨勢。第十章整理了中國大陸2009年1月發布的特別納稅調整實施辦法，並在其他章節重點介紹無形資產、成本分攤協議、預先訂價協議，及因應稅捐稽查的管理策略等重要核心概念。詳閱本書，相信可以幫助企業深入了解移轉訂價稅制的規範，作為建立良好移轉訂價稅務風險管理機制的參考資料。

本書能配合新法規的頒布及移轉訂價理論的發展作持續的增訂與出版，應該感謝財團法人資誠教育基金會的鼎力協助及本所稅務暨法律服務部諸多優秀同仁對全書專業議題全力持續投入始克完成。其中尤以高文宏會計師、吳偉臺博士、林宜賢會計師、邱文敏會計師等貢獻良多，在此致上十二萬分謝意。

另外，對於本書第一版與第二版為序的專家與學者，包括前經濟部長林義夫先生及何美玥女士、前財政部政務次長林增吉先生、前政治大學會計系主任許崇源先生、前東吳大學會計系主任馬嘉應先生、及前財團法人資誠教育基金會董事長賴春田先生等。在此，亦獻上最誠摯的謝忱，感謝渠等於百忙之中撥冗為本書的前身為序，使移轉訂價法規的理論與實務運用，廣受重視。

最後，期盼本書能幫助企業及社會各界在推動與執行移轉訂價策略及風險管理時，能有實質具體的幫助，亦歡迎社會賢達與先進不吝批評指教，分享對移轉訂價的觀點與想法。

目錄

第二部份 各國移轉訂價解析   249

目錄

第一部分

發展防禦性的
移轉訂價政策

前言　為什麼要規劃移轉訂價？

0001 疏於規劃與執行移轉訂價的風險

　　近十年來，各國稅捐機關對移轉訂價之稽查愈趨積極（本書第7章第1節（0701）針對某些國家在移轉訂價事務之稽查方式有進一步討論），各國稅捐機關對移轉訂價政策加強關注的原因雖然很多，但最重要的誘因在於稅捐機關認為挑戰納稅義務人的訂價政策，並進而要求補稅是較容易達成的目標。原因是任何型態的國際間關係人交易，不論涉及有形資產、無形資產、資金融通、或成本配置/分攤協議等，皆沒有絕對的規則來決定「正確」的移轉訂價，因此公司可能較傾向早日解決，並支付當地稅捐機關要求補徵的稅款，以避免因移轉訂價引來冗長、繁複的稅務爭訟。納稅義務人這種傾向早日解決的態度，將導致下列風險：

- 增加當地的稅負；
- 造成潛在的雙重課稅；
- 補稅造成的處罰及利息；
- 造成未來稅捐機關作出不判決的可能性；
- 企業集團全球租稅負擔的不確定性；
- 企業集團與地方稅捐機關長期的關係緊張或惡化。

0002 規劃移轉訂價的潛在利益

　　除事先評估稅務爭議的風險，預先規劃移轉訂價也可使企業集團一

併考量除了直接繳稅以外的其他事項的影響，例如也可考量移轉訂價對公司改組、供應鏈、資源配置、海關完稅價格估計和管理酬勞計畫（management compensation plan）等的影響。為提供企業在執行移轉訂價政策時，更精確並有效率的處理關係人間之交易，移轉訂價的規劃有其必要性。另在規劃移轉訂價的過程中，也可對商業資訊的蒐集、辨識稅務資訊、以及稍縱即逝的商機提供討論的空間。移轉訂價政策之開發，涉及財務、稅務與營運人員等共同參與，因此提供了企業內各個部門以他們各自的立場相互溝通與評估業務優先性的絕佳機會。

0003 法令變動頻繁移轉訂價政策必須持續更新

企業移轉訂價政策一旦制定後不能就束之高閣，欲使移轉訂價政策發揮其價值，企業必須經常性的檢視其移轉訂價政策，尤其是每當集團企業有業務重組或考量新的交易型態時，更應對移轉訂價政策加以檢討，否則至少也應每6個月檢視一次。若將檢視移轉訂價政策的經常性工作交由適當的人員負責，並清楚的告知移轉訂價政策的目標及任何必要的修正以立即執行，則持續更新訂價政策便不是件艱鉅任務。一個不斷更新的移轉訂價政策，應為例行性檢視公司整體商業策略工作的一部份。例行性且按公司需要更新移轉訂價政策，有助於確保該政策持續的涵蓋集團內的關聯交易，並符合常規交易原則及防杜預料之外的風險。

0004 理論與實務

近幾年來，對移轉訂價政策理論的討論非常多，本書除說明理論外，亦將介紹實務上如何制定成功的移轉訂價政策。此外，也強調如何應用廣泛的原則以建立經濟合作暨發展組織（OECD）規範所接受的移

轉訂價政策。同時也將利用幾個主要國家的案例，說明在一般移轉訂價政策實務上，應作那些相應修正，以符合當地國家之法令要求。然而，無庸置疑的是，根據各國法令所作的訂價政策修正程度因時而異，讀者不妨參考各國專家對於政策修正的建議。但在大多數的情況下，本書所敘述的基本原則應能符合各國的法令規定。

0005 其他應注意的議題

移轉訂價不只是租稅議題而已，如果企業當地管理人所獲得獎金紅利的多寡與企業當地的營運利潤有關，則移轉訂價將直接影響到企業的管理行為。如果移轉訂價政策的改變未顧及對員工的影響，則恐怕無法達成管理階層所期待的企業提升與進步。此外，間接稅也是考慮移轉訂價政策時，經常忽略的議題之一，例如貨物跨國運送所引起的關稅負擔等。讀者必須牢記直接稅與間接稅的主管機關之間，可能會互相聯合並進行稽核。另外，從成本分攤所引起的智慧財產權的保護議題，現金集中運用之資金管理問題，以及透過協調中心的全球運籌與存貨管理方面之議題，也皆須賦予相當的關注。最後，移轉訂價政策必須使公司從風險管理及商業前景中獲益，為達成此目的，跨國公司有必要建立內部互相支持的平台，以遵循稅法相關規定及執行有效率的管理決策。

0006　1990年代的傳承

在1994到1995年這段期間，美國開創了無形資產、有形資產及成本分攤課稅法規的新領域，這些課稅規定在國際稅務界引起了廣泛的回應，並意識到美國的課稅規定已經背離了常規交易的原則。OECD隨後在1995年發布了適用常規交易原則的規章，包括強調功能執行、風險

承擔與資產運用的可比較性原則的規定；納稅義務人需對其移轉訂價政策符合常規交易原則的特性予以書面化；以及稅務罰則在鼓勵法規遵循方面扮演的角色等規章。次年更進一步發布了有關「無形財產的特別事項」和「集團內部勞務提供的特別事項」相關資料。有關「成本貢獻安排」規章則於1997年末發布。對那些依據OECD指導方針來制定移轉訂價法令的國家而言，OECD的工作對他們而言具有領導的趨勢。

十年之後，基於稅捐機關和納稅義務人更多具體的經驗，美國重新修訂有關勞務、無形資產和成本分攤的法規。有關勞務和處理勞務成本的方法的新暫行規定目前已實施中，而有關無形資產和成本分攤的相關法規建議案也已被提出。同時，OECD也正詳細的檢討可比較性的原則及交易利潤法的使用。

世界上許多國家在移轉訂價法令方面改革的腳步相當快速。有許多國家近來開始引進或革新移轉訂價法令，而也有許多其他國家正進行檢討現行的移轉訂價法令和實務的有效性。同時，稅捐機關也加速移轉訂價查核的腳步，以對納稅義務人採行的政策與防禦策略展現出新的挑戰。我們必須假設這項改變的腳步將會持續著，納稅義務人過去若忽視移轉訂價政策，或曾經成功的防禦稅捐機關的查核，未來都不應該再因此而自滿或懈怠。跨國企業必須不斷的保持警戒，以確保其移轉訂價政策符合世界各國稅捐機關的標準及企業本身的營運目標。易言之，跨國企業集團必須能詳盡地說明其移轉訂價政策在實務上是如何付諸實施，以及為何其移轉訂價政策符合各國相關稅法規定的常規交易原則。

0007 未來發展

對納稅義務人及稅捐機關而言未來充滿了立即與極大的挑戰。而納

稅義務人必須面對各國稅務法令的變化無常，且通常各國法令的規定也都不一致，例如，避風港法則（safe harbor rules）在某一國家可能是無爭議性的替代方案，但在另外一個國家可能正好相反。相同的困難也發生在處理基本的常規交易區間定義時發生，主要原因為不同國家有不同的立法意旨與司法解釋。

近數年來，移轉訂價的規範日趨嚴格，納稅義務人有責任編制符合不同國家規定的移轉訂價文件，並建立常規交易價格。嚴格的處罰條款已成為世界各國移轉訂價稅制中必有的規定。當所提出的文件證據，不足以證明移轉訂價安排之常規交易本質時，就可能被處罰。從公平的角度來看，當納稅義務人秉持誠實及已盡善良管理人之注意時，不必然適用這些處罰規定，但前提是這些情況能被務實的舉證且為法律所容許。

稅捐機關必須與交易另一方的課稅管轄權國家競爭，以保全所查獲而應合理分得的可課稅利潤。此一現象通常導致同一課稅利潤被兩個或以上國家重複課稅。因此，跨國企業對可確定租稅影響的雙邊預先訂價協議之偏好有逐漸增加趨勢。另一趨勢是有越來越多的稅務爭議案件，透過雙邊租稅協定的共同協議程序，由對等機關協商解決爭議問題。因此，當各國政府在稅收上產生競爭時，移轉訂價將是一個考慮反避稅的議題。為符合常規交易，各國稅捐稽徵機關應互相合作，以確保跨國企業的貿易所產生的利潤在交易各國間的分配不會構成避稅，例如，透過租稅天堂進行交易。

0008 尋求能力與經驗俱足的國際稅務專家協助

台灣自2004年底起頒布實施移轉訂價稅制以來，財政部陸續發布以可比較利潤法評估受控交易是否符合常規交易之適用原則、關係企

業間融資利息之查核、以資金按實際提供天數加權平均計算受控交易金額、營利事業得以其他文據取代移轉訂價報告之受控交易金額標準、營利事業結算申報書揭露關係人及關係人交易資料之範圍等解釋函令，復於去年(2008年)1月及8月分別發布「超額現金」及「成本及營業費用淨利率」之定義，由此可見，移轉訂價法令變動頻繁，新的規定不斷出爐；在國際方面，亦復如是，例如：美國於2006年引進服務成本法(service cost method)，於2007年公告並自2008年1月付諸實施。企業能否妥善因應經常變化的移轉訂價法令及了解可能的影響，僅有內部的稅務、會計、財務、法律等專業人才協助實屬不足。

此外，移轉訂價不只是企業內部訂價問題，也不是單純的會計與稅務申報問題，而牽涉到公司經營決策層面，包括公司治理、經營布局與交易模式、績效考核、財務調度與資金管理、資料處理系統、報表編製及稅務申報等議題，影響深遠。為避免跨國企業因不諳移轉訂價制度及對各層面的影響，而蒙受稅務上之損失及遭受稽查之困擾，尋求能力與經驗具足的國際稅務專業團隊協助亦是非常重要的。

鑒於我國企業經營日漸國際化，跨國租稅問題漸受重視，資誠除持續深耕國內稅務，早在多年前即著手建置「國際稅務組」，包括台灣、美國、歐洲、中國大陸及其他國家稅務服務組，結合具豐富海外經驗與受過國際稅務專業訓練人員，並輔以專業律師，協助企業規劃、處理跨國間稅務與移轉訂價問題。以本公司的稅務策略專業能力與豐富經驗，幫助跨國企業建構「立足台灣，布局全球」，並透過規劃與制定移轉訂價政策的方式，重新檢視其全球投資布局及交易型態，整合企業全球營運與新事業發展，使跨國企業能以總機構之制高點出發，建立總機構決策功能中心地位，發展最適跨國企業集團整體利益之國際租稅戰略。

第1章　訂價策略及移轉訂價稅制

0101 前言

　　貨物與勞務的訂價策略是一門大學問，在價格制定時有諸多策略性因素考量。企業在決定價格策略時，可能會基於產品、市場及歷史條件之特性，以及市場策略、競爭強度、品牌、成本利潤關係等因素，而作出不同的決策。由於價格在市場上扮演資源分配的功能，決定了貨物與勞務的供給與需求，所以交易價格反映了市場價格，但對於具有經濟利益聯繫的關係企業間來說，為了共同獲得更多利潤，從事交易的移轉價格一般不決定於市場供需，而可能只服從於公司整體利益的要求，所以交易價格往往不必然等同於市場價格。

　　企業為因應競爭激烈的國際環境、滿足專業分工策略、追求全球資源優化的配置組合、以及降低成本並獲取最大的利潤，依目前的國際趨勢來建構多國籍的營運佈局以規劃組織內部的研發、生產、銷售、人力資源與財務等經濟要素的功能定位，已成為重要的選項。而跨國企業為使其全球布局與管理發揮效能，並遂行其全球營運策略，對於在各國設立的各事業單位間的交易，包括資金的借貸及保證、商品的買賣、勞務與管理服務的提供及轉移，無形資產與技術的讓受等，均會制定內部交易移轉訂價政策作為交易與衡量的基礎。跨國企業在制定內部交易移轉訂價政策時，一般採取：

　　1. 成本基礎的移轉訂價
　　2. 市場基礎的移轉訂價

3. 內部協商的移轉訂價

目前內部協商（含成本加價）與市場基礎的移轉訂價較廣泛為跨國企業所採用，因為這兩項方法對跨國企業推行績效中心管理制較為有利。不過，以績效衡量為主所制定的內部移轉訂價政策在年度結算辦理所得稅申報時，非常可能產生下列不利後果：

1. 內部移轉訂價政策或稅務申報的所得水準可能不符合稅法規定的「常規交易原則」（註❶）而發生被補稅或處罰。

2. 除所得可能產生重複課稅的問題外，亦可能衍生關稅或營業稅等間接稅問題，以及視同股利之二次調整等。

3. 與稅務稽徵機關的關係陷於緊張，致管理階層須投入巨大心力處理相關稅務問題。

研究發現指出，跨國企業在制定內部交易移轉訂價政策時，雖有諸多市場與管理策略等考量，但鑒於內部交易移轉訂價對於跨國企業的稅負成本的影響，有著不可忽視的重要性，所以抑減納稅義務往往成為價格決定的主導因素。即使許多跨國企業並不認為其內部移轉訂價政策是為了達到抑減稅負的目的，而有更多經營策略目的的考慮在內，但是面臨各國稅務機關的稽查，跨國企業是否有能力就其訂價政策提出符合各該國稅法規定「常規交易原則」的充分證據，以免除稅務機關的調整與核定，就涉及舉證責任的議題。

各國政府為防杜跨國企業的避稅行為，制定了各項反避稅規定，其中移轉訂價稅制被公認為最具影響力的反避稅措施。對跨國企業來說，其所制定的內部交易移轉訂價政策，為符合移轉訂價稅制的規定，必須

註❶：有關常規交易原則，將在0107節詳細說明。

證明其訂價符合「常規交易原則」。跨國企業主張其訂價政策是為其經營績效管理目的或關係企業間多方協商後而制定的，並不足以作為符合「常規交易原則」的證據，跨國企業必須提出更多證據與外部可比較資料，包括同業可比較利潤的可比較交易價格、公司功能定位及風險承擔分析等各項研究報告，按照規定的方法進行比較及佐證，如此或許可以避免遭受補稅及處罰。因此，謹慎檢視有關國家的移轉訂價稅制及稅務法規，且在符合有關規定下制定可以運作的訂價模式，就成了跨國企業負責價格決策者的重責大任，這亦是一般所述的移轉訂價稅務管理。

0102 移轉訂價稅制

　　目前，許多國家制定了移轉訂價稅制以規範或防止關係企業間運用人為的抬高或降低關係企業間交易價格，而利用有關國家的稅制差異或企業間租稅負擔，向不同租稅管轄區移轉所得和費用進行避稅的一種制度，其所採取的核心原則為「常規交易原則」(更多內容請參考0107說明)。傳統的移轉訂價調整方法主要針對有形資產交易而發展出交易法及利潤法，但隨著跨國企業的全球化、知識經濟的發展，以及勞務提供的重要性日漸提高，有關非有形資產交易的移轉訂價調整方法小受到重視並日漸完備，同時為消弭徵納雙方認定上的歧異及解決稅收徵管的問題，一些先進國家亦積極鼓勵採取「預先訂價協議」制度。在移轉訂價稅制中，關係人交易的申報與管理等稽徵管理程序扮演了極重要角色，這些徵管程序包括關係人交易的申報與揭露，符合常規交易的舉證責任、移轉訂價報告、稅捐機關的調閱與審查、資訊的交換以及處罰規定等，這些徵管制度是移轉訂價稅制落實實施的重要措施。

　　許多國家制定的移轉訂價稅制，通常要求納稅人於辦理所得稅申報

時，即應評估受控交易之結果是否符合常規，或決定受控交易之常規交易結果，且有關資料之比較，係以未受控交易之財務報表資料為基礎。

我國所得稅法第43條之1規定，營利事業與國內外其他營利事業具有從屬關係，或直接間接為另一事業所有或控制，其相互間有關收益、成本、費用與損益之攤計，如有以不合營業常規之安排，規避或減少納稅義務者，稽徵機關為正確計算該事業之所得額，得報經財政部核准按營業常規予以調整。

中國新企業所得稅稅法第41條第1項規定，「企業與其關聯方之間的業務往來，不符合獨立交易原則而減少企業或者其關聯方應納稅收入或者所得額的，稅務機關有權按照合理方法調整。

另，根據「中華人民共和國稅收徵收管理法實施細則」（以下簡稱「徵管法實施細則」）第56條規定，納稅義務人與其關聯企業未按照獨立企業之間的業務往來支付價款、費用的，稅務機關自該業務往來發生的納稅年度起3年內進行調整；有特殊情況的，可以自該業務往來發生的納稅年度起10年內進行調整。

美國及日本的移轉訂價法規亦對關係人交易訂有嚴謹及廣泛的規範。

0103 認定關係企業之一般法則

從各國移轉訂價稅制來看，認定關係企業時，在適用標準上存在差異，有些對關係企業的認定，例如持股比例，缺乏一致的標準，甚至有些國家係由法院根據不同案件或由稅捐機關直接調查，以決定企業之間的關係。但不論各國法規規定或認定標準不一，基本上，各國對關係企業的認定，通常包括下列三種要素或方法：

● **股權測定法**

即以一方直接或間接持有另一方股權之比率，例如20%、25%或50%等股權比率作為判定標準。

● **實質控制管理判定法**

評估公司的董事或經理人等重要職位是否係由另一公司委派；或公司資金產銷活動、技術來源或重要原料、零配件是否係由另一公司所控制（供應），或對企業生產經營、交易具有實質控制的其他利益上相關聯的關係，包括家族、親屬關係企業等，作為判定標準。

● **國際避稅地認定法**

即境內企業只要與設在國際避稅地的企業進行交易，即按關係企業間交易對待。

以上三種認定之一般法則，其基本政策或思維，主要係根據經濟合作暨發展組織（OECD）或聯合國的「租稅協定範本」的精神所訂定。

0104 關係企業之定義

企業間的交易行為是否適用移轉訂價稅制的規範，首先必須認定企業間是否存在「關係企業」或「關係人」的關係（註❷）；只有彼此間存在「關係企業」或「關係人」的關係，才能納入移轉訂價稅制之規範。事實上，各國係依據其個別社會經濟的背景與特色，透過立法對於「關係」之認定制定一系列標準，但標準始終無法於各國間統一，這對跨國企業造成相當程度的困擾。

　　依照我國財政部頒布實施的「營利事業所得稅不合常規移轉訂價查核準則」（本章及本章以後簡稱移轉訂價查核準則）第3條及第4條規定，所謂關係企業係指營利事業相互間有下列規定從屬或控制關係者：

● 營利事業直接或間接持有另一營利事業有表決權之股份或資本額，超過該另一營利事業已發行有表決權之股份總數或資本總額20%以上。

● 營利事業與另一營利事業直接或間接由相同之人持有或控制之已發行有表決權之股份總數或資本總額各達20%以上。

● 營利事業持有另一營利事業有表決權之股份總數或資本總額百分比為最高且達10%以上。

● 營利事業與另一營利事業之執行業務股東或董事有半數以上相同。

● 營利事業及其直接或間接持有之股份總數或資本總額達50%以上之營利事業，派任於另一營利事業之董事，合計超過該另一營利事業董事總席次半數以上。

● 營利事業之董事長、總經理或與其相當或更高層級職位之人與另一營利事業之董事長、總經理或與其相當或更高層級職位之人為

註❷：在國際租稅領域中，經常使用「關係企業」一詞，用以泛指一方企業直接或間接與另一方企業的管理、控制或資本；或在經濟、財務往來間有特殊利益關係的企業。依我國規定，關係企業與關係人的用詞定義是有差別的，關係人係包括關係企業及有以下情形之人：(一)營利事業與受其捐贈之金額達實收基金總額三分之一以上之財團法人；(二)營利事業與其董事、監察人、總經理或與其相當或更高層級職位之人、副總經理、協理及直屬總經理之部門主管；(三)營利事業與其董事、監察人、總經理或其相當更高層級職位之人之配偶；(四)營利事業與其董事長、總經理或與其相當或更高層級職位之人之二親等以內親屬；(五)營利事業與其他足資證明對該營利事業具有控制能力或在人事、財務、業務經營或管理政策上具有重大影響力之人。

同一人，或具有配偶或二親等以內親屬關係。

● 總機構在中華民國境外之營利事業，其在中華民國境內之分支機構，與該總機構或該營利事業在中華民國境外之其他分支機構；總機構在中華民國境內之營利事業，其總機構或其在中華民國境內之分支機構，與該營利事業在中華民國境外之分支機構。

● 營利事業直接或間接控制另一營利事業之人事、財務或業務經營，包括：

  1. 營利事業指派人員擔任另一營利事業之總經理或其相當或更高層級之職位。

  2. 非金融機構之營利事業，對另一營利事業之資金融通金額或背書保證金額達該另一營利事業總資產之三分之一以上。

  3. 營利事業之生產經營活動須由另一營利事業提供專利權、商標權、著作權、秘密方法、專門技術或各種特許權利，始能進行，且該生產經營活動之產值達該營利事業同年度生產經營活動總產值50%以上。（註❸）

  4. 營利事業購進之原物料、商品，其價格及交易條件由另一營利事業控制，且該購進之原物料、商品之金額達該營利事業同年度購進之原物料、商品之總金額50%以上。（註❹）

  5. 營利事業商品之銷售，由另一營利事業控制，且該商品銷售收入達該營利事業同年度銷售收入總額50%以上。（註❺）

● 營利事業與其他營利事業簽訂合資或聯合經營契約。

● 其他足資證明營利事業對另一營利事業具有控制能力或在人事、財務、業務經營或管理政策上具有重大影響力之情形。

以上是我國財政部為使適用範圍明確，經參照公司法、財務會計

準則第5號公報、美國內地稅法第482條（Internal Revenue Code Section 482）施行細則及中國大陸「關聯企業間業務往來稅務管理規程」之規定，採「股權」及「實質控制管理」測定營利事業相互間之從屬及控制關係而立法，以資認定（註❻）。

有關中國大陸的關係企業認定標準，除國稅發[1998]59號文第4條過去曾有具體規範外，中國大陸稅務總局於2009年參照新企業所得稅法實施條例第109條及徵管法實施細則第51條發布「特別納稅調整實施辦法（試行）」（以下簡稱「實施辦法」）第9條規定，關聯關係主要是指企業與其他企業、組織或個人具有下列之一關係：

● 相互間直接或間接持有其中一方的股份總和達到25%或以上；直接或間接同為第三方所持有股份達到25%或以上；如一方對另一方持有股份超過50%的，按100%計算；

● 企業與另一方（獨立金融機構除外）之間借貸資金占企業實收資本50%或以上，或企業借貸資金總額的10%或以上是由另一方（獨立金融機構除外）擔保；

● 企業的董事或經理等高級管理人員一半以上或有一名以上（含一名）常務董事是由另一企業所委派的，或雙方半數以上的高級管理人員或至少一名可以控制董事會的董事會成員同為第三方委

註❸：營利事業與另一營利事業間，如因特殊市場或經濟因素所致，而有這類之情形，但確無實質控制或從屬關係者，得於規定期限前檢具證明文件送交稅捐機關確認，經確認者，可排除適用有關文據準備之規定。

註❹：同註❷

註❺：同註❷

註❻：參閱「營利事業所得稅不合常規移轉訂價查核準則」第3條立法說明。

派；

● 企業半數以上的董事或經理等高級管理人員同時擔任另一企業之高級管理人員，或者企業至少一名可以控制董事會的董事會成員同時任職於另一企業的董事會；

● 企業的生產經營活動必須由另一方提供的工業產權、專有技術等特許權才能正常進行；

● 企業購銷活動由另一方控制；

● 企業接受或提供勞務由另一方控制；

● 對企業生產經營、交易具有實際控制、或在利益上具有相關聯的其他關係，包括家族、親屬關係等。

美國對關係企業定義，則規定在「內地稅法」第482條中，即關係企業指「任何兩個或兩個以上的組織、貿易團體或經營團體，共隸屬於同一利益主體，或直接間接受同一利益主體所控制者。」規定十分嚴謹及廣泛。

日本在其「租稅特別措施法」第66條中規定，適用關係企業的認定方法為：

● 擁有關聯公司所有權50%以上。

● 與日本法人間存在經營或經濟實質控制的特殊關係。

日本移轉訂價法規實施範圍，側重在國內企業與國外企業之間的業務往來。

0105 受移轉訂價法規規範的交易

許多國家對有關適用移轉訂價法規的交易，較傾向於採「經濟效益」理論作為考量基礎，而非單純以會計觀念來解讀。他們認為，關係

企業間絕不可能利用一個長期虧損或低利的機構，去進行獨立的商務活動或冒險，這不符合營業常規。若確有此情況，也只是跨國企業在某些國家所作的一些犧牲；也就是說，是為了維持跨國集團的整體利益，包括拓展未來有形或無形的利益，或回收係屬沉沒成本的固定資產或其他投資等。

判斷關係企業間的交易是否受移轉訂價法規規範，且是否會被依照移轉訂價稅制的常規交易方法調整，就在於其受控交易之結果與常規交易原則規定要求的背離程度。下列因受控交易所導致的情況，均會受到規範或調整：

● **長期虧損或低利**

　　各國稅捐機關普遍將長期虧損或微利的業務類型，視為不合經營常規而納入移轉訂價稅制規範中；換句話說，除符合特定條件並以個案認定的情況外，原則上長期虧損或微利的企業，均納入移轉訂價稅制所涉及的課題中。

● **關係企業間交易頻繁且金額鉅大**

　　與關係企業（尤其設在避稅地）業務往來較為頻繁或金額較大，且其獲利呈現不規則或顯有不合常規狀況，或巧立名目向關係企業支付各項不合理費用的企業。

● **受控交易在常規交易範圍外者經由調整增加其利潤及稅負**

　　移轉訂價稅制所規範的主要對象，是透過常規交易方法調整價格以增加利潤水準的交易，若調整結果反而使其應納稅額較未

調整前為低者，將不予調整。易言之，移轉訂價稅制只適用於調整移轉訂價後增加利潤及應納稅額的情況。

我國所得稅法第43條之1條規定，「……其相互間有關收益、成本、費用與損益之攤計，如有以不合營業常規之安排，規避或減少納稅義務者，稽徵機關為正確計算該事業之所得額，得報經財政部核准按營業常規予以調整」，亦明確規定適用於有所謂規避或減少納稅義務的情況。

一個國家於制定移轉訂價稅制時，是否會針對特定產業制定特定的移轉訂價條款，通常取決於其現有的經濟基礎和產業發展情況，例如許多國家便針對金融行業或石油產業制定了特定法規。

我國「營利事業所得稅不合常規移轉訂價案件選案查核要點」第四條規定，有下列情形之一者，得列入選查案件：

● 申報之毛利率、營業淨利率及純益率低於同業申報；

● 全球集團企業總利潤為正數，而國內營利事業卻申報虧損，或申報之利潤與集團內其他企業比較顯著偏低；

● 交易年度及前二年度之連續三年度申報之損益呈不規則鉅幅變動情形；

● 未依規定格式揭露關係人相互間交易之資料；

● 未依本準則第六條規定，評估受控交易之結果是否符合常規，或決定受控交易之常規交易結果，且未依本準則第二十二條第一項規定備妥相關文據；

● 關係人間有形資產之移轉或使用、無形資產之移轉或使用、服務之提供、資金之使用或其他交易，未收取對價或收付之對價不合常規；

● 稽徵機關進行調查時，未依本準則第二十二條第四項規定提示關係人交易之相關文據者，其以後年度之營利事業所得稅申報案件；

● 經稽徵機關依本準則調整者，其前後年度之營利事業所得稅申報案件；

● 與設在免稅或低稅率國家或地區之關係人間業務往來，金額鉅大或交易頻繁；

● 與享有租稅優惠之關係人間業務往來，金額鉅大或交易頻繁；

● 其他以不合常規之安排，規避或減少納稅義務。

中國大陸亦有類似規定，中國大陸於實施辦法第29條規定涉及下列諸項行為的企業，應該列為移轉訂價重點調查的對象：

● 關聯交易數額較大或類型較多的企業；

● 長期虧損、微利或跳躍性盈利的企業；

● 低於同行業利潤水準的企業；

● 低於集團公司利潤水準的企業；

● 利潤水準與其所承擔的功能風險明顯不相匹配的企業；

● 與避稅港關聯方發生業務往來的企業；

● 未按規定進行關聯申報或準備同期資料的企業；

● 其他明顯違背獨立交易原則的企業。

惟對於實際稅負相同的境內關聯方之間交易，只要該交易沒有直接或間接導致國家總體稅收減少，原則上不做移轉訂價調查、調整。

0106 適用移轉訂價稅制之交易類型

我國「移轉訂價查核準則」中規定移轉訂價稅制適用的交易類型

（註❼），有下列幾大類：

● **有形資產之移轉或使用**

包括存貨、應收債權、長（短）期投資、及固定資產等各項有形資產的買賣、交換、贈與或其他安排。或租賃、設定權利、提供他人持有、使用或占用，或其他安排。

● **無形資產之移轉或使用**

無形資產包括營業權、著作權、專利權、商標權、事業名稱、品牌名稱、設計或模型、計劃、秘密方法、營業秘密或有關工業、商業或科學經驗之資訊或專門知識、各種特許權利、行銷網路、客戶資料等具有財產價值之權利，其買賣、交換、贈與或其他安排。或提供包括授權、再授權、提供他人使用或其他安排。

● **服務之提供**

包括行銷、管理、行政、技術、人事、研究與發展、資訊處理、法律、會計或其他服務。

● **資金之使用**

包括資金借貸、預付款、暫付款、擔保、延期收款或其他安排。

註❼：美國內地稅法亦有類似規定。

● **其他經財政部核定之交易類型**

中國大陸於實施辦法第10條規定，關聯交易主要包括以下類型：

1.有形財產的購銷、轉讓和使用

包括房屋建築物、交通工具、機器設備、工具、商品、產品等有形資產的購銷、轉讓和租賃業務；

2.無形資產的轉讓和使用

包括土地使用權、版權（著作權）、商標、客戶名單、行銷管道、牌號、專利、商業秘密和專有技術等特許權、工業品外觀設計或實用新型等工業產權的所有權轉讓和使用權的提供業務；

3.融通資金

包括各類長短期資金拆借和擔保，以及各類計息預付款和延期付款等業務；

4.提供勞務

包括市場調查、行銷、管理、行政事務、技術服務、維修、設計、諮詢、代理、科研、法律、會計事務等服務的提供等。

0107 常規交易原則（Arm's Length Principle）之概念及調整方法

跨國公司為了將利潤從高稅率國家移轉到低稅率國家或避稅地，以降低租稅成本，通常會透過移轉訂價政策，調整收入與成本費用在有關國家之間的正常分配。

　　為防範企業利用關係企業間的交易或往來，來規避稅負，許多國家在制定移轉訂價稅制時，往往採取「常規交易原則」作為對納稅義務人關係企業交易利潤進行調整的依據。所謂「常規交易原則」係指將關係企業彼此間的關係，當作獨立競爭企業間的關係來處理，即關係企業相互間於其商業或財務上所訂定之條件，均按照與非關係人交易的公平交易價格來計算。根據常規交易原則，各國稅捐機關要求關係企業間不論有形的或無形的各類交易的訂價，均應比照非關係企業（unrelated parties）在相同或類似經濟條件下而訂定，不應受關係企業的關係所影響。

　　常規交易原則的運用，通常是基於交易標的資產或服務之特性、交易契約以及「受控交易中的條件」與「獨立企業間交易中的條件」所作的一種比較。若係採取以交易利潤為基礎之比較法，則應考量其所執行之功能、承擔之風險、商業策略，以及所從事事業的經濟與市場情況，或其他影響可比較程度的因素等之可比較性分析。為確認這些條件是否具可比較性，必須評估所比較情況的經濟相關特性，是否具充分可比較性以及合理性，有關具體操作應視個別情況而定。一般適用於企業間各交易類型之常規交易方法，主要包括：

- 可比較未受控價格法（Comparable Uncontrolled Price， CUP）
- 再售價格法（Resale Price Method，RPM）
- 成本加價法（Cost Plus Method，CP）
- 其他合理方法（又統稱「第四種方法」），包括：
  1. 報酬率法（Rate of Return Method）（註[8]）

註[8]：有關「營業資產報酬率法」、「股東權益報酬率法」、「固定資產報酬率法」等不同方法，分別適用不同情況。

2. 利潤分割法（Profit-Split Method，PSM）

3. 交易淨利潤法（Transactional Net Margin Method, TNMM）

4. 可比較利潤法（Comparable Profit Margin, CPM）

5. 貝里比率（Berry ratio）

OECD指導方針強調偏好採用傳統的交易法（Traditional Transaction Method），作為常規交易的計價調整方法，當傳統的交易法無法可靠的被單獨使用時，或完全不能適用時，交易利潤法（Transactional Profit Method）可用來決定較接近的常規交易價格，依美國內地稅法修正前的規定，對移轉訂價的調整規定了上述各種主要方法與明確的運用順序，而非依照納稅義務人的不同需求可以自由選擇；但目前美國已取消運用順序的強制規定，而由納稅義務人自行評估後，選擇採用最適常規交易方法。實際上，美國移轉訂價法規較接受採用在常規交易原則下實行之可比較利潤法等有關方法，於相似資料或合理的統計學上取樣，以決定合理的利潤。

然而，有鑑於跨國企業規模日益龐大、業務複雜，加上關係企業間交易往來型態不一，稅捐機關若依移轉訂價法規稽查，將曠日費時；再者納稅義務人經過長期稽查的過程後，將更不明瞭整體的稅務。為減輕徵納雙方的困擾與成本，紓減爭訟，許多國家開始採行所謂預先訂價協議（Advanced Pricing Agreement, APA）制度，以作為建立利潤計算的基礎。

有關各種方法的具體內涵，請參考本書第3章及第11章各節介紹。

0108 關係企業間交易的申報及管理

許多國家在制定移轉訂價稅制時，除對適用移轉訂價稅制的主體、

客體、常規交易原則與價格的調整方法訂定具體規定外，同時亦制定相關稅捐徵管辦法，以供納稅義務人遵循，包括關係企業交易資料的申報機制，課稅資料的提供與保存期限、稅務調查時限、舉證責任歸屬及有關申報的處罰規定等。

許多國家的稅捐機關為強化關係企業間移轉訂價的管理，通常都會透過法令的制定，要求納稅義務人在規定的期限內，具體填報有關交易內容，且明定納稅義務人負起舉證的責任（例如美國），證明其所申報之關係企業間的交易都是符合常規交易計價的結果。這種舉證責任，包括應編製紀錄完整計價內容的「同期紀錄文件」（contemporaneous documents）（註❾），而此等文件並足以彰顯此種移轉訂價是經過合理努力所訂出的常規價格。

由於移轉訂價調查涉及跨國企業間的業務往來，除須對國內外關係企業間的資料進行蒐集及分析外，亦可能須請求租稅協定締約國稅捐機關，協助配合提供關係企業情報資料。某些國家對於重大的移轉訂價案件，在取得租稅協定締約國有關機關同意情形下，也會指派熟悉產業與相關法令的專人進行海外調查。

許多國家稅法均規定，關係企業間與交易價格有關之合約、協議、帳冊、有關報表及文件等，均應保存一段時間，尤其對於稽查年度所得稅申報時，在調閱此類相關資料時，一般均要求在一定時限內（例如30日）提交稅捐機關。許多國家也會透過立法，對納稅義務人未依規定製作或提交有關文件，或不按常規交易原則計價致短繳稅款者，或其他違反規定之行為者，訂有不同程度的罰則。

註❾：依我國「移轉訂價查核準則」規定應編製的文據詳第9章第6節(0906)。

　　由於移轉訂價是目前跨國企業進行國際避稅所借用的重要工具，許多國家對此類現象，也賦予愈來愈多的關注，具體採行的稅務管理措施包括：

- 制訂完整格式要求自動申報關係人交易，並加重相關罰則；
- 投入廣泛資源，強化實地調查，並增加專業人員的培訓；
- 對非關係企業的第三者資料加強蒐集與調查；
- 加強各稽徵機關間（包括稅捐機關與海關單位間等）資料的交換與勾稽，強化關係企業聯查的稽查效果；
- 派員海外調查；
- 簽署租稅協定及國際資訊交換；
- 立法課予納稅義務人舉證責任，並強制納稅義務人應盡合理努力以證明依常規計價，包括應提示的文件與紀錄；
- 立法鼓勵採行預先訂價協議制度；
- 制定反避稅法令及反租稅天堂條款。

0109 全球移轉訂價策略與製作文件的操作原則

　　跨國企業集團在面對不同國家各式各樣有關移轉訂價的法律與規範，往往十分頭痛；雖然OECD制定了相關的指南，但不同國家均有其特殊社會與經濟環境，所以在不同租稅管轄權區域，就移轉訂價方面規定納稅義務人所應製作文件內容的深度與廣度，均有相當差異，跨國企業可能須投入極大的心力與物力（尤其成本），來應付這些重複性的稅務管理需求。即使如此，也無法完全避免因為不同租稅領域內的稅捐機關的見解與認定不同，所造成重複課稅的問題。

　　在這種考量下，跨國企業必須謹慎的考量其所屬關係企業間的全球

移轉訂價政策，俾能在事前有計畫的制定全球整體策略，以評估不同租稅領域的法令與規範，透過功能分析，在合理有效的框架內決定各單位的有效移轉訂價政策。同時，亦應配合所制定的全球移轉訂價策略，編製必要的全球移轉訂價核心文件（Global TP Core Documentation）及同期紀錄文件，以免功虧一簣。

通常在編製必要的同期紀錄文件時，應依照下列三項操作原則製作，以避免發生所謂因移轉訂價相關製作文件方面的罰則。這三項操作原則（operative principles）如下：

● 參酌不同課稅領域內的規定，跨國企業應盡合理的努力，建立符合常規交易原則的移轉訂價政策。

　這項原則所指「合理的努力」，包括對受控交易的分析，以尋找與非關係企業間按常規交易從事的可比較交易，選用適當的移轉訂價方法，以產生符合常規交易原則的結果等。

● 應將符合常規交易原則所盡「合理的努力」予以詳細記錄，並作成同期紀錄文件檔案。

　這些文件是跨國企業用來證明已盡「合理的努力」的證明文件，而且這些文件有助於納稅義務人在與稅捐機關協調，或配合審查過程中減少不必要的爭議問題。尤其稅捐機關往往是在申報後一段時間才開始進行審查，而審查時的環境與交易發生時的時空環境，可能已發生變化；另外，這些文件亦可對評估與考量受控交易，其所適用常規交易原則的內涵有所助益。

● 跨國企業應於規定期限內，提示所謂同期紀錄文件。

　當稅捐機關要求時，納稅義務人應依規定時間內提示各項文件。稅捐機關依法可要求納稅義務人提示有關文件，以檢驗所用的移

　　轉訂價是否符合常規交易原則。

　　世界上許多國家亦注意到跨國企業，在移轉訂價規範上所遭遇到的困擾，在此情形下，除依租稅協定所賦予的溝通協商管道外，亦主動透過協商，建立多方認同的共識，以使跨國企業能在具體一致的架構下，作為遵循的依據。但通常這種共識，並不代表可以取代或推翻各國原有的法律規定。

　　舉例來說，太平洋稅務管理局協會（Pacific Association of Tax Administrators, PATA），成員包括澳洲、加拿大、日本及美國等四國，針對有關移轉訂價所應準備的文件，頒訂了一套準則，以供納稅義務人遵循，據以準備一套可適用該四個國家移轉訂價法規定要求的文件（Transfer Pricing Documentation Package，簡稱Package）。PATA的該四成員國已經認同，若跨國企業已完全遵循該套Package所要求的準則，即可滿足該四個成員國有關移轉訂價法規的文件要求，亦因此可避免其移轉訂價法規所規定的罰則；但符合這套準則所編製的文件紀錄，並不意味即可免除稅捐機關依法所作的調整。

　　茲將有關Package的編製列於附錄六，基本上，此份要求文件是參照OECD指導方針第5章所訂定。

第2章　公司間資產移轉的類別

0201 前言

公司間交易的類型有很多種，包括有形資產與無形資產的轉移、服務的提供，以及公司間之融資及租賃的安排，甚至交換（例如，提供服務以交換資產或股份）。特別值得注意的是，交易的實質（substance）是決定交易本身是否真正發生，而非僅以是否開立發票來證明。舉例來說，母公司的主管可能會經由電話，提供子公司經營者各項管理服務。在這種情況下，提供諮詢服務的一方乃是支付員工薪資、電話等費用的一方（即母公司），而該項服務的價值則由接受建議的一方（即子公司）獲得。因此，即使這時候沒有針對該項服務收費，從移轉訂價交易的觀點而言，交易卻已發生。各國移轉訂價的法規要求關係企業間當發生資產移轉或服務提供時，相關的一方應給予另一方適當的報酬。至於適當的報酬，幾乎全世界都以「常規交易原則」為評定基礎。

0202 常規交易原則

簡言之，「常規交易原則」是希望公司間的每一項交易，都能按與非關係企業間的交易價格計算，並給予對方合理的報酬。雖然這項原則如此簡單，但是按常規交易原則所計算的報酬應該如何決定卻非常困難。影響常規交易原則決定報酬的因素，包括交易的類型，以及與該筆交易相關的經濟環境等。這些因素除了影響報酬的高低之外，還可能影

響到付款的方式或其他交易條件，比方說，一筆交易價款究應採一次付清，或是以事先約定採分次支付權利金的方式，均有其不同考慮因素。

本章將對公司間的各種移轉交易類型，以及支付這些交易的合理報酬時，所可能應用的常規交易原則做摘要式介紹。第3章與第4章則會有更詳盡的討論。

0203 銷售有形資產的定義

有形資產指的是企業的所有實體資產。原料、在製品及製成品的互為銷售往往占據關係企業間有形資產移轉相當大的比例，即「存貨銷售」（請參考第2章第5節0205）。另外，很重要的一點是，「有形資產的銷售」除了存貨銷售外，尚包括企業所有日常生產活動中所使用的機械與設備銷售等。

我國移轉訂價查核準則規定，有形資產指商品、原料、物件、在製品、製成品、副產品、短期投資、有價證券、應收帳款、應收票據、應收債權及其他應收款、固定資產、遞耗資產、長期投資及其他有形資產。

0204 機械與設備的銷售

關係企業間母公司常將機械與設備，提供給負責生產製造的子公司使用，這可能是母公司支援子公司的方式之一，也可能是母公司另起爐灶，將完整的生產線出售給新設立之子公司，並要求子公司提供生產服務。機械與設備的來源，可能是向非關係企業購得、或由母公司製造，亦或是為母公司（或其他負責製造的子公司）所淘汰的舊設備等等。一般而言，一個國家的租稅法令都會要求出讓設備（不論設備新、舊，自製或購買而來）的一方，依常規交易的原則計算對價，而此對價通常依

機械與設備移轉當時的公平市價（fair market value）決定。

　　儘管一般廠房和設備移轉的租稅課徵原則一如上述，但值得注意的是，在不同的情況下，租稅的課徵方式可能依情況之不同而有所變動。例如企業進行重組時，或是尚未公司化的企業（或是某公司的海外分公司）擬改制為公司時，可能採行不同的租稅課徵方式。有些國家對於以公平市價做整廠輸出的企業，以本國法律或租稅條約提供遞延課稅的獎勵措施。需要考量的另一種可能性是整個企業的移轉，亦即一批資產、相關負債和商譽或無形資產，相對於工廠或機器以零星方式移轉等，所引起的相關課稅規定。

0205 存貨銷售

　　存貨銷售一般分為三種：即原料、在製品及製成品的銷售。不論是那一種的存貨，都可能由賣方自行製造，或購自第三方再進行轉賣。

　　稅法通常規定關係企業間的存貨銷售應採常規交易原則。理想上，常規交易原則計價應直接參考「可比較產品」（comparable products）的交易價格來加以訂價。所謂「可比較產品」，係指在非常相似的經濟環境下（也就是影響交易的市場條件相似，或各類非關係人間的企業功能、風險承擔及所發展的無形資產等，與關係人之間從事的活動相似等），非關係企業（unrelated parties）所買賣相同或非常相似的產品。

釋例

　　假設美商WI係透過其英國子公司WL在歐洲進行製造與銷售。WL製造之單一產品Snerfos的原料，乃是採用WI所生產之半導體晶片，以及經由WI全球契約所購得之電晶體，還有WL於英國當地向第三者所購得之包裝材料。此外，測試用的儀器設備為WI所有，由WI提供給WL使用。

在此範例中，WI與WL之間有三種公司間有形資產之銷售行為：
- 測試儀器之銷售；
- 半導體晶片之銷售；
- 向非關係企業購得並轉售給WL的電晶體。

以上不論是那一種銷售，均應採取常規交易原則決定交易價格，每一筆交易都需開立發票，WL亦應按實際發票金額支付價款。

在本文決定存貨移轉可比較性的重要考量因素是，關係企業與獨立企業之間營運資金（working capital）的投資水準，此一投資水準決定於付款條件及存貨之交付週期（lead time）。在常規交易中，未受控之個體期望賺取所需資金之市場報酬率，因此，利潤受到投資於營運資金之不同水準所影響，成為調整移轉訂價的依據。

0206 無形資產的移轉的定義

若某家公司的獲利長期以來均超過市場的通常水準，就長期一般市場情況而言，應不會發生這樣的情況，追究其原因，可能是經濟學家所稱的市場進入障礙（barrier to entry）所造成。

「市場進入障礙」指的是防止或阻礙競爭對手順利進入市場的障礙因素；換句話說就是延長壟斷或獨占控制市場的時間。

有時候進入障礙可能為無形資產所有人或創造人取得絕對獨占（absolute monopoly）的情況。舉例來說，美鋁公司（Aluminum Company of America, ALCOA）擁有全球鋁礦砂的來源（鋁礦砂是製造鋁的關鍵原料），在美國法院命令其放棄部分原料來源之前，它在鋁的製造上一直占據了絕對獨占的地位。另一個例子是禮來大藥廠（Eli Lilly），這家製藥公司擁有Darvon這項藥品的專利權，所以對手在其專利權失效之前，都無法開發可與其競爭之藥品。

就公司間訂價的領域而言，進入障礙是一種「無形資產」；無形資

產包括企業的商譽、專利權、品牌和商標、智慧財產、許可證照、出版權、提供服務的能力等諸多資產。一般而言，本質上無形資產並無實體存在，有產生將來利益之能力，可個別辨識，且受法律保障。

可產生獨占或幾乎獨占的無形資產，有時稱為超級無形資產（super intangibles），目前在移轉訂價領域中，引起相當大的關注。美國自從1986年稅務改革法案（Tax Reform Act of 1986），以及之後的白皮書、臨時規定與最後定案之移轉訂價規定與罰則實施後，公司間「超級無形資產」的合理權利金價格，就成為移轉訂價的重要議題（請參考第11章有關美國現行規定的詳細討論）。如果無形資產不會造成獨占，亦即與無形資產相關的產品市場非常競爭，則這類的無形資產有時候稱為「普通無形資產」（ordinary intangibles）。

0207 無形資產的兩大類型：製造與行銷

就移轉訂價而言，無形資產一般分為兩大類：第一類為製造上的無形資產（manufacturing intangibles），指由製造活動或製造商的研發行為中所產生的資產；第二類則為行銷上的無形資產（marketing intangibles），指由行銷、經銷與售後服務等行為中所產生的資產。

0208 無形資產移轉的四種模式

無形資產在關係企業間的移轉有以下四種模式：

● 有對價之賣斷移轉；

● 無對價之移轉，例如贈與；

● 以權利金為報酬之授權（基於營收之某一百分比或產品數量計算而一次或分期付清）；

● 免權利金之授權。

一般而言，各國的稅捐機關都不接受無償的移轉交易行為，除非該資產的所有權與開發規劃之地點係位於租稅天堂，或企業因為重組而獲得特別的稅負減免；不過這些例外不在本書中討論。經由授權方式產生的無形資產移轉非常普遍，也是本書將要討論的主要移轉方式。

如同有形資產的銷售規則，無形資產的銷售也須依照常規交易原則，於銷售發生時該資產的公平市價為計價標準。但這項原則有一重要的例外，基於稅務上的考量，美國並不接受無形資產按一個固定價格賣斷出售的概念。由於當今美國在世界貿易占有重要地位，加上美國內地稅務局（IRS）在全球的移轉訂價議題上具有相當大的影響力，因此，這項例外值得特別重視。

0209 製造上的無形資產

製造上的無形資產，主要分為已獲得專利與未獲專利保護專業技術（technical know-how）。專利為政府授與之權利，保障發明人之發明在一段特定時間內不會受到他人的使用，保障時間依國家而異，同時也依產品而異。專利保護可能形成有效的市場障礙，但有時它的成效可能是有限的。以產品專利為例，有效的市場障礙可能在專利有效期限內造成絕對的壟斷；相反地，若受專利保護的技術可被克服，或此專利僅是產品技術中的一小部分，則產生的市場障礙相對就較低，例如製程專利。

專利移轉給關係企業時，一定要瞭解該專利所附有的壟斷威力，這對於移轉者所應獲得的常規交易原則報酬非常重要，因為專利如果能提供所有權人市場競爭的較多保障，它自然就比較有價值。

專業技術知識是製造商所累積使其能產製產品的特定知識。有些產

業的專業技術知識價值不高，所以非關係企業間交易移轉時所產生的權利金非常低廉；但在某些產業裡，專業技術知識卻具有非常高的價值。

釋例

　　聯合晶片公司（Consolidated Wafers Ltd., 簡稱CWL）設計並生產半導體，其研發部門設計出一種速度快、耗電率又低的記憶晶片，CWL在這個晶片的製造上擁有絕對壟斷的能力，直到有一家競爭同業者對該晶片進行「逆向工程」（reverse engineering），並在市場上推出複製品後。這時，CWL在市場上能否成功，完全要看它是否能比同業生產成本更低（產值高）及品質更佳的晶片（一般而言，半導體產業整個研發過程約在兩年以內）。

　　本例中關於製造的無形資產在產品生命週期中，不同時點所具備的價值不盡相同。一開始，晶片的設計是其市場成功的關鍵。該設計為CWL獨家擁有，但卻沒有受到專利保護。當競爭者推出另一版本的晶片時，對CWL而言，其最大的無形資產則在於它是否有能力改進產品品質，並且降低生產成本。這兩者都是半導體業的成功關鍵。

　　因此，在此例中決定無形資產的價值，與CWL原創設計在市場上完全壟斷的時間長短有關。能夠長時間壟斷的無形資產，一定比短時間壟斷的無形資產更有價值。壟斷時間愈長，所有權人能利用其壟斷地位的時間就愈長，並可在這段時間內以專業技術知識或行銷方面無形資產（例如商標）的形態發展出其價值，使其在專利的保護期限到期後，仍能在非完全競爭市場（Imperfect Competitive Market）中擁有一席之地。

　　此外，在此例中生產高品質、低成本產品的能力，對CWL長期發展來說非常重要。因為沒有這項能力，CWL將不具市場競爭力。目前市場中類似此例的無形資產產品不勝枚舉。

0210 行銷上的無形資產

　　行銷上的無形資產，包括商標（trademarks）、商號（trade names）、企業商譽、成熟的業務團隊，提供服務及訓練的能力等，還有其他種種不僅限於這些項目的無形資產。

商標是一種以名稱或圖案等形式，便於讓消費者清楚辨識有別於其他品牌的產品標章，而商號則是組織營運所使用的名稱。我們一般都將商標與商號視同相似的意義，不過商標是「產品」屬性的無形資產（product-specific intangibles），而商號則是「公司」屬性的無形資產。由行銷及業務單位將一特定產品推出市場建立品牌名稱，隨產品生命期演變，將其價值從無到有建立起來，該產品之品牌名稱即為一種無形資產。這對於公司間之計價非常重要，因為產品在推出市場前，該產品的商標一般而言是沒有價值的（即使已有類似高價值產品在市場銷售）。

公司屬性的無形資產（company-specific intangibles）則是應用於公司行銷的所有產品上。例如，「全錄」（Xerox）就是由全錄公司（Xerox Corporation）所製造、銷售之影印機。其實，Xerox一字在市場中已經成為「影印」的同義詞。品牌（brand name）的威力能使既有的產品或新產品，在一推出市場時就立即擁有價值。

企業的名聲代表公司累積的商譽，而商號有時就等於是商譽的代表物。名聲佳的企業較有可能擁有成熟的業務團隊；這表示訓練有素的業務團隊對公司、客戶與產品都非常熟悉，而且銷售能力非常有效率。對某些產業而言，售後服務與產品使用訓練極為重要。其實，在某些產業中，這類型無形資產正是讓企業能夠屹立不搖的關鍵。

釋例

德國肥皂（Deutsche Soap, AG; 簡稱DSAG）生產並銷售各式肥皂給工業用者，該公司的產品沒有專利，但其製造方式歷史悠久、眾所皆知。DSAG的客戶為工業界的客戶，他們仰賴DSAG的技術協助，若遇到麻煩的清洗問題，也會請求DSAG給予建議。DSAG的業務員全天候24小時接聽電話，並在客戶需要援助的半小時內予以回應，他們有一套自己的訓練計畫與服務

手冊。

　　DSAG決定要在法國設立一家100%持有之子公司，該子公司會購買DSAG德國公司製造的產品，並負責法國市場的銷售與服務。DSAG會訓練法國子公司的業務團隊，並提供該公司的服務手冊給每一法國業務員。

　　就關係企業間訂價的觀點來看，DSAG無形資產的價值在於「對客戶的服務能力」，所以在這項無形資產移轉給法國子公司時，子公司應該依照常規交易原則支付德國母公司合理之報酬。

0211 混合式無形資產（Hybrid Intangibles）

　　在現實社會裡，我們無法將每項無形資產都清楚的分類為製造方面或是行銷方面的無形資產。有些無形資產，同時具有製造及行銷二者的特性。例如，公司的商譽可能源自其多年來高品質的產品，並居於業界領先的地位，因此，該公司之商譽顯然就是一項製造上的無形資產。

　　再舉另一個例子，假設有家公司的名聲源自它之前所做的成功廣告，客戶或潛在性客戶就會將該公司與其成功的廣告聯想在一起，比方說，「金色拱門（The Golden Arches）」（麥當勞），而「教世界怎麼唱歌（taught the world to sing）」則是可口可樂的代表作。在這種情況下，公司的聲譽就是一項在行銷方面非常強而有力的無形資產。此類個案，公司大部分的價值歸屬於商號本身，例如BMW。

　　如果公司的產品是軟體，那無形資產分類的問題就更複雜了。軟體應被看成是銷售，還是授權（除了訂價考量外，還要考慮到扣繳稅款與所得來源的問題），二者之間並不容易區別。然而，在大多數情況下，當軟體移轉給客戶時，基本上業已同時隱含銷售與授權二項特性在內。

　　如果軟體被定義成一項無形資產，則接踵而來的問題是該電腦軟體應為製造或行銷方面的無形資產。不論最終的答案為何，公司間移

轉訂價最重要的問題是，「該項無形資產的價值是由哪一個事業體發展的？」該事業體應自任何使用該項資產者一方，依常規交易原則取得其應有的報酬。此一問題有不同之意見，某產品在一特定的、新開發的市場銷售，其成功是否來自於科技所引起的製造上的無形資產，亦或由於銷售努力所導致行銷上無形資產的開創。最近解決的葛蘭素（GlaxoSmithkline） Zantac藥品爭議是一項指標性的個案。

0212 服務提供的定義

企業提供關係企業的服務範圍相當廣泛，從一般的會計、法律或稅務服務，到複雜的無形資產技術支援等等。決定公司間的服務應如何收取適當的費用並不是件容易的事（在第5章中有詳細的介紹）。一般而言，世界各國都會要求公司在提供海外關係企業服務時，必須根據常規交易原則收取報酬。在很多國家裡，「常規交易原則」指的是服務的成本，並通常加上小幅度的利潤；此外，只有對關係企業有直接利益的服務，而所產生的常規交易支出才可在其所得稅申報時扣除（服務內容是否對公司有直接利益的認定也是一個重要問題）。

0213 服務種類的範例

關係企業間服務的提供，基本上有以下5種方式：

● **例行性的服務**

這像是會計或法律等不牽涉無形資產移轉的服務。此類服務，依常規交易原則的收費方式計價時，多以「成本加價」作為基礎。至於「加價」的幅度，則要視服務之附加價值與市場競爭狀況而

定。就公司間交易而言，許多國家允許成本加價的計價方式，但通常加價幅度不大，一般都在成本的5%至10%之間，但是也有少數國家不允許有加價的部分，甚至有限制這項作法的規定。

● 技術支援服務

服務也可能與無形資產移轉之技術支援有關，通常不是製造就是行銷的技術支援服務，其中以製造方面的支援服務較為常見。在常規交易合約關係裡，授權合約會搭配某程度的技術支援（不額外收費）。如果有必要提供更進一步的服務，則依常規交易基礎所訂的技術支援服務合約，通常亦會允許另外支付報酬，其計算方式，一般都以按日（per diem）津貼（本身即為成本加價為基礎再加上代墊雜費（out of pocket expenses）來計算。

● 技術服務

服務本身可能就具有技術性（與製造、品管或技術行銷有關）且可獨立提供者，這種服務在公司間移轉相關無形資產時，並不搭配轉移或銷售。在這種情況下，只有實際的技術服務提供時，才需依常規交易原則收取相關報酬。

● 新據點開發的服務

如果重要的員工被派往管理新據點而離開母公司時，有些國家的稅捐機關會認為這是一種無形資產的移轉。例如，如果海外成立新的製造工廠，母公司通常會派遣主管至新工廠擔任經理，以便輔助新工廠進入狀況，同時訓練當地的員工來接棒。然而，在當地員工能完全接棒前，這樣的情形通常須持續3至5年。稅捐機關

採取的立場是，該名外派主管的知識與經驗係為母公司持有之無形資產，所以應收取使用該無形資產的報酬。在非關係企業間的常規交易時，若新成立之製造工廠可輕易在當地聘請到適當的經理人選時，則該名經理的薪資應以當地市場價格來決定，且無支付任何人權利金的問題。因此，就跨國企業集團而言，此種新據點開發服務應無權利金的問題，子公司最多只是針對該名外派主管的成本支付母公司費用。

● **專業諮詢服務**

當海外關係企業需要母公司的專業，才能管理本身業務時，包括訂定營運策略等，則上述四項的服務種類可能混合發生。在此情況下，兩者的實質關係為母公司管理該海外關係企業時，並未投入或投入極少的當地資源。因此母公司所在地之稅務主管機關在此種實質關係下，可以輕易得知，由於該海外關係企業只是代其母公司執行服務，例如委託製造或製造商代表之約定等，所以，該海外關係企業從母公司可獲得的利潤是非常有限的。

0214「股東」服務（Shareholders Services）的相關問題

從移轉訂價的觀點來看，母公司（或在企業集團內進行協調服務的公司）所進行的服務活動，不一定須由相關的公司付費。因為這些活動可能是母公司身為股東的角色與利益而理所當然提供的，並非對子公司提供有價值的服務。

1996年OECD報告的第7章對這一類的服務有所定義。公司在檢討服務之移轉訂價政策時，務必要徹底檢討這個問題，以瞭解母公司所提供

之服務是否直接對一方或多方有利、是否係重複子公司所執行的工作、或代表股東利益的活動，然後進一步評估子公司是否能針對相關支出獲得稅負抵減。

　　所謂直接有利的服務是指對接受之一方有直接性利益而言，例如，母公司為一家關係企業製作原始帳簿與紀錄，這種會計服務就對該關係企業有直接性利益，因為它可以基於該項服務編製自己的財務報表等。集團內部服務提供，公司間收費的付款的正當性，取決於提供經濟或商業價值活動給相關個體，是否提升它的商業地位。決定類此活動是否付款，可以考量獨立企業在類似情況下，是否願意支付款項給第三者或公司內部單位所執行的活動。未能符合這些條件的活動，不能視為企業集團內部的服務。

　　重複執行的工作是指原本一家公司本身應執行的工作，而由其關係企業「重做」（通常是母公司）其作業。比方說，因為母公司不信任子公司所作當地市場調查結果，所以母公司重新進行調查，在此情況下，母公司不得要求子公司支付該調查之成本。可是，如果可以證明是子公司要求母公司再次進行調查，以確認其行銷調查之結果無誤，則母公司所提供的重複性的服務對子公司是具有價值的，情況就會有所不同。

　　股東服務是指為保障股東投資之利益所產生的服務，以及關於母公司之法律架構、母公司之報告規定或資金調動成本等相關活動。這些服務可以管理服務區分，這是更寬廣的專有名詞，與企業集團間執行的活動範圍有關，假如在正常情況下預期常規交易付款，謹慎評估以便決定是必須的。在可比較的事實與情況下，非關係人願意為對方所提供的服務或執行的活動支付款項，是決定是否為有價值的服務之依據。

　　例如，根據關係企業客戶在外包契約規定關於品質管制特別條件，

服務提供者必須有所作為。為了這個目的，母公司可以把管理相關子公司的工作交給它的員工。在此一案例，管理行為包括從服務提供者的人事簡報，到確保服務符合母公司規定，以及外包運作的監控，其目的在保護接受服務者的利益，亦即母公司的利益。在此案例下，顯然母公司在保護本身的利益，而不是為關係企業提供服務，因此，不必因獲得的外包廠商的服務而向母公司支付服務費。

各種不同的支出類型範例請參考表2.1。

表2.1通常由母公司所引起之成本	
典型的管理工作（stewardship）支出	典型之受益性（beneficial）支出
重複性的覆核工作或子公司業已執行的活動的成本。	子公司準備營業計畫，且非因重複性功能所產生的成本。
定期視察子公司及為管理投資所執行的一般性覆核子公司的績效的成本。	非重複性之子公司人事管理計畫與實務之檢討或建議之成本。
為符合母公司股東的報告要求或法律規定，但子公司如非屬關聯企業集團之成員即不會發生之成本。	非重複性之監督子公司遵循當地稅法和法律規定之成本。
母公司為持有子公司所有權所發生的融資與再融資成本。	子公司當地國法律規定對子公司實施內部稽核，且非因重複性功能所產的成本。

釋例

美麗浴缸（Beautiful Unique Bathtubs SA，簡稱Bubble）為一家法國公司，在法國生產浴缸後，轉售至歐洲各地之關係企業。Bubble自行發展浴缸製造之無形資產，而且在法國與瑞典的工廠內完成所有的製造流程。Bubble製造浴缸的技術非常獨特，因為浴缸會在其表面濕潤時產生泡泡，這項特殊的製程技術，經法國母公司授權給一家加拿大的非關係企業，代價是每年獲得銷售額5%的權利金，而每年Bubble需免費提供這家公司10個工作天的技術支援。

法國母公司與瑞典關係企業間已簽署浴缸製造之授權合約，法國母公司同意針對技術執行方面提供10個工作天之諮詢服務，代價則是銷售額5%之權利金。今年，Bubble的技術人員共花了15天的工作日，協助瑞典子公司製造部門的員工。

此外，Bubble也發展出一套獨特的行銷手法，同時允許英國、愛爾蘭與義大利的關係企業使用其手法行銷產品。行銷策略由法國母公司發展，稍後再由每一負責銷售的子公司依照該國文化特色做修正，Bubble的總裁也會於每一季拜訪各子公司評估績效。

在此範例中，法國母公司提供了三種服務類型：
（1）提供瑞典子公司在製造技術上的技術援助；
（2）提供所有負責銷售的子公司行銷支援；
（3）總裁每季之定期評估。

由於母公司提供瑞典子公司的技術服務工作日，比一般非關係人的日數，超過5天，所以可以針對這5天，以成本加價的計算方式收取費用。而提供各行銷子公司的行銷支援也應以成本加價的方式收費，即使收較高的「加價」也可能因考量專業的行銷手法的價值而被認同。

至於總裁的固定式拜訪不屬於子公司直接受益的部分，所以不應向子公司收取費用，總裁的行為屬於股東支出。

0215 融資交易

關係企業間的常規交易原則亦適用在關係企業間之融資安排。為了確定融資交易條件是否依常規交易原則，分析其中一方（通常是母公司）如何提供給另一方的融資方式是相當必要的。

關係企業之間的融資交易受到下列因素影響：
● 貸款利率（包括是否為固定或浮動利率）；
● 貸款額度；
● 幣別；
● 借款者之信用（包括該貸款是否提供任何擔保在內）。

　　稅捐機關可能對於關係人之間借貸所收取之利息是否符合常規交易利率而進行查核（關於貸款利率的合理性請參考第5章第50節（0550））。借款者所在國之稅捐機關則可能會質疑獨立之第三方是否會在相同情況下，以相同的利率提供借款人資金。在評估此問題時，當地稅捐機關可能會同時參考該借款者之負債與股東權益比例。

　　如果借款利率經查核後發現太低，則貸款者可能會被所在國之稅捐機關視同有額外利息收入（即設算利息收入），而對這筆設算收入課稅。

　　但稅捐機關若發現借款者支付的利息太多（因為利率太高或貸款金額太高），稅捐機關則可能會採以下方式處理：

● 剔除應計或已付之利息，以降低所得之扣抵，增加當地稅負；

● 將支付之利息重分類為股利，以增加股利之扣繳稅款。

　　如果查核的結果，發現關係企業的借款金額超過非關係企業之第三方所願意貸放的額度，則該借款者可能被認為有「資本弱化」（thinly capitalized）之情形。很多國家尤其是已開發國家，針對「資本弱化」都有特別的規定或作法。至於每一國家在這方面的規定為何，並不是本書討論的範圍，故在此不擬深入討論。但無論如何，它是一項關鍵因素，因此在建立任何國際的融資架構之前，一定要仔細研究相關國家「資本弱化」之規定與作法，並評估負債權益比例是否在法律允許範圍之內的「安全港」（safe harbor）。

0216 短期資本融資的需求

　　公司在初創期或快速擴張期，對短期資金的需求最大。母公司若新設子公司，並想提供該子公司短期融資時，通常可利用以下方式來源籌

措短期資金：

- 公司間應付與應收帳款；
- 關係企業之預付資本；
- 延長存貨購買或銷售的信用期；
- 關係企業作保證人的貸款。

　　長期而言，策略性之研究發展支出成本係集團進行擴張時相當重要的一個議題。為分散這項費用支出，並直接利用海外獲利來支應此支出的方法為「成本分攤」（cost-sharing）。

　　在沒有明確對「資本弱化」作出限制的國家，針對負債比例過高的關係企業，稅務當局可能透過當地稅法中一般性的反避稅法規（general anti-avoidance laws）挑戰納稅義務人，並質疑支付關係人利息合理性與合法性。也可能有其他限制，以防止利用長期借款籌措短期營運資金。

釋例

　　TLC是美國公司，最近在英國成立了新的子公司（TLUK）。TLC製造特殊系列的枕頭，可讓小孩在躺下後十分鐘之內進入夢鄉。這種特別枕頭在美國很暢銷，但在英國市場才推出不久，而且銷售業績不佳（英國小孩沒有無法入睡的困擾）。母公司把枕頭賣給負責行銷與配送的TLUK，這家子公司目前的營運費用高於銷貨收入，所以存在嚴重的現金流量問題。這些問題可能的處理方式如下：

（1）公司間應付與應收帳款

　　母公司已將發票開給TLUK，但是要等到這家子公司付得出款項時，再進行收款。如果收款期限很短（即不超過枕頭業界一般給予經銷商的付款時間），這就是可以接受的收款方式。但是在很多國家（尤其是美國），公司間應收帳款尚未收回的期間若超過一般商業交易可接受的標準，就會

被歸類為貸款，並視同有利息收入的發生。

（2）預付資本

　　TLC可能貸款給子公司作為短期資金之融通，並收取利息。這種作法是可行的，除非TLUK的借款額度遠高於股東權益，當地的稅捐機關可能認為該子公司有資本弱化的情形。在此情況下，稅捐機關可能對全部或部分借款重新分類為股東權益。在子公司階層，稅捐機關認為母公司不是收到使用資金的利息，而是收取子公司的股利。這樣的重分類表示，TLUK沒有因利息支出而獲得稅負上的扣抵。再者，當涉及扣繳稅款或設算稅額扣抵時，稅法對利息的處理往往不同於股利。

（3）母公司作銀行貸款保證人

　　TLC擔任非關係之第三人，例如銀行，所提供貸款的保證人，子公司需支付母公司保證人費用。貸款基本上是子公司的責任，必須由子公司負責償還。在實務上，和母公司直接貸款給子公司相較，雖然子公司遭受稅捐機關質疑的風險較小，但是假如沒有母公司的擔保，子公司不可能獲得借款，這是資本弱化問題的潛在原因。

0217 市場占有款項

　　除了上述第15節（0215）與第16節（0216）討論的融資方法外，還可以考慮採取市場滲透（market penetration）或市場維持（market maintenance）的機制。

　　在此情況下，製造公司將關係企業的銷售市場作為自己的市場，也就是說製造商希望將業務拓展至新的市場。由於它的產品之前並沒有在新市場銷售過，所以必須透過行銷手法來占有市場，包括廣告或減價（亦即達到一定銷售水準後給予價格折讓），這些成本應由製造商而非經銷商承擔。

　　支付市場滲透款項可由下述兩種方式達成：一種是整筆支付，以作

為市場滲透的成本；另一種是在市場滲透時期以移轉價格的方式降低價格。在此要特別提醒，完整的書面文件證明是非常重要的，該文件必須能夠說明這項策略的正當性，而且更重要的是要確定任何整筆支付的款項都能使付款者當做稅務上的扣抵。另外，透過移轉降低價格的方式應該只是暫時性的而不是永久性的作法，否則子公司最終的利潤可能會變得太多而造成往後移轉訂價政策的問題。

公司如果受到競爭威脅必須採取回應時，企業維持市場的機制就會開啟，作法可能包括降低價格，或大幅增加行銷活動，最終目的是為了維持市場占有率。而這類機制之活動支出資金來源，可以和市場滲透一樣經由整筆支付或由降低移轉價格之方式達成。

0218 成本分攤

成本分攤經常被用在公司須進行必要的研發活動但卻苦無經費時，此時便以共同負擔成本的方式將必要的支出分配與關係企業。例如，企業集團中如果研發部門設在母公司，在母公司國內獲利下滑的情況下，提供研發之資金可能就會出現問題。但是，如果該集團在其他地點的子公司之經營獲利，母公司就可與子公司訂立成本分攤合約，允許獲利的子公司共同為集團的研發活動出資。

成本分攤計畫對於集團的獲利以及各國的租稅策略均有長遠的影響，參與成本分攤協議的公司以其對研究所作的貢獻換取知識創新的利益，以及有權要求分享共同研發所獲取的利潤。再者，公司以買進付款方式加入成本分攤協議可能是必須的。若參與公司希望離開業已存在的成本分攤協議，則相對的必須收到截至退出日無形資產研發價值的買斷付款。

0219 長期資本融資的需求

長期資金需求可依下列方式融資：

- 抵押借款；
- 融資租賃；
- 股本挹注；
- 長期借款（關係企業間或與獨立第三人之間）；
- 盈餘轉增資、在市場上發行債券或採用其他金融商品（在此不進一步談及與獨立第三人之間的相關活動）。

0220 抵押借款

以購買土地而言，企業可採一次付清或透過抵押借款的方式來完成；所謂抵押借款，即以土地為擔保，將該筆土地的總支出分期或分年付清，而且借款的利率可能比無擔保的貸款利率為低（包括短期與長期貸款）。因此，經由這種方式籌措資金比其他債務融資有利。

如果抵押借款是由關係企業取得，則其利率與條件通常應與向非關係企業取得相同。

0221 融資租賃

子公司可能會向關係企業或非關係企業承租資本設備，這表示子公司沒有針對該資產作一次付清，而是分期或分年支付。由於承租者係以租賃方式使用資產，故不用承擔資產所有權的風險。如果租賃資產的對象是來自關係企業，則其利率與付款條件應與向非關係企業租賃一樣。有一件事情必須考量，究採營業租賃（資產實質風險與報酬仍歸屬於出

租人）或融資租賃（資產的最終所有權移轉給承租人）及據此訂定租賃價格。

0222 股本挹注

母公司可以透過認購子公司股份之方式，提供子公司所需的資金。這也是母公司提供子公司長期融資需求最直接的方法。但是當面臨需求快速改變時，這種方法要調整也比較慢，特別是公司可能因當地法規的限制而無法輕易減資。

子公司與母公司之間的股利政策，通常是稅捐機關對公司間交易審查時較不感興趣的一個領域。但有關當局仍然有可能質疑子公司支付給母公司款項的正當性(例如在沒有支付股利的情形下，子公司持續支付母公司權利金或利息)，或者是質疑子公司有資本弱化之虞。

從規劃的角度來看，有時採溢價發行股票較以面值發行為佳，因為有些國家允許子公司就其股票溢價的部分歸還給股東，但減資則需經過複雜與正式的法律程序，有時甚至完全不可能達成。但透過這樣的安排所獲得的彈性，有時可能會弱化資產負債表的體質。值得一提的是，母公司若希望可以早點贖回股份或保持一個較簡單的減資或權益買回機制，子公司可考慮發行可贖回的優先股或其他類似的權益證券的可能性。另在優先股通常有股利分配或剩餘財產分配的優先權。

0223 長期關係企業間借款

不論是否為擔保放款，母公司通常有適度財務彈性將資金貸給子公司。大多數母公司所在的國家都會規定，母公司應針對借貸的條件、額度與子公司信用風險，依照常規交易原則收取利息（請參考第5章第

42節（0542））。就子公司而言，利息支出一般都能享有稅負扣抵，但是許多國家稅捐機關愈來愈注意到「資本弱化」的問題，所以母公司在貸款給子公司之前，務必要特別注意子公司所在國關於借款比例的規定，並瞭解兩方所在國之間是否有簽署租稅協定（tax treaty）。

0224 其他的融資技巧

上述第15節（0215）至第23節（0223）中所討論有關融資決定適當計價問題，同樣適用在更複雜的融資技巧上，如高折價放款（deep discounted loans）、混合性融資安排（hybrid financing arrangements，即該融資工具在一國之課稅以權益為基礎，但在另一國卻以負債為基礎）、融資交換（swaps）等。在這些情形下，納稅義務人必須仔細分析交易各方之責任與風險，才能得知各方所應得之正當報酬，與決定常規交易原則下所定的報酬方式。這類的分析過程，基本上就像是銀行要與客戶進行特殊安排時需設立條件一樣，也像是金融工具在交易市場上所進行最後的訂價過程。

0225 彈性管理資本需求

現金由一地流通至另一地是非常簡單的。跨國企業有機會可以在各國向股東、機構投資人與銀行籌措到外來資金，並在各國擁有獲利機會。上述第15節（0215）至第24節（0224）僅針對母公司融資給子公司做一般性介紹，其實集團內之子公司彼此之間也有機會透過像比利時協調中心（Belgian Coordination Centre）這樣的低稅率實體（entity taxed on a low basis）安排融資。而類似的訂價原則也將適用於這樣的情況。

第3章　OECD的工作成果與其他國際團體：交易背景及以交易利潤為基礎之移轉訂價方法

0301 前言

OECD成立之宗旨

OECD為經濟合作暨發展組織（Organization for Economic Co-operation and Development）的簡稱，根據其協定記載，OECD成立於1961年，其成立宗旨如下：

1. 達成高度可持續之經濟成長與就業機會，並不斷提昇會員國之生活水準；
2. 達成健全的經濟擴展；
3. 透過多邊合作，以公平態度為基礎，共同致力於世界貿易發展。

OECD會員國名單列於本章最後。

OECD移轉訂價之報告和方針

1960與1970年代，美國與少數其他國家的稅捐機關開始將注意力轉移至關係企業間移轉訂價的問題上。OECD的會員國也體認到，針對關係企業間移轉訂價提供普遍性的指標，將有助於避免國際貿易上雙重

課稅的負面損害。因此，OECD針對移轉訂價作出報告，其中美國的經驗具有舉足輕重的影響力。

報告中的規範（即OECD指導方針）是在OECD工業與貿易聯合委員會（Industrial and Trade Union Committees）協助下完成，除了參考該領域專家多年的專業經驗外，也納入稅捐機關與會員國所在地之跨國企業的建議。OECD指導方針所反映之基本原則是，所有關係企業的內部交易都應該以「常規交易原則」進行。幾乎所有已開發國家的稅捐機關，針對關係企業間的移轉訂價都採取常規交易原則。在多數的情況下，常規交易原則於經過簡單的認可OECD所制定規範後即可達成。但某些國家，則是已訂立詳細的相關法令及輔助規章。

OECD指導方針的修訂

由於國際貿易環境不斷改變，再加上考量美國移轉訂價法規（接續1986年的租稅改革法案）關係，OECD主要會員國之專屬委員會便開始著手更新於1979年發表之《移轉訂價與跨國企業》報告（註）。若缺乏一套普遍為各國所接受的規範，主要已開發國家稅捐機關恐怕會因移轉訂價政策不同的關係而產生明顯的衝突，這樣勢必會增加雙重課稅的問題。

1995年7月，OECD出版首次修訂過的規範內容，但是由於移轉訂價是一個相當複雜的領域，委員會無法在各個層面都達成共識。直到1996年，OECD針對「無形資產」（intangible property）與「企業集團

註：《移轉訂價與跨國企業》Transfer Pricing and Multinational Enterprises，OECD「財政事務委員會」於1979年發表，稍後發表之報告也觸及相關議題，尤其以1984年發表之《移轉訂價與跨國企業—3項租稅議題》（Transfer Pricing and Multinational Enterprises-Three Taxation Issues），與1987年發表之《資本弱化》（Thin Capitalization）最為重要。

的內部服務」（intra-group services）發表數篇文章，並在1997年發表「成本貢獻安排」（cost contribution arrangement）一文與有關金融工具全球交易稅務（The Taxation of Global Trading of Financial Instruments）論文草稿。接著在1998年2月，OECD針對其規範發表了兩篇新的附錄與「修訂字彙表」。附錄內容包含對OECD移轉訂價指導方針與商業界的參與提供了監督程序的指導原則，並以範例闡述該移轉訂價指導方針的內涵。在1999年，OECD 亦對指導方針發布了一篇有關在相互協議程序（Mutual Agreement Procedures，MAP）下的預先訂價協議（APAS）。OECD於2006年12月發行了《常設機構利潤歸屬報告》（Report on Attribution of Profits to Permanent Establishments）第1、2、3冊確定版本，該書係處理關於常設機構課稅的一般考量事項與對銀行及全球貿易的原則運用。

● 規範之重點

　　1995年發布之OECD指導方針的重點摘要如下：

　　1.採取常規交易原則，強調偏好使用傳統的交易基礎法（traditional transaction-based method）；

　　2.強調按企業執行功能、風險承擔與資產使用等界定可比較的程度（levels of comparability）；

　　3.引進以利潤為基礎的方法，稱為交易淨利潤法（Transactional Net Margin Method, TNMM）；

　　4.讓納稅義務人認知，須將移轉訂價的常規交易原則屬性作成書面的相關文件；以及為鼓勵稅法的遵循，稅法罰則所扮演的角色。

0302 常規交易原則（The arm's length principle）

在常規交易原則下，相關納稅義務人須對關係企業內部之任何交易，如同與非關係人交易一樣，訂定移轉價格。換句話說，移轉價格應該與市場上非關係企業之間的交易價格相同。

在OECD租稅協定範本（OECD Model Tax Convention）第9條中，清楚界定這項概念，此一範本也是諸多雙邊租稅協定訂定的基礎。OECD指導方針也體察到實務上通常很難取得充分的資訊來判斷是否遵循常規交易原則，但仍宣稱常規交易原則是複製公開市場條件的最佳理論。

於是如何決定關係企業的交易價格便成為議題而引發討論。

● 應用常規交易原則的指導

採用常規交易原則時，通常都要比較受控交易（controlled transaction）與獨立交易（independent transaction）的「條件」（如價格或毛利）。OECD指導方針允許企業使用與受控交易不完全相同的可比較條件，但是不得使用「未經調整的業界平均獲利」（unadjusted industry average returns）作為比較基礎。企業在進行一筆可比較交易時，應考慮的因素包括：

1. 交易標的資產或服務的特性；
2. 每家企業執行的功能，包括使用之資產及承擔之風險；
3. 契約條款；
4. 不同的經濟及市場狀況，例如不同的國家、批發或零售；
5. 商業策略，例如暫時性降價以提高市場占有率的策略。

比方說，如果某家子公司製造運動T恤後，賣給國外的母公司經

銷，子公司就必須針對該項公司間的交易設定運動T恤的價格。在常規交易的原則下，子公司在決定公司間交易價格之前，應該分析可比較的運動T恤製造商將產品賣給非關係企業經銷時，會是哪種價格。雖然決定常規交易價格可接受的方法有許多種，但每一種方法都應以可比較的交易為基礎。

● 交易分析

OECD指導方針說明決定或檢討移轉訂價時，應如何分析交易。

1. 稅捐機關應該檢視關係人之間實際的交易方式。

2. 雖然OECD指導方針希望能針對每一筆交易來檢視移轉訂價的適當性，但是也認知到這並不切實際，因此可能合併多筆交易來檢視移轉訂價的合理性。

3. 通常不可能只使用如價格或毛利等的單一數據做為判定，因此以一段區間的數據作為判定較為恰當。

4. OECD指導方針建議除了檢查該年度資料之外，其前幾年的資料也須一併檢查。

● 移轉訂價方法的決定

OECD指導方針研究了不同的計價方式與應用上的範例，首先研究的是傳統交易基礎法，他們偏好這類方式，因為這是最直接的方式。但是根據OECD指導方針，納稅義務人必須選擇一項能決定「常規交易價格的最佳預估」（the best estimation of an arm's length price）方法，因此，稅捐機關或納稅義務人只需深入分析一種訂價即可。

0303 可比較未受控價格法（Comparable Uncontrolled Price, CUP）

可比較未受控價格法是決定常規交易價格最直接的方法。CUP法是比較在受控交易（controlled transaction）環境中貨物或服務的移轉價格與在可比較未受控交易（comparable uncontrolled transaction）環境中貨物或服務的移轉價格之間的差異。

OECD報告中提出，如果可行的話，「CUP法比其他所有方式理想」。但實際上，採用這個方法有相當的困難，因為跨國企業不太可能取得每項可比較交易的詳細資料。因此OECD報告建議跨國企業與稅捐機關在使用這項方法時，應採用較變通的作法，即如果可能的話，企業可以使用CUP所需的數據，並配合其他輔助的方法。我們由以下這個評論就可以看出OECD對CUP法的重視：「應盡其所能調整數據，以便能正確使用CUP方法。」

針對產品銷售給關係企業所使用的CUP法，可比較的銷售有三種：一是由受控集團的成員出售產品給非關係企業；二是由非關係企業出售產品給受控集團成員；三則是非關係企業間所進行的銷售行為。如果關係企業間的實體資產和其他相關條件情況與非關係企業間的實體資產和其他相關條件相同，則任何上述的CUP都可以作為制定常規交易價格的方法。

如果CUP法與關係企業間交易的差異可以確定，而且對於價格的影響很小，則大多數國家的移轉訂價法規都允許以CUP作調整。在下列狀況通常允許作調整：

● 交易條件不同（例如授信條件）；

● 銷售量不同；

● 交易時間不同，即可比較交易所發生的時間與關係企業交易的
時間不同；

在下列情況下，移轉價格調整會很困難，或根本不可能：

● 產品品質有差異；

● 市場地理位置不同；

● 市場層級（level of the market）不同；

● 銷售所牽涉到的無形資產數量與形式不同。

釋例

　　遠東鋼鐵公司（Far East Ltd.簡稱FES）是一家日本公司，在遠東地區製造鐵錠之後，運送至英國的關係企業與非關係企業的鑄造廠。FES不論是運送至英國的關係企業或非關係企業鑄造廠的鐵錠都一樣，而且交易的條件也相同，只是其關係企業有九十天的付款期限，而非關係企業只有四十五天。

　　基於這些資料，非關係企業的鐵錠交易可以作為公司間移轉價格的CUP（可比較未受控價格）。但是，在正式決定公司間的常規交易原則價格之前，付款條件的差異一定要納入考慮。

　　根據當前利率來看，付款期限的差別所反映出的價格差異約相當於鐵錠價格的1.5%。據此差異來調整非關係企業購買鐵錠的價格後，關係企業間的內部交易價格也應該等於出售給非關係企業的價格再加上1.5%。

釋例

　　任你吃公司（Gluttony Unlimited，簡稱GUK）為一家英國公司，所製造的起士（Cheese）如果搭配法國紅酒享用的話，完全不會產生熱量與膽固醇。這項起士產品賣給德國與美國的關係企業，也賣給法國名為「無罪惡感派對公司」（Guilt Free Parties，簡稱GFP）的一家非關係企業。因此GUK需要針對其賣給關係企業的產品訂定移轉價格。GFP在法國專門提供

派對所需的起士和紅酒，民眾可以要求GFP為他們籌辦派對、提供起士、紅酒、食物與各項所需的餐具。

　　GUK位於德國和美國的子公司是起士的經銷商，負責將起士送往非關係企業的零售店，並將紅酒與起士經銷給國內承辦派對的公司。

　　GUK向GFP索取的價格在這個範例裡不能被視為CUP，因為他們的「市場階層」不同。也就是說，德國與美國關係企業所銷售的對象為較GFP高的經銷鏈階層。由於這些差異無法估算其價值，所以沒有適用的CUP。

0304 再售價格法（Resale Price Method）

　　採用再售價格法來決定常規交易價格，是以再銷售者再銷售予非關係人之價格，減除依可比較未受控交易毛利率計算之毛利後之金額，該項減除通常是淨銷售額的某個百分比，是再銷售者自未受控交易（uncontrolled transaction）下買賣資產所賺取的毛利（gross margin），在儘可能的情況下，此項減除應以參與關係企業間交易的再銷售者，以其購自並售予非關係企業的交易所計得的毛利金額。如果這類交易不存在，則適當之減除可能來自相同或類似市場的其他再銷售者。

　　OECD指導方針承認，可比較之數據有無法取得之問題，比方說，可比較交易與所要測試的交易在發生時間點上可能有一段差距，在這段期間經濟條件的變動（如外匯、利率、經濟榮景、蕭條等），均有可能造成訂價上的誤差。

　　如同CUP法一樣，再銷售者所賺取的折扣，可能用來調整關係企業間的交易與可比較非關係企業之間的交易之差異。

釋例

　　任你穿公司（Shirts Unlimited簡稱SU）是一家義大利公司，製造並銷

售運動衫。生產工作於義大利母公司進行，而德國、法國和英國的子公司則在個別市場中擔任經銷者。和其他的運動衫經銷商比較後發現，獨立經銷商可獲得25%的毛利。關係企業經銷商和獨立經銷商間有一大差異，獨立經銷商也會設計運動衫，但是相關企業的經銷商並沒有。經過進一步調查發現，獨立經銷商會針對襯衫設計收取（銷售額）3%的權利金，基於這項資訊可得知，可比較再售價格因設計功能而有所調整，所以關係企業經銷商的可比較交易毛利也從25%降到22%，因為他們沒有從事設計的工作。

0305 成本加價法（Cost Plus Method）

典型之成本加價法是用於委託製造商（contract manufacturer，請參考第4章第9節（0409））或用於決定常規交易服務之報酬。全方位製造商（fully-fledged manufacturer）也可以使用成本加價法，不過其加價與成本基礎都可能會與委託製造商有所不同。

成本加價法之常規交易價格是在製造成本上加上適當的加價。適當的加價是指某一利潤比率，該比率是製造商在非關係人交易上所獲得的利潤比率，而此類可比較交易與關係企業間的交易相同或類似。分析可比較公司與被檢視的公司成本基礎時必須非常謹慎，加價的基礎在定義上才能一致。因此，仔細比較所採用之會計政策與決定加價空間的大小，是一樣的重要。

值得注意的是，就委託製造商決定加價而言，在可比較交易所移轉的貨物，不一定要與關係企業間交易所移轉的貨物相同，因為委託製造商所獲得的報酬，係基於其所提供之加工服務，而非對其產品的製造。

就全方位製造商而言，決定常規交易的加價就不一樣了，因為這時候製造商所製造的產品就非常重要，所賺取的利潤加價也因不同的產品而有差異，這是由於製造上的無形資產乃是由製造商自己研發的。因

此，要為全方位製造商找到可比較的交易十分困難，除非該公司製造的產品，銷售給非關係企業的市場與銷售給關係企業的市場層級相同（亦即，存在著內部可比較資訊）。

釋例

　　玻璃造型公司（Glass Shapes Ltd.，簡稱GSL）是一家英國公司，為專業的玻璃製造商。該公司的研發與製造活動都在英國進行，玻璃生產後就會運送至愛爾蘭的關係企業進行造型工作，它所使用的特殊技術流程則是由GSL這家英國公司研發而成的。

　　造型的過程並不複雜，也不需要高技術人力。未完成的玻璃製品抵達工廠後，愛爾蘭的員工就會依照隨行的訂單立即開始玻璃加工，愛爾蘭的關係企業並沒有玻璃的所有權，他們只是依指令加工而已。

　　在這個例子中，愛爾蘭的關係企業就是受託製造商，所負責的製造活動有限，且不參與製造進度、原料購買或技術服務等。此外，它也不用承擔原料或市場風險。製造流程完成後，愛爾蘭關係企業就會將成品送回英國母公司並在英國銷售。除了英國公司外，這家愛爾蘭的關係企業也提供類似的服務給非關係企業。

　　由於這家英國公司並沒有使用其他的製造商，所以從母公司的觀點來看，CUP並不存在，但是因為愛爾蘭關係企業還提供製造服務給非關係企業，所以可由這些交易獲得可比較的資訊，尤其是愛爾蘭關係企業提供服務給非關係企業時所賺取的加價，就可以提供關係企業交易加價訂價上的參考。

0306 成本加價法─產能調整（Cost Plus Method-Capacity Adjustments）

　　不論製造商係受託製造商或全方位製造商，在評估可比較交易時，必須考慮製造商的產能、所擁有的技術、數量與地理市場等問題。

　　在許多案例中，決定適當的成本基礎時，產能問題是非常重要的。

例如，如果有家受託製造商只使用到一半的產能，受託製造商是否可以將所有的間接成本都加在成本基礎上，將是一個很重要的問題。如果這些成本不包括在內，受託製造商恐怕就要虧損了，但是，如果所有間接成本都包括在內，受託製造商的成本可能就會非常高，造成產品的成本基礎高於市場價格。對於成本基礎是否應包括間接成本的問題，須視彼此實質的關係而定。

　　一般來說，在非關係企業的常規交易原則裡，受託製造商不會將所有的加工產能都留給同一家客戶，而加工產能利用的問題也不會變成單一客戶的責任。但是受託製造商如果同意要把某程度的加工產能預留給某位客戶，以備不時之需，則不論加工產能是否完全利用，該客戶仍然要支付該產能相關之間接成本。

釋例

　　我們可以再以上述第3章第5節（0305）玻璃造型公司為例，假設愛爾蘭的關係企業和GSL簽有長期契約，將產能百分之百都用在GSL的產品上，這樣一來GSL就必須把長期下來會發生的間接成本考慮在內。GSL與愛爾蘭的關係企業都必須編列預算，讓這家關係企業維持合理獲利的能力。

0307 其他方法

　　有時候在某些情況下，CUP法沒有滿意的證據，也不可能採取再售價格法或成本加價法，這時候就有必要採取另一種方式來決定常規交易價格，通常這些方法都稱為「第四種」方法（'fourth' method），包含報酬率法（Rate of Return，參考第3章第8節（0308））、利潤分割法（Profit Split，參考第3章第9節（0309）、交易淨利潤法（Transactional

Net Margin，參考第3章第10節（0310））以及貝里比率（Berry ratio參考第3章第11節（0311））等。

　　OECD指導方針第3章中也提到其他移轉訂價的方式，並統稱為「交易利潤法」（transactional profit methods），因為這些方法是針對特定的交易所產生的利潤來分析。這些方法可以用來衡量是否符合常規交易原則，當傳統的交易方法（traditional transaction methods）未能可靠的被單獨使用，或從OECD的意見來看完全不能適用時。

　　雖然採用傳統交易方法與採用以利潤為基礎的方法所得到結果的差異在國際間引發了廣泛的爭辯，但若仔細閱讀OECD指導方針可得知該作者並不認為在實務上，採用不同方法分析會產生很大的差異。

　　例如OECD指導方針對於再售價格法的定義中提到，銷售公司除回收銷售的產品成本外，所獲得之毛利也必須足以支付其他營運費用，並依其所提供的功能（考慮所使用之資產與所承擔之風險）而獲取適當的利潤。

　　上述所稱的每一種「其他方法」會將關係企業的某些財務性指標（financial measure）與同產業中類似公司的相同財務性指標相比較。這種需要以非關係企業的財務指標來評量其移轉訂價，顯示出即使運用這些方法，仍須檢視其可比較對象是否具合理比較基礎。

　　一般在競爭產業環境下，第三者的運作實務通常都是以再售價格法或成本加價法來決定市場價格，很少會使用這裡所提到的其他方法來作為協商訂價的基礎。

　　因此，通常利用傳統交易方法建立移轉價格後，很少會捨棄原來的訂價方法而改採用其他的訂價方法，然而，為證實公司的內部訂價政策符合常規交易原則，經常是以實務的考量來決定移轉訂價的方法，例如

是否有現成的非關係人的可比較資料，這就是為何在各種移轉訂價方法中，經常採用以利潤為基礎的方法來檢測以傳統三種方法之一所制定的移轉價格政策的合理性（例如，以再售價法來決定製造商與其關係人經銷商之間的交易價格，但以利潤分割法來檢測關係人間之移轉訂價是否合理）。

釋例

　　可愛熊公司（Loveable Bear Company簡稱LBC）是一家加拿大公司，製造並銷售泰迪熊。母公司開發、製造玩具熊之後，銷售給美國、日本與法國的子公司。經過完整的功能分析（functional analysis，請參考第4章第2節（0402））後，公司決定子公司的功能為配銷商，並開始針對可比較配銷商從非關係企業購買成品的交易價格進行調查和瞭解。

　　經過調查，公司發現無法找到僅經銷泰迪熊的可比較企業，不過倒是找到經銷兒童玩具的可比較企業，並發現這些可比較企業的總邊際利潤平均為銷售額的15%。因此再售價格法就成為該公司的移轉訂價基礎，即子公司的總邊際利潤為銷售淨額的15%。由於這些可比較企業的產品線比LBC子公司的產品線還要廣泛，造成這樣的可比較成分並不算「完美」，所以移轉訂價決定後需接受測試，以證明其合理性。所選擇的測試方法就是利潤分割法。

　　首先，針對美國泰迪熊市場的製造與銷售準備損益表，並計算加拿大母公司因銷售給美國子公司所產生的收入和成本，以及美國子公司的收入和成本（兩者需使用一致的會計政策）。計算結果顯示，60%的合併營運利潤（consolidated operating profit）是由加拿大母公司獲得，而其他40%的合併營運利潤由美國子公司獲得。請注意，此處所指的合併營運利潤是指由美國市場賣出產品所得之利潤（加拿大母公司的其他收入、成本與利潤均不包括在內）。此一調查果是比較該企業集團實際達成有形貨品訂價政策以再售價格法（Resale Price Method）15%毛利為基礎的目標。

　　另外，針對日本與法國子公司也都做了類似的分析，並獲得類似結果。基於利潤分割分析之證實，確認再售價法之分析結果，證明移轉價格為合理之常規交易價格。

0308 報酬率法（Rate-of-Return Method）

　　股東權益報酬率（return on equity）是一項經濟學者偏好的報酬率計算方式，但在關係企業間的移轉訂價，一般不太可能使用這種方法，且該方法也不是OECD指導方針所規定的移轉訂價方法。因為子公司的資本通常都由母公司依照內部財務需求而定，而非由銀行、股東或債券持有人等有能力控制公司資本的市場力量來決定。因此100%持有的子公司資本結構不一定是符合常規交易原則的。

　　為取代股東權益報酬率法，經常使用資產報酬率法（return on assets, ROA）。在美國，分析採用可比較利潤法（Comparable Profits Method），經常選擇ROA當作「利潤率指標」（Profit Level Indicator）；在其他許多國家，採用ROA當作交易淨利潤法（Transactional Net Margin）或成本加價法（Cost Plus Method）分析的一部分。

　　例如，此類分析經常運用到生產活動，當使用ROA，資產使用於生產活動的界定，有其潛在困難的一面。某些情況下，可能使用全部資產的淨帳面價值（net book value, NBV）報酬率。在計算時，分子為扣除利息費用與所得稅前的營運所得，而分母則是資產負債表上的全部資產的淨帳面價值（NBV），這些資產除了金融資產及非營運資產外，全都使用於製造活動。

　　此外，公司在比較關係企業與獨立公司的資產報酬率時，必須將廠房與設備的已使用年數考慮在內。例如，一家擁有新廠房且折舊費用很高的跨國籍集團的製造公司，其資產報酬率可能無法與一家使用舊的或已完全折舊設備的獨立公司的資產報酬率相比較，除非該舊資產經過重新估價至現時的成本基礎（current cost basis）。

釋例

> 利刃公司（Clipco SA）是一家比利時公司，專門生產、製造刮鬍刀，研發活動都在比利時的母公司進行，製造則由愛爾蘭的子公司完成，經銷則由德國的子公司負責。由於沒有公開的資料，所以無法採用CUP、再售價法或成本加價法等方法來決定愛爾蘭與德國子公司之間的移轉價格。由於有財務報表的關係，可針對製造活動計算一般的資產報酬率。同時該公司也可取得生產刮鬍刀銷售給非關係企業的製造商之財務報表。
>
> 由資產負債表來看，利刃公司愛爾蘭子公司的流動資產（現金、短期投資與應收帳款）占了總資產的40%，而一般獨立製造商的流動資產只占總資產的10%；進一步的分析指出，關係企業與獨立企業的製造工廠所使用的資產設備的年齡均差不多，而且資產負債表所使用的會計原則也很類似。基於這個原因，該公司選擇使用淨固定資產來計算資產報酬率，並利用這個數據來決定利刃愛爾蘭子公司銷售給利刃德國子公司的移轉價格。

0309 利潤分割法（Profit-Split Method）

這個方法是將跨國企業的利潤，按照在合資關係中的各獨立企業所期待應獲得的獲利來分配，並據以制定移轉訂價。如果交易雙方之間的互相依賴度很高，而且無法找出類似的可比較交易時，利潤分割法或許就可以適用，尤其在交易雙方是關係人且都已貢獻了智慧財產的情況。

OECD指導方針指出，為避免使用事後的認知（the use of hindsight），在使用此法時應使用預期之獲利而非實際獲利。許多跨國企業對此一問題都有反應，包括年終的「調整」計算，當作是他們公司之間的協定。

使用利潤分割法計算常規交易價格時，必須瞭解在關係企業間的相同條件與環境下，非關係企業間的利潤是如何分配的。由於這類的資訊幾乎不公開，由非關係人利用公式導出「可比較利潤分割」之可能性非

常低。通常這個方法須仰賴使用者的判斷力，以決定適當的利潤分配公式，反映每一關係人的有形與無形資產對交易的相關貢獻（採用美國法規，此一專有名詞就是大家所熟悉的「剩餘利潤分割」法（ Residual profit split）。

就此法而言，與交易相關的每一事業體之收入和成本均須詳細計算。例如，在某個地理區域市場內，跨國企業可能由某個事業體負責研發與製造，而由另一個事業體負責市場行銷與貨物配送，則這兩個事業體必須個別計算與該地理區域市場相關的收入和成本。要做到這麼周詳的計算是極為困難的，且可能為了要確保符合移轉訂價證明文件的準備規定，導致需規定更詳盡的揭露要求。

一般而言，利潤分割法分析都是以營業所得來計算，不過有時候也會以毛利來計算。不論哪一種情況，收入必須是與營運有關的收入，換言之，非營運類型的所得不應納入分析中。

釋例

滑輪公司（Wheels AG簡稱WAG）是一家製造行李架的德國公司，已有15年的歷史，其所製造的行李架很輕巧，而且方便搭飛機的旅客折疊後帶上飛機。主要零件由母公司製造後，賣給英國的子公司（WUK），再由英國子公司組裝零件為成品之後進行銷售。就移轉訂價而言，並沒有可比較交易的CUP、再售價法或成本加價法可供參考，所以WAG決定採用利潤分割法來決定其移轉價格。

使用利潤分割法時，第一步應針對交易製作如下的基本損益表：

表3.1　WAG在UK市場的銷貨（1992）		
	WAG	WUK	合併報表
銷售收入	75	100	100
銷售成本	（60）	（75）	（60）

營業毛利	15	25	40
銷售費用	（0）	（20）	（20）
管理費用	（1）	（8）	（9）
營業淨利	14	（3）	11

　　利潤分割法的運用，第一步為編製交易損益表；其次為分割銷貨毛利。就營業毛利而言，WAG德國母公司所分攤的利潤為37.5%（15/40），WUK英國子公司則為62.5%（25/40）。就營業淨利而言，德國母公司所分攤的利潤為127%（14/11），英國子公司則為-27%（-3/11）。由此可見，這裡所使用的移轉價格會導致不公平的利潤分攤，所以不太可能為英國稅捐主管機關所接受。

0310 交易淨利潤法（TNMM）

　　這項方法是OECD針對美國可比較利潤法（comparable profits method, CPM，請參考本書第11章第13節（1113））所提出的。TNMM法著重在受控制的交易環境下，納稅義務人自特定的交易基礎（如成本、銷售額、資產等）中所賺取的淨邊際利潤。實質上它與美國CPM法類似，至於類似程度則各有不同的看法。不像傳統的交易法，TNMM法與CPM法都不要求產品與功能必須有相同程度的可比較性。雖然如此，依OECD的指導方針，它仍極關注相互比較的企業應具備充分的可比較性（sufficient comparability），才不會對所使用的淨利或所做的調整，產生重大影響。

　　有趣的是，對於美國CPM法的探討與辯論是促使OECD對移轉訂價規範進行修訂的重要力量，因為許多國家(美國以外)擔心CPM法可能在不恰當的情況下被使用。TNMM法著重在交易本身而非公司的營業利潤，因此導致是否對關係企業間之交易加諸更嚴格規範的爭議，及為了分析

的目的，可否將這些交易視為一個連續交易的爭議。另美國CPM法實際上也要求納稅義務人需考量該測試方法是否用在適當的測試單位上，此與TNMM法的要求類似。

在OECD指導方針中，以利潤為基礎的方法被認為是「沒辦法中的方法（Methods of last resort）」，但在實務上仍廣被採用。主要的理由是獨立可比較公司的交易資料或毛利資料取得困難，而公開可查得的財務資訊通常只有營運所得，而且已是最清楚可以用來作為可比較的財務資料。

0311 貝里比率（Berry Ratio）與營業淨利率（Return on Sales, ROS）之比較

在許多國家為了評估關係企業間的訂價安排是否符合常規交易，營業淨利率（Return on Sales, ROS）是傳統上被採用來測試配銷活動獲利能力的主要測試方法。相對的，貝里比率（Berry Ratio）則著重於營運活動的毛獲利能力與營業費用的比較，即毛利除以營業費用。實質上，貝里比率可以視為在測試銷售公司的成本加價法。貝里比率也經常是在美國的CPM法和OECD的TNMM法下的利潤率指標，用以測試特定型態的銷售活動。

以實例說明，母公司為了產品的行銷，母公司執行全部研發及製造功能，關係企業則負責將產品銷售給最終消費者，並且為了銷貨目的，該關係企業於當地設置營業場所。該配銷公司可以直接將產品銷售給消費者，或者向製造公司收取銷貨佣金。在此交易模式下，配銷公司的功能較簡單，而製造公司的功能較複雜。

計算貝里比率時，必須決定一般配銷商在銷售時所賺取的加價，此

加價係指對銷售費用與管理費用的加價。明白地說，貝里比率就是營業毛利與營業費用的比例，也是負責銷售的關係企業，在進行關係企業交易時，應在其銷售與管理費用上加價，其餘所有的所得則歸由製造商所有。值得注意的是，在實務上交易的方法例如再售價格法或成本加價法經常於公司編列預算的過程中被使用，以確保以每日為基礎的貨物的實際發票價格最後能達成公司會計年度中想要達到的整體貝里比率目標之建立。

運用貝里比率的優點在於管理容易，以及以配銷商為比較對象時，不必顧慮該配銷商規模大小問題。當配銷活動係為執行有限的功能與風險，並可以適當的視為提供服務給製造商時，使用貝里比率是恰當的。但若配銷商營運的獨立程度較高，或擁有無形資產，或除了轉售有形的貨品之外，並執行具附加價值的行銷活動時，則採營業淨利率（ROS）來評估營業結果較為適當。在所有與選擇適當的移轉訂價方法有關的事務中，廣泛的功能性分析是必要的，以便能了解其執行的功能、風險的承擔與資產的運用程度，並確保與具有類似特徵的第三者可比較公司的可比較性。

釋例

美國藥丸（US Pills Inc.簡稱USP）是一家美商製藥公司，已開始在其瑞典的子公司製造一項新藥。這項新藥由母公司研發並獲得美國專利，授權瑞典子公司製造之後，母公司再向子公司購買該藥品並在美國配銷。該藥在美國的最後零售價是每錠美金2元，預估每年銷售6億錠，而經銷商的營運成本每年為1,440萬美元。

為了決定移轉訂價，先計算出美國配銷商的貝里比率，結果發現該比例為125%，表示在移轉訂價過程裡，配銷商的營運費用加價25%來決定其營業毛利，也就是說，配銷商的營業毛利每年為1,800萬美元。依此毛利

率，每一個藥錠賣給配銷商時的價格為1.97美元。

這項分析暗示，配銷商的毛利率為銷售額的1.5%。本案例只有在已明確建立功能性分析，其在當地的配銷活動未涉及任何當地開發的無形資產，且未牽涉任何當地「附加價值」功能，或未顯示任何獨特的性質之假定條件下，才可以接受貝里比率法。然而，稅捐機關可能考量提高報酬率。

再者，謹慎分析事實與環境是非常重要的。我們經常發現多國企業的配銷商與獨立的配銷商（創業型配銷商，entrepreneurial distributors）執行的功能是不同的。最複雜且分析困難的是廣告費用。了解廣告費在受控交易和非受控交易如何被處理是很重要的，但這些資訊是很難從可比較公司的公開資訊中取得的。

銷售的性質也很重要，例如，假設消費者有向母公司購買產品的慾望，考量消費者對配銷商的實際影響是很重要的。換句話說，配銷商當地獨立的活動是否可能構成市場價格差異？如答案是肯定的，則使用貝里比率法並不恰當。

0312 非常規交易法：全球公式化分配（Non-Arm's Length Approach： Global Formulary Apportionment）

全球公式化分配是依照合併的基礎（consolidated basis），使用原先預設之公式，將跨國企業集團的全球利潤分配給關係企業。OECD指導方針檢視了這個方法是否能成為常規交易原則的另一種替代方法的論據。贊成的人認為，它提供給納稅義務人管理上的方便以及確定性。不論在實務上採用常規交易原則有何困難，OECD所主導的辯論仍無法就該方法是否提供管理上的方便以及確定性，作出合理支持這項方法足以成為常規交易原則替代方法的結論。OECD指導方針確認了許多實務上有關採用無彈性的預設公式作為訂定移轉價格的問題，因此會員國拒絕了全球公式化分配的方法，並再次重申應該維持以常規交易原則作為分析關係人交易移轉訂價的最佳方法。

0313 其他事項

● 避風港（Safe Harbors）

決定移轉訂價需要相當多的確實資料與判斷過程，若建立一套可讓稅捐機關自動接受的簡單規則（即所稱之「避風港」法則）應可減輕這方面的負擔。避風港的作法雖可以降低法令遵循（compliance）的負擔，並給予納稅義務人與稅捐機關更多的確定性，但是使用避風港法則之前必須注意如下的問題；

1.雙重課稅的風險與達成合意的困難；

2.納稅義務人的租稅規劃機會；

3.因競爭所造成的潛在歧視與扭曲。

經權衡後，OECD並不建議使用避風港方法。

● 預先訂價協議（Advance Pricing Agreements, APAs）

所謂預先訂價協議（APA）乃係制定一套適當標準（例如方法、可比較項目及關鍵假設等），以供決定一段固定期間內的移轉訂價措施的程序。APA的採行，若牽涉到協議任何一方之主管機關，應參考OECD租稅協定範本第25條相互協議程序（mutual agreement procedure, MAP）的相關規定。採行APA的機制，其具體的助益是納稅義務人可透過跨國交易租稅處理模式的建立，解決其租稅不確定性。截至目前為止，由於只有少數的會員國採用APAs，所以OECD財政事務委員將有意監督APA的擴大應用。由於有意監督APA的使用，OECD在1999年發布了APA指導文件（Guidelines annex on APAs）。

OECD的APA指導文件說明了OECD鼓勵透過租稅協定的MAP條款，以達成使用雙邊APAs的態度，並強調指導文件所提的雙邊程序。簡單的說，該指導文件的目的係對APAs過程中的下列事項，鼓勵保持一致性：申請過程所浮現的問題、APAs的範圍、納稅義務人和主管機關（即在每一國家受理MAP的稅務官員）的態度、APAs提案的內容、執行時所遭遇的各項問題，例如APA的關鍵假設基礎，和協議的監督等。

● 文件紀錄

OECD指導方針提供稅捐機關制定有關文件紀錄要求之法規和程序的指引。每一納稅義務人都應盡合理努力「依常規交易原則，根據當時所能獲得合理及可靠的資訊」以決定移轉價格。至於所需的資訊為何，則視每一交易的事實和情況而定。

● 相互協議的程序及相對調整

稅捐機關為解決租稅協定應用上之衝突需要彼此互相諮商，並同意相對應的調整。OECD指導方針注意到納稅義務人在這些過程中會面臨到的問題，因此提出以下之建議：

1.延長國內的期限以方便進行相對調整；

2.相互協議程序所需的時間；

3.納稅義務人的參與；

4.國內的規定或程序；

5.於協商過程中暫緩徵收稅款。

● **二次調整**（Secondary Adjustments）

除了移轉訂價調整之外，有些國家也會對為了移轉剩餘利潤的建構性交易（constructive transaction）進行二次調整，例如設算股利。OECD之財政事務委員會決定進一步研究這個議題，以在未來提供更多的指示與引導。

● **OECD指導方針的權威**

OECD指導方針一如其名，對於會員國並沒有任何法律的約束力。但是這些規範卻對會員國（以及愈來愈多的非會員國）的稅務機關，特別是對尚未訂定移轉訂價詳細法規的國家的稅務機關，以及傳統上已經遵循指導方針的國家的稅務機關產生重要的影響。特別是OECD國家傾向於依賴指導方針作為解決問題之基礎，在租稅協定共同協議程序之下提交主管機關。OECD在發表規範時就提出如下的建議：

1.稅捐機關於決定應稅之所得時應遵照其規範；

2.稅捐機關應鼓勵納稅義務人遵守其規範；以及

3.各國政府應敦促發展稅捐機關間之合作。

● **加強稅捐機關間的合作**

在同意採用OECD指導方針的結果之一是對跨國企業移轉訂價的審核趨向國際化，因為各國稅局可透過在各國租稅協定中皆會訂定的資訊交換條款來增進溝通的程序，也因此我們不會再假設各國稅局是個別獨立的作業了。

● OECD會員國

在新的移轉訂價規範公布時，OECD的會員國包括澳洲、奧地利、比利時、加拿大、丹麥、芬蘭、法國、德國、希臘、冰島、愛爾蘭、義大利、日本、盧森堡、墨西哥、荷蘭、紐西蘭、挪威、葡萄牙、西班牙、瑞典、瑞士、土耳其、英國以及美國。最近，捷克、匈牙利、韓國、波蘭及斯洛伐克共和國相繼加入，並接受OECD移轉訂價指導方針規範。

第4章　建立移轉訂價政策的實務考量

0401 常規交易原則訂價：市場價格（Market Prices）

　　就定義而言，使用常規交易原則來決定關係企業間交易價格時，需要檢視交易當時關係企業間交易與非關係企業間交易的市場情況。

　　市場價格是由交易的本質決定的。比方說，如果某產品是知名度高及高價值的品牌，那麼和品質相同但沒有知名度的品牌比較之下，名牌的產品一定能賣得比較高的價錢。在這個情況下，高價值品牌的所有者（發明者）便可獲得額外的利潤。如果原來「不知名」的品牌也能在產品品質與價值上建立其名聲，則原本市場中領導品牌產品的額外利潤則會慢慢減少。

　　以個人電腦為例，IBM、康柏與其他領導品牌的個人電腦產品，近幾年來價格不斷下滑，原因是其它廉價「複製品」（clones）的可靠性經時間證明，已漸獲得消費者信賴。再舉一個例子，能夠提供行銷與技術支援服務給顧客的經銷商，其獲利應該比不能提供這些服務的經銷商還要高。

　　這兩個例子說明一項基本原則：與不相關第三者的交易價格係由事實和當時情況所決定的。關係企業間的交易價格也應該是如此決定的。為決定關係企業間之交易價格，須進行功能上的分析才能知道那一方負責製造、研發、原料採購、後勤、銷售、經銷、行銷、售後服務等功

能。這些事實一旦確定之後，不同事業體就可以依照其特色分為製造公司、銷售（配銷）公司、委託研發公司、服務提供者等不同功能類型的公司。

在確定公司功能特色之後，分析人員就可以開始尋找市場中獨立運作的非關係企業可比較公司來做比較，接下來是決定集團內部所使用的移轉訂價方法。思考可比較的公司間如何訂定交易價格是個有趣議題，因為在許多國家，企業儘可能以發放股利之方式，而不是透過訂價的複雜機制來達到分配利潤的機能，但是要瞭解非關係企業獨立公司訂立交易價格的過程並不容易，通常所能蒐集到的資訊為這些交易的結果。在這種情形下，公司間移轉訂價的決定應尋求在各種情況下的最適當方法，並儘可能的仿效獨立交易中所觀察到的財務收益來建立移轉價格。

很明顯的，如果環境因素改變，牽涉到關係企業間交易實體的本質也會隨之改變，關係企業間交易所使用的價格也應跟著調整。因此，建立移轉訂價政策的第一步，就是蒐集所有關於特定關係企業間交易的環境因素和情況之資料，這些環境因素可分為3個類別：功能（functions，請參考第4章第5節0405）、風險（risks，請參考第4章第6節0406）與無形資產（intangibles，請參考第4章第7節0407）。

0402 功能分析（Functional Analysis）

透過「功能分析」，可找出企業在相關公司間的交易活動中，所擔任的功能、承擔的風險和所持有的無形資產。

進行完整的功能分析時，一定要從各種來源蒐集資訊。首先，應與跨國企業內部的員工面談，以深入得知每個企業體在功能、風險與無形資產方面的詳細資料。經由這些訪談，可以判定接下來的調查重點，

包括相關契約和財務資料等。其次，應諮詢業界專家並參考相關公開資訊，以瞭解該產業的標準運作方式與交易中所牽涉到的無形資產價值。

0403 訪談（Interviews）

分析人員透過訪談可以取得所需相關的資訊。分析人員應該列出重要員工的名單，請他們清楚說明各自職責內相關的功能、風險與無形資產。參與關係企業間交易的相關企業體的員工都應接受訪談，因為傾聽各方對於事實的陳述非常重要。通常，企業總部與子公司的員工對同一內部交易之看法並不會一樣。所以傾聽各方意見，可以讓分析人員有最大的可能去決定各個關係企業間的實質關係，進而找出最適合當時情況的移轉訂價政策。

實地進行訪談較問卷或電話訪談為佳。以問卷方式調查通常會受限於對問卷題目本身不同的解讀，導致回答不完整或根本無法清楚了解受訪者回覆的論述基礎為何。此外，問卷型式調查會造成訪談者難以針對某一問題提出後續問題的困難。

訪談所有相關企業員工另一個非稅務上考量的因素為在一家公司內，執行新的移轉訂價政策可能非常具爭議性。當所有員工都體認自己在移轉訂價政策過程中扮演重要的角色，則集團內部才能夠以有效的方式來處理無可避免的政治性問題。

一般而言，訪談都會涉及到下列主題，因為這些主題與產品製造及銷售以及關係企業間服務的提供有關：

● 製造上的功能：生產計劃、製造過程、原料採購、供應商之核准、員工教育訓練、品管控制過程、品管控制執行、工作彙報體系、流程技術與改進；

● 行銷上的功能：策略行銷計劃、廣告、商展、促銷、各事業體在公司產品行銷上的相對自主性、預測、銷售技巧、主要行銷人員、新市場的滲透、工作彙報體系、訓練；

● 配銷上的功能：倉儲與配銷、存貨、產品保固管理、與獨立配銷商之關係；

● 行政管理：關係企業間各項行政管理服務之提供。

0404 其他所需的資料或文件

除了進行訪談之外，分析人員也應檢視從各企業個體所得到的文件和資料，包括組織圖、目前關係企業間交易訂價政策聲明，關係企業間協定，諸如配銷、研發、成本分攤、管理服務等相關之授權與協定以及產品與行銷資料。產品與行銷資料包括產品手冊及文宣、股票分析報告、商業新聞專題、企業內部刊物、有關競爭者之報導、廣告文宣及與顧客相關的資訊等，這些資料均可協助瞭解訪談時所蒐集到的資訊與當時的市場經濟狀況。

對執行功能分析的分析人員來說，受調查的公司本身並非資訊的唯一來源。分析人員也應該向該公司之往來業者、競爭對手或相關學者請教，儘可能瞭解該公司、所屬產業及公司產品與所屬市場相關資訊。現今，許多相關資訊都可以在網際網路上取得，由於網際網路是全球互通，所以各國稅捐機關現在也會利用網路上可用的資料協助其進行移轉訂價的調查。

0405 功能（Functions）

功能的定義是指在特定交易中每一個企業所負責的活動，且該活動

為企業正常業務運作之一部分，表4.1列出一些典型的商業功能。一般而言，企業執行的功能愈多，其應得報酬就愈多，因此價格應該反映出這樣的關係。

光是決定那個企業負責那些功能、風險和無形資產是不夠的。適當的制定移轉訂價政策需要分析人員決定各功能在交易中、產業中及市場上的相對重要性。舉例來說，在很多產業裡，很常見到外國的子公司銷售母公司產品時，同時負責行銷、廣告及配送功能，不過在消費性產品市場中，由於產品因形象及品牌認知而有所差異，行銷與廣告活動對於品牌形象與認知的重要性是遠高於其他如化學產業。在化學產業裡，品牌的重要性遠不及產品獨特的化學特性。

表4.1典型的商業功能	
• 產品研究、設計與發展	• 電子資料之處理
• 原料、物料、設備之採購	• 公共關係
• 原料與製成品之存貨控制	• 生產計劃與進度之安排
• 預算的編製與管理	• 工業工程之設計
• 品管	• 海外營運之管理與監督
• 製成品的生產	• 製造工廠地點之選擇
• 產品的包裝與標示	• 行政服務之提供
• 產品的銷售	• 政府事務之處理
• 產品的行銷	• 財務及控管
• 運送產品至客戶手中	• 會計服務
• 廠房設備之設計安裝	• 產品責任險之安排
• 人事管理	• 價格政策之建立及控制
• 製造活動安排	• 技術性之服務
• 建築物、地面與設備之維修	

對製造商而言，有幾項功能特別重要：首先是原料採購功能，比如原料是否由母公司購買之後再交付給其製造子公司，或由負責製造的子

公司自行購買原料？原料的選購自然會對成品的價格和品質造成重要影響，同時也會影響到產品供給的可靠性以及其他的商業流程。

另一個製造業的重要功能則是生產規劃，是否是由母公司告知其子公司產品項目、生產數量和生產時間？還是由子公司自行規劃生產計劃？

品管是另一個重要的領域，分析人員必須瞭解擬定品管政策、政策執行與差異監督等是由那一個企業體負責。是否負責製造的子公司對於其所使用的品管政策只有有限的控制權？或者該子公司可自行發展並執行品管控制的過程？

0406 風險（Risks）

任何一家公司所賺取的報酬率中，有很大的比例反映出該企業所承擔的各種風險，表4.2中列出了一些潛在的商業風險。

4.2典型的商業風險	
• 市場風險	• 信用風險
• 存貨風險：原料、在製品與製成品	• 產品責任風險
• 瑕疵品與保固	• 匯兌風險
	• 環境風險

市場風險是指在不確定市場中進行銷售所可能產生的潛在損失。如果有家母公司與其負責製造的子公司達成協議，使該負責製造的子公司不會因為出現惡劣的市場環境而蒙受營運損失。若與承擔全部市場波動風險的情況相較，該負責製造的子公司應以較低的價格賺取較低的利潤，將產品賣給其他關係企業。在此情形下，市場風險應由負責行銷的

子公司來承擔。像這樣的移轉訂價政策必須以書面完整記錄下來，並且確定該負責行銷的子公司擁有足夠的資金可以承擔風險。當稅捐機關查核該行銷子公司之營業虧損時，這些書面文件可提出有力的說明（稅捐機關通常自動假設，這類的公司不會承擔市場風險，因此，並會朝向不承認以這樣的方式所發生的虧損）。

　　有多種不同的方法來判斷市場風險是否存在，其中一項方法是找出在產品發展的週期裡，母公司是在什麼時點將製造責任移轉給子公司。例如，如果某項產品在離開企業集團的新產品實驗製造工廠後，即先交由子公司接手生產，則該子公司所承擔的市場風險，將比該產品先由母公司製造並在市場上建立良好品牌後再移轉的方式來得高。

　　市場風險程度也要視競爭程度與市場經濟結構而定。比方說，如果母公司在特定的產業界享有壟斷的地位，則其子公司所面臨的市場風險會顯著低於另一產業且擁有數家競爭對手之集團的子公司。

　　在特定產業或產品存在有限的競爭情況可能分好幾個原因，對新公司來說，市場進入的障礙包括政府的規定或早期投資需鉅額的資產等（新藥品的研發與商業化對重視道德的製藥業就是一個很好的例子）。即使在某個產業裡的企業可能不只一家，公司還是可以藉由專利或專有的技術，在實質上防止或降低某項產品或某個市場的競爭程度。如果市場進入障礙的確存在，則會對於特定公司所面臨的市場風險程度產生重大影響。

　　市場風險也會因為產業對於一般經濟景氣的敏感程度而有不同。某些產業的表現，像是汽車業，就會因為景氣週期而有劇烈的變化。當經濟不景氣時，這些產業就會跟著不景氣；當經濟景氣回春時，它們也會隨之復甦。其他產業諸如製藥和醫療用品等，對於國家或世界經濟波動

比較不受影響，因為不論時機好壞，人都會生病或受傷。因此，母公司提供子公司保護使其能對抗市場風險，對某些產業而言比其他產業更有價值，這與市場結構和產品的需求有很大的關係。

　　存貨風險是每個移轉訂價政策研究過程中應該探討的重點，原料與成品的存貨風險雖然特別重要的，但是某些產業裡在製品也可能極為重要，例如在釀酒業裡，陳年的威士忌由於「在製品」需要儲存好幾年的時間才能出售，因此，在製品之價值對威士忌製造商而言便很重要。

　　如果某家公司希望其負責製造的子公司的利潤能夠最大化，該子公司就必須準備吸收沖銷存貨所發生的所有相關費用，而這會使沖銷當年的獲利降低，但卻可以藉此向稅捐機關說明存貨風險是由子公司所承擔。有些製造商幾乎不會擁有任何原料或製成品，所以存貨風險極低，甚至根本不存在；另一方面，有些製造商確實有存貨風險，因為一般而言，他們都會購買原料與計劃生產進度，而且囤積成品。總而言之，存貨風險對於關係企業間參與製造活動的各方面來說，都是一項重要的風險因子。

　　其他重要的風險尚包括瑕疵品、保固和環境風險。比方說，如果某項產品被最終顧客以瑕疵品退回，誰該承擔退貨的成本呢？是配銷該產品的公司？還是外國製造商？誰該負責保固成本？如果負責製造的子公司發生環境意外，那一方應該承擔善後清潔的費用？尤其目前幾乎全球每個產業均開始逐漸重視環保問題，清楚的瞭解這項風險應由那一方承擔，且在各國有何差異的問題就變得愈來愈重要。

　　同時，另外一項很重要且應該考慮的事項是，如何利用合約來處理風險發生地點的問題。比方說，基於當地的法律，負責製造的子公司需負起所有與其活動相關的環境風險。但是其母公司可以透過賠償安排來

轉移這項風險，有效地將當地法律所加諸之風險移轉至另一個司法管轄地區。

　　不同產業與地理市場的風險差異可能非常明顯；在某些產業裡，信用風險根本不存在，因為顧客在收到貨物之前必須要先付款，零售業者通常都採取這種方式。相較之下，在其他產業裡，標準作法是交貨之後三至九個月內要求客戶付款。不同國家的司法體制意味著在特定的產業、由於不同的地理市場，某地市場的產品責任風險可能會比另一地市場重要得多。

0407 無形資產

表4.3列出典型的無形資產。

4.3無形資產	
• 專利	• 版權
• 未登記專利之技術知識	• 技術性資料
• 配方	• 提供售後服務的能力
• 商標與品牌	• 顧客名單
• 商號	• 高素質的人力，例如優秀的銷售團隊
• 授權（許可）執照	

　　無形資產一般可分為兩種，即製造上的無形資產（manufacturing intangible）與行銷上的無形資產（marketing intangible）。製造上的無形資產又分為專利以及未登記專利的技術知識（unpatented technical knowhow）。兩種製造上的無形資產主要來自於研發活動，或是工廠的生產工程活動。

　　行銷上的無形資產，包括商標、企業名聲、配銷網路與售前或售後

服務的能力。行銷上的無形資產範圍很廣，而且必須注意此類資產的所有權與其維護、發展等問題。

對移轉訂價的目的來說，無形資產不一定要出現在資產負債表上才表示其價值。在會計實務上，各國對特定資產類別的會計處理方式差異很大，因此，資產負債表上所呈現之價值可能沒有多大之攸關性。比方說，併購一家非常成功的企業所產生的「商譽」，視買方公司所在國的會計處理規定，很可能立即就被沖銷，或者遞延至以後年度按四十年攤銷。不過，不論是被立即沖銷或分年攤銷的「商譽」，在現實環境中反而可能是一項繼續增值的資產。

在考慮特定交易時，必須先決定何種無形資產被運用以及該無形資產之相對價值。所以，移轉訂價的分析人員必須決定何種無形資產，那項製造或行銷上的無形資產是造就產品成功的主因。例如該產品成功的原因是出在設計？還是因為公司準時送交貨？公司的商譽？請切記，行銷上的無形資產價值在創造當時之價值並不盡然都相同。在某市場中知名度高與有價值的商號，在另一個市場可能完全不為人知，而且剛開始時，可能一點價值都沒有。

不同企業實體所賺取的利潤，會直接因其執行功能的重要性、承擔風險的程度與所提供的無形資產價值不同而異。以生產上的無形資產來說，究竟是這家公司獨家的生產流程，使其生產成本比實力最相近的競爭者要減少20%？還是其獨家生產流程與其他無形資產結合的效果？

發展出有價值的獨家製造技術的公司，可能決定不將其技術申請專利，以防其技術流程被競爭對手知悉。這裡所謂的製造技術，包括變更標準機器設計、更具效率的廠房格局及創新的製造流程等。分析人員在訪談工廠時，所應要問的一個特別攸關的問題是，廠房中是否有什麼是

公司不願讓競爭對手看到的？如果答案是肯定的，則移轉訂價的分析人員就可能已經找到一個有價值的製造上的無形資產，然而移轉訂價分析人員仍須做進一步的調查，以得知該項技術由何人開發以及對公司的價值等。

0408 企業特色

關係企業的特色不但是移轉訂價分析中的重要元件更是執行經濟分析的基礎。尋找企業的特色，是對評估中的關係企業實體與相同產業中類似的非關係企業實體作出比較，以找出各自的特色。在尋找企業特色的過程中，必須採用功能分析所得的資訊以及與該產業相關的資訊。為了找出可比較的交易，找出企業特色就成為必要的工作。

0409 委託製造商與全方位製造商

製造商依照特色可分為委託製造商與全方位製造商（fully-fledged manufacture）兩種；幾乎所有產業都可發現這兩種製造商，但委託製造商所賺取的報酬率，通常都比全方位製造商要低很多（請參考表4.4）。

表4.4製造商的特色	
委託製造商	全方位製造商
・不擁有技術	・擁有技術
・風險低	・承擔製造商的所有風險
・控制生產排程的權限極小	・自行負責採購
・無法完全控制使用設備的選擇	・負責規劃生產排程
・品管通常由客戶操縱	・直接控制品管
・通常製造大量、成熟的產品	・在產品週期的每一個階段生產產品

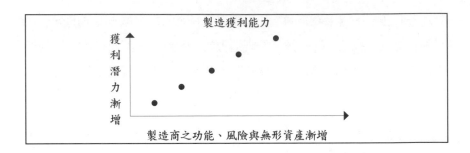

委託製造商提供製造服務給全方位製造商，委託製造商本身並不研發自己的產品線，而僅是提供某些特定製造功能的專業技術。同時也不一定會執行原料採購或生產進度規劃，或持有存貨（如原料、在製品、製成品等）等功能。契約的委託範圍內並不須面對直接的「市場」風險，因為他們可以從客戶簽約處得到保證的收入來源。他們的收入可能是以費用為基礎（成本加價），或以事前協定的每單位訂價作為收費標準（不過這大概也是以成本加價為計算方法）。委託製造商的無形資產通常有限，而且都是與製造流程相關的技術。

全方位製造商發展自己的產品線，並且可能有大筆的研發預算，或經由授權而獲得必要的技術。全方位製造商負責所有的製造功能，諸如供應商資格的認定、採購原料、規劃生產進度及品質管制等。同時這些製造商都會對最後的客戶層進行深入的產品行銷，並承擔多種風險，包含存貨風險與市場風險等。

表4.4將委託製造商與全方位製造商的重要特色，作一摘要區別。一般而言，跨國企業集團下的製造公司，不會精確定位為委託製造商或全方位製造商，只能說是傾向於其中的一種類型的製造商而已。所以，

依運作模式的不同及跨國企業製造商的實際情況的差異，可以用來調整潛在的可比較交易，進而訂定合理的關係企業間的交易價格（當然，我們也能夠找出跨國企業委託製造商所承擔的風險與執行的功能，這可提供該企業集團在架構上較多彈性及租稅規劃的機會）。

0410 配銷（distribution）／銷售（selling）公司的特色

配銷／銷售公司一般可分為四類，按其功能由少到多，分別為：（1）製造商代表（manufacturer's representative）（或佣金制代理商）（2）有限功能配銷商（limited distributor）（3）配銷商（distributor）與（4）行銷商兼配銷商（marketer／distributor）。瞭解這項分類很重要，因為這些銷售實體所支付的價格／所賺取的利潤，有時候差異很大，其中以製造商代表的獲利水準最低。

製造商代表並沒有商品的所有權，不須承擔任何信用或存貨風險，也沒有任何行銷責任，它的獲利是以佣金計算，而佣金即以它代表公司所取得的銷售收入為基礎來計算。

有限功能配銷商擁有商品所有權，須承擔有限的存貨與信用風險，行銷責任也有限，通常不須承受向供應商購貨時所發生的外匯風險。

配銷商擁有商品所有權，須承擔信用與存貨風險，但它的行銷責任有限，而且不一定需要承擔外匯風險。

行銷商兼配銷商擁有商品所有權，須承擔信用風險以及存貨風險，也可能有外匯風險，他們需要為產品負起完全的行銷責任，包括市場行銷的策略的決定等在內。這類的行銷公司通常都發生在如後所述的特色關係企業間，即子公司業已獨立成熟、或子公司位在與母公司不同的時區地點，或因為文化因素，而使母公司無法在外國市場進行有效率的競

爭等。

0411節後之表4.5說明每一種銷售實體的特色，同時顯示出他們的相對獲利程度。

0411 跨國企業的目標

財務目標在公司發展移轉訂價政策時，占有相當重要的地位，因為公司可以透過移轉訂價的方式，達成財務目標。財務目標包括管理現金流量、支援研究與發展、為資本擴張籌措資金、支付債務利息、企業整體租稅策略之租稅責任，以及支付股東紅利等。要滿足上述各項目標，企業體必須將收入安置在最終需要資金之企業體。如果關係企業實體間之關係，在實質上能支持所採用之移轉訂價政策，則移轉訂價政策就可以用來移轉所需之資金。此外，改變集團內原本的功能、風險與無形資產的安排，也能夠協助達成這項目標。

或許因商業考量，公司可能會將功能、風險與無形資產置於特定地點。比方說，公司的目標可能要達成全球生產合理化，或將管理、財務、行銷等功能加以集中以改善效率、降低成本。也許基於許多因素，生產過程必須於市場所在地進行，這類的因素包括因運輸成本、法律規定，所生產之產品必須於銷售地點製造以及關稅、間接稅等因素。所以，企業集團採用移轉訂價政策多少都與這些商業目標有關。

大多數的跨國企業都以將全球稅負降到最低為主要目標。企業的所得稅稅率各國不同，這也是跨國企業在設立移轉訂價政策時的重要考量。由於常規交易原則規定訂價（以及獲利）必須以交易之本質為基礎，所以公司於組織架構重組時，將重要的功能、風險與無形資產置於稅率較低的地區，可降低集團的整體稅負，使每股盈餘極大化。這些可

能的組織架構重組技巧，請參考本章第12節至19節（0412-0419）所介
紹的範例。

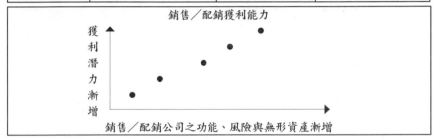

表4.5配銷／銷售公司的特色			
製造商代表	有限功能配銷商	配銷商	行銷商兼配銷商
沒有所有權	擁有所有權	擁有所有權	擁有所有權
沒有信用風險	信用風險極小／母公司控制政策	須承擔信用風險	須承擔信用風險
沒有存貨風險	存貨風險極小	須承擔存貨風險	須承擔存貨風險
沒有行銷責任	行銷責任有限	行銷責任有限	須承擔所有行銷責任
無外匯風險	無外匯風險	不一定有外匯風險	不一定有外匯風險

銷售／配銷獲利能力

獲利潛力漸增

銷售／配銷公司之功能、風險與無形資產漸增

0412 生產製造機會

　　如果能將愈多的收入留置位在低稅率地區的子公司，則跨國企業需
擔負的有效稅率就會愈低，這是不證自明的道理。近年來，企業有效使
用租稅天堂的困難度愈來愈高，因為稅捐機關已經有辦法打擊納稅義務
人的租稅規劃。但在許多情況下，相當多例子證明，如果謹慎規劃，租
稅天堂仍然是相當有利的規劃工具。成功的租稅天堂規劃關鍵在於，適
用低稅率的關係企業應就其所負責的功能、風險與無形資產，取得適當
的報酬。這樣一來，沒有受反避稅法規（如美國Sub part F或英國「受

控外國公司法」（CFC）限制的海外獲利就可以留置境外，享受免稅待遇。

於租稅天堂進行生產製造只有在具商業利益時才有意義。比方說，如果有家公司從單一的製造地點就可以提供特定區域貨品之需求（例如位在愛爾蘭的工廠供應歐洲市場），而且該租稅天堂具有基礎建設、人力等來支援製造活動，則在該租稅天堂進行製造就是一個可行的作法。

若要儘可能將利潤留置在租稅天堂，則製造商應為全方位製造商，而非委託製造商（雖然遭受損失的風險仍然存在，但仍視其企業經濟情況而定）。相較之下，如果基於商業考量，製造活動必須在高稅率地區進行，則或許可以安排委託製造商的營運結構，使在高稅率地區須申報的所得降到最低。

0413 集中內部支援活動（Centralized Support Services）

許多跨國企業為反應全球化的趨勢，已將特定的支援服務集中以降低成本。在各種不同的情況下，支援活動可移至低稅率的地區，以降低高稅率地區的整體所得。比方說，貿易公司（trading company）就可以用來集中外匯風險以及全球存貨的控制。若先決條件可以成立，則貿易公司可以設立在任何一個國家。

如會計與行銷等支援活動也可以集中在低稅率轄區，並向關係企業收取相關的服務費用。一般而言，這些提供服務的實體只能夠收取成本加價的費用。但是如果提供服務的實體確實能夠提出證據，佐證其提供服務的項目及收費標準，則不失為一個降低高稅率轄區所得稅之方法。就實務上來說，缺乏良好的溝通與合格的人力資源，通常是將重要支援功能移至「純」免稅天堂的最大障礙之一。不過，另一個選擇是利

用主流國家所提供的低稅率機制，例如，「比利時協調中心」（Belgian Coordination Centre）就是一例。

0414 銷售公司（Selling Companies）

一般而言，銷售公司都位於接近顧客的地點，且通常都是高稅率地區。如果跨國企業希望積極尋求降低全球稅率的方法，也許有可能降低銷售實體所必須獲得的所得程度。比方說，如果該銷售商是個行銷商／配銷商，其行銷功能也許可以移至一個集中地點，並將行銷收入及相關之無形資產從高稅率地區移往他處。或者，在某些受限情況下，可將行銷活動以設計或以「委託」的型式進行，如此該委託行銷商所進行之行銷活動應得之報酬，即是以成本加價為計算基礎。簽訂此類委託行銷服務契約前，跨國企業集團必須首先確定提供該項服務子公司並未擁有任何行銷上的無形資產。

0415 委託服務提供者（Contract Service Providers）

除了委託製造商之外，還有其他種類的委託服務公司，包括委託研發與委託行銷在內。一般而言，這些企業體都基於商業理由而設立，並且可設計為服務提供者以降低稅負，或者可賦予研發或行銷活動所創造的無形資產以集中管理。

0416 委託研究與發展（Contract Research and Development）

委託研發公司提供設備與人員協助顧客（一般為全方位製造商或母公司之研發活動）研發無形資產。一旦忠實履行契約內容，受委託研發之公司不會因為研發結果無法創造商業上成功之商品或應用技術而承擔

風險，但也不能使用研發的創意和產品來賺取商業利益。

此種安排有利於建構關係企業間移轉訂價的內涵，特別是母公司希望在不同國家進行研發，但同時又希望將無形資產的所有權（及因該研發所產生的利潤）保留在某一特定國家裡。透過委託研發的方法可將風險置於最終擁有該項技術的國家。

釋例

Militia 為一家美國公司，其業務為於美國及國際市場發展、製造及行銷國防、航空及汽車產業之工業用配件。Militia 日前成立一100%持股之子公司Militia Canada Company（簡稱 Militia CA）用於發展及生產Miltia產品所需之部分原料。其生產原料之程序及技術是由Militia開發後移轉至其加拿大子公司。截至目前，所有研發生產原料之智慧財產權隸屬於美國之Militia，但於其加拿大子公司開始營運後，Militia相信由其加拿大子公司從事所有原料之研發為最有效率之營運方式。

然而，Militia之管理階層亦相信由美國母公司擁有所有智慧財產權之法律所有權最能夠預防其智慧財產權被盜用。因此，這項決定促使公司將所有無形資產的所有權置於母公司名下。此外美國母公司負責研發部門之副總經理也被委任於協調及管理其加拿大子公司之研發活動。

在此情況下，以契約方式外包研發工作，將使集團得以將無形資產之所有權維持在母公司。美國Militia在其指導方針下委託其加拿大子公司從事研發功能，並以成本加價基礎來支付委託的研發費用，且保留所有合約關係下所研發出來無形資產的所有權。Militia須以實質來證實藉著委任一位經理人來管理其加拿大子公司研發活動的事實，因此母公司集中做研發決策的事實必須顯而易見，且備妥委託研發的相關文件也極為重要。

0417 建立委託研發活動的其他理由

當子公司擁有母公司希望開發利用的特殊技術，但該子公司卻沒有足夠的資金支付開發成本時，委託研發是一項有效的安排。藉由委託研

發的安排，母公司可提供研發資金給子公司來進行研發活動。

釋例

> Semi-Chips（簡稱SC）為一家美國公司，從事製造及販售客製之半導體設備給美國半導體貼牌代工廠（OEMs）有十年的歷史。SC發現有大量的半導體OEM廠（其直接客戶群）已將其營運移至亞洲，因此公司決定在台灣建立一個子公司以貼近服務其客戶。同時，公司亦注意到因亞洲半導體製造業的蓬勃發展，台灣擁有大量的專業技術及人才。因此公司決定亦委託台灣子公司從事產品技術的研發。
>
> 此新成立之台灣子公司是由SC提供美金100萬作為資本而成立，並聘請台灣當地科學家從事研發工作。子公司並無現金來支付所雇用科學家的薪資，因此，母公司（SC）以委託研發的方式來支付台灣子公司研發成本並加上常規交易加價來換取服務。

0418 委託維修（Contract Maintenance）

委託維修公司可提供技術性勞力、儀器設備與工具，以維護製造商所生產的設備。這些公司通常利用製造商所開發並且免費提供之特殊技術來服務該製造商的客戶。通常委託維修公司之報酬都以成本加價之方式計算。

將這項概念運用在關係企業的訂價安排上，則提供了一個可能可以協助並控制該負責提供產品銷售與售後服務子公司獲利率的方法。子公司銷售活動可被歸類為基本的配銷商活動，而服務活動則被歸類為一種委託服務並以成本加價收取報酬。若涉及「技術」或「服務提供方法」的移轉，是不須要向子公司收費的，因為技術之所有權人已向第三者收到了全部的服務費，除了勞務的報酬，因需支付勞務報酬予子公司。規劃這類安排時要非常謹慎，如果服務活動對於整體的銷售活動非常重

要，而非例行性售後服務的話，則這項安排就可能不適用。

0419 委託行銷（Contract Marketing）

委託行銷商是基於契約關係進行行銷活動。這個方法應用於關係企業間之訂價情形，以防止進行行銷活動的關係企業「開發」出行銷的無形資產。如果委託行銷於行銷活動開始時即確立，則該關係企業不須承擔開發行銷上的無形資產成本或風險，因此也不能取得未來該無形資產所產生的所得。

釋例

長青公司（ Forever Young, Inc. 簡稱 FY ），為一美國公司，生產並銷售化妝品、保養品及營養補給品。FY以直銷模式，運用獨立經銷商網路來販售產品至終端消費者。在美國市場取得銷售佳績後，公司決定邁入國際市場。並預計藉著設立德國及法國子公司來複製其成功經驗。公司預期德法兩市場將會在未來貢獻相當程度的營收，但不願將超過德法子公司執行市場支援活動所應賺取的額外所得留置於當地。因此FY決定與兩子公司建立委託行銷合約。在此合約下，德法兩子公司將使用母公司提供之行銷策略與行銷資料，並於當地市場宣導其銷售模式。所有子公司的營運活動將需被母公司的管理階層所管理及核准。兩國子公司的行銷活動將可以獲得成本加價的報酬。因此美國母公司將可主張擁有德法兩國市場所發展出的無形資產。

0420 訂價方案的評估

本章之前已檢視過功能性分析應用在分析公司特色的方法，並且也討論了營運模式如何架構的幾個例子。當在特定情況下評估可行方案時，事實可以釐出一個清楚的訂價方案。如果這些方案對減輕公司的

租稅負擔沒有效果，則可以從前述功能、風險或無形資產的安排來作改變，以選擇符合其他訂價結構的條件。如果訂價政策已定案，公司也必須預測當地稅捐機關可能的反應，使任何稅負上之風險均能在選擇特定營運架構前預先量化。為能達成這樣之目標，建議尋求專業顧問的建議，以確定所決定採用的營運架構不會導致任何當地的租稅問題。特別是當公司被認定為擁有無形資產的狀況下。

0421 蒐尋可比較的交易（The Search for Comparables）

一旦訂價結構決定之後，就需要計算常規交易價格。為計算常規交易價格，公司需要進行可比較交易的調查研究。唯有透過可比較之交易價格，公司才能夠建立客觀的基礎以捍衛其移轉訂價政策。第3章討論過與OECD指導方針一致的移轉訂價決定方法，以下的釋例說明選擇及評估可比較交易的過程是如何運作的。

釋例

Fishy Fish KK（簡稱 Fishy Fish）為一日本公司，生產、研發及配銷魚竿、捲線器及釣具於日本及國際市場。Fishy Fish在美國透過其美國子公司，Fishy Corp（Fishy US）來銷售其產品。

Fishy Fish必須決定其銷售日本製產品給Fishy US並經銷到美國市場的移轉訂價是位於常規交易範圍內。經過完整的功能分析後，確定Fishy US為配銷商，執行有限度的額外行銷活動（類似獨立配銷商所從事之活動），並承擔有限的商業風險，例如產品責任風險、行銷風險及信用風險。但Fishy Fish被認定為集團中的主要企業體，也因此為營運中的主要風險承受者。

此外，分析結果顯示釣具產品於美國市場的成功主要歸功於產品的設計及材質。這兩項產品特色都歸屬於母公司Fishy Fish的責任。

Fishy Fish現在希望能找出可比較交易，來決定並支持其在日本的生產

活動與Fishy US在美國配銷活動間的移轉訂價。

針對這項交易，CUP法（ Comparable Uncontrolled Price，可比較未受控價格法 ）是一個較合適的方法。共有以下三種交易方式可被視為此筆交易的CUP：

（1）日本母公司曾賣出相同的釣具產品給另一美國的非關係企業配銷商；

（2）美國子公司曾向非關係企業製造商購買過相同的釣具產品；

（3）一家完全獨立經營的A公司，可能曾經製造相同的釣具產品，並賣給非關係企業B，由B公司擔任A公司的美國配銷商。

由於嚴格的產品可比較性要求，上述類似交易其實非常少見。然而，如果能找到上述類似交易，公司仍要判斷是否可直接適用，或仍須針對所找到交易之可比較未受控價格與關係企業間交易價格之差異做調整（ 請參考第3章第4節 0304 ）。

如果無法找到CUP法，在此案例中最有可能用到的是再售價格法（ Resale Price Method ）。運用此方法時，必須先找出位於美國的釣具配銷商（ 如此類配銷商無法找到，可以嘗試其他運動用品的配銷商 ），且此類配銷商必須向非關係製造商購買運動用品。找到這類交易後，必須取得這些配銷商之損益表，並計算出他們的銷售毛利（ 銷售額減去銷售成本 ）。如Fishy Fish與子公司間的關係，與可比較交易中非關係企業間的關係存有很大的差異，則上述的銷售毛利就必須有所調整。

同時，Fishy Fish亦有可能出售其釣具產品給美國的其他非關係配銷商。在此情況下，我們有可能可以利用這些非關係配銷商的交易來確認其常規交易的折扣，並適用於再售價格法上（ 雖然CUP法因產品在美國各地的售價不同而無法適用，但配銷商的毛利在美國通常非常的接近 ）。

上開釋例中，再售價格法可被認為是另一個可採用的方法，即使此法明顯是個恰當的解決之道，但在應用上仍有以下各種困難：

● 可比較的配銷商可能沒有公開的財務資料供作參考；

● 就算取得財務資料，可能並不會揭露毛利；

● 如果財務資料公布了毛利，也不一定能提供分析上的確定性，使之適用於與Fishy US毛利的比較。

當以上使用再售價格法的障礙無法被克服時，在大部分案例，或許可引用第3章所討論OECD指導方針內載的TNMM法（ Transactional Net Margin Method，交易淨利潤法 ）或依美國移轉訂價規章所記載的CPM法（

Comparable Profits Method，可比較利潤法) 來決定常規交易的移轉訂價。
為取得一個可信賴的結果，當使用TNMM或CPM法時，對受測公司與未受控
配銷商間的功能可比較性的要求會小於使用再售價格法時。在使用TNMM或
CPM法來搜尋可比較交易時，會以功能性分析所取得的資料來尋找與受測
公司（如案例中的Fishy US ）大致相同功能的獨立配銷商。一旦可比較公
司的名單確定，Fishy US於配銷行為所賺取的獲利將被用來與未受控配銷商
的獲利相比較。如Fishy US之獲利結果落在獨立配銷商所得的獲利區間內，
Fishy US的交易應合理地被認為落在常規交易範圍內。

0422 界定適當的可比較交易（Comparables）

在尋找可比較交易價格的資料時，必須謹記其中所隱含之目的。以
商業觀點來看，如果非關係企業間所定之交易條件與關係企業間之交易
條件類似，那麼非關係企業間的交易條件就可以用以支持關係企業間交
易條件的有效性。尋找可比較交易價格可以用來確認CUP法、找出使用
再售價格法時的毛利及使用成本加價法時的加成比率，或找出其它計價
方法的相關資訊。

尋找可比較交易價格有多種不同的來源，廣泛地說，這些來源分為
兩類：一類來自於企業集團內部；另一類來自企業集團外部，其反映非
關係企業間所進行的交易。

0423 內部可比較交易

尋找可比較交易時，企業最好能就集團內所有交易作全面的分析，
以找出與非關係企業的可比較交易存在。從公司內部所辨識的可比較交
易，可能優於從外部所找出的可比較交易，原因如下：

● 因為這類交易比較可能「適用於」關係企業間的交易；

● 可比較情況相關資訊比較容易取得；

● 一個內部的可比較交易可能就足以證明受審核交易的合理性。如果使用外部的可比較交易，則可能需要較廣泛的資料來佐證。

在評估企業集團業務以尋找可比較交易時，需要以更廣的角度來進行，因為可比較交易的存在並不是立即顯而易見的。

釋例

Healthy Life, Inc.（簡稱 HLUS）為一美國醫療設備製造商，目前正必須確認其與愛爾蘭子公司間的移轉訂價。此愛爾蘭子公司（簡稱 HLI）為一製造商，並採用某些來自於母公司的特殊技術來製造設備。

HLUS想要確認可比較合約以用來決定其授權無形資產給愛爾蘭子公司的適當專利權價格。在與HLUS的管理階層討論後，發現HLUS亦授權類似的無形資產予第三人（與第三者簽訂各種不同契約），此授權與第三方的交易亦被拿來與愛爾蘭子公司所使用的無形資產作為比較。

使用內部可比較交易合約資料來套用在可比較未受控價格法（CUP法）是較為可行的。因此，可以藉由使用類似無形資產的內部授權合約來建立專利權的合理價格區間。

獲知公司內部可比較交易可採用以下方法：

* 與所有參與交易的公司經理人員討論；

* 覆核參與交易公司的帳目。

0424 外部可比較交易

要取得非關係企業間執行交易的相關資料並不容易，而且資料有效性也因國家而異。

有關取得非關係企業間可比較交易資訊之主要來源如下：

● 政府，例如法定公開申報資料與政府貿易部門出版品；

● 商業資料庫；

● 產業協會；

● 員工的產業知識。

進行調查與蒐集可比較交易資料的來源很多，最主要來源為負責營運的員工，這是他們對所從事的產業及競爭對手特性的瞭解，同時可以經常提供關於競爭對手與可能可比較交易的有價值資訊。

產業協會也很重要，他們經常出版貿易期刊或其他有用的文件。此外，許多產業協會都會進行市場研究並且僱用有經驗的業界專家，請他們提供寶貴的資訊。

線上資料庫對於尋找潛在的可比較交易，並取得與可比較交易相關的財務資訊相當有幫助。若有必要，也可以諮詢其他的商業研究單位。

為了確定一筆可比較交易究竟是否適用，也可以向可比較之非關係企業尋求協助，藉以對交易相關層面作比較，亦不失為一個好方法。雖然與非關係企業接觸時，他們可能不太願意討論他們自身的業務，但是有時候，透過這種方法的確可以得到非常實用的資訊。

調查與蒐集可比較交易，並對可比較交易所作的調整與其說是科學性的工作，不如說它是一門藝術，因為所蒐集到的資料可能多數都不完整，也不完美。所以在分析過程中要做出很多判斷。基於這項理由，在最終決定合理之移轉訂價前，必須測試其結果之合理性。

合理性的測試，應以採用可比較性資訊所編製之預測性報表而得之數據為準（請參考本章第28節（0428））。

0425 功能分析與可比較交易資訊概論

當完成企業功能分析，以及辨識可比較交易有用資訊的過程應被詳細記載時，亦須時時謹記用於檢視移轉訂價基礎之基本常規交易原則的

重要性。比如說，企業往往因太專注於功能分析，而誤認功能分析這種資訊提供之方法為計算移轉價格的方法。功能分析在本質上並不是用來尋找可比較交易，而是用來確定那些類型的可比較交易應予以蒐集的方法。

釋例

Never Fail Motor Co（簡稱 NFM）為一家成立於美國的電動馬達製造商，其產品適用於多樣化用途，如醫療，航太及國防產業。NFM的客戶主要為購買NFM的產品來併入他們自己的設備或系統。

在公司的發展策略下，NFM取得了Never Fail Computer Co（NFC）的股權，NFC為一家使用NFM生產的馬達來製造高品質電腦產品的製造商。在取得NFC股權後，NFM賣予NFC的馬達將被組合在NFC的新產品中。NFM向NFC所報的馬達售價可與其在相似合約條件下賣給非關係客戶的售價相比較。

經功能分析發現，NFM及NFC皆為有能力發展及擁有非制式化無形資產的製造商，且皆承擔營業的企業風險。分析中亦確認NFC並未自其他非關係企業買進類似的產品。因此，NFM售予非關係企業的產品價格應被作為可比較交易，然而，此移轉訂價方法顯示出售給NFC的產品的利潤是相當低的。

雖然根據功能性訪談，內部可比較交易似乎是存在的，但功能分析與可比較交易結果的不一致顯示，NFM在與受控公司及未受控公司的交易中扮演的功能有所不同。深入分析發現，NFM在售與NFC的馬達上，提供額外客製化設計服務，此服務並未被其他非關係客戶所要求。因此，NFM在售予NFC的產品價格上需反應此額外的設計服務。

0426 文件紀錄

為向稅捐機關證明移轉訂價政策是符合常規交易原則，同期紀錄文件（contemporaneous documentation）的製作是非常重要的。換句話說，

如果公司可以提示其移轉訂價政策為何、如何詮釋其政策、為何所選定
的價格符合常規交易標準，則稅捐機關別無選擇只能接受公司所訂定的
訂價政策。公司如果沒有好好地將其訂價政策記錄下來，就有可能面臨
密集移轉訂價稽查等嚴重問題。

0427 如何記錄移轉訂價政策

到目前為止，對於支持移轉訂價政策所需之適當證明文件，並無充
分之指導方針。在很多國家，由於舉證的工作大多由主管稅捐機關負
責，所以如何記錄移轉訂價方面的研究並不多見。但是，美國在九〇年
代初期起了帶頭作用，在其所制訂的法規中明定，除非納稅義務人可提
出證明以合理相信該公司的移轉訂價政策係符合常規交易原則，否則對
於移轉訂價之錯誤可處以嚴重之懲罰（請參考第11章，針對美國移轉
訂價的規定有詳細介紹）。由於有愈來愈多的稅捐機關都開始正視移轉
訂價的問題，所以大家都體認到文件紀錄標準的重要性，而且很多國家
現在都紛紛制訂了相關的新法令。OECD在1995年發表的文獻第5章中提
及這個議題。但是一般而言，為了證明所定之移轉價格符合常規交易原
則，具防衛性的移轉訂價政策（defensible transfer pricing policy）下，
要求同期紀錄文件應涵蓋下列內容：

- 移轉訂價政策的描述；
- 用來解釋該訂價政策的指導方針（guidelines）；
- 關係企業間的法律契約；
- 與交易有關事業體的功能分析；
- 支持該訂價政策的可比較交易；
- 財務分析；

● 可以證實決策的業界證據。

0428 財務分析

完整的財務分析對於要將移轉訂價決策作成書面紀錄而言非常重要，因為財務分析是說明價格奠基於合理基礎的有力證據。這項說法應該是真實不變的，即使後來之結果可能並非如此。例如某一公司由於不良成本控制而導致公司的虧損。

構建移轉訂價財務報表（損益表與資產負債表）需要針對有關分配與其他問題作出判斷。首先，產品需作分類，而財務報表係根據此等產品分類模式（例如產品線或業務線等分類）來構建，所以進行產品分類時應考慮的標準如下：

● 現有的分類（按照業界慣例、部門或管理項目來分類）；

● 獲利能力（「暢銷」產品應該作個別分析，虧損或營收不如其他產品之項目也應作個別分析）；

● 重要性（若某類產品在損益結構上微不足道，這類產品就不須分成另外之產品組別）。

一旦產品分類完成，即可按產品類別，核計營業收入，並與行政管理費用等合併編製相關損益表。這包括若研發與某產品組別有關，則研發費用也應分攤為該產品類別的費用。經費分攤應該以合理的方法為之，合理的分攤方式通常為目前使用的方法，雖然該分攤方法可能是用於不同的目的，例如用於財務報告、稅務上或管理上之目的。

如果可能的話，所選用的分攤方法應先針對特定產品線或業務線中能確定的支出作直接歸屬，然後再對其他支出在合理的基礎上（包含銷售額、總利潤以及產量與員工人數比率）做間接分配。

　　進行產品分類的目的，是為了編製該特定產品群組為企業唯一業務之損益表（編製此損益表的目的之一，是一旦找出可比較交易時，該企業單線產品之業績可與僅出售同樣單線產品之非相關公司之業績作一比較）。

　　相同道理，資產負債表之資產科目也應依相關業務來作分類整理。

釋例

　　我們沿用前面第4章第21節（0421）中Fishy Fish KK（FISHY FISH）公司的範例。2007 FISHY FISH所編製之損益表，對Fishy US的銷貨為80美元。假設Fishy US在這段期間內，銷售給顧客的銷售額為100美元，以下的損益表可以反映出這些交易。

	Fishy Fish 金額	Fishy US 金額	合併報表 金額
營業收入	$80	$100	$100
營業成本	56	80	56
營業毛利	$24	$20	$44
營業毛利率	30.0%	20.0%	44.0%
管銷費用	21	18	39
營業利益（損失）	$3	$2	$5
營業毛利	3.8%	2.0%	5.0%

0429 財務分析評估

　　檢查移轉訂價政策是否合理的方法很多，所有這些方法均以關係企業間之交易與同樣產業競爭對手間之交易，作特定之財務比率分析。進行這項分析時，必須對該關係企業間交易的特色有特別之瞭解，千萬不可將這項分析視為制式的工作。

　　財務比率之選擇是根據可取得之可信賴資料與正在檢視中的特定交

易條件而定。比方說，在某些情況下，只要審核毛利、營業利益與利潤分配（profit splits）就足夠了。但在其他情況下，反而應該審核資本報酬率和營業利益。所以，究竟應該審核評估那些比率，須考慮所有相關的事實，依照每個個案而定。

釋例

　　以 Fishy US為例，其決定可適用於評估目的之財務比率數據為毛利率（Gross Margin ）及營業所得相對營收的比率（Operating Income/ Sales ）。

　　製造商的毛利率為30%，配銷商的毛利率為25%。如前所述，Fishy US在我們交易中為受測公司，因為其功能較不複雜且並未持有有價值的無形資產。通常可比較的製造毛利往往難以判斷，主要便是因為其所反映來自無形資產的收益。

　　Fishy US的毛利率為20%，而美國其他可比較的釣具配銷商毛利率則在20%至25%之間。基於這項數據， Fishy US因銷售由Fishy Fish所購得之產品所得的毛利率並非不合理。

　　Fishy US的營業淨利率為2%（=營業利益／銷貨），比率可與相關產業界的配銷商之營業利潤率作比較。

0430 移轉訂價政策

　　移轉訂價政策是公司致力於使其移轉訂價符合常規交易原則的聲明，而且應該納入母公司的財務政策當中。這項聲明不須鉅細靡遺，但應該闡明公司訂價決策的理念。

0431 移轉訂價指導方針（Transfer pricing guidelines）

　　移轉訂價指導方針是企業集團內各種關係企業間交易的詳細敘述，同時包括敘明各項交易之移轉價格決定的方法。一般而言，該方針不會

說明加價、折扣或權利金之比率等數據，但它會說明被指定的可比較交易（或其他計算價格的方法）及每年（或每半年、其他適合的期限等）決定一次價格。因此，基於關係企業內公司與公司間交易的本質，此指導方針成為決定移轉價格的「指導公式」。

0432 關係企業間之契約

關係企業間的法律協定是將關係企業關係正式化的方法，可能包含配銷協定、授權協定、委託研發協定等。關係企業間每一種造成移轉價格的關係，都應該作成書面的合約。

在特定情況下，某些國家的稅捐機關可能不會承認這些合約：美國即是一例；在德國等其它國家裡，合約之有效性是不被否認的。因此，公司間合約可以讓公司在紀錄中聲明關係企業間的關係（實體特色），在許多國家之稅捐機關很難完全否認這類合約，尤其是當功能分析足以支持合約所述內容時。

0433 功能分析的紀錄

功能分析與事業體的特色都應該記錄下來，才能夠在接受稅務稽查時（通常是以後年度）提出證明。此外，記載功能分析的備忘錄在公司準備接受稽查（以提醒相關人員移轉價格之具體事實）或重新評估移轉訂價政策時，都會非常有價值。

0434 記錄可比較交易

所有收集的可比較交易的資料，例如財務報表與功能分析等，都應該以合用的型式保留，以便向稅捐機關提供解釋時使用。按可比較交易

所編製的報表應該每年更新，這樣才能確定公司所採用之價格符合常規交易原則。定期更新尋找新的可比較交易也是非常重要的（因為任何獨立公司隨時都會加入或退出市場），以確保分析所用的樣本儘量保持完整。

0435 損益表

分析過程中所使用的損益表應予以保存，而且應至少每年更新一次，以顯示移轉訂價政策的合理性。

0436 業界證據

所謂業界證據指的是能夠支持結論與調整的各種文件或證明。任何能夠用來向稅捐機關解釋作法、原因，以及為何所制定的移轉訂價政策是符合常規交易原則的證據，都應該保存，並定期更新。

0437 執行移轉訂價政策

移轉訂價政策的執行是其整體決策與捍衛過程裡最艱辛的部分。移轉價格的計算，以及各項必要控制機制之建立，以確保價格不會在沒有預先通知的情況下進行改變，也是一件十分耗時的任務。

執行過程本身要視交易本質與價格結構而定，但不論在那一種情況下，如果能將員工間的政治因素與敏感因子充分考慮周全的話，就更有可能執行成功。尤其是在功能的重新調配或薪資及獎酬計劃之調整等問題處理上應更小心。

0438 監督政策的應用

常規交易原則要求的是關係企業間之訂價必須反應交易之實質。公司的成長、發展或可能重組的過程，導致交易的實質也會隨之改變。移轉價格也許需要配合改變才能符合常規交易原則。所以，監督政策的應用很重要，這樣納稅義務人才能知道相關事實什麼時候變更，並且不再適用於原來的訂價結構。

即使關係企業間的關係在實質上沒有改變，但商業週期也意味著價格的變動（通膨期間，價格上漲；經濟不景氣的時候，價格下滑）。最好公司應該定期重新評估事實情況與價格，以確保其依然符合常規交易原則。企業應準備文件與相關紀錄，以反映這些作業過程，並因而獲致適當具體的結論且據以執行。

政策在完全上軌道前，應該每季檢討一次；之後每半年檢討一次就足夠了。除非企業所處的產業是非常劇烈動盪的，檢討頻率才需要增加。評估時，應包括在移轉訂價政策下所實現之財務成果之檢查。也就是說，應該計算、檢查財務比率和利潤分配，以確定該移轉訂價政策產生預期之成果。如果沒有的話，應該找出原因，並作適當的調整。

此外，公司也要檢查真實交易環境；交易實質是否有所改變？是否有事業體所執行的功能之前是由另一個事業體所執行的？風險是否有所改變或轉嫁？產業是否有所改變或創新而影響價格？

最後，應該檢查移轉訂價政策的執行面；關係企業間的合約是否已經制定？各關係企業中的相關員工是否都瞭解移轉訂價政策內容？關係企業間的收費標準是否能反映適當的價格？

0439 公司管理階層的報酬

利用移轉訂價所達到的租稅或財務目的，可能會使不同的事業體產

生不同的獲利程度,而各事業體之獲利程度,可能與管理階層根據表現所領到的績效獎金或從紅利計劃所獲得之報酬不一致。

一般而言,跨國企業會制定另一套移轉訂價政策以滿足管理報告目的(不一定須依照常規交易原則而定),進而鼓勵公司具有才幹的主管按特定之方式全力衝刺業務,且在達成公司目標時給予其合理的獎勵。

第5章　移轉訂價的特殊議題

管理服務

0501 什麼是管理費用？

　　「管理費」（management fee）一詞，通常用來泛指關係企業間因轉移有形資產項目及提供特定無形資產使用權以外之各種交易的計費。在本章中，「管理費」一詞是用來形容企業集團內，由服務接受者支付給服務提供者的一般行政管理服務、技術服務或商業服務等的費用支出。第2章已經討論過關係企業間可提供的服務類型，本章將特別針對移轉訂價領域中較有爭議的問題、決定服務提供支付費用的常規交易方法、及應準備的支持文件等議題作詳細的討論。

0502 管理費的重要性

　　許多年來，跨國企業已體認某些服務是有必要集中由一家關係企業來提供，且某些服務是可以收取服務費用的。通常這個集中提供服務的公司為母公司本身，但不盡然全是如此。目前由某一關係企業集中提供服務予其他關係企業的情況已愈來愈普遍。比方說，亞系跨國集團於歐洲的區總部，可以提供集中式的行銷、管理與會計服務給位於歐洲之其他關係企業。在這種情況下，可以安排成本分攤，將服務提供者的成本分攤至各受益關係企業。

　　任何企業集團內，不論對管理安排有多詳盡，要尋找這類服務的可

比較價格或評估服務的價值是非常困難的。基於這樣的困難，不管對或錯，許多稅捐機關已將管理費的收取或支付視為有稅務濫用的傾向，因此投注愈來愈多的資源在此類交易的調查工作上。在此同時，由於全球市場的競爭態勢愈來愈激烈，跨國企業因此需要更高的效率，掌握每個降低成本的機會，因此商業功能集中化的需求也愈來愈高。

在此要特別澄清，所謂「集中化」並不一定指所有功能都要集中在一個公司，它也可能是各專業的部門分散於集團內，完全視集團的特殊需求與資源分佈地點而定。

如果集團希望避免嚴重的雙重課稅問題，則嚴格的控制管理費、集中資金及正確的將費用分配給應承擔費用的公司、以及確定這些成本支出都能獲得租稅上之扣抵是很重要的。

0503 管理費用租稅處理的重點

就管理費用的租稅處理來看，全世界可以分為兩大陣營；「已開發」國家已制定關係企業間提供服務的相關法律和規定，只要關係企業間所支付的服務費用已經符合該國當地稅法以及常規交易原則，該服務費用就可以獲得抵減。已開發國家以外的國家，普遍不承認關係企業間所收付的費用，拒絕給予稅務上的扣減。這些國家也包括那些提供有限的扣抵，並透過外匯管制與扣繳稅款來限制款項的支付。這類限制通常比其他的方法還更有效地製造障礙，以防止關係企業間建立服務之安排。

0504 已開發國家的管理費用如何計算？

在規劃任何有意義的管理費架構之前，必須先確立下列各項內容：

● 所提供服務的性質為何？

● 服務由那些事業體提供？

● 接受服務之事業體為那些？

● 提供服務所牽涉到的成本為何？

這些內容一旦確立後，就可以開始考慮接受服務的關係企業的計費基礎。計費架構與計費安排的背景條件應以書面紀錄，以證明服務提供者與接受者間協議的存在。而書面紀錄除了書面契約外，應該包含完整的相關成本與實際提供的服務內容。不同國家稅捐機關所要求的文件證明不盡相同，有時候包括提出工作時間紀錄卡、詳細的發票與其他詳盡的工作底稿和相關成本證明等。除了上述財務紀錄之外，接受服務之事業體也須一併準備營運環境、實際需求、服務安排過程及所獲得實際利益之相關紀錄。

0505 股東成本的處理

集中式的服務包括提供服務給以下單位：

● 一家或多家特定公司（也許包含母公司在內）──為了該些公司貿易活動的特定目的而提供服務（例如行銷建議等目的）；

● 許多關聯公司（也許包括母公司在內）──為了該些公司的一般利益（例如會計服務等目的）；

● 母公司──代替母公司的一家或多家子公司股東的身分。

上述最後一項的成本，一般都稱為股東成本。股東成本應由母公司承擔，不應該由集團成員承擔。如果在母公司發生該項費用，就應該由母公司負擔；如果發生在子公司，子公司應向母公司收費，並考慮成本加價收費。美國新的服務法規對評估關係人之間的服務提供有新的見

解，即該法規重新定義並將「股東」費用的定義限縮為「僅使母公司受益」的費用。新的美國法規對股東服務費用定義強調的重點與OECD指導方針較為一致，但此「股東費用」的新的定義限制很多，因此可能造成許多爭議或重複課稅。這意味著跨國企業，特別是以美國為母公司的跨國集團，更應考量服務提供國的費用抵減可能遭到質疑的風險(詳第11章)。

0506 服務分析

在決定關係企業間的服務費時，第一步應先正確的區分出股東成本，第二步則是辦認所提供的其他特定服務。第4章所介紹的功能性分析過程，是找出這些特定服務最簡易的作法。

與營運人員面談後，就可辦認出提供給關係企業的服務內容，以及服務的提供者，同時，也必須小心的辦認服務接受者所獲得的利益特質。如果服務的提供與利益的接受之間有直接的關聯，一般都應可針對該服務收費，而付費的公司也應能獲得租稅的扣抵。

釋例

EasternMed（簡稱EM）為一家美國公司，經營一國際的配銷網路來販售營養補充品。營養補充品為EM於美國製造後賣到其他美國以外的國家據點，並被再販售至當地的銷售據點。EM的營運範圍遍及西歐國家、加拿大、澳洲、亞洲地區及百慕達群島。這項由母公司提供服務給子公司的收費費用的研究，係母公司與子公司共同聘請外部顧問公司，來確保關係企業間收付的服務費用符合常規交易，且每個子公司都能在當地國獲得租稅扣抵，也讓EM的管理費價格從美國稅務觀點來看是可被接受的。經過功能分析的結果，關係企業間提供了以下服務：

● EM協助子公司處理當地帳務，提供會計支援服務；

● 管理集團的內部資訊系統，此系統主要提供集團成員客戶的資訊以利追蹤；

● EM建議子公司廣告及促銷活動型式，提供行銷上的支援服務；

● EM提供針對當地消費者設計具地方特色的行銷手冊。這些手冊會被國外關係企業用於配銷目的上。

經過與每家子公司個別討論後發現：

（1）百慕達為租稅天堂，而百慕達政府也不在乎母公司自其百慕達子公司收取多少管理費用。相較之下，其他EM子公司所在地的稅捐機關都會要求任何服務收費都必須符合常規交易原則。

（2）所有子公司都一致同意，母公司提供的會計服務非常有幫助，可以讓他們建立會計架構。因此，會計支援的成本可以向所有的關係企業收取。

（3）沒有任何美國以外的子公司使用EM所提供的廣告或促銷資料，因為那些資料只適用於美國市場，與世界其他市場大不相同。因此，母公司不得向子公司收取廣告與促銷資訊的費用。

（4）行銷手冊的相關成本確實的被各個子公司用在銷售活動上，也因此母公司會適當地向子公司收取相關成本。

（5）研究移轉訂價的顧問成本可由關係企業分攤，作為管理費中服務成本基礎的一項。

接下來的問題就是成本加價在本例是否適用，以及在沒有有效減輕稅負的情形下，向百慕達子公司收取管理費是否有意義。

對於決定關係企業間收取費用的標準來說，一般都偏好使用可比較未受控價格法（CUP）。換句話說，如果服務的提供者同時也提供類似的服務給非關係企業第三方，或如果接受服務的關係企業也從非關係企業獲得類似的服務，則常規交易價格就是非關係企業所收取或支付的報酬。惟實務上，管理費用的CUP法並不存在，因為每個企業集團關係企業所提供的服務本質都相當獨特。

OECD報告（請參考第3章第1節（0301））指出，有時候可比較交易的資料或許可以取得，例如跨國企業設立自己的銀行、保險、法律或金融服務等業務的情況，即使如此，在比較集團企業間的關係企業活動與非關係企業的活動時仍需十分謹慎，因為第三者通常面對的是真實世界的挑戰，而關係企業通常是被迫「購買」集團企業內部所提供的服務。

例如集團內的保險公司只須負責一項業務的風險而已，而不需負責許多不同客戶的業務，因此，這個案例只是讓我們了解到，即使非關係企業能提供的服務與集團內部所能提供的服務類似，但是要找集團服務的可比較交易資料並不容易。

0507 服務收費的成本基礎

如果所提供服務無法以CUP來決定價格，一般都會使用成本加價法來計算常規交易的服務費。使用此法需要先分析在服務提供的過程裡，會產生那些成本支出？

由於服務的對象為集團內的公司，因此相關成本必須向各個不同的受益者按比例收取。因此，服務提供單位所支出的總成本須以可接受的計算基數，分攤於各個受益的公司。比方說，公司總部的人力資源部門之成本就可以依照各子公司所使用的服務時間來作分攤。如果總部所提供的服務屬於一般性質，則在成本分攤的劃分上，可以依照子公司的員工數目比例來計算。

成本分攤的計算基數應該反映出該成本的性質，相對使用的資本（營運資金）或營業額亦是可適用的計算基數。

0508 成本會計方法

於服務提供過程中確實發生的成本，可以利用可接受的成本會計方法處理。各國的稅法一般都不會強制要求企業使用特定之成本會計方法，而是讓企業自行決定最適合自己本身需求的成本會計方法，只要其所採用的成本會計法為普遍所接受的即可。

0509 以全部成本基礎（full cost basis）來計算

依照成本加價法所計算之服務費應反映所有相關成本，所以服務成本總額必須包含直接與間接成本。就普遍接受的實務而言，只依照增支成本（incremental cost）方式來計算服務成本是無法為大家所接受的。

直接成本是指與特定服務活動有關的可辨認成本，例如直接參與提供服務的員工之費用，以及提供服務所直接使用的原料或耗材等。間接成本是指無法直接歸屬與特定服務活動有關的成本，但卻與直接成本相關之費用。

因此，間接成本包括像暖氣、照明、電話等附屬於租屋、管理、員工辦公等費用以及其他產生直接成本的部門的間接成本等。

雖然實務上要決定與某項服務相關的間接成本並不容易，但是服務提供者通常希望所收取之費用可彌補全部成本（full cost）。服務提供者依照合理基礎分攤間接成本是大多數國家所接受的作法。

根據自2006年12月31日後生效的美國暫時及預計服務條例 （US Temporary and Proposed Service Regulations ），要求以股票為基礎的補償金 （stock-based compensation）必須被包括在服務的成本中。此改變是頗具爭議性的，因非關係企業協議通常並不會將此類成本加入他們的

成本基礎，且非關係企業談判時甚至不會考慮到以股票為基礎的賠償金的議題。

　　然而，將以股票為基礎的補償金納入成本基礎已是新頒布條例的一部分，企業們必須考慮這些法條對內部服務交易所造成的影響。此議題，無疑的，迫使美國的跨國公司遵守這些新的規定，且將對接受服務企業的國家，將造成很大的爭議，特別是在某些司法管轄區以股票為基礎的補償金是無法取得租稅扣抵，或者必須符合非常嚴格的條件方可扣抵。

0510 何時應將利潤加計在成本上？

　　在計算關係企業之服務費時，到底是否應將利潤加至成本上？幾乎所有的稅務主管機關都會預期企業集團在提供服務給關係企業時，均會依據成本加價法計算收費金額，因此會在可分攤的成本上加上利潤的部分。

　　另一方面，只有在接受服務的關係企業所在國的稅捐機關，允許成本加成的部分可以當作扣抵，才可能避免雙重課稅。但是，並非所有的國家都接受收費中利潤加價的部分可作為扣抵的項目。

　　在常規交易情況下，獨立的非關係企業一般在提供第三方企業服務時，除回收成本，亦會再加上利潤的部分。因此任何純粹提供服務的公司都會試圖賺取應有的利潤，在以下三種情況下，這項原則更加適用：

● 服務提供者的唯一業務就是提供服務；

● 在服務提供者的成本架構中，服務成本占重要部分；

● 在服務接受者的成本架構中，服務支出成本占重要部分。大多數已開發國家的稅捐機關，都可接受上述情形下的服務成本加計利

潤。但某些國家，在特定的情況下，他們會採取比較特別的作法，尤其是美國，如本書第11章第23節（1123）所提到美國的暫時條例（US Temporary Regulations）要求當所提供的服務不被認為是低毛利的服務，或此類服務的常規交易利潤加價的中位數超過7%時，需增加額外的利潤在內部服務收費上。

如果服務費中加收利潤是合適的作法，在可能的情況下，應參考可比較交易來決定常規交易的利潤加價幅度。一旦服務內容決定後，接著提供服務的成本也可決定，並且尋找可比較交易來決定相關成本的常規交易利潤加價幅度。

實務上，許多稅捐機關認為，針對支援的服務而言，成本再加5%至10%的收費空間是正常的作法。但基於全球競爭白熱化，公司應該格外謹慎，確定以前較高之利潤標準不至於被引用於不適用之環境，否則企業內部的服務提供者將會被視為增加成本的機制，而非提升效率的管道。

此外，公司在決定那些成本應該加價時也要特別小心。應該僅針對服務的提供本身加價收取服務費。假設服務提供者因提供服務而發生了對其他第二者的費用支出（例如，為了替客戶預留廣告版面），則該費用應被視為代墊費用支出（包含第三者的費用、代墊款與處埋費用）。即服務提供者僅針對其所提供的服務（例如人工、電話費、辦公室費用等）成本加成收取服務費。因此，服務提供商的總成本是一樣的，但所認列的利潤會有很大的差異。

0511 決定常規交易的服務費用

以下的釋例可以說明常規交易的服務價格的決定過程。

　　釋例延續本章第6節（0506）中的釋例，經確認下列3項已提供之服務應向關係企業收取服務費用：

　　（1）協助關係企業決定常規交易的服務；

　　（2）提供銷售手冊格式的協助；

　　（3）會計支援服務。

　　下一步則是決定提供這些服務所須支付的所有成本。協助決定移轉訂價政策所需的成本包括外聘顧問的費用，加上公司稅務部門參與該項研究的費用。公司稅務部門人員及會計協助之成本可參考相關人員提供服務的時間，以及稅務部門薪資與雜支的成本來決定。一旦該項研究所需的時間決定之後，就可以用該年度相關部門所消耗的所有資源之百分比來表達。以會計支援服務為例，假設參與該項服務會計部門員工為一人，並花半年的工時在該項計劃上，而整個會計部門有三位員工。因此該項服務的成本為該員工半年的薪水與福利，加上整個會計部門六分之一的間接成本。

　　如果我們假設在每個應支付管理費的國家裡，服務費用中加成的部分可以作為費用扣抵，則公司就得找出稅務諮詢（即服務費的研究專案）與會計支援的可比較交易。在此最明顯的可比較交易就是外聘顧問從該專案所獲得的收入，但是，這項資訊不見得會公開，所以公司需要使用到其他的評量標準。同樣的道理，就會計服務而言，公司也許可以找到其他會計服務公司的相關收費標準與相關的財務資訊。如果找得到這項資料，就可以決定關係企業間收費的標準。實務上，上述尋找資訊之過程也許沒有必要，因為很多稅務當局基本上都會接受成本5%至10%的加價。不過，將獲利率作成完整的書面紀錄，並保留所有證據，通常可強化自身的稅務防禦立場。對設計及印製銷售手冊的收費，可將之分配為設計手冊有關的內部部門成本及外部影印成本。此服務的費用可依據送出的手冊數量，或其他更適當的分攤基礎來收取。

0512 文件紀錄

　　準備管理服務提供的紀錄文件與準備銷售存貨或移轉無形資產的紀錄文件一樣重要，至少應將所提供之服務內容、服務成本及成本加成比率選擇的合理性等，詳盡的以書面文件保存。關係企業間訂定的契約也

是必要的，契約內容應載明在何種情況下應提供服務及費用的支付等。

以書面記錄上述資訊時，需要有以下的佐證內容：

(1) 各項服務內容的書面敘述：摘要敘述相關員工的類別（專業技能、年資等）與人數、提供服務的報告或服務的結果，服務的目標（例如節省成本、提升銷售業績等）；

(2) 成本基礎的完整分析：包含成本分配公式的說明、公式的應用以及為何該公式是適當的理由、應分攤的各項費用明細（薪資、間接成本等）、以及實際發生費用的企業所開出的發票；

(3) 詳細計算每一張開給接受服務的關係企業的發票金額：一旦成本基礎與分配公式建立後，利用電腦來計算應相當簡單；

(4) 根據可比較交易資料或市場狀況來主張加成幅度是合理的。在一個加拿大的案例中，法院仔細斟酌管理費方面的文件紀錄，並認為以下的證據是關鍵項目：

● 雙方議價的證據，以推翻納稅義務人「被動接納」該項管理費用的印象；

● 佐證各項費用的工作底稿；

● 解釋收費計算方式的詳細資料，包括員工工作分配或其他支出（例如租金成本的分配解釋等）的佐證；

● 管理費用的書面契約；

● 能證明費用支付與當期服務提供相關而非與前期服務相關的文件資料。

上述建議是基於1991年早於OECD指導方針中有關關係人服務章節提出時的案例。現今，大部份稅務機關的期望則是遵循OECD指導方針。

委託服務與服務共享中心（Contract Services and Shared Service Centres）

跨國企業為加強他們在全球市場上的競爭地位，不斷尋找方法以提升效率。傳統上由母公司在各國設立一至數個子公司營運的擴張方式，從某些方面來看的確相當成功。但是，這也導致官僚式的行政系統與地盤心態的經營方式，連帶造成隱藏性的成本支出。

比方說，是否每家公司都需要個別的人事主任、行銷主任、財務部門、存貨倉庫與安全存貨量？還是這些功能都可以集中運作？就市場策略來說，母公司希望儘量採用全球市場的觀點，但舊式的「各國公司」模式卻傾向縮小規模採用當地市場觀點。為了市場競爭的壓力及其他因素，不斷驅使服務共享中心的創立，以提供廣泛支援功能給位在各國的子公司。

跨國企業另一個尋求改善之道的方法是建立「最佳的」（best-in-class）技術。如果企業中某個事業體在某項業務活動上表現的特別傑出，也許該事業體就應該提供這項服務給企業中的其他事業體，而不是由每個事業體繼續以不夠完美的方式執行該項活動。

最後，為了讓一件任務能以最低的價格買到最好的資源，因此產生了委託研發中心與委託製造活動。這個概念是讓跨國企業能獲得所需，但不會因為控制成本而影響其管理智慧財產權及製造上的策略。

委託研發最知名的就是美國的Westreco公司的案例，而瑞士集團雀巢（Nestle）公司也涉及此案。雀巢公司當初希望在美國進行研究，以設計適合該市場的產品。

如果當初的研究由雀巢出資，則所創造的無形資產就會屬於美國，以後產生的獲利也須在美國課稅。但是，雀巢成立一個委託研究的執行

單位，由這個單位提供委託研發服務給瑞士的總公司，致該總公司擁有研發成果之無形資產，並使日後瑞士總公司可以透過收取該無形資產之權利金而獲得未來的利潤。

設計成功的委託研發活動（或類似觀念的委託製造活動）關鍵在於訂定服務契約，契約應將服務內容、服務品質標準、時間進度等清楚的標示。

服務提供者的報酬應參考可適用的比較交易，而且一般都使用成本加價法。不過，資本風險會是需要特別注意的領域。如果服務提供者需要做重大的機器設備投資才能滿足契約的義務，是否服務購買人會承擔融資成本以及契約到期後處置機器設備的風險？這問題有很多回答方式，但是不同答案會對服務提供者應得的利潤產生重大影響。一般而言，所承受之風險應由預期的未來獲利來補償。

無形資產的移轉

0513無形資產－介紹

一般來說，關係企業間可透過投入資本、買賣以及授權等三種方式來進行無形資產之移轉。各關係企業也能透過一個成本分攤協議來分攤無形資產開發過程中產生的成本及風險，OECD指導方針中稱之為成本貢獻安排(Cost Contribution Arrangement)。

0514出售而取得對價

多數國家之稅法均有規定無形資產之開發者或擁有人在出售該無形

資產時必須向買方收取交易當時市場的公平市價。所出售資產之授權地理區域範圍可能有所不同，舉例來說，無形資產之開發者可以單獨出售該無形資產北美地區的權利。另一方面，開發者也可保有自身想要使用之權利，並將不欲使用的權利的全球使用權另外出售，例如在製藥產業中，開發者也許保有某項專利中之人類使用權利而另外出售該項專利中之動物使用權利。

從銷售當時起算，無形資產之買家即成為該資產之法定所有人且有權向第三人或各關係企業收取與該資產相關之權利金。新的擁有人並有權將該無形資產再授權或出售予其他企業。

0515授權

關係企業間最常見的無形資產移轉方式為獨家或非獨家之授權使用合約。在授權使用情況下，無形資產之開發者仍然繼續擁有該項無形資產且有權在適當時機出售該項資產。被授權者所獲得之權利將根據授權合約而有不同，而一般授權交易必須由一載有各項授權條件之合約為證明。授權合約通常包括下列各項要點：

- 被授權人所獲得之地理區域性權利；
- 被授權人所獲得之使用時限；
- 被授權人所被允許之使用方式；
- 是否為獨家授權或非獨家授權；
- 被授權人所獲得之約定技術協助範圍及超過約定範圍之技術服務費用；
- 權利金費率、權利金計算方式及付款時間；
- 被授權人是否被准許從事再授權。

　　授權交易之合約必須以書面方式表達。以上所列各要點都將在權利金費率的計算上扮演重要角色。舉例來說，獨家授權合約之權利金一般都比非獨家授權合約之權利金明顯地高出許多。較寬闊之地理區域權利也較可能收取較高之權利金，雖然這種情形並非一定。

0516常規交易權利金比率的決定

　　決定無形資產開發者或所有人所應有的適當報酬可能有困難。在決定常規交易的權利金比率時，較重要的是儘可能精確的描述授權何種資產。一旦授權的資產經確認後，授權的權利及價值就可能被決定。

　　該項資產可能是「普通的」無形資產，可提供雖不完整但可免於競爭者威脅的地位（此一類型的無形資產有時稱之為「典型的」或「例行性的」無形資產），也可能是「超級」無形資產，該無形資產能有效地給予被授權人獨佔或近乎獨佔市場的地位。然而，決定權利金常規交易比率的方法並無差別。「超級無形資產」提出的目的僅在於提供一個較完整的觀念。

　　此觀念於1986年美國租稅改革法案後出現，主要主張美國從海外關係企業取得的授權所得應與所授權的無形資產價值相當，這情況通常發生於授權予海外關係企業後，才發現該無形資產是有價值的，而美國公司之前所收取的無形資產價值是不足的。此結果通常造成美國以外地區的高度關切，因超額使用通常是在事後才可能被發現。

　　決定常規交易權利金最理想的方法，是參考相同財產在非關係人之間的授權。即此授權可參考開發者曾經授權予第三人使用技術的條件，並在相同或類似之條件下授權予關係人，或參考此關係人交易的授權人曾自第三者取得的技術的條件。假定授權合約已確定，為了決定公司間

常規交易權利金比率，可對差異進行調整。詳如下列案例說明。

釋例

　　Abbra Cadabbra AG（ACAG）為德國公司，開發一種去除衣服被草沾污的方法，但不會改變布料的原始色澤，此發明已獲得專利權並生產製造及在德國銷售。最近該公司決定在愛爾蘭建立製造廠，因愛爾蘭子公司的利潤可獲得低稅率的優惠。

　　愛爾蘭子公司製造的產品將回銷全歐洲，ACAG希望其愛爾蘭的子公司之所得極大化，因此該公司採取所有必要的措施以確保愛爾蘭子公司成為一全方位製造商。為達此目的，該公司決定將專利權與相關技術知識授權予愛爾蘭子公司。

　　該公司決定授權予愛爾蘭子公司一排他性可在歐洲市場製造、使用及銷售產品的權利。書面協定包括全部條件業已草擬完成，剩餘的問題是決定常規交易權利金比率。

　　假定ACAG授權給獨立第三者的美國ZapAway公司在北美洲地區製造、使用及銷售產品之權利，而其提供予ZapAway的技術知識與提供予ACAG的愛爾蘭子公司技術知識是相同的，且兩項專利權的授權期間相同，且都提供20個工作天的技術支援，而此兩項專利權授權協定唯一的重大差異在於第三者授予在北美洲行使權利，而授予關係人在歐洲市場行使權利。

　　必須強調的問題是北美洲與歐洲市場在經濟上是否類似，適用北美洲的授權權利金比率是否也同樣適用於歐洲。為了回答此一問題，兩市場的經濟情況必須予以檢驗。

　　一般而言，如果差異不大，非關係人的授權必須適用於關係人之間的權利金比率，如果存在顯著差異，只要該差異能被評估，則可考慮對此差異做出調整。當然授權人與被授權人在爭議常規交易的權利金比率時，皆會考慮該無形資產可能產生之潛在利潤。若兩個市場不同，則潛在投資報酬及可接受的權利金比率亦不相同。

0517 缺乏完美的可比較常規交易下權利金比率之決定

　　一般而言，完美的可比較常規交易並不存在，因此，經濟上類似的

技術在非關係人間的授權協定，可能用來決定關係人間的授權權利金比率。通常在業界，非關係人間的授權也是採用這樣的作法。基於上述的事實，在缺乏完美的可比較常規交易時，下面案例提供權利金比率的決定。

釋例

假設上述ZapAway的合約不存在，亦即ACAG未授予任何無形資產予第三人。然而，其他競爭者授予類似產品（另一草沾污衣服去除劑）之權利給第三人，此一授權合約在進行過與上述案例相同之權利內容的分析後，假設與可比較交易的差異並不影響權利金比率或該差異可被評估，則此非關係人間的授權協定可能被用來決定ACAG授權予其愛爾蘭子公司之常規交易基礎。

在沒有可比較資料存在的情形下，可參考非關係人在協商權利金比率時，可能考慮的因素來設算權利金比率。例如：

(1) 可歸因於該技術的預期利潤
(2) 開發該技術的成本
(3) 授權條件提供的保護程度及保護時間的長短
(4) 移轉的條件包括所涵蓋區域之限制
(5) 無形資產的獨特性

0518 超級無形資產

超級無形資產係指在特定的期間內給予所有權人獨佔或幾近獨佔的地位。因其獨特特質，這些無形資產是不可能存在可比較交易的。然而，有時發明者可能不願意銷售所發明的產品（或者沒有開發生產這項發明所需的資金）而選擇授權該發明予第三人。即使在超級無形資產的案例中，也必須完成可比較資料的搜尋，以證明可比較資料的存在與否。

0519 超級無形資產權利金比率之評價

在缺乏可比較資料情況下，決定常規交易之權利金比率是非常困難的。OECD指導方針第6章檢視了無形資產的重要議題，並承認因評價非常不確定，無形資產常規交易訂價決定是極為困難的。

OECD力勸公司與稅捐機關，在其他情勢不變之情形下，需謹慎留意常規交易可能發生的情況，因此，當事人可能選擇相對較短期間的授權安排，或一開始無法預測未來利潤時，依銷售情況變動權利金費率。

此實際情況凸顯了企業與稅捐機關的兩難窘境，因兩者皆不能預知未來。企業希望作出決定並向前邁進，而稅捐機關卻於較晚並於事後考量此決策是否符合常規交易。然而稅捐機關不應採取事後的態度，因為對公司而言，通常是很困難去證明其在決定權利金比率時已盡力去預測未來，以及他們當時決定的權利金比率是一個常規交易的比率。

當涉及特別有價值的無形資產，或有租稅天堂涉及在此交易的情況下，若缺乏其他證據，稅務稽查人員可能採用剩餘所得法。此方法不採直接評價權利金，但採用決定此交易的其他要素的價值（例如產品製造）及以交易結果的總所得減除其他要素的成本為基礎來計算權利金，此剩餘的所得即為應支付的權利金。

釋例

「利刃」（Clipco, Inc簡稱CI）為一家美國公司，是刮鬍刀的製造商。這家公司最近研發了一項新的刮鬍刀，保證絕對不會刮傷、劃破或摩擦到使用者的皮膚。這項產品的成功之原因要歸功於刀片上的微處理器，它能感應出刀片所接觸的是毛髮還是皮膚，發出要刮或不刮的訊號。「利刃」已經獲得這項設備的專利，現在正在美國市場行銷該產品，目前的市場佔有率已達九成。

「利刃」在愛爾蘭也成立了子公司（簡稱CIre），負責製造歐洲市場所需的刮鬍刀。CIre生產刀片後，再銷售給目前由母公司提供產品的獨立經銷商。

此處的問題是母公司提供給CIre專利技術與相關知識的權利金價格，表5.1將功能分析作一摘要。

表5.1功能分析

美國母公司		
功能	風險	無形資產
·研究與發展 ·行銷（對權利的行銷） ·技術支援	·外匯（來自權利金） ·商標	·專利 ·未登記專利的技術
愛爾蘭子公司		
功能	風險	無形資產
·製造	·產品保固 ·產品報廢	·無

表5.1的功能分析

在這個簡化的案例，愛爾蘭子公司僅為製造商（可能為委託製造商，雖然風險承擔與委託製造商不一致）。美國衡量權利金比率的方法可能是先尋找執行製造商活動的可比較公司（通常是找採成本加價法為基礎的公司）的利潤，在補償愛爾蘭子公司製造活動應賺取得利潤後，剩餘的利潤則屬於使用技術的權利金所得。

這個以技術為基礎將所有無形資產的所得都包含進來的方法通常會高估技術權利金的報酬，因為此方法所計算的無形資產的報酬尚包含屬於製造上無形資產的報酬。因此，這個評估的方法是一般公司會避免的方法，特別是其製造活動是在一個較低稅率的國家進行，反之，這個方法對製造功能在高稅率的國家可能是比較有利的。

成本分攤

0520 成本分攤介紹

在1979年OECD發布了跨國企業移轉訂價之指導方針。此指導方針包括了對跨國企業在建立及操作研發費用成本分攤安排經驗的討論。OECD指導方針中摘要了各項成本分攤安排之相關知識及跨國企業在處理成本分攤安排（OECD指導方針中稱之為cost contribution arrangements（CCAs）成本貢獻安排）時與各國稅捐機關交涉之經驗。OECD在該出版品中之註釋已廣泛地被多國稅捐機關認定為「最佳實務」。然而，隨著稅捐機關在成本分攤安排中獲得的經驗越來越多，在審查跨國企業交易時也越來越注重細節。實務上不同的成本分攤模式已經開始在各地發展，尤其是在美國。為此，OECD指導方針第八章闡明了成本貢獻安排中各項相關稅務處理及移轉訂價問題。OECD用以判斷某項分攤成本是否符合常規的基本原則在於是否該成本貢獻安排中，各參與人所負擔成本比率與各參與人在預期報酬分配中所採用之比率一致。

成本分攤發生於集團中各公司在一定的分攤費用條件下，一同進行研究及發展新科技或技術。雖然各個參與人只有負擔一小部分的費用，卻能獲得整體的研發成果。只要該項研發成果具有可能的商業價值，成本貢獻安排中之各參與人均可自由的利用該項技術，在合約許可情況下進行更進一步開發利用。上述合約通常包括對各參與人之區域性銷售限制。

成本分攤是一個很簡單的概念，促使研發費用可以在公平的基準下由許多的參與者來分攤。然而，實務上在受控關係企業間之成本分攤安排中仍然充滿著許多複雜的會計及稅務問題。

0521成本分攤之優點

　　成本分攤有許多的優點。第一、免除決定常規交易權利金的比率。若企業已經參與一無形資產之開發，則該企業擁有此無形資產之所有權並有權收取權利金。

　　第二、成本分攤是企業致力於研發的籌資工具。例如：假定研發活動在一直以來皆由母公司執行並預期未來也會持續執行，又假設母公司在其國內市場持續虧損，但集團在其他地方有獲利，則母公司僅利用本身營業所產生的現金是很難集資進行研發活動的。若成本分攤是運用子公司的資金來籌措研發活動所需的資金，則此研發成果的無形資產應由集團中各子公司共同擁有而不是由母公司擁有。

0522成本分攤安排（Cost Sharing Arrangement）

　　成本分攤協議為各企業同意的書面協議，即為了共同的利益事先對某一事項的共同研究作出約定，並協議分攤成本與承擔研發的風險。每一參與人分攤並承擔所同意的成本及風險，並有權取得相對比率的未來可能的利益。

　　成本分攤協議在非關係人間通常為類似合資或合夥的形式，因此通常假設原則上大多數稅捐機關是可接受成本分攤協議的。

　　所有的成本分攤協議的參與人必須參與有關研發費用的支出決策、如何執行研發以及研發失敗應採取的對策。各參與人也必須參與如何使用此研發成果的決策。研發活動的利益可經由商業化其產品、銷售或授權研發成果予第三人而取得。基本上，依成本分攤協議，在研發淨成本分配給各簽約的公司之前，任何從第三人獲得的所得都可

從研發的成本中扣除。

0523成本分攤協議（Cost Sharing Agreements）

　　成本分攤是一個在無形資產研發過程中用以分攤費用及風險之機制，所以在進行無形資產研發時必須事先確定上述協議已經存在，進而確認各個參與人均能分攤研發之風險。成本分攤為研發過程中一種籌資的方式。各參與人必須在此過程中分別承擔所屬的費用與風險以獲得在此機制下所完成之研發成果。（在無形資產研發中途建立成本分攤請見0529在中途建立成本分攤協議。）

0524參與人間之成本分攤

　　成本分攤機制中各參與人間進行研發費用分攤時，理論上應參照在該機制下各參與人所取得之實際利益。然而並非所有研發皆能發展出成功的產品，且企業必須有一套用以辨認失敗性支出及成功性支出的機制，因此，費用的分攤通常盡量試著參照研發活動可得之預期利益。此類分攤方法設計起來非常複雜，且在實務上必須同時考慮各參與人之銷售情形。加入當年銷貨或其他商務比率之混合式的分攤方法也常為企業所使用，以決定費用之分攤，若原始之費用分配被發現為不正確，則可採用事後調整之方式以校正分配。

　　當研發活動產生了可註冊為專利之技術，所有成本分攤安排之參與人均應共同擁有該專利的所有權。在專利註冊時可能僅以其中一家企業註冊為該專利的擁有者，但該企業並不能得到任何優先權而必須以受託人身分維護所有參與人權益及管理該項專利。

　　雖然多數稅捐機關都偏好OECD指導方針第8章中之一般測試，部分

稅務機構已經發展出管理成本分攤安排之特別規則。中國於2008年1月1日實施之公司所得稅法第41條即包括支持成本貢獻安排之法律架構且釐清了許多相關問題。2006年3月，日本初次發布了成本貢獻安排之定義及行政準則、現有無形資產之管理及適當的文據規範。澳洲稅務機構所發布之2004/1號函令也接受OECD指導方針第8章之觀點，並將其精神應用於澳洲所得稅法之相關規則中。

美國並未採行OECD指導方針。美國於1995年發布成本分攤最終法規，並於2005年提議更新該法規（在本書撰寫時，尚未通過最終版本）。根據觀察，當稅務機構自行發布相關法規時，該法規必然較為複雜及具限制性。在OECD指導方針第8章發布之前，各國稅捐機關對於利潤率於成本貢獻安排中之應用多持有不同意見。目前OECD指導方針第8章則較著重於是否該成本貢獻安排中之各參與人所負擔成本之比率與各參與人在預期報酬分配中所採用之比率是否一致。請見案例如下：

A、B及C三者決定在預算金額內共同開發一款世界第一捕鼠器。如果開發成功A、B及C將分別擁有此無形資產在美洲、歐洲及其他地區之權利。實務上，C將會執行大部分的研發工作而向A及B收取他們各自所應分攤之費用。

在上述情況下，費用、風險及利益並非共同產生，所以OECD指導方針第8章中之成本貢獻機制並不存在。更確切的說，C將承擔大部份的成本、風險及利益。依據OECD指導方針第8章，為了符合常規交易原則，分攤予A及B的成本應與他們在此分攤協議中可能獲得的預期報酬一致，而C的服務提供也應以移轉訂價角度評估其所發生的成本、風險及獲利。此外，依據OECD指導方針之規定，C應為此無形資產之開發者。

0525成本分攤款項之扣抵

如同0522中所提出，非關係人之間也能建立成本分攤安排，因此關係人間若建立與非關係人類似的成本分攤安排，則應可被認定為符合常規交易原則。然而，境內企業所負擔之成本淨額是否能夠於報稅時扣除更是各國稅務機構所關切的。在判定該項費用是否可被扣除時，企業必須參照當地稅法及實務中對該類費用之處理，進而判斷該筆支出是否屬於可扣除之費用或是應就部分或全額認列為資本支出。

更基本之問題則是分析企業所分攤之費用比率是否合理。這需要檢視全部的成本分攤協議。稅捐機關要求提供詳細的集團成本分攤協議說明，而不是僅要求提供所查核公司的資料並不是不常見的。因此，稅務機關將檢視成本分攤協議，並且需被說服該協議是事前簽訂的且成本分攤的基礎是合理的。稅捐機關也會檢視所發生的成本是否與協議內容相符，且不包含在該協議中的成本也沒有被計入。稅捐機關也會期望看到他們所查核的公司已依據成本分攤協議合理的估計預期的利潤。

顯然跨國企業想要簽訂一個能成功防禦的成本分攤協議，則必須揭露大量的全球交易資訊，因此，紀錄並保存所有的成本分攤政策及小心的管理控制執行過程是非常重要的。

實務上，研究發展費用的性質是相對長期，且有時經常是一個龐大的失敗費用。然而稅務機關總是有在事後調查的優勢，以致失敗的支出更難證實其在成本分攤協議中的貢獻。

在檢驗應被包含及應分攤的成本時，OECD認為在直接成本之外，從事研究發展而產生之間接成本也必須加以分攤。間接成本係指非直接發生於研發活動但卻與研發活動之直接成本相關之費用，例如研發事業

之一般管理費用。該類成本之分攤通常採用近似值，所以很容易受到稅捐機關之詳細檢查。

各地稅法對任何費用可否扣除之判斷時有不同。如果所分攤之費用為機器或建築等資產之部分則必須基於財務及稅務的觀點考量該筆支出是否屬於可扣除之費用或是應認列為資本支出。

舉例來說，所分攤之成本應就其組成部分逐項分析來檢視該費用是否包括了研發支出或建物之折舊等。各地對資本攤銷所採用之不同處理方式也會造成不同的費用金額及費用發生的時間點。

任何研發補助金額（包括政府補助金及權利金）都應在估算成本分攤淨額時事先剔除。從事成本分攤之企業也須小心證明同項費用並未被重複支付。舉例來說，已經透過成本分攤安排收取之研發費用就不應再次反映於產品的售價中。

針對應分攤費用是否應包括邊際利潤之問題，在OECD早期的報告認為利潤成分通常可以被計算在內，但利潤的計入應只考量有關研發活動之安排及管理部分，不應包含任何進行研發活動之投資風險，因為此項風險已被各參與人所分攤。但如上所述，OECD指導方針第8章已著重於該成本貢獻安排中之各參與人所負擔成本之比率與各參與人在預期報酬分配中所採用之比率一致，所以利潤成分便不應再由成本貢獻安排中各參與人來分攤。

成本貢獻安排中所支付之款項在稅務上通常不會被認定為權利金支出，所以並不會產生任何扣繳稅款。

0526成本分攤調整

以性質來說，大部分成本分攤協議都是長期的。參考參與者的預期

利益將成本分配給他們是一項不精準的科學，且只能在較長的期間內測試其合理性。OECD指導方針第8章承認這是非常困難的事，且指出不能就單一會計年度出現明顯的不平衡就進行調整。第8章同時也提出當稅捐機關考慮了在計畫建立當時成本分攤協議的成員可合理預見的未來變化因素，且稅捐機關並無採取事後的態度後，認定此成本分攤協議在可比較的情況下並不會由非關係人採用，則可質疑該成本分攤協定的合理性。

在此前提下，稅捐機關可以斷定成本分攤協議並非善意的訂定且在執行計畫時沒有適當的文件支持。如果稅捐機關成功的主張可執行調整，則實際情況可能更複雜，在精神上，應對其他成本分攤者設算所得予以課稅，但如果考量其他成本分攤者應因減少成本分攤而降低稅負，則設算調整課稅可能是困難的。由於缺乏多邊租稅協定，企業集團將需同時依據個別適用的雙邊租稅協定請求減輕稅負，那將是一項冗長的任務。

0527 成本分攤與風險

由於成本分攤僅能按預期實施，且成為一個成本分攤者意味著付款公司的營業型態產生變化。這些隱含著公司願意涉及高風險的研發活動並承擔未來重大支出的商業風險。總之，雖因此增加了風險但參與者期望最終能獲得相對增加的報酬。

然而，在未來所得開始流入之前，參與貢獻的公司可能全面增加費用，因此，在過渡時期，公司的獲利能力可能顯著的降低，但同時其承擔的風險也顯著增加。這種情況可能增加引起當地稅捐機關注意的機會。另在過渡時期也可能發生損失或延遲所得稅抵減及對創業期間損失

抵減的限制等，這些項目可能擴大營業損失及商業風險。

　　成本分攤協議也會吸引稅捐機關的注意，因為公司發生了新的費用項目而該項目是以前納稅申報書從未出現的成本分攤項目。「改變」通常是稅捐機關認為值得調查的範圍。

　　一旦實施成本分攤後，成本分攤協議應該被監控，且任一成本分攤的參與者都應該主動參與監控，即必須小心謹慎監控以確保成本分攤的法律形式反映其實質情況。此外，文件記錄各成員主動參與成本分攤協議的政策制定、監控及控制成本是責無旁貸的。

0528 成本分攤參與者

　　成本分攤通常被用在製造商、配銷商及獨立的研發公司之間。傳統上成本分攤是在製造商之間的協議，而現今配銷商及獨立的研發商也逐漸成為成本分攤的參與者。部份可能的原因是企業逐漸改為委託製造的模式。在製造商之間的成本分攤協議中，製造公司會製造產品並經由產品價格反映研發成本的報酬，而產品銷售公司則僅就其市場行銷與配送的功能賺取報酬。

　　銷售公司參與成本分攤協議可能代表每一個參與者的功能及風險的根本改變，且更增加了集團交易的複雜性。配銷公司將真實的承擔研發公司所應承擔的功能及風險，且銷售的商品價格也將反映其承擔的研發成本。在這種成本分攤協議的形式下，製造公司將承擔委託製造的功能及風險，並將產品銷售與擁有無形資產的配銷公司，且賺取委託製造商應有的利潤。

　　若實質上大多數研發活動集中在一家公司，由銷售公司分攤成本則純粹代表是一種財務的決策，因為銷售公司的實質的活動沒有直接利用

研發支出的成果。雖然成本分攤可能以法律或財務條款經由合約的簽署來達成，但在本質上仍是屬於財務的安排，並可能增加各國稅捐機關的注意。

0529 在中途建立成本分攤協議

若公司一直以來皆於一個企業體從事並籌資研究發展活動，但希望未來建立成本分攤協議，兩項問題必須詳細衡量：

- 買進價格
- 有關無形資產所有權所在地的商業考量。即哪一個（些）企業個體應被歸類為無形資產的開發者。依據OECD指導方針規定，開發者即是取得無形資產的法律及經濟所有權者。

0530 買進協定（Buy-in Arrangements）

當企業集團決定簽署成本分攤協議以籌措「開發」階段資金時將會出現一個重要的問題，即參加成本分攤協議的公司是否應付款項給目前的技術所有人。此即為眾所週知且爭論已有一段時間的「買進」的觀念，在1998年美國內地稅局（IRS）公布白皮書之後，此一議題受到廣泛的討論。目前大部分稅捐機關都已知曉此買進議題，並且開始考量所浮現的問題。

「買進」的觀念是基於當新成員加入成本分攤協議時，從研究階段衍生的利益不只建立在目前的研發成本，還有過去投入的經驗、技術知識及先前參與分攤協議者的投資。因此，新的成員對先前的成果沒有貢獻但將從先前參與成本分攤者的歷史支出獲得利益。就國際觀點，美國已強力的指出，新成員免費獲取這些利益是不恰當的。

因此「買進」需要付款是毫無爭議的，但其價值應如何計算？IRS認為應執行評價，以決定支付給原始成本分攤者的金額，使能反映出新成員取得技術知識及其他有價值的無形資產的事實。

1988年的白皮書指出，買進的評價必須包含所有事先已存在、部分已開發的無形資產（該買進的無形資產須符合新的成本分攤協議的規定）、全部間接成本與任何已存在與產品有關的基本研發，以及研發部門繼續經營的價值等，這些成本都要被分攤。

美國1995年的最終的成本分攤法規規定，買進價格若是支付給非關係人或是由非關係人支付則為常規交易價格。

2005年美國的成本分攤暫行法規將「買進」的支付視為是一種初始或同期的交易(preliminary or contemporaneous transactions，PCT)，並且擴張無形資產的定義尚受到對潛在員工、商業機會及商譽的支付的影響。在這個新的定義下，一個有經驗的研發團隊應考慮取得適當的買進報酬。

此外，2005年的成本分攤暫行法規也擴張了需要被移轉的權利以消除因移轉有限的權利可能導致較低的PCT支付額的爭議。因此，在這個暫行法規的規定之下，PCT支付額必須考慮無形資產的移轉是否為排他性、期間及區域的權利。最後，美國2005年的成本分攤暫行法規並不允許在PCT中任何已支付「製造或銷售」權利的參與者移轉該些權利時降低買進價格。

此外，美國2005年的成本分攤暫行法規引進了「投資人模式」的方法，該方法認為在PCT中取得的金額必須與截至PCT當日，每一個受控參與者對成本分攤協議的總淨投資的合理預期報酬率的假設一致。有關這些新的規定將在第11章中討論。

OECD指導方針第8章支持應支付買進款,因為新加入的企業開始有權享受以前沒有權利享受的無形資產的利益 (無論是否完全開發)。因此,買進代表購買一批無形資產,且必須以OECD所述原則評價(即採用指導方針的規定來決定無形資產移轉的常規交易報酬)。

必須注意的是,OECD指導方針第8章所採用的觀念與美國1995年的最終成本分攤法規及美國2005年成本分攤暫行法規的觀念有某些程度的差異。在指導方針第8章的買進,僅限於新加入者支付予現存的成本分攤者,以獲取成本分攤協議先前活動成果的利益。類似的,買斷(buy-out)僅指付款給現存要離開成本分攤協議的成員。指導方針第8章指出任何不符合買進或買斷的支付(例如為調整現存成本分攤協議參與者貢獻比例而支付的款項)稱為「平衡款項(balancing payment)」。反之,美國的成本分攤法規則定義較廣泛,在該法規之規定下,買進或買斷係指支付給新的與現存的成本分攤成員。在美國的成本分攤法規中並無所謂的「平衡款項」。

若支付一筆金額予另一成本分攤協議的參與者(不論該付款為「買進」、「買斷」或「平衡付款」),應考量該筆支付對付款者而言是否可以做稅上的抵減以及考量會計上的處理方式。除非收到國可認列收入而支付國可認列支出,否則關係企業將因買進支出而產生重複課稅。另買進的議題應就每一個新公司參與成本分攤協議的情況個別提出討論。

0531 無形資產的所有權

因為成本分攤者擁有經由成本分攤協議開發出來的技術,當技術於成本分攤協議簽署之前已部分開發,而後來依據協議被修正或進一步開發時,將產生技術所有權歸屬的問題。如果所有權的防衛變成不可避

免，此一模糊不清的部分將可能導致重大商業問題。

釋例

　　「無線歡樂」（Bozo Unlimited 簡稱BU）是一家製造玩具小丑的美國公司，BU透過加拿大、德國、法國與英國的完全控股子公司將產品銷售給世界各地的兒童。

　　公司的製造活動由美國總公司和其100%持有的愛爾蘭子公司負責，現在愛爾蘭子公司支付母公司3%權利金，作為使用製造技術的費用。截至目前為止，所有的研究發展都由美國負責，並由BU出資。

　　為了符合世界各地兒童玩具安全規定的要求，並降低製造成本，以維持產品競爭力，BU決定進行一項重大的研發計畫。BU不想使用子公司發放的股利或公司間貸款的方式來融資，所以選擇成本分攤協議的方式。

　　為了執行成本分攤協議，BU必須處理以下問題：
- 買進無形資產的付款需求
- 愛爾蘭子公司需支付的成本分攤金額
- 愛爾蘭子公司將獲得的無形資產

　　愛爾蘭子公司一直以來都透過授權合約，支付原有技術的使用費，依據OECD指導方針第8章規定，愛爾蘭子公司所支付之常規交易權利金足以補償使用 BU的原有技術。

　　但是，依據美國的成本分攤法規，愛爾蘭子公司買進無形資產的款項需要符合美國移轉訂價法規規定，並考慮研發活動未來的合理預期收益中有關愛爾蘭子公司預期可取得的收益比率。因此，先前愛爾蘭子公司支付的權利金可能不足，愛爾蘭子公司必須將應該支付的買進金額扣除已支付的權利金的差額支付予母公司。

　　依據OECD指導方針第8章規定，研發成本指研發活動的直接與間接成本的總合，BU與其愛爾蘭子公司應以雙方營業額的比例為基礎，分攤研發總成本。而依據美國的成本分攤法規，研發成本是不包含折舊或攤銷的各項營運支出（亦即銷貨成本以外的費用，例如廣告、促銷、銷售管理等費用）、無形資產的使用費用（若這些費用尚未包括在營運支出內），以及關係企業提供有形資產供其使用的使用費。

　　無論是美國的成本分攤法規和OECD指導方針第8章都認為，BU與愛爾蘭子公司的成本分攤，應以他們從研發結果所獲得的合理報酬預期獲利比

> 例為分攤基準。
>
> 另在成本分攤協議下愛爾蘭子公司將獲得可使用此技術於北美洲地區以外的銷售市場。依據美國2005年的成本分攤暫行法規，授與愛爾蘭子公司的權利必須是排他且永久的使用此技術於北美洲地區以外的銷售市場。

0532其他成本分攤協議

研發費用以外之其他費用也能透過成本分攤機制而進行分攤。舉例來說，企業間共同產生之會計、管理及行銷的費用均可在受惠關係企業間透過成本分攤機制來分攤。（有關此類成本分攤機制之細節，請參考0501-0511）

外匯與金融

0533 外匯風險

無法預期的匯率波動是關係企業間的計價政策所會面臨的最困難的商業挑戰之一。過去二十年來，美元與英鎊等貨幣的價值，有好幾次在短期內波動達四成以上，不過稍後又回復原來匯率水準。匯率波動會影響到跨國企業在全球多元性營運的競爭力，比方說，貶值中的英鎊可增加英國製造商的出口競爭力。如果跨國企業的移轉訂價政策不能反映不斷變動的競爭壓力，則該公司的全球獲利組合就會遭扭曲，干擾到跨國企業的製造、財務與稅務規劃。

0534 常規交易原則

常規交易原則要求關係企業之間在訂定公司訂價政策時，應以公開市場中非關係企業間之訂價為原則。所以，遵照此原則，跨國企業的移轉訂價政策也必須包含外匯調整的機制，就像非關係企業之間在類似的情況下所採用的機制。

可惜不同產業的企業，甚至是相同產業的企業，對外匯變動的反應都不同。外匯風險有時候由製造商承擔，有時候由經銷商承擔，有時候由雙方共同承擔，到底應該由誰承擔外匯風險，應視跨國企業獨特的事實與情況而定。

比方說，企業集團內的製造商將產品銷售給位於許多國家的關係企業經銷商，也許將外匯風險集中於這家製造商是最明智的作法。承擔外匯風險的公司在獲利上會因相關匯率波動而變動，在波動異常時，他們就可能受到國內或國外稅捐機關的關切。

0535匯率風險的種類

跨國企業的匯率風險可分為換算（請參考0536）、交易（請參考0537）與經濟風險（請參考0538）等三種。

0536換算風險

換算風險通常稱為會計風險，指的是跨國企業將外幣計價的資產負債表換算為國內貨幣，以便編製合併資產負債表。合併的資產負債表可以衡量該實體總合併淨值的改變，反應出相關匯率的變動。

0537 交易風險

交易風險是指無法預期的匯率變動在短時間內對現金流動的影響，

例如現存契約的期間或目前金融規劃期間等。交易風險可以衡量以外幣借款的債務於結清後產生的獲利或損失。例如,如果交易的計價貨幣為本國貨幣,而且發票是以本國貨幣為之,則在本國貨幣價值因匯率變動而變化的情況下,本國公司依然需要承擔交易風險。

比方說,假設日本製造商與比利時經銷商所訂定的合約,是以歐元做為商品計價。表面上來看,比利時公司不需承擔外匯風險。但是,如果合約中保證日商公司的日圓所得,在日圓對歐元匯率變動的情況下,則需要調整歐元金額以維持日圓所得不變,結果比利時經銷商就需面對外匯風險了。因此,交易風險並不是依交易契約的訂價貨幣而定,而是以最終決定該交易價值的貨幣而定。

0538 經濟風險

經濟風險衡量,係指無法預期的匯率波動導致未來營運現金流動改變,所造成的企業價值變動。公司價值的最終改變要視匯率波動對未來產品產量、價格與成本的影響而定。因此,經濟風險看的是市場一旦完全適應匯率變動後的影響,影響經濟風險程度的因素如下:

● 市場架構
● 競爭的本質
● 一般商業情況
● 政府政策

釋例

　　USM為一家位在美國的汽車零件製造商,將產品出口至英國的經銷子公司UKD,UKD再將零件銷售給英國各地的非關係企業零售商。USM的移轉

訂價以英鎊計算，再將英鎊所得轉換為美金。USM採用再售價格法來設定給UKD的商品移轉價格。再售價格法所計算的移轉價格，是將UKD再售給非關係企業零售商的價格扣掉UKD進行經銷活動時依常規交易原則的加成百分比。

　　使用再售價格法，就等於USM承擔所有的外匯交易風險。當美元升值時，USM坐收先前無法預期的匯率獲利，而美金貶值時，USM就須承受無法預期的匯率損失。

0539 規劃機會

　　由於關係企業間交易所存在的外匯風險，跨國企業有相當多的機會來進行規劃，這些機會都與外匯風險的策略配置有關。企業所承受的風險愈多，其所獲得的補償就應該愈高，而跨國企業可以決定將外匯風險留置於特定的相關企業，以設定其移轉價格。

釋例

　　有家大型汽車公司在很多國家製造汽車零組件，並在幾個國家進行組裝，再將產品銷售至全世界。這家公司的關係企業間交易產生很多匯率風險，比方說，每一家組裝工廠均向位於15個國家的關係企業購買組零件，然後銷售的對象又多達50幾國。為了管理外匯風險，這家公司有幾個選擇。

　　每家工廠的薪資、租金、利息、稅金等費用，均以當地貨幣計算。為了協助這些各地的工廠的現金流動暢通無虞，讓他們在支付當地開銷時不用擔心匯率變動，企業的管理階層也許希望將這些工廠的匯率風險隔絕。比方說，總公司可以設立一家貿易公司，負責以各地貨幣向位在當地的工廠進行原料、零組件與製成品的採購及銷售。如此一來，該公司所有的外匯風險都由這家貿易公司來承擔。

　　由於所有關係企業間的商品的買賣都會經過這家貿易公司，所以這家貿易公司也可以集中、協調整個企業全球營運的供應品採購。貿易公司以中央代理人（central agent）的身分，可以保證以最低價格自供應商採購產

品，並且在可能的情況享受大宗採購的折扣。

顯然基於租稅上的效益，貿易公司設立時需要有周全的商業計劃為基礎，該計劃會大大改變現有其他關係實體的營運，並將實際的功能和風險置於這家貿易公司上。此外，貿易公司的員工必須要有某程度的專業能力，而且人數必須足以處理所有業務才行。比方說，如果公司轉開發票或管理外匯風險，需要有會計人員處理開立發票與收款活動，並需要外匯經理處理外匯避險活動等。

就像所有關係企業間的交易一樣，貿易公司與關係企業間必須採取常規交易原則來訂定價格政策。移轉至貿易公司的功能與風險愈多，其所應該獲得的報酬就愈高。

汽車公司如果不願將所有的外匯風險集中至貿易公司，也可以決定將所有的外匯風險分散至各地的營運公司。這樣一來，就可以迫使各國的經理控制所有營運的風險，並將風險減到最低。每家營運公司的報酬率也因此應該向上作足夠的調整，以補償多餘的外匯風險。

0540貸款與預支

跨國集團的財務結構在進行以下一連串的規劃時非常重要：

● 另一國開設新事業

● 企業擴張的融資

● 負起經營不善子公司的虧損

● 在兩家關係企業間決定或設立交易帳戶

以符合租稅效益的方式利用債務的安排，可以協助將盈餘由一國轉移至另一國。在另一國從事商業發展時，財務結構也非常重要。不同型態的貸款方式包括：

● 即期貸款

● 定期貸款

● 暫時預支

● 開立交易帳戶
● 關係企業債務之跨國保證或其他抵押

0541 貸款特色

從租稅目的角度來看，投注於子公司的資金應作為負債或資產已在第2章第15節（0215）有所著墨。總而言之，許多國家都有清楚的規定與作法，限制關係企業貸款可允許的程度。在為集團的國際財務結構作任何修正之前，務必檢視這些問題。

0542 貸款利息

常規交易原則也適用在關係企業間貸款的利率上。已開發國家均將常規交易原則的精神植入相關規定中，但是，各國稅捐機關與法院在稽查時，應用這項原則的方式則有很大的差異。

決定關係企業間借貸收取利率的基本原則是假設事實與情況類似，關係企業間所收取的利率必須是非關係企業間借貸發生時的市場利率。決定借款利率時應該納入考慮的情況如下：

● 還款條件：即期、短期或長期
● 限制條款
● 抵押品
● 擔保品
● 非正式與臨時預支
● 開放信用額度
● 善意租賃（bona fide leases）之租賃安排
● 交易往來帳戶

● 債務人之信用風險，即資產負債比例
● 業務之波動性
● 仰賴研發活動，或其他石油與天然氣探勘等高風險投資
● 關係企業之紀錄
● 外匯風險發生的地點
● 市場：不同國家與區域的市場可能會存在差異性，如歐洲市場與歐元市場等。

大多數的國家都採用常規交易原則，但是有些國家則提供「安全港」，即雖然制定了要求採用常規交易原則利率的規定，但是只要利率符合某個特定的範圍，其他提供比較的因素則被忽略。比方說，瑞士的稅捐機關公布了瑞士市場最低與最高的利率範圍，但是如果債務為外幣，或在利率差異不大而且在合理的情況下，利率偏離該範圍也是可以接受的。美國也有非常詳細的安全港的規定。

0543 貸款保證

一般而言，稅捐機關對於關係企業間債務的保證問題都保持緘默。在假設上，任何保證應該按符合常規交易原則收取保證費用，該費用應與類似情況下非關係納稅義務人間的保證費用類似。由於這類的擔保並不很頻繁，所以要尋找類似的可比較常規交易資料可能不是那麼容易。但是，當借款者與貸款者間的利率因保證而降低時，利率降低的幅度可以用來作為評估保證價值的方式。

0544 善意租賃（Bona Fide Leases）

以租賃作為貸款融資的一種形式已在第2章第21節（0221）討論

過。使用善意租賃用以確保有形資產的使用，但卻不用承擔所有權風
險，則是另一種融資的類型。在這種情況下，與利率相關的移轉訂價規
定便不適用，而稅捐機關對於常規交易租賃價格的規定也很少。OECD
並沒有針對此提供規範，而大多數國家甚至對這個議題連一般性的討論
都沒有。

　　大家認為跨國的設備租賃（使用善意租賃）並不是常見的實務（大
多只注意個別、高價值的交易且需要個別的處理），也許是因為跨國
租賃在商業上是很複雜的事，而且會牽涉到許多商業與租稅議題。比
方說，出租到某些國家的設備會對位在海外的出租者造成常設機構
（permanent establishment）的問題。此外，某些國家內會針對應付租金
扣繳稅款。

0545 建立常規交易原則的租金價格

　　大多數國家會接受依據下列方法所決定常規交易原則的租金價格：
- 可比較未受控價格法
- 依據租賃資產之經濟折舊殘值計價
- 依據利率與承擔風險的獲利加成計價
- 為設立合理租金的任何其他方法的計價方式

電子商務

0546 介紹

　　針對電子商務所定的移轉價格規定目前並不存在，也沒有任何提

議。但是，針對電子商務影響力以及應用傳統移轉訂價概念的新商業模式的討論愈來愈多。

電子商務跨國的瞬間交易不但更快、更頻繁且經常是高度自動化，並牽涉到跨國企業集團內部功能更高度的整合，這些現象都使傳統的功能、資產與風險分析更加困難。比方說，如果大量的成本由供應鏈中抽離，由連接原料供應商與最終顧客的軟體平台取而代之，這時候創造價值的是什麼？您能夠確定那一方執行那一項特定功能？在那裡執行？現在稅捐機關都有跨國合作的情況，而移轉訂價規定也要求找出價值的歸屬地，要確定利潤發生的地點是否更困難了？就算能夠確認交易與基本特性，是否能夠根據事實的環境（也就是與電子商務活動相關的環境）找到可比較交易？

0547商業界所面臨的移轉價格議題

如果看看現在逐漸興起的新商業模式，就不難發現有降低租稅負擔的機會。我們先看最讓人興奮的發展——電子市場（electronic marketplaces）。電子市場包括線上交易與網路商業社群（networked business communities），其交易方式通常仍環繞著既有企業，並允許這些企業買賣產品與服務。

這些交易市場通常都是來自不同地理區域投資者的合資事業，並聘僱新的管理人才與員工，在營運上雖然精簡，但極具潛在價值，而且也不需要對任何特定的地理或商業地點維持忠誠度。儘管最近電子商務泡沫化而式微，但類似商業模式的熱潮還在繼續只是對預期的利益比較謹慎。

經營電子商務並非永遠一帆風順，選對了地點可以給投資人報酬率

正面的助力，不過挑選新事業的地點時稅務的考量是一個重要的因素。不論大家的說法如何，這個商業經營模式的競爭仍相當有生氣。

同時另一個問題是，經營模式已經固定的公司應該如何轉型。新式科技讓新企業終於能夠整合90年代所發生的變革，特別是企業重組、商業流程標準化與專注於核心技術方面。

這些改變催生了「品牌所有人」或「企業家」，他們將非核心的實質活動委外至供應與需求鏈的各個階段，甚至完全由生產活動中退出，僅委託外部供應商運輸成品。

將租稅與移轉訂價納入這個業務的流程，以及何種業務由何人、何時、何地進行，會對該業務所產生的獲利造成重大影響。也許把精簡與更具移動性的業務置於租稅最友善的管轄地區，比將網站或伺服器置於產品銷售地在租稅負擔上是更重要的考慮因素。但商業模式的改變給予很多已成立的企業一個良機，讓他們重新審視應在那裡營運、如何營運才能改善租稅效益。

0548 稅捐機關關切的議題

稅捐機關比較關心的是如何尋找、追蹤、確認並評估網路上的跨國交易。包括澳洲、加拿大、愛爾蘭、紐西蘭、英國與美國在內的國家都已經針對電子商務發表了租稅影響方面的報告，報告中討論到電子商務對現存的移轉訂價規定與實務會有何影響。但是大家普遍都同意，如果有必要的話，針對電子商務的興起，國際間需要共同關切、彼此協調。因此，OECD會員國與非會員國的稅捐機關現在都利用OECD為論壇來進行討論，以期產生適用的國際規範。

在OECD的討論已有一些結論，且已併入OECD在西元2003年1月所

發表之租稅規範的最新版本，例如：大部分的OECD國家都認為網站本身並不構成常設機構（permanent establishment），網站並非有形資產，所以不是固定的營業場所。

　　然而，假定企業經由網站營業，且將網站設於擁有或承租的伺服器，則該伺服器所在地可否當作常設機構，應視經由伺服器與網站完成營業活動的性質與程度而定。

　　至於其他問題，例如：利潤歸屬於伺服器所在地的常設機構問題尚未解決，仍待OECD在電子商務課稅方面繼續努力。

綠色議題（註❶）

0549 綠色議題簡介

　　全球氣候變化及能源成本的高漲正驅使著企業發展替代的經營方式，尤其是在能源的使用上。消費者期待跨國公司在供應鏈的每個環節上，從產品的採購、運送到消費階段，可以展現其環保責任。由於公眾與市場對企業承擔環保責任的高度重視，以及各國與其當地的地方政府對處理環保相關議題(環境的挑戰及風險)的承諾與要求，使得公司必須盡到其環保責任。許多跨國公司為了達到綠色議題的環保及永續發展的目標，籌措了重大資金投資於相關綠色計劃。現代企業已了解，唯有對環境友善(green-friendly)，才能友善的保障獲利(botton-line-friendly)。

註❶：綠色議題(The Green Agenda),係泛指各項與環境保護、節能減碳、污染防治、綠能或再生能源，以及為提升資源使用效率及資源回收等有關的產業與技術、研究發展或為遵循相關法規所做之努力的投資、計畫或作業等事項。

因綠色議題衍生的移轉訂價問題包括：

● 主要新產品成本及/或節省；

● 新產品及製程的開發；

● 對新品牌價值或現有品牌價值的影響；

● 智慧財產的創造或強化；

● 供應鏈及營運模式的改變；

● 新環保管制法規或商業制度的參與；

● 為反映新環境成本及利益，或新產品而造成獲利的改變。

上述這些問題所帶來的影響，應該反映在跨國公司的移轉訂價政策及程序上，且應能迎合常規交易原則及相關規定。企業也可藉此機會重新思考交易模式及移轉訂價政策以改善有效稅率。

0550 綠色議題與移轉訂價

企業領袖清楚認知綠色議題的未來性。沃爾瑪(Wal-Mart)百貨公司總裁兼首席執行官李斯科特(H. Lee Scott)描述未來永續發展是「二十一世紀唯一最大的機會」以及「下一個競爭優勢的來源」。依據PricewaterhouseCoopers的研究顯示（註[2]），許多人企業預期將投資更大比率的所得來呼應與氣候變遷相關的風險及機會。例如美國奇異公司(GE)預計於2010年前，加倍投資高達美金15億之金額於環保科技上，並且預期其相關產品之收入將超過美金20億元（註[3]）。

對可能影響未來環境的投資已經在不同領域或以不同方式發生，如

註[2]：PwC, 11th Annual Global CEO Survey, 2008, www.pwc.com/ceosurvey

註[3]：The Economist Special Report: "The greening of corporate responsibility", Jan, 17, 2008

研究與發展、產品及製程的改革、滿足相關管制法規的新產品開發以及新貿易機會的採行等。

由於關係企業間互相依存的特性，一個關係企業的政策改變可能影響另一關係企業，因此企業的重要策略及投資規模通常是採取集中決策的。就定義上而言，與綠色議題有關的工作是一個全球性的決策，即一企業個體之活動可能會對部份或全部的集團創造成本及利益。這將影響跨國集團之功能、資產及風險之配置，也因此將改變集團內交易流程或引起新價值的移轉，而這些改變都是需要評估移轉訂價的規定。

排放交易機制：目標產業及碳排放限額

綠色議題中對總體經營環境最大的影響之一是商業經營活動所增加的環境成本，例如與污染和處理廢棄相關的成本，因過去不是被忽略就是以公共支出來支應。但此項成本將因法規要求或外部壓力而漸漸的移轉並內部化為企業的成本，企業享有免費搭車(free-rider)的情況將不復存在。

由於對綠色保護的需要，將改變舊的課稅制度與關稅的課徵，如取消不合環保訴求的補貼、限制租稅獎勵或提供新的租稅獎勵誘因，以確保污染者付費觀念的貫徹。最重要的就是與減碳及排放有關的「限額及交易機制」（cap-and-trade schemes），此一制度將使各公司因受到排放配額的限制，而面臨減量壓力，各公司若排放超過配額，則需自行減量或要求供應商共同減量，若仍無法達到配額限制，則須外購排放配額或信用額度，因此此將增加排放成本。

關係企業間互相分攤碳排放配額成本時不僅需建立一適當的價格機制以符合集團的移轉訂價政策，同時由於對成本的影響，在確認其常規

交易價格時也會增加挑戰。事實上從租稅的角度，不同區域的市場價值及不同商業模式的價值仍可以依稅法之需求，規劃或調整成最適化的配置，即使政策必須配合價格的波動。

對新的全部成本組成要素的認知，使企業開始重新考量現行的移轉訂價政策、支持文件及利潤指標分析。單純以"全部成本加成"(Full-cost plus)的訂價方法或未納入綠色議題的交易模式所做的利潤指標分析，可能已無法適當的反應加入環境成本概念下新的成本架構。

新的綠色產業起飛

公司於執行綠色項目初期階段可能因大量支出產生初期損失。隨之產生的移轉訂價問題是，因執行綠色項目所造成的損失或低獲利，如何建立符合常規交易原則的移轉訂價政策及其支持證明文件，尤其該移轉訂價政策應對利潤的變化提供清楚及有效的辨證與防禦。公司的收入及損失狀況不僅必須能反應一公司的策略價值及其風險承擔假設，也必須能反應在促進綠色行動時其獨特的市場結構。

舉例而言，新興的光電或太陽能產業，各國目前採取各種獎勵計畫以獎勵與支持再生能源的發展。若缺少這些獎勵計畫，光電產業將無法因增加的需求及產生的經濟租(cconomic rents)而受惠。特定的計畫或獎勵能提供太陽能系統建置者或太陽能電力製造者直接減少其預付太陽能系統的成本，或對其所製造之太陽能電力給予報償。

公司必須考量這些政府獎勵計畫或措施對移轉訂價政策之影響。尤其跨國公司應該考量這些計畫對集團跨區域之收入及損失分配之相關性。在許多司法管轄區域已要求事前以書面記錄初期開發階段的情況。這也提供公司一個機會可以考慮如何配置執行階段初期的損失以及考量

執行的功能、資產及風險承擔。

新技術、產品與製程的發展亦可能擴大初期啟動損失(start-up losses)，這些成本可能開發出智慧財產，並以收取常規授權金價格提供集團內的使用者運用。透過成本承擔或既有資產的轉移，資產的所有權或可建構在具有租稅效益的地區。

企業的營運模式可能因總機構的參與、物流與倉儲的調整等而改變，這些改變可能可以有效的將商業機會與移轉訂價加以整合規劃，以產生最大的效益。

執行綠色議題的各項業務，初期亦可能需要大量的資金，雖然常規交易的借貸利率是依照過去習慣所訂定的移轉價格，但該常規交易原則仍需被滿足。當融資、利潤及資產水準變動時，應注意借貸的額度及資本弱化的限制及防禦策略，特別是考量事前與稅務機關取得協議。

總括來說，商業模式的改變，將可能使新創或投資新產業和技術可能帶來鉅大的利益或風險。注意到這些改變趨勢並能積極主動的管理，將可掌握到最佳的可能成果。

0551 綠色無形資產

消費者的需求是促成執行綠色議題的主要因素之一。為掌握快速成長的綠色市場及消費需求，許多企業正檢視他們的品牌及產品組合以開發新的綠色資產。

對產品及技術的開發，以及智慧財產研發、執行及檢視的過程，會同時反映在公司及產品的品牌價值上。品牌的保護及加強可能是公司響應綠色議題的主要驅動因素之一。

當跨國公司達成他們綠色議程的目標，品牌的所有人可能會被要求

應透過移轉訂價政策分享風險及報酬。至於技術性的無形資產，應儘早在改變過程中建立明確所有權及適當的實質(尤其當品牌為產品驅動力量時)，例如透過成本配合或承擔適當的開發風險來決定。

0552 回應環保管制措施

政府係透過立法或管制措施改變影響企業的行為，例如2007年6月10日生效的歐盟化學品管制法規EU REACH (Registration, Evaluation and Authorisation of Chemicals)，即要求歐盟公司必須投注鉅大的投資於遵循法規及管理商業風險。

為了符合法規，集團的某一家公司可能會代替集團公司採取必要措施或投入成本，但其所產生的利益或風險可能會影響到集團公司所擁有的智慧財產。所以這些成本或風險究竟如何評價、具體化，並融入企業集團的移轉訂價政策內，必須予以深入探究與評估。公司在評估這些事項時必須回答兩個問題：這是誰的義務，及為誰的利益而執行？

這不是只有歐洲公司才會面臨到的問題，隨著環境保護意識的抬頭，其他國家亦會跟進制定嚴格的管制法規，就像減碳排放的問題一樣，企業必須將這些無法避免的成本納入有效的移轉訂價政策中，並評估這些額外增加成本的影響如何反映在利潤指標與傳統的處理模式中，類似的評估與分析也適用在企業所承擔的社會責任計畫所發生的成本。但企業最終將會從實施最佳的移轉訂價政策而獲得多方面的長期效益，因這不僅會讓企業正視嚴格遵循管制法規的因應問題，而且亦可能為企業創造具有租稅利益的環境。

0553 綠色議題對公司移轉訂價政策之影響

　　綠色議題並非固定不變的，而是持續的變動及發展。綠色議題會因各國環境法令之變更、產品之創新及新的市場環境等而改變。公司於建立或修訂移轉訂價政策時需注意這些改變，讓移轉訂價政策可以同時符合目前及未來新的商業趨勢及模式。

　　為了讓綠色議題融合入公司之移轉訂價政策，公司需考慮下列幾個問題：

● 誰因綠色議題之執行而受益?

● 誰承擔風險?

● 是否有新資產被創造?或是既有資產之改進?

● 誰負擔成本及誰自額外的收入中獲取利潤?

● 價值鏈的改變是否影響企業之特性?

　　為了了解及有效的掌握這些問題，負責集團移轉訂價的人員必須蒐集集團內執行綠色活動的資訊，並與具有利害關係的單位或部門密切運作以期能發展出與其所從事的綠色活動相契合的移轉訂價政策，並從商業改變(business change)中的供應鏈所聯結到的智慧財產、功能配置、資產與風險等探究出可能的租稅效益。

第6章　管理移轉訂價政策的改變及全球移轉訂價核心文件之建立

管理移轉訂價政策的改變

0601 介紹

　　企業集團應該不定時的調整移轉訂價的政策，但在修改移轉訂價政策時可能會產生許多相關的問題，因此，除了須正確地決定應作那些調整外，還需要與集團內和移轉訂價有關的各方單位進行溝通協調，確定新的程序在執行上可以很順利地進行。同時也須觀察，相關關係企業的獲利情況因移轉訂價政策改變所受到的影響。

　　此外，尚有策略性的問題必須考量，特別是政策改變的時點及集團報表使用者與各國稅捐機關對公司營運觀感可能造成影響的評估。

　　本章的主旨是向讀者介紹這些比較棘手的移轉訂價管理問題，並提出一些需要特別注意的事項。最後將介紹全球移轉訂價核心文件（global core documentation），並說明如何利用該文件之準備以協助企業有效率地管理移轉訂價政策。

0602 移轉訂價委員會

　　為了確保移轉訂價政策能順利運作，公司應以謹慎的態度，持續不

斷的監控移轉訂價的執行程序。功能風險分析應隨時更新,且必須取得業界的標準運作實務資訊、可比較交易資訊以及每個關係企業的財務績效等資訊。

特別是當有新的營業改變時,例如購併、發展新產品線、新市場及新的競爭者出現等情況,則有必要思考其他可能的移轉訂價政策。對那些有頻繁的關係人交易的集團來說,修訂移轉訂價政策可能是一項浩大的工程。

比較有幫助的方法是成立專責的委員會來協助管理移轉訂價政策。委員會的成員應該來自公司的研發、製造、行銷與銷售、售後服務等主要商業部門,並且對其所專責部門都有清楚的瞭解。如此,每個部門或單位的利益都能被反應,而這樣的移轉訂價政策也才能清楚的反應商業實質並符合集團的整體需求。就財務面而言,委員會也應包含來自會計、財務、稅務與出納等部門的代表。

委員會的主要責任是針對集團所採用的常規交易訂價政策是否適當、是否有效率的執行、以及是否持續有效的執行提出建議。此外,委員會亦必須對新產品或新市場等提出適當的移轉訂價政策建議。委員會也需要觀察公司業務的變化,例如瞭解是否因商業理由而有重大的組織重整、購併計劃、新產品線及營業模式的改變等,並瞭解目前訂價政策是否有效率或建議改變訂價政策以修正可能的缺失。

因此,移轉訂價委員會需以寬廣的角度來檢視公司整體的營運並觀察移轉訂價政策的執行。委員必須以長遠的眼光來看企業營運,且該委員會也必須被授權取得他們所需的資訊,以方便他們以中立的立場提供建議。

公司需小心的遴選委員會的主席,因為該主席需不定時的對公司的

移轉訂價政策是否改變提出建議，而這些改變總是在集團內不受到歡迎的。委員會的主席除了考量在集團中選一位有空擔任者外，最好是能找一位具有較寬廣的眼光的人來擔當此職位。

　　一般來說，該主席不應該是負責稅務的人員，因為就務實的理由來說，這樣的安排容易給集團的員工或稅務機關對委員會的職責一個錯誤的印象。委員會主席的選任條件在不同的國家之間多少會造成爭議(例如，在美國，選擇稅務部門人員來擔當主席是絕對不適當的)，但應記得委員會不是稅務規劃的工具，而是集團中一個有效財務管理重要的工具。委員會的設立不應被管理者或稅捐機關認定為其存在的目的只是為了稅務規劃。

　　移轉訂價委員會除負責政策面的事務外，也可能會指派較瑣細的工作予財務人員、銷售人員、工廠經理等。委員會應在公司營業面臨重大的改變時召開會議討論，此外，也建議每季召開一次委員會。

0603 為集團設立初步的訂價政策

　　當集團開始進行跨國業務的時候，也應開始考量規劃適當移轉訂價政策。然而，移轉訂價政策通常被決策者當做所有涉及事項中最不重要的事（如果決策者考慮整體的情況下），此時決策者最關心的都是與營運相關的問題或確定新業務的成功。

　　在初步階段，由於跨國業務的金額可能不大，大家可能都不願意投入制訂移轉訂價政策所需要的努力。但是，不管公司是首次拓展海外業務或在多國營運中新增產品線，「第一次就做好」必須是負責移轉訂價政策相關人員的目標，否則在解決某些國家的稅務負擔問題時，可能造成無可避免的困難，而且以中期與長期發展來看，將會造成移轉訂價政

策修正的必要。

0604 積極規劃全球租稅負擔

很少有集團在開始跨國營運時採用一個無法降低其全球有效稅率的移轉訂價政策。開發新市場時，除了投注充分的資源於訂價與規劃上有困難外，要正確預估海外營運的業績和成本也不容易。當跨國交易佔集團整體業務舉足輕重的地位，而訂價政策仍有欠理想時，就會產生嚴重的租稅問題。

這時候企業應重新檢視其經營政策，考慮應採取何種行動來補強移轉訂價政策的缺失。也許經過分析後發現，原本的政策只需些許的調整就可以達到常規交易原則的結果。

任何企業營業的本質決定其應認列的利潤，因此，如果現存的政策符合常規交易原則，則有效降低全球租稅負擔唯一有效的方法，就是改變集團實質營運的方式。因此，集團會改變其實質營運以降低在高稅率地區的所得，並增加在低稅率地區的所得。

然而，集團營運在進行重大改變時所造成的影響也不可輕忽，因為也許由租稅管理的角度來看是有利的但可能對商業利益是有負面影響的。改變營運也不是為了短期的目標——稅率的變動可能很快而要停止一家工廠的營運卻不是簡單的事。另外，有時候將商業風險「移至」集團內其他單位較轉移「功能」來的容易許多。

比如說，改變交易計價的幣別就可以輕易地轉移匯兌的風險。另外也要考量移轉某課稅區主要的功能和風險可能造成的租稅影響，大部份的國家都同意且正積極立法表明功能與風險的移轉應該被視為營業及商譽移轉的立場。

0605 公司營運架構的改變

如果企業集團決定合理的透過製造工廠或集中化某些支援服務等來改變其營運架構，則訂價政策的改變通常比較容易處理。一般而言，設立新的移轉訂價機制是必須要達到常規交易的結果。

如果目前與之前的移轉訂價政策都符合常規交易原則，則唯一要注意的就是，確定將促使移轉訂價政策改變的營運變化仔細記錄下來。執行移轉訂價政策的改變應與企業運作改變同時進行（或在企業運作改變之後儘快執行）。

0606 母公司壓力

修訂移轉訂價政策有時候純粹是基於滿足集團特殊問題的需要，並非與稅法或商業法有直接關連，也不一定與常規交易原則的規定有關。比方說，母公司要支付高額的股利給股東時，不僅除了公司需有足夠的盈餘，而且還需要現金。如果盈餘和現金都留置於母國之外的子公司而無法動用，則他們會選擇配發股利、透過支付管理費的機制、支付權利金或技術移轉費，支付向母公司借款的利息或增加母公司銷貨給子公司的移轉價格等方法，將盈餘及現金匯回母公司。

企業必須很小心執行這些政策，因為除了所得稅上的影響之外，若這些政策被稅局認定為不符常規交易原則，也會出現間接稅上的問題。

當上述政策顯然不符合常規交易原則時，企業將面對被稅局稽查的風險。除非預計的政策改變能完全的符合常規交易原則，否則在現實中一定會出現問題，但一個能成功管理移轉訂價的集團將可以承受這樣的壓力。

0607 解決稅務稽查的問題

　　當與稅捐機關解決稅務爭議時，最好的作法是確認雙方所同意的解決方案能適用到未來年度，因此，公司現存的移轉訂價政策可能需要作修訂。另外，修訂移轉訂價政策時，也應將交易雙方立場納入考量。當安排稅務稽核時，提出審核的當地國稅務機關也許有必要請另一國的稅務主管機關參與審核的過程。在與對方國家討論該議題時，如果可能的話，應同時提出對未來核定方式的建議。如果雙方國家都同意採取同一立場，則對於移轉訂價政策的改變應該就沒有爭議了，但如果雙方所採取的立場不同，則必須十分謹慎小心。

　　評估解決稅務稽徵歧見之總成本時，應考慮到可能加徵的滯納利息或罰鍰。在某些國家裡，這些支出可能無法作為稅務上的費用抵減，但有時候可能可與稅捐機關協談可抵減的金額。有關稅務稽查在第7章有詳細的討論。

0608 現有移轉訂價政策的問題

　　企業集團經常會發現現有的移轉訂價政策無法迎合其所要求的結果。這種現象可能是以下一種或多種原因所造成：

● 經營環境改變，例如景氣蕭條或通貨膨脹造成對企業外部的銷售價格或數量改變。

● 為增加市場佔有率而進行的市場滲透活動，例如降低市場價格或大幅增加行銷與促銷支出。這也可能是因為技術上的突破，導致企業重新規劃訂價策略。

● 為了保護在競爭激烈環境中的市場佔有率而採取的市場維護活

動。此種活動可經由訂價政策或行銷/促銷支出來達成。

● 企業集團如果併購一家使用不同移轉訂價政策的公司，則該擴張後的集團也應該重新檢視其移轉訂價政策。即使剛開始「互相買賣」的機會不多，但是未來兩造間進行買賣在所難免。如果訂價政策不一致，則當地的稅捐機關可能會提出質疑，因為他們可輕易察覺到集團個別公司的訂價政策。

● 當法令或管理的改變而影響價格，此情況通常會發生在製藥業，例如藥品的專利到期，或藥品價格經管理當局訂制改變。

0609 經由微調整來修正移轉訂價政策

本節我們假設需要對現有的訂價政策改變非常有限，即只需作「微調」（fine-tuning）即可。至於移轉訂價政策需要重大改變的情況，則在第10節（0610）中有進一步的討論。

公司應經常檢視移轉訂價政策是否恰當，如果固定每3至4個月就檢查一次，政策不能正常運作時就可以立即發現。這樣一來，公司就可以在下一季立即修訂移轉訂價，而且年終時移轉訂價所產生的累積「錯誤」一般來說也會很小，就長期而言，集團內的公司也會反映出「正確」的移轉訂價運作。

此外，在兩期之間可能會有因截止（cut-off）所產生的誤差，但隨時間經過該誤差會自動抵銷，因此在處理修正價格政策時採取預期的基礎比溯及既往的調整為佳，如同非關係企業在訂價上除非有很嚴重的爭執，否則幾乎很少用追溯調整來處理移轉訂價的修正。

對某些國家要求移轉訂價應達到經常性更新的壓力亦應予以重視。比方說，在美國儘管些微的「截止誤差」還是可能使其符合移轉價格常

規交易的範圍，但是如果該「誤差」使在美國的利潤無法通過常規交易檢測這一關，則「截止誤差」還是需要在當年度內作調整（請參考第11章）。

移轉訂價政策應該維持在某個範圍內，而非以完全精確的公式來計算，因為要將移轉訂價維持在一個精確的數字是不可能的。企業集團的目標應該是由管理階層來決定可接受的常規交易原則訂價範圍，只要價格（與利潤）維持在該範圍內，政策就沒有改變的必要。一旦價格超出該範圍（或預計會超出該範圍），就應該作調整。如果訂價政策有做定期檢討，企業就可以針對未來調整訂價而不需要過分擔心過去的錯誤。

0610 巨幅改變：商業現實改變

移轉訂價政策必須兼顧到商業環境上的重大改變。如果製造公司以再售價格法將製成品銷售給關係配銷公司，產品的市場價格改變自然也會影響移轉價格，這種「順勢」的價格改變可以使價格政策符合常規交易原則。

如果市場價格下降，而採用再售價格法的折價需從25%增加到26%才能讓配銷商獲利，這應該視為移轉訂價政策的「微調」，如果對此有詳細的紀錄，應該不會造成什麼重大的問題。但是，假設市場發生重大的經濟衰退，使商品的價格和銷售數量急遽下降，而獨立配銷商所賺取的折價也從一般的25%降到15%，如果移轉訂價政策沒有任何改變，這些原因可以輕易使配銷公司蒙受損失（因為銷售數量在大幅下滑的情況下，營運成本卻沒有改變），或使製造公司蒙受損失（相同原因）。這種情況在某些產業裡係屬常見，而且會給移轉訂價與整體業務帶來棘手的問題。

這些情況發生時，企業一定要瞭解修訂移轉訂價並沒有辦法解決商業問題，也就是說市場崩潰，整體交易已產生損失，此時移轉訂價政策所能做的就是依照常規交易原則分配損失給適當的關係企業。

0611 法令的改變

如果企業集團的移轉訂價政策在所有關係企業的國家裡都執行得非常順利，但萬一某一關係企業所在國家發布新法令，而使現行移轉訂價政策無法繼續沿用時，這個問題該怎麼處理？由於所有跨國交易至少會影響兩個獨立關係企業的帳務，如果移轉訂價政策的改變係為符合其中一國的法律需要，是否其移轉訂價政策的改變可被交易另一方的所在國家所接受？即使現在「常規交易原則」已廣為各國所接受，但是各國對於「常規交易原則」涵意卻有不同的詮釋。因此，基於稅務目的，在不同租稅管轄區裡，對交易不對稱處理（asymmetric treatment）的風險總是存在，並且可能造成雙重課稅。

企業集團對於不同國家法律規定的反應，都是基於租稅風險的評估。如果某一國執行法律時非常積極且強勢，使企業集團在該國若不改變移轉訂價政策，就會遭受到雙重課稅的命運，這時就有必要修訂訂價政策，以使集團整體的租稅負擔降到最低。此時，密切觀察其他國家的立場就變得非常重要。

釋例

「酷EC」（Cool EC簡稱Cool）是一家集團公司，專門在歐盟國家製造電冰箱。Cool的工程部門位在英國公司（Cool UK），而且多年來，一直不斷提供技術支援給該集團位在歐盟的銷售公司。工程部門所提供的服務是依據正式合約的條款，服務費則根據工程師的時間與費用來計算，如同提

供服務給非關係企業一樣。這項協定已獲所有歐盟的稅捐機關接受,服務的所得只在英國課稅,支付服務費用的關係企業可獲得所支付金額的租稅扣抵。

Cool公司最近從非洲最大的家電經銷商公司取得一大筆訂單,所以需要設立新的子公司來服務非洲市場,並提供售後服務。但是,就像歐洲地區的營運一樣,Cool UK的工程師需要隨時提供服務給位於非洲各國的子公司。可惜Cool UK發現,如果要依照歐洲的方式向非洲收取工程師服務費的話,公司很可能要負擔龐大的稅負。

在非洲每個國家所產生的問題都不一樣,包含因外匯管制而無法順利匯出款項、扣繳稅款、當地的銷售稅,以及在某些情況下,Cool提供之服務會被視為在非洲當地有常設機構,因而全額的服務收入必須在當地直接繳稅。經過Cool UK之詳細計算,在某些情況下,除了造成現金流動的問題之外,服務費的有效稅率可能會超過80%。

Cool UK應該如何因應這個重大的問題呢?主要的選擇有三種:

● 企業集團可採取與歐洲現行協定一致的訂價政策,即由非關係企業可比較交易支持的政策;

● 因高稅率會吃掉任何所賺的利潤,因此企業集團決定不收取任何服務費用;

● 企業集團可以另外找出全新的方法來處理這個問題。

由於第一個選項會導致高稅率,所以以無法被接受。

第二個選擇可能在英國引起移轉訂價的問題,英國稅捐機關不會接受公司長期提供海外關係企業免費的服務,而且可能會核定一筆金額作為Cool UK的所得並在英國繳稅。同時,如果Cool UK決定增加其歐洲關係企業的服務費用,以彌補非洲方面的損失,歐盟的稅捐機關就有可能質疑Cool UK的作法。

經過冗長的協商後,Cool UK發現非洲國家願意給他們銷售電冰箱全額的外匯,而且這些收入在非洲不須扣繳稅款。因此假如能提高電冰箱的移轉價格可以彌補英國工程師提供服務所預計的成本,則英國的稅捐機關就可能不會抱怨了。此時Cool需要有可以證明訂價合理的詳細文件紀錄,公司可以觀察工程師花在非洲服務的時間的「正常」收費,再將這個收費金額與從移轉訂價中所得到的「補償」作比較。最後,增加移轉訂價也會增加計算非洲關稅的稅基,這項「隱藏」的稅負是公司最後決定移轉訂價時應仔細評估的。

Cool公司移轉訂價委員的建議將可減輕管理上可能發生的困難。然而，工程部門的主管一直都很擔心，透過提高產品的移轉價格來贖回工程服務的價值，可能會導致業務部門所得增加，工程部門的獲利卻反而下降。由於業務與工程部門的主管都是依據各部門的盈餘來計算個人的績效獎金，所以他們的個人利益與企業利益將會有明顯的衝突。解決的方式之一，就是針對非洲業務的獎勵計劃作調整，或者工程部門也可以開立內部發票給業務部門。

0612處理重大改變

移轉訂價政策偶爾會有完全不符合常規交易原則的情形，所以需要大幅的修訂。比方說，由母公司的製造工廠以成本加價法訂定移轉價格，將產品銷售給位在高稅率國家的關係企業是很常見的作法。通常成本基礎是標準的製造成本，而「加成」經常是相當的低，例如5%或10%。如果這樣的訂價政策造成製造工廠在扣除營運與一般行政支出後產生虧損，而關係企業配銷商則獲得高額利潤，顯然這樣的移轉訂價政策並不符合常規交易的原則。

沒有任何獨立製造商會忍受這樣損失的。如果這樣的訂價政策已經行之有年，而且製造商所在國之稅捐機關也不認為有什麼問題，則要變更政策就有困難了，特別是政策的改變通常是因為危機發生。比方說，製造商可能因面臨不斷的虧損與隨之而來的現金流量問題。這種問題發生時，該公司就一定要改變政策，以尋求補救，這時候公司所要注意的是相關稅捐機關的反應。

現存的移轉訂價政策在作大幅度改變時，稅率較高國家的稅捐機關很有可能會進行調查，以瞭解為什麼訂價政策沒有在往年作修正，稅捐機關可能有機會針對政策改變前幾年的所得，課徵額外的稅金。相較之

下，減少收入的國家反應就可能完全相反。有時候企業集團必須直接接受這樣的風險，因為所發生的危機需要立即執行新政策來解決。但是，也許企業可以改變業務的本質，比方說，將風險移往其他國家，以業務重整為理由，修訂移轉訂價政策以反映這些改變。

新訂價政策在執行之前，一定要仔細評估政策改變的需要以及因政策改變所造成稅務稽查風險。公司必須考慮稅捐機關的態度，以及需要與稅捐機關協議的其他事務。在某些國家，比方美國，為保護未來幾年所要執行的新政策，可以宣稱過去的政策根本是錯誤的。在此情形下，審慎管理以前年度的稅務稽查，可以將公司的風險降到最低。

0613 年終調整（Year End Adjustment）

會計年度即將結束時，企業集團通常都會檢視集團內各關係企業預估的最終損益表。如果公司之前未謹慎規劃移轉訂價政策，恐怕他們的損益表結果不會為母公司所接受。這些集團通常的作法是，在年終時以一筆總數的款項來「彌補缺失」（make things right）。

通常決定這些發票要開出多少的金額並不困難，困難的部分在於款項應以何種名目開立以及如何說明該款項的原委。如果款項可以稱為「溯及既往交易的價格變動」，則所產生的影響會在以下第14節（0614）討論到。如果款項的名目為權利金，則公司要說明所授權的無形資產為何，為什麼這項無形資產的授權未正式列入年初訂定的授權契約。如果款項的名目是管理費，問題是如何證明服務的項目、成本若干，以及為什麼沒有正式年初的管理費合約。

總而言之，公司很難為年終調整的作法辯護，因為要解釋付款的目的並不容易。此外，通常要找到不相關的可比較交易，來支持「過去已

完成交易」訂價重大改變之說詞，幾乎是不可能的事。由這一點與本章所提出的其他要點就可以知道，移轉訂價政策應事先規劃，才能防止這些問題的發生。如果這些價格政策的修訂是無可避免的，則公司必須要知道瞭解風險所在，並蒐集所有相關文件資料以證明其所採取的作法是正當的。

0614 溯及既往的價格改變（Retroactive Price Change）

會計年度結束時，公司有時候會發現他們的移轉訂價政策沒有達到預期的結果，這時候公司會禁不住想要追溯調整以前年度的訂價以修正錯誤，特別是在相關的企業個體面臨緊急的現金或獲利需求時。但當此價格政策的改變會影響到過去幾年已經受稽查及公佈過的財務報表，以及已申報之所得稅，則企業不應採取追溯調整的政策。而且除非雙方契約的期限非常長，要不然很難想像非關係企業間的交易計價出現這樣的改變是被視為合理的。

此外，企業集團如果要撤回他們的財務報表和納稅申報書也不一定是對企業有利的作法，且銀行、股東和稅捐機關一般會非常不偏好企業這樣的做法。

如果移轉訂價的修訂只會影響到當年度，那情況就不太一定了。儘管稅捐機關只會稽查移轉訂價政策的結果，而非所使用的方法，但是溯及既往的價格變動一定會產生「此地無銀三百兩」的效應，使納稅義務人聲稱其移轉訂價符合常規交易原則的可信度大打折扣。雖然如此，一般來說，當地主管稅捐機關傾向於檢視公司財務報表而非發票，如果修訂移轉訂價政策的整體效應是為了製造公平的交易結果，他們可能不會注意到會計年度結束前所發生的轉帳。

然而，就算當地主管稅捐機關不可能查出年終的調整，公司也不該掉以輕心，且也應考量非當地主管稅捐機關的審查，因為公司如果進行溯及既往的價格改變，可能會有關稅或貨物稅的問題（請參考第11章）。

最好的作法是不要進行溯及既往的價格變動，除非情況已經無計可施，且商業上的實際需要大過隱含的租稅風險。

0615 期末調整的辯護

收費調整能否溯及既往且不牽涉到重大的租稅問題，我們通常可以參考可比較之常規交易結果來回答。例如，在大多數公司尋求專業建議的過程中，都是顧問提供客戶所要求的服務之後才向客戶收取費用。不過客戶與顧問公司關於提供專業建議的安排，可能事先已由顧問與客戶共同決定。

雙方的決定通常都有契約為證，說明合作的基礎。因此，工作完成之後才開立發票（有可能在不同的會計年度）並不會影響收費的合理性或有效性。但是，如果開出的發票是未經客戶事先授權的工作，就可能發生爭端，甚至會造成客戶拒絕付款給這位顧問的情況。

我們可以進一步說明這個例子，有位顧問如果很大方提供有價值的資訊給一家公司，以期博得這家公司的青睞，進而聘用他為顧問。然而，即使他後來成功爭取到這個客戶，也似乎不可能向公司要求當初提供這項資訊的報酬，因為他當時的付出只是為未來作投資而已。

如果我們把上述的例子移植到公司集團來看，母公司如果決定向所有的子公司索取管理費，通常可以由事實判斷，是否母公司在該年度最後一天收取過去全年12個月的管理費用為子公司所接受？在這裡我們所

要問的問題是，是否子公司曾要求這項服務以及是否子公司從這項服務中獲益？如果僅是母公司為自身的工作而發生的費用，不管是否對子公司有益，或者是否由子公司所提出的服務要求，都不是充分的理由。

　　一般而言，商品買賣是非常簡單的過程，買賣雙方會訂定合約，合約中規定買方於特定條件下（例如付清發票上所有的款項）即擁有商品的持有權，而買方通常從賣方得到商品狀況及功能方面的保證。合約上也會明訂買賣的價格，因此，大多數依照常規交易原則的買賣只發生一次，而且僅只一次，如果雙方在買賣完成後還有關於同一筆貨物的交易，是因為買方發現所購買的商品有問題，通常是售後保固的要求。

　　如果在非關係企業之間買賣的情況下，賣方在原始交易發生過後，要求買方對商品給付更多的金額是極不尋常的現象。儘管如此，很多企業集團在年終發現各個子公司未達預期的獲利目標時，就會想辦法這麼做。

　　有些產業在特定情況下，製造商會提供批發商價格上的保護，例如電子零件業或是半導體業。在這情況下，批發商會從製造商中收到關於貨品的折扣，即製造商已銷售給批發商的貨品若因市場因素無法銷售出去，製造商可透過對未來批發價格的銷售折扣來達成此價格保護的目的。然而這種特殊的補償方式並不能被盲目的使用，而且僅限於特殊的產業。所以類似此種調整應該加以謹慎的處理，而且需要建立有關於第三方的協議的文件來加以佐證。

　　如果為了讓企業集團的交易符合常規交易原則的標準，而需作必要的修訂，則價格政策改變的時機，就不那麼重要。但如果在問題發生時無法及時作改變，將會延長錯誤時間，而且最後會錯失挽救的良機，所以未及時作必要改變，是一項不足取的作法。

　　一項可以降低集團間移轉訂價緊張關係的技巧，是在整體移轉訂價政策中設計賦予有限的權利去改變集團關係企業交易價格，也就是說創造一個讓期中開立發票的交易，可以在某些事前買賣雙方共同同意的因素下作一些調整。這類契約在非關係企業之間的買賣不是不常見，因為這類契約可提供分散風險的機制，例如特別是在長期合約情況下的外匯波動風險等，但是公司必須特別謹慎，確定間接稅與關稅的問題能妥善處理。

0616 移轉訂價政策修訂的最佳時機

　　移轉訂價的修訂時機，特別是為了修訂以往移轉訂價政策的錯誤，是特別重要的。若是在稅務稽查期間修訂移轉訂價政策，則修訂移轉訂價政策的資料可能會落入稅捐機關手中，且可能受到稅捐機關質疑過去的政策是錯誤的。這種情況提出的證據對稅務稽查來說可能沒有幫助。所以，為了將前幾年稅負的影響降到最低，公司規劃政策修訂的時機非常重要，時機掌握得好才能將前幾年之租稅影響降到最低。

　　公司必須衡量前幾年因為沒有採取行動所須承擔的成本，也就是造成未來的公司稅率更高，以及可能遭受到的罰則等。此外，評估分析必須十分仔細，並且應該以不同的情況個別處理，以得到最合理的答案。

0617 激進式或漸進式

　　公司要為未來作移轉訂價修訂時，可以決定採取漸進式，還是激進式。假設修訂政策需要讓移轉價格加倍，公司可以選擇在來年1月1日將價格提升一倍（激進式），或在未來3年內逐步改變價格（漸進式）。至於要選那一種行動類型，一般而言大都以支付漲價金額一方的稅捐機

關的反應來決定。

在某些國家裡，只要新的價格符合常規交易原則，而稅務稽查的風險也能獲得妥善控制，「激進式」方案才可行。但在某些國家裡（例如義大利），公司只能採取按部就班的改變方式來面對稅捐機關可能的關注；政策修訂的規模以及損失稅收的稅捐機關的反應是考慮重點。

0618 向稅捐機關說明訂價政策的修訂

針對某些特定的移轉訂價政策修訂，公司事先取得當地政府的同意可能是很重要的。例如，在某些國家，權利金的給付必須事先經過外匯管制單位的許可，這種情況經常發生在與一般開發中國家或重要科技進口國業務往來時。此外，為了要避免扣繳稅款或為了享受雙重租稅協定所提供的優惠稅率時，公司可能也要事先得到稅捐機關的許可。在其他情況下，也許與負責的各主管機關接洽，請他們針對審核中的訂價政策給予函釋，可能對公司會有幫助。

事先達成訂價協議可以給予跨國企業更高的確定感，不過這麼做所付出的代價就是要公開揭露出更多的資訊（請參考第7章第7節（0707）之說明）。

0619 納稅申報書上的揭露

除非移轉訂價政策的修訂內容事先經相關稅捐機關決定，否則納稅申報書上關於移轉訂價方式必須小心填寫。一般而言，公司（為避免故意或無心未揭露的罰則）應該作適度的揭露，同時須避免因修訂移轉訂價政策所引起不必要的注意。

比方說，在損益表中，以「其他支出」的名目列出高額的新增管理

費用，一般而言可能無法為稅捐機關所接受，但是如果該筆支出與公司獲得的技術支援有關，也許可以用「技術費用」的方式來形容該筆開銷。

0620 會計揭露

在某些國家，移轉訂價政策改變時，會計揭露內容與形式可能受相關法令的規範，或需遵循可被接受的「最佳實務」。但是，公司對於科目的敘述仍然有些許決定的空間，這一點在處理上應該特別謹慎，因為除了國內的稅捐機關非常可能會稽查這些帳目外，外國的稅捐機關也可能會想要稽查公司的帳目。

0621 銀行與其他財務報表使用者所受到的影響

企業集團內的關係企業有可能編製個別的財務報表，以提供給企業外部使用者，絕大多數提供的對象是銀行。此外，企業集團時常不斷經由收購、合併或分割子公司來達成上市的目的，如此移轉訂價政策會顯得特別重要，而且政策一定要符合常規交易原則，讓財務報表的內容能夠允當表達。在這些情況下，企業想要修訂移轉訂價政策時，其風險會比平常高。本章所提到的問題與警告都適用在這個情況，清楚解釋修訂的內容可以使政策執行過程更加順利。但從實務的角度來看，有時候要在這些情況下進行改變根本是不可能的事。

在此還要提出一些比較細微的重點提供您參考。例如，子公司有時候須與銀行簽約，承諾公司必須達到某個獲利的程度，以維持某個程度的透支額度。公司獲利程度因訂價政策改變而降低時，是否會影響到它與銀行的關係？母公司是否須簽訂保證協定給銀行，讓銀行安心繼續提

供透支額給子公司？企業在移轉訂價政策改變時，必須謹慎處理這些問題和其他可能發生的衝突。

0622 與員工充分溝通移轉訂價政策的改變

跨國企業的移轉訂價政策改變一定會影響到很多員工和組織，與交易相關的員工會直接感受到它的影響，因為他們可能要遵從全新的程序，也要被告知如何進行新的程序。移轉訂價政策改變的理由與技術性原因都應該書面記錄下來，作為政策完整紀錄的一部分。但是，公司如果可以發布一份摘要通知，向員工說明政策改變的部分和原因，應該會很有幫助。這可以讓員工較為支持公司的政策改變計劃，如果幾年後稅捐機關質問這些員工關於改變移轉訂價政策的理由時，員工的解釋與支持會非常有價值。

以母公司提供管理服務給子公司為例，母公司的執行者可能非常了解服務提供的內容並知道該服務對子公司的價值，但子公司的人員可能覺得母公司並不了解他們的立場。子公司的員工對該服務產生的利益的感覺可能與母公司不同，然而在這樣的情況下，若雙方能同時清楚了解提供了什麼樣的服務，以及該服務為何或如何被訂價是非常有幫助的。關係企業間對移轉價格的溝通過程應該被適當的紀錄及保存，使所有參與的子公司能有充分的證明文件並了解關係人交易的本質。

另外，有時候讓太多員工知道母公司為降低全球集團稅負所採用的租稅規劃方案是不適當的。過去有很多案例發生，都是由那些僅知道公司部分移轉價格政策而不滿公司的離職員工，向稅捐機關檢舉公司的租稅規劃可能不當。通常在這個情況下，這些對公司不滿的員工並不知道租稅規劃的全貌，所以無法明瞭公司的規劃並無詐欺的成分，但是卻造

成公司必須向稅捐機關解釋的尷尬局面。員工只需要知道與分內工作相關的資訊，並支持直接影響他們工作的政策就足夠了。

0623 對管理及員工獎勵計畫的影響

任何移轉訂價分析人員所碰到最具爭議性的情況就是員工的獎勵計劃或紅利是與公司獲利聯結，而公司的獲利又受到訂價政策的影響。在此情況下，移轉訂價改變會使某些員工的收入增加，但同時也會使其他員工的收入減少。這將導致集團內嚴重的問題，因為公司的焦點已從經營的角度移轉到價格的制定上了。

企業集團如果有大量的跨國交易，就應該考慮設計一個與稅法變化沒有關係的員工獎勵方案。這通常可以藉由制定一個獨立於法律與會計原則之外的管理會計制度來衡量員工的績效。

0624 會計系統

除了交易的價值之外，所有移轉訂價政策的改變，都會影響交易記帳的方式，而且還會產生其他重要的影響。比方說，管理服務合約第一次設立的時候，不論是接受服務或者是提供服務的公司，都要處理一套全新的交易。公司也許須設定新的會計科目代號，甚至是授權付款的新程序。

此外，為了收取管理費用，公司也要決定相關服務的價格，這通常都要評估主管提供服務所花的時間，以及提供服務所牽涉到的直接費用。收費的公司在分析科目的基本資料以計算管理費可能相當耗時，而且還可能需訓練既有人員使用新的會計程序來迅速、有效率地記錄交易與開立發票。企業很可能會需要新的電腦報告與程序，所以資訊部門也

要參與移轉訂價改變的過程。

0625 審計軌跡

　　稅捐機關在稽查時所要求的資料愈來愈多，就如第7章所討論，稅捐機關（尤其是美國的）都會要求各產品線與各關係企業的損益表，來協助他們評估移轉訂價政策的合理性。這些資訊在公司監督及發展移轉訂價政策時也很重要，但是資料的詳細程度則因公司而異。關於訂價政策改變時的資料千萬不能遺失，這樣新舊政策交替才會順利，供稅務稽查的全套證據也才能完整的保留下來。

　　另外一項重點是，公司也應該評估營運所在國的稅捐機關可能會要求檢視那些在商業目的上不是慣例會準備的其他會計資料。在某些國家裡，如果無法提供稅捐機關所需的資料，罰則相當嚴重。在如此多的移轉訂價法規與實務的領域中，美國的稅捐機關是目前要求最多的，但是美國的作法卻愈來愈為其他國家所效尤，所以企業應在設計其會計系統時盡可能加強移轉訂價相關會計文件提供的可能性。

0626 移轉訂價政策改變的書面紀錄

　　移轉訂價政策改變的紀錄是一項重要證據，可以用來證明發票等所顯示的價值，以及最終財務報表所反映出的獲利情況。在大多數國家裡，企業的董事有義務以專業的商業態度來管理自己及公司活動，並在任何時候均以公司的利益為出發點。完整紀錄訂價政策及政策的改變是審查軌跡中很重要的部份。

　　另紀錄政策改變的原因也很重要，這樣才能讓相關的稅捐機關清楚瞭解，政策的改變可產生合乎常規交易原則的結果。在某些國家

裡，特別是美國，法律規定公司若有關係企業間的交易，應提出訂價政策的同期證據（contemporaneous evidence）。就算法律沒有規定，公司如果能夠準備相關交易發生時的文件，清楚地佐以說明，通常都會很有價值。

全球移轉訂價核心文件（Global Core Documentation）

0627 全球移轉訂價核心文件協助企業內部管理效率化

隨著商業經營之全球化，跨國企業在一個以上國家從事國際經貿活動愈見頻繁與複雜，尤其目前各國為維護國家課稅權益，對於跨國交易相關移轉訂價的規範日趨嚴格，使得跨國企業必須面對不同國家的移轉訂價法規與相關文件準備的要求，而使稅務之作業成本大幅增加；另一方面，各國稅捐機關不僅積極修訂移轉訂價法規，更加強稽查之執行工作與罰責之落實，加重跨國企業移轉訂價文件準備的法律責任，使跨國企業所面臨之租稅成本及風險與日俱增。

一般我國跨國企業在進行全球投資佈局時，最常見的情形為透過海外子公司從事行銷與接單，以求貼近市場與達到效率之要求。舉例而言，台灣母公司在美國設有一子公司，透過此子公司之團隊積極向美國客戶進行有關促銷、試樣、議價、接單並提供產品之售後服務，假設在誠實申報下此美國子公司通常是申報虧損或微利；然而當IRS依移轉訂價法規對此美國子公司進行稽核時，若子公司未能提示有關移轉訂價之相關報告，則子公司可能被處以相關罰款，且IRS可能從高認定該美國子公司之課稅所得額。

從本案例可知，縱使很多企業主已在經營之跨國集團所在國家付出了不低之租稅成本，但仍不能完全避免潛在的稅務風險，而造成這種情況之原因，可能是對當地法令的不熟稔，且移轉訂價議題通常是主要因素。

對於各國稅捐機關來說，要挑戰納稅義務人之移轉訂價政策，並進而要求補稅是一件輕易之事，因為關係企業間交易之訂價並沒有絕對之原則。移轉訂價法規是採用「最適常規交易方法」，依循「常規交易原則」衡量之結果，作為對交易利潤進行調整之依據。要符合這項原則對納稅義務人來說是有相當難度，何況這項原則往往與納稅義務人心中所認定之「合理價格」是有落差的。

假若某一集團的跨國關係企業間內部交易之訂價被稅捐機關核定並不是依據常規交易原則制定，而被認定有低報課徵所得稅之情形，則稅捐機關將依照有關之價格或所得調整方法加以調整核課；此時，納稅義務人若已編製同期紀錄文件（contemporaneous documents）通常是一種有效之方法來舉證其內部價格之制定是否符合常規交易原則，並證明其在當期已經過合理努力（make reasonable efforts）秉持誠信原則（in good faith）以合埋的方法在法定期限內備妥移轉訂價書面文件。

這份文件有助於跨國企業與稅捐機關於移轉訂價稽核時作為溝通與協調的工具，因為移轉訂價稽核往往是在所得申報後一段期間才開始，那時候之時空環境與交易發生當時之情形可能已發生些許之變化，此外，當稅捐機關進行稽查並要求提示相關資料，倘若跨國企業無法即時提供，通常會觸犯有關移轉訂價文件的罰則。

因此在建立關係企業間內部交易之移轉訂價政策時，跨國企業如能證明已盡合理之努力，通常可以免於與移轉訂價文件相關罰責

（documentation-related penalty）的適用。而所謂合理之努力包括：須進行功能上之分析，以確認何單位負責製造、研發、設計、採購、生產、加工、銷售、行銷、經銷及售後服務等功能；進行所承擔經營風險之分析；以及辨認所持有或使用之資產，包括無形資產等等。

　　不同事業單位所能賺取之利潤，取決於其執行功能之強弱、承擔風險之程度以及所使用之無形資產價值，而在制定移轉訂價時，應在確定企業間相關之功能與風險定位後，透過資料蒐集、訪談、比較、篩選等，尋找市場中獨立運作之非關係企業的可比較公司進行比較或以企業內部之可比較交易作為基準，進而決定該關係企業交易所應採用之移轉訂價策略。

　　然而當一跨國企業的關係人交易遍佈許多國家時，在面對不同國家的移轉訂價法令及不同的文檔準備要求下，如果沒有一貫的作法進行移轉訂價文件之規劃，僅在各當地關係企業所在國面臨稅捐機關稽查時，而倉促依當地法規要求準備相關文件予以應付，不僅費時費力缺乏效率，集團全球之訂價政策亦無法整合；此時，訂價制度很可能受制於當地子或分公司之財務人員，企業更難以發現集團可能已暴露在高度的跨國移轉訂價稅務風險之中，而喪失及早因應之良機。

　　反觀，若能由母公司或營運總機構從集團之制高點出發，全面性訂定全球移轉訂價核心文件與移轉訂價政策，以統合旗下各分支機構在符合當地法令要求下之移轉訂價文件編製並據以調整各地區之投資與訂價策略，以合理進行區域的利潤分配，將是一跨國企業成功管理稅務風險的最佳模式。

0628 誰需要準備全球移轉訂價核心文件

以下是簡單測試，如果您的回答皆或大多為「是」，則全球移轉訂價核心文件應是最佳解決問題的工具：

- 在全球營運下，集團企業中有為數不少的子公司或分公司從事跨國關係企業交易？
- 在哪些國家有重大關係企業交易？而這些國家已有成熟的移轉訂價法令或對於移轉訂價規範有嚴格之要求？
- 關係企業交易型態複雜？（例如，有形資產或無形資產的移轉及使用、服務的提供、資金使用、成本分攤等等。）
- 現在您如何使用各地區的移轉訂價報告？未來打算將如何使用？
- 希望該報告能確保各地管理階層已遵循集團整體之移轉訂價政策？
- 期待該報告已滿足各地稅務申報法令的基本規定？
- 希冀該報告已符合當地移轉訂價文件準備之要求？
- 期望該報告已使當地公司免於所有移轉訂價罰責？
- 您無法對集團的移轉訂價充分信任，且對於落實該政策即代表公司必已符合常規交易原則的說法並無把握？
- 貴集團目前正被某當地國家稅捐機關進行移轉訂價的有關查核？
- 貴集團目前委託不止一家事務所進行各地移轉訂價的相關諮詢與服務？
- 貴集團近期內將有擴充海外營運業務之計劃？

0629 全球移轉訂價核心文件之具體內容

一般而言，不同國家對於移轉訂價報告或應申報的資料有不同的規定，但大部分國家的移轉訂價報告基本上皆包含了集團企業的簡介、各

關係人交易模式說明、各關係企業所執行之功能、承擔之風險、資源之使用分析等等，原則上這些資訊皆可以透過母公司或總營運機構所編製的全球移轉訂價核心文件，由各地區按當地法令稍加增刪修改套用，以省去各地自行收集資料撰寫文件的作業成本，並避免各自為政下可能造成揭露的不一致。

　　準備全球移轉訂價核心文件的第一步驟即是由母公司或總機構統合收集並準備與集團整體有關的共同資料及背景資訊，這些資訊可供各分支機構在依當地法令準備移轉訂價文件時的參考，以減少重複作業成本並增進效率。通常這些統合彙集的共同資訊稱為核心文件（core documentation package; core binder），基本上包括下列項目：

　　1.企業發展沿革、所屬產業、主要產品及所屬市場；

　　2.集團企業股權架構、各部門組織架構介紹；

　　3.內部移轉訂價政策簡介；

　　4.關係人交易模式；

　　5.關係企業間之合約與協議；

　　6.各關係企業所執行之功能、承擔之風險、資源之使用等分析；

　　7.依部門別或產品線表達之關係企業財務資訊；

　　8.OECD移轉訂價方法簡介以及決定最適移轉訂價方法的評估基礎；

　　9.可比較未受控交易或對象的選擇與說明；

　　10.其他攸關的資訊，如已知的稅務議題、經營策略等等。

　　接下來應覆核企業整體之移轉訂價風險，例如，考量所涉及重大關係企業交易的國家為何？各該國家之移轉訂價法令與應備文件之要求規定為何？各該國家對於移轉訂價下課稅所得調整的態度與強硬程度？……，進而據以決定核心文件準備的範疇、重點交易以及資源分配。

之後再由母公司或總機構提供更細部的資訊，以強化核心文件的內容。

　　最後，則需倚賴各地集團企業的協助，在充分溝通與協調下，一方面以提昇核心文件的正確性為目標，另方面並依據各關係企業當地法令之規定，以核心文件為出發點增修為符合當地移轉訂價法令要求的文件或報告，以確保各地集團企業已切實遵循所在國之規範，例如：各地企業可參與移轉訂價面談或協助更新各該地區的功能與風險分析、以當地移轉訂價法令的觀點覆核核心文件並建議進行必要之修改，例如：是否需要重新尋找當地的可比較對象、哪些類型關係人交易是所在國現階段之稽核重點、是否需翻譯為當地語言等等。

　　全球移轉訂價核心文件通常包含了4種不同層次的文件範圍，茲列示如下，端視企業之不同需求進而決定使用何種文件，基本上這4類文件依複雜程度及功能性不同或可獨立進行或可併行：

1.稅務健檢（health check）

　　係就主要關係人交易進行評估：是否暴露於移轉訂價的風險、遭稅捐機關進一步移轉訂價稽查的機率有多大、如何針對當地稅捐機關的疑慮進行防禦等。

　　稅務健檢係協助界定出企業移轉訂價的風險所在及依其問題之嚴重程度點出解決之輕重緩急順序，並進而對現有資源作有效的運用或擬定因應對策；稅務健檢的文件與企業所提供作為稅務申報或查核之移轉訂價報告不同。

2.基礎文件（foundation documentation）

　　基礎文件係以最基本的文件準備以支持企業稅務申報時有關移轉

訂價資訊的揭露，但並不保證該文件已足夠齊備至符合移轉訂價
法令的要求而可免於相關罰責；其通常適用於企業認為某一地區
的風險或重大性相對不高，但卻希望準備最基本的文件以佐證其
移轉訂價的稅務申報結論。

3.中級文件（intermediate documentation）

某些情況下，企業需要一組全球核心文件並囊括足以符合關係企
業各當地國家移轉訂價法令對於相關文件準備的要求，尤其當稅
捐機關進行查核時，這套文件是足以應付相關的稽查，以避免文
據有關的罰責（documentation-related penalties）。然而這類文件
中並未對企業現存的移轉訂價問題多作分析，也非用以表達企業
現行的稅務立場。

4.全面性文件（comprehensive documentation）

當企業對於重大且複雜的關係人交易感到不放心，預期被各當地
稅捐機關稽查的機率極高時，可能需要一組全套的移轉訂價文據
足以應付各地區相關的查核，例如有重大智財權的關係人交易、
成本分攤協議、利潤分割交易等複雜的關係人交易。

該文件建構於核心文件之上並明確記錄各地營運的功能與風險分
析，可在當地稅捐機關有不同核定見解時提出作為企業的稅務立
場，通常能協助企業降低遭受與當地移轉訂價有關的罰則（local
TP-related penalties）風險。

無論是何種層次的全球移轉訂價核心文件，其皆具備了共同資訊
可供各地區關係企業在依當地國法令準備移轉訂價報告時作為參

考，以減少各地區重複資料搜集與準備的時間，並能確保各地區移轉訂價報告的方向與大原則下的一致性與協調性。

0630 全球移轉訂價核心文件之準備如何提升企業管理之效率化

1. 使跨國企業在面臨各國不同的移轉訂價規範下能有效率地準備相關文件

由於全球移轉訂價核心文件包含了「核心文件」，所收集與彙編之集團企業的基本資料與營運資訊，可供全球其他集團企業在依當地法令進行移轉訂價文件準備時之參考，以避免重複的資訊收集成本並能確保集團內部移轉訂價分析之一致性，有效地提升整體移轉訂價文件準備之工作效率。

2. 遵循全球移轉訂價法令規範並促使可用資源達到有效配置

跨國集團的關係企業交易勢必牽涉複雜的國際移轉訂價之規範，舉例而言，同一筆關係企業交易至少牽涉到兩個國家的關係企業，而兩國間的移轉訂價法令規範亦不盡相同，此時，企業應評估在有限的資源下，何國家所可能暴露的移轉訂價風險較高，其思考的角度應包括當地法令的嚴謹程度、罰責的輕重、當地企業功能的複雜度等等，進而判斷採用何層次的全球移轉訂價核心文件方足以應付當地的法令要求？

換言之，在成本效益及所願接受之風險程度的考量下，企業可決定在不同的國家準備不同層次的文件，例如中級文件（intermediate documentation）或全面性文件（comprehensive documentation）其成本雖較高，但的確可有效避免企業遭受移轉

訂價法令中與文據有關的罰責（documentation-related penalties）
風險。

3.整合跨國企業各地之移轉訂價文件使其能一致性表達

由母公司或總公司為制高點出發，由上而下統合各地分支機構所
編製的移轉訂價文件，將可避免各區域自行準備報告時所無法全
盤考量的疏失，而使各報告能遵循集團政策一致性地表達，當稅
捐機關稽查時，亦能作即時且正確的回應。

4.降低來年移轉訂價報告更新的成本

在企業準備第一年度全球移轉訂價核心文件時，因其需徹底釐清
各關係企業的功能風險以及關係人交易的模式，並涉及各地移轉
訂價法令的了解與各企業間的溝通協調，可以預期其所花費的時
間及金錢成本將非常可觀；但由於客製化全球移轉訂價核心文件
以及基於該核心文件所發展出各地區之移轉訂價報告皆已依照一
固定的格式與邏輯架構編製，在往後年度進行更新作業之時，可
以樂觀的預見其作業成本將大幅減少。

5.將移轉訂價法令的遵循具體轉化為規劃集團利潤合理分配的管理工具

在大陸國家稅務總局頒布有關移轉訂價同期資料管理的正式規定
後，伴隨台商全球佈局而來的是，在不同租稅管轄區中，所須遵
循的各國稅務法規日益複雜。台商跨國集團公司間的移轉訂價問
題，更是建構健全租稅架構中最重要的一環。

而一份以台灣為出發點的全球移轉訂價核心報告，其分析範圍不僅是台灣母公司，亦包括中國大陸及其他海外之關係企業。此法之目的係讓台商一次同時檢視其關係企業間之移轉訂價議題，雖然將加重台灣母公司準備移轉訂價報告之成本，但集團中其他關係企業準備專案報告成本將相對減輕，此外，台灣母公司或總公司亦可有效檢視集團對海外關係企業的訂價政策是否合理。

6.作為企業稅務規劃的工具

由於全球移轉訂價核心文件可以協助企業在不同國家企業依其功能與風險分配合理的交易利潤，因此能降低當地稅捐機關可能以違反常規交易而調高課稅所得的機率，而能避免同一利潤遭受雙重課稅的命運。

此外，企業可據全球移轉訂價核心文件檢視集團的交易模式是否有重新規劃的必要，例如將主要功能的運作配置在稅率較低的國家，或是考慮實質不具功能但其處於移轉訂價風險高的關係企業予以裁撤，以有效降低總稅負成本並靈活組織的運作。此外，企業亦可根據稅務風險評估的結果，考慮是否提出單邊或多邊之預先訂價協議之申請，以確定未來相關之稅負成本。

7.辨認移轉訂價相關風險以掌握重新規劃之契機進而降低整體經營稅負風險

透過全球移轉訂價核心文件的準備過程，各個跨國關係企業潛在的移轉訂價風險將一一浮現，有利於集團評估移轉訂價重新設定的可行性或係考量交易模式的重新規劃、具體思考未來移轉訂價

之改革方向以逐步降低整體風險。

第7章　移轉訂價稽查之因應

0701 介紹

　　稅捐機關在稽查與外國關係企業有業務往來公司的納稅申報書的重點，已逐漸專注在移轉訂價上。這個趨勢有幾個原因，包括以下幾點：

● 公司活動愈來愈國際化，關係企業間跨國的交易愈來愈頻繁；

● 租稅規劃逐漸著重在企業集團全球有效稅率的最小化，並且儘量維持在最低稅率的狀態──具防禦性的移轉訂價政策是達到上述目標的基本要件；

● 稅捐機關漸漸注意到，關係企業之間的業務關係可能不符合常規交易原則；

● 越來越多的租稅管轄地區正積極立法及編撰釋例以將移轉訂價納入其現行法規中；

● 稅捐機關在移轉訂價稽查上的經驗愈多，他們在調查方法上就愈純熟，也能夠更有技巧的選擇他們認為值得仔細調查的對象。

　　不同國家的稅捐機關所使用的移轉訂價稽查方式差異很大。某些開發中國家移轉訂價尚未被鎖定列為嚴格稽查目標，這些國家對外國企業之稅收控制，主要透過外匯管制與稅款就源扣繳方式。然而這趨勢近年來已有了顯著的改變，即便在一些新興市場國家，因新法條的頒布及跨國稅務機構的合作訓練，這些國家已對移轉訂價有了相當程度的了解。

　　在其他國家，移轉訂價稽查很可能只是由一名當地的稅務稽查員負

責，以相當基本的基礎來審核集團內的交易內容而已。在這些情況下，如果本國公司與該稅務稽查員無法在合理的移轉價格上達到共識，這個爭議就可能要由適當的稅捐機關加以解決，或最後訴諸於法庭。上訴的過程通常著重於事實之緣由和雙方之主張，而不是技術上的重要性。

在某些租稅管轄地區（特別是美國），已建立一套完整架構來處理移轉訂價的調查與爭端。不過在某些國家，稅捐機關與政府傾向於比較寬鬆的移轉訂價原則，除非價格超出合理價格範圍時才會針對移轉訂價採取稽查行動。但是由於美國對移轉訂價稽查的積極態度，促使某些國家（例如日本、韓國及德國就是顯著的例子）效法美國、英國和澳洲等國家投注相當的資源在移轉訂價領域上，同時制定清楚的法規，以保護其稅基不會受到世界其他國家稅捐機關之侵蝕。

移轉訂價稽查與其他稅目一樣，都可能隨時間而有立法與程序上的改變。因此，本章所討論的是處理移轉訂價稽查時所應注意的事項。或許最值得注意的情況之一是，許多稅捐機關針對移轉訂價領域不斷地在投入資源並增加經驗，但無可避免的，納稅義務人可能仍會遭到經驗不足的稅務稽查員的質疑。但無論如何，納稅義務人一定要考慮其所採取的政策應是以消極的態度來回應問題，還是現在就採取積極的態度，為將來有一天必須對其移轉訂價政策做辯護準備。

0702 建立對稽查過程的控制

納稅義務人建立及維持稽查過程的控制非常重要，面臨移轉訂價稽查的公司，通常會問稅捐機關需要什麼資料、稽查過程要多久等。可惜，除非公司採取積極態度來掌握稽查過程，否則答案是永無止境的。

公司如果要控制稽查過程，就必須採取堅定的立場。面臨移轉訂價

稽查時，常常可以發現企業集團對於自身移轉訂價政策和其涵義的瞭解是多麼的有限。如果公司發現自己就是這種情形，就必須迅速採取行動，然後針對公司營運作出大方向的結論。比方說：

- 相關企業間之交易所牽涉到的功能、風險與無形資產有那些？
- 對功能分析應該有什麼樣的詮釋，比方說，受稽查的公司為委託製造商還是全方位製造商（請參考第4章）。
- 有何資訊可用以支持集團的立場？
- 針對這次稽查行動的固有風險所得到的大方向結論為何？如果稅捐機關看過所有相關資訊後，公司勝算有多少？

唯有納稅義務人投注適當的資源，才能夠掌控稽查過程。所以，公司應該做到下列各點：

- 取得管理層面上的協助；
- 指派適合或高度適任的工作小組來管理稽查過程，小組成員由租稅與營運部門的員工組成（可視情況包括非本地員工與外聘的顧問在內），同時撥出合理的時間執行該項任務；
- 隨時依據該團隊的需要即時提供資訊；
- 訂定審慎的計劃，列明稽查應該如何的進行，以及如何與當地的稅捐機關和海外稅捐機關聯繫。

如果納稅義務人對因應稽查訂有審慎的計劃與謹慎的全球移轉訂價政策（global transfer pricing policy），那麼小組就比較容易面對稽查。相較之下，如果國際企業集團的移轉價格都是基於行政便利或因不同國家的租稅規定而特別制定，恐怕在稽查的過程中就沒有那麼順利了。

0703 把風險降到最低

對位在某些國家的企業而言，若移轉訂價稽查即將發生或正在進行時，公司可以用很多方法來預防其租稅風險。比方說：

● 未被稅捐機關選定稽核之往年度納稅申報書，應儘快作最後定案，並為當地稅捐機關所接受。

● 如果公司可以預見因稽查而須補繳額外稅額，應盡可能採取行動以降低未及時納稅之利息與罰款。但是，補繳額外稅款可能會被外界認為是一種認罪的表現，所以公司須謹慎考慮付款的技巧和對財務的影響。

● 公司可視情況與當地的稅捐機關，針對往年欠繳的稅款磋商應補繳金額並承諾未來交易按常規交易原則條件計價。在此情況下，公司同時需要考慮這樣的安排對海外稅負的影響。

由於不同國家制度與民情均有不同，所以當有這種情況發生時，應該徵詢當地的稅務專家以獲得適當的建議與協助，任何貿然的行動，都可能導致預期以外的不利後果。

0704 解決問題──協商、訴訟與仲裁

在很多國家，與當地的稅捐機關針對移轉訂價議題進行協商，是稽查過程中很重要的一部分，要獲致成功協商至少包括以下各點：

● 有能力、自信的協商團隊；

● 針對討論的問題具備完整、最新的資訊；

● 當地法規、法院判例及實務的瞭解；

● 以規劃良好的策略來檢視目前手上的議題，以確認可以妥協及其他不能讓步的情況。

● 針對所發生的問題，瞭解當地稅捐機關的一般態度；

● 如果雙方無法達成協議，應清楚知悉公司可能面臨的財務風險。

如果要從移轉訂價稽查的爭端獲得有利結果，「知己知彼，百戰百勝」這句古諺非常重要。在稽查的每個階段，公司必須考量稅捐機關稽查團隊的素養和經驗。比方說，公司所交涉的對象是當地稅務稽查員、移轉訂價稅捐機關專家、訓練有素的經濟學家，或專業的稅務律師？

雙方如果無法達成協議，其隱含意義就是要向法院提起訴訟。公司必須非常謹慎地考慮在當地訴訟對移轉訂價議題的影響，因為在不同國家，訴訟成功的機率都不同。而舉證的責任也因地而異，而且在不同的時期法院可能反映輿論所抱持的看法：外國人都想將應課稅的所得移往國外。在這些情況下，納稅義務人可能會覺得公司不應經由該地的司法體系來處理其案件。

因移轉訂價調整所產生的負債往往意味著支付稅款的需求。亦代表納稅義務人現金的流動，無論公司是否提出法律訴訟或尋求其他解決爭端途徑。此外，公司必須考量採用移轉訂價評估及爭端解決方式所隱含的涵義及這些議題如何於公開發行的財報中揭露。在現今環境下，透明化的公司會計政策已成為公開市場所要求的重要議題。

當協商或訴訟導致稅負的調整時，公司必須考慮到租稅協定之適用及是否可在相關之另一個國家進行相對補償調整（offsetting adjustment）。公司可以經由適當的政府程序或特殊目的的仲裁管道，像類似歐洲仲裁大會（European Arbitration Convention）為歐盟的會員國進行仲裁之機構。

0705 準備工作

如果公司要保護自身最佳的利益，不論是協商、訴訟或仲裁等過程

都需要充分的準備。此外，應牢記在心，除了直接參與管理稽查過程的員工外，其他員工也要知道自己有可能被稅捐機關要求回答相關問題或提供證據，所以公司應充分告知這些員工，並確定他們有能力回答稅捐機關的問題。

納稅義務人之移轉訂價稽查因應小組必須研究當地稅捐機關的職權有多大，並計劃滿足稅捐機關所提出的要求。比方說，當地稅捐機關可能有權力要求公司在短時間內提供大量有關集團交易的資訊等。

任何提供給當地稅捐機關的資料（不論口頭或書面陳述），都必須先經由稽查因應小組審核，以達到下列目的：

● 所有的資訊皆正確；

● 所有資料都與相關實體的納稅申報書和財務報表一致，也與其他當地稅捐機關所可能取得的資訊一致；

● 資料所產生的正負面影響都經過仔細的考慮（也就是說，資料是否能夠支持現存的訂價結構與相關實體活動的功能分析，或是資料會導致租稅的風險？）；

● 仔細考慮其他國家的稅捐機關可能得到的資訊，還有在雙重課稅協定的資訊交換程序裡，本地稅捐機關從他國稅捐機關得到相關資訊的可能性。

0706 調整現行移轉訂價政策的因應處理

如果稅捐機關同意現行移轉訂價政策所作的調整，則公司有必要考慮這麼做對過去及未來相關公司在商業與租稅立場的影響。第6章第7節與第13到15節（0607與0613-0615）的討論與此處有關。

就以前年度而言，公司必須決定是否該開立適當的發票，以反應商

業上的租稅調整。同樣的，對未來而言，公司必須決定是否要修訂移轉
訂價政策，將租稅調整納入考量。作這些決定的關鍵因素是其他關係企
業所在國稅捐機關的態度：因為雙重課稅是絕大多數的納稅義務人唯恐
避之不及的風險。除了直接稅的議題外，公司還必須考量間接稅與關稅
的調整，是否應列入納稅申報書中，如果移轉訂價調整直接與一批特定
的商品有關，可能亦須將其列入。

　　若因移轉訂價政策調整而須承擔稅收損失的稅捐機關拒絕接受調整
移轉訂價，則納稅義務人也許有必要尋求適當的稅務程序或其他的解決
方式（例如歐盟仲裁程序）以達成令人滿意的結論。可惜這類的過程往
往非常地冗長，但此種型式的協商或仲裁，卻是唯一可讓所有相關的稅
捐機關持續在移轉訂價政策上達成共識之方法。

0707 預先裁定（Advance Rulings）

　　要求稅捐機關對於可接受的訂價結構給予預先裁定，「預先訂價協
議」（Advanced Pricing Agreement, APAs）是可行作法。雙方達成共識
後，這項作法可提供未來的確定性，這對納稅義務人來說可能非常具吸
引力。不同國家在保證訂價政策或結構不引發紛爭的意願不盡相同。這
個領域目前發展的速度相當快，因為習慣這個過程的國家愈多，各國稅
捐機關投注資源至預先裁定的作法就愈具吸引力，因為這對各國稅捐機
關來說，預先訂價協定比事後解決爭端的作法更快、更符合成本效益。

　　一般而言，企業希望獲得的確定感愈高，稅捐機關在預先裁定時所
要求的詳細資訊就愈多。從公司管理的觀點來看，要揭露這麼多資訊可
能要花很多的成本與時間，而且可能減弱公司未來與稅捐機關談判的立
場。

在某些情況下，兩個或數個國家的稅捐機關也許會願意共同會商，提出預先裁定，不過，也有許多稅捐機關認為他們沒有足夠的資源，來進行太多類似的計畫。預先訂價協議或裁定只有在所有的事實維持不變時才有效，因此，如果功能、風險或無形資產大規模的移至不同實體，這時候必須重新申請新的協定或裁定了。

0708企業如何務實面對移轉訂價的稽查

企業未依規定提示文據資料，稅捐機關可依查得之資料據以核定相關納稅義務人之所得額；如無查得之資料，且企業未提示之文據係關係其所得額計算之成本或費用者，稅捐機關可依同業利潤標準核定其所得額，課徵所得稅。企業如何務實面對移轉訂價稽查，列舉要點如下：

● 公司稅務部門應熟悉移轉訂價法規內涵與要求，並充分掌握各國稅捐機關的稽查實務與態度，減少不合法規所產生的問題。

● 以總機構的整體思維及地方實務需求，建立良好的稅務管理平台及機制，且就移轉訂價政策的制定與改變，做事前充分評估並與各業務部門溝通。

● 對於利潤的配置，應能兼顧企業經營實質與稅務成本效益，對不符移轉訂價稅制規定的作業做必要的調整。經驗顯示，事前完善地評估並擬訂具體稅務計畫，方為有效的作法。

● 參酌不同課稅領域的規定，盡合理足夠的努力建立符合常規交易原則的移轉訂價政策，並於規定時間準備及提示各項規定文件。

● 對稅捐機關的稽查，能妥適地因應與配合。

● 聘用優秀專業人才進行企業稅務管理。

● 尋求專業顧問的協助。

第8章　金融服務

0801 前言

　　金融服務業的移轉訂價衍生出移轉訂價領域中一些複雜的議題。金融服務產業涵蓋的商業活動非常廣泛，本章關注的主要焦點，著重在銀行與資本市場、保險以及投資管理等金融業務產業。請注意，這些金融部門並不相互排斥，企業集團的活動可能跨及兩個金融業務或更多。此外，本章節無法徹底周延討論所有部門活動，僅能探討主要議題，以及常見交易類別的作法。

　　從移轉訂價的觀點來看，金融服務業的複雜性部分是因其產業特性所致，以下章節將先討論這些產業特性，然後就上述所提的三個主要金融服務業的議題加以討論。

　　雖然這些特色不只出現在金融服務業，不過這些特色在金融服務業的確更為普遍，而且其造成的影響，經常使企業的能力受限，無法建構出經營體系，以應付價格上的挑戰。

0802 規範

　　金融服務業很多地方會受制於法令規範，包括保護全球金融體系完整性的規範，或者保護消費者的規範。從過去歷史來看，這些規範牽涉到各國許多不同的法規與主管當局，不過近幾年來，已經朝向國際一致化邁進，例如「國際清算銀行」（Bank For International Settlements）和

歐洲聯盟內的規範。

法令規範經常限制業者的業務種類、採用的組織形式和運作架構，所以在分析金融服務業的移轉訂價時，必須牢記這一點。如果主管當局接受業者的運作架構，通常表示該業務安排應該也能為移轉訂價目的所接受。

0803 全球整合

和其他產業一樣，金融服務產業也愈來愈趨向全球性及區域性的整合業務單位，較不在乎個別國家的業務績效，轉而專注全球或區域性成果。如此一來，要找出跨國交易的價格並予以監督，變得更加困難，而且企業也不再能輕鬆地透過內部查核來確保每個國家得到適當的報酬。

雖然其他產業也會受此影響，不過對金融服務這種業務運作不依賴大型工廠或廠房，而且不涉及有形產品流動的產業來說，將面臨更大的挑戰。

0804 複雜性與速度

金融服務業有些層面具高度創新性，例如複雜新產品的發展和使用，而且其應用新產品和仰賴新科技的速度也很快。

此產業的特色之一就是分散在全球各國的一小群人，可能要為龐大的資產管理，以及與其他金融團隊、產品或國家之間日益複雜的交易風險，負起重大責任。要分析金融服務業的移轉訂價，就不能只懂相關產品，還必須對全面金融業務及管理體系進行瞭解。

0805 資本

對所有企業來說，資本取得是成功與否的關鍵，有了資本才能進行重要投資，確保足夠的現金以維持企業運作。不過對金融服務產業來說，資本所扮演的基礎角色更為重要。

如果無法取得必要程度的資本，企業本身就無法建立，或者無法以主管當局同意的企業形式繼續運作。而資本的性質和多寡會影響其他企業與其之間的交易狀況和準備進行交易的價格。舉例來說，目前銀行的資本額度正是國際清算銀行進行評估的一個重要項目。

0806 分行盈餘分配

雖然傳統上移轉訂價主要涉及不同法律實體之間的跨國交易，但是對金融服務產業來說，長久以來其移轉訂價主要發生於同一實體的不同分行（分公司）之間，尤其銀行和保險產業更是如此。在決定分行或分公司的盈餘或虧損時，也會遇到和傳統移轉訂價相似的問題。

OECD目前正重新檢視決定分行盈餘或虧損的方法，並且評估在何種程度上，應該把分行視為一獨立的法律實體。想更詳細瞭解此複雜艱難的議題，請參考OECD對常設機構（permanent establishment）利潤歸屬的討論。

0807 經濟分析

金融服務業的經濟分析在某些類別的交易上，具有獨特性，例如外幣交易，因為在取得交易價格方面，此市場具有高度的流動性及透明度。不過此產業裡某些全球高度整合的業務，幾乎沒有或很難出現可以比較的交易或實體。此外，在此產業中也要小心避免使用到不能確實反映比較性程度的數據。

銀行和資本市場

0808 介紹

銀行（bank）的英文字是從bench這個字的中世紀意義衍生出來的。Bench的意思是進行貨幣交換的地方。從以前在城鎮廣場擺張桌子執行業務，到現在銀行體系的功能已經增加許多。

傳統的銀行業務只有資金借貸和資金貿易流量（trade flow），現在擴展到「零售接受存款」業務（retail deposit-taking）、借款、信用卡、抵押借款、客戶私人財富管理、商業貸款、資產擔保融資（asset-backed financing）、金融風險管理商品（financial risk management products），以及資本市場業務，包括股票經紀（equity brokerage）、債券交易（bond dealing）、企業財務諮詢服務以及證券的承銷。過去一世紀以來，銀行和資本市場集團的業務已經擴展到全球，一方面是為了服務其從事國際業務的客戶，另一方面是瞭解資本由開發中國家流往新市場的走向，以尋求更大利潤。

傳統的銀行借貸業務，是銀行向各個投資者借入資金，然後再根據其他借貸者的信用進行評估，以更高利率把資金轉借給其他借貸者，藉此賺取差價。

然而過去數十年來，銀行所賺取的價差利潤已經降低許多，因此銀行藉由降低基礎建設和金融市場網絡的比重，轉而提供具附加價值的商品（從直接的外匯交易到更複雜的金融商品），以提高其他非借貸性業務在整體營收中的比重。

在金融服務產業中，銀行產業受到更多的法令規範，銀行和資本市場業務集團已經成為此產業中最活躍、全球整合度最高的金融部門。銀

行和資本市場業務集團在同一業務集團的不同商品和業務中，或不同集團的相同商品或業務中，可說擁有最廣泛多元的經營架構。

　　本章節處理的是傳統銀行和資本市場業務集團兩者主要的跨國交易和業務。

0809 全球交易

　　全球交易業務所涉及的是顧客金融商品交易的執行，而業務部分可能發生在一個以上的法律管轄權內，最簡單的例子就是某個國家的業務員介紹顧客給另一國家的商人，而這商人負責買賣相關的金融商品，並且執行後續的顧客交易。

　　多年來，與全球貿易相關的移轉訂價已經成為迫切議題，OECD討論常設機構（permanent establishment）之獲利歸屬文件的第三部分（Part III）有周延詳實的探討，為此議題提供一般性作法，但是這套指導方針也只是總論，不夠具體，而且還在初稿階段。考慮到全球貿易所涉及的龐大金額，許多跨國銀行長久以來藉由預先訂價協議（Advance Pricing Agreements, APAs）來處理這類業務在訂價時，由於主觀判斷造成的不確定性。

　　不過APAs的作法也有缺點，例如全球貿易業務的進行速度（在APAs最後定案之前，可能趕不上業務的進行）、APAs耗時費錢、數個國家不容易一起協商APAs等。

0810 收費性質的業務（Fee Based Businesses）

　　收費性質的業務涵蓋很廣，從高量低價的業務（例如股票經紀），到低量高價的業務，例如企業財務諮詢與管理，以及客戶新證券的發

行、承銷和分銷業務。

　　即使像股票經紀這種已有制度規模的業務，在同一企業集團內的運作制度可能差異很大，提供給客戶的產品和服務也非常不同。不同國家的產品、市場和匯率有顯著差異，這不僅反映出產品的多變性和流動性，而且也涉及交割風險和成本的不同。因此要從小額交易量推估到集團內潛在的大額交易量時，會產生困難。

　　從移轉訂價的觀點來看，低量高價的業務可能特別具挑戰性，尤其許多這類交易的獨特性很高，在真正進行交易之前，需投注許多年以經營客戶關係，即使在進行交易時，通常還須來自各國或各方領域的專業人士參與。

0811 財政和運用

　　銀行資金的運用有兩種，短期運用包括滿足存款戶的提領和提供新貸款，以及銀行整體資金管理的長期運用，這都是銀行既有業務的一部分。

　　本書第2章15到25節（0215-0225）中所提及許多與融資交易相關的移轉訂價議題，雖然也可以應用到銀行集團內的資金運用上，但是內部資金的本質、數量和期間也受到以下因素很大的影響，即法令規範以及集團內有效募集和運用資金的市場壓力。銀行集團籌募和管理資金的操作架構不同，即使簡單直接的貨幣市場交易也須小心謹慎，確保交易任一方都得到適當的報酬。

0812 跨國服務

　　銀行和資本市場通常會集中化　（第5章0501-0512節提到的服

務），例如人力資源、法務、會計、內部溝通和公關業務的集中化。同樣的原則也可以應用到其他服務的提供及成本加價的概念上。

其他專屬於銀行部門而且在銀行集團內漸趨於集中化的業務，包括信用及市場風險管理及法令的遵循與呈報作業。銀行也非常依賴資訊科技系統、溝通連結和外部資料的供給。

對外部研發軟體的使用進行追蹤和訂價時，銀行產業和其他產業沒有不同，但是內部研發軟體的定位和訂價卻非常有挑戰性，尤其考慮到涉及的金額時，更是如此。

0813 銀行和資本市場的其他議題

以上討論的絕對不夠周延，還有其他重要卻困難的議題待討論，例如客戶關係經理人（relationship manager）的移轉訂價。銀行部門的發展逐漸把焦點放在與交易和計費業務上，連帶地對一般客戶關係經理人角色的認知也跟著改變，如此一來，又衍生出更艱深的問題：客戶關係管理功能是繼續扮演銀行財富創造者的角色，或者只是費用支出的單位。

同樣地，長久以來「研發」被視為企業的總成本（overall cost）。銀行自1990年末以來的發展，認為研發的角色須被重新評估，因為研發市場愈趨複雜，有些研發的案例，可能得以成為可比較的未受控價格（comparable uncontrolled price，CUP）。

另一個有顯著發展的領域是信用衍生性金融商品（credit derivatives），不止在交易領域，顧客更有意願購買保障或承擔信用曝露風險（credit exposure），且銀行集團內部也更願意使用信用衍生性金融商品，作為與貸款組合（loan portfolios）有關信用風險的集中管理。

保險

0814 介紹

　　一般來說，保單是被保險人與保險業者之間的契約，被保險人以保費和保險業者提供的保障進行交換，免於特定損失。保險公司是一金融實體，銷售保單並以收取的保費來進行貸款或投資。保險仲介者則是擔任經紀人角色，銷售保單給被保險人，以獲得佣金報酬。

　　保單涵蓋了多種風險，廣義來說，可分為：

● 產物保險：例如車輛、天氣、核能、信用。

● 人身保險：例如年金、定期壽險。

　　保險公司的主要業務在於承銷、決定保險人能夠承受的風險、決定隱含適當風險的利率、賠償管理、以及適當的投資保險人所擁有的資產。保險公司將所收取的保費收入投資於廣泛的營利專案，故其成為市場上主要資金的供應者並且成為前幾大的法人投資者。

0815 再保險

　　「再保險」（Reinsurance）是保險公司所購買的保險。再保險是一種交易，一保險公司收取另一保險公司所給付的保費，並同意補償後者在保單範圍內所遭受的全部或部分損失。購買再保險的公司稱為「被再保險人」（reinsured），銷售再保險的則稱為「再保險人」（reinsurer）。根據再保險交易，被再保險人的損失能根據再保協議內所涵蓋的內容獲得賠償。

　　再保險通常是基於以下理由被購買的：

● 擁有多數以及多樣化的被保險者，才能讓數大原則發揮作用，讓

保險業者願意承擔並且認同所承擔的風險是合理的。但是，多數
時候為了商業考量，保險業者必須承受不符合數大原則的保險類
型或是數量，或是承受不符合保險業者的財務能力的賠償條款。
因此，保險業者可以透過再保險業移轉此類型風險於再保險業
者。

● 保險業者可以透過購買再保險減少其每年的財務損失。但是，即
使有再保險穩定財物損失，人為或天然災害亦可對公司的資金產
生很大的衝擊。災害再保險可以在保險業者付費的前提下，保障
對於災害所可能帶來的財物損失。

● 再保險可以被用來增加現有保險業務之承保容量。一個保險業
者的總核保容量 （也就是其承保的能力） 必須符合現行法令規
範。保費與溢額的比例 （槓桿比率） 越高則越不容易讓管制者
覺得此溢額足夠禁得起理賠。透過再保險，保險業者可以同時增
加其總承保量並維持良好的風險與溢額比例。

● 再保險亦協助保險業者從事新產品的發展或拓展新業務。例如：
被再保險公司可以透過比例再保險合約所衍生出來的佣金 （由
再保險公司給付予被再保險公司） 作為其發展與拓展業務的資
金。由此，被再保險公司可以舒緩資金上的需求以及開發新產品
時相關的資金限制。

　另外，如上述所示，再保險亦可提供額外的承保容量。再保險可以
當成保險公司索取針對其新業務相關之專業知識的管道。

● 再保險合約的條款反應保險及再保險產業近期和預期的經濟環境
考量以及再保險銷售和購買者所意識到的風險。很多再保險合約
為了降低再保險人所必須承擔的商業風險，再保險人會在合約條

款中加入限制承銷結果大幅變動的條款。

● 常見的風險控管方式包含以梯次方式計算佣金，或者依據其他再保損失的層級、利潤分割公式、保費追溯調整、保費復原與調整等之可調整的佣金計費方式計算其佣金。梯次以及利潤分割方式一般是依據被再保險人和再保險人之損失來調整兩者之現金流量。例如：在有相關限額之規定下，當損失減少時，提高給付予被再保險人之費用。反之，當損失增加時，減少給付被再保險人之費用。

再保險之型態

保險人透過保險合約將風險分出予再保險公司之兩大型態如下：

● 比例再保險合約：係一種能自動分配由被再保險人所承擔的風險之合約。

● 臨時分保合約：係一種針對個別風險的再保險。此一類型的再保險費用係由被再保險人個別評比並承保。通常被再保險人購買臨時分保合約以便分擔並未涵蓋在比例再保險合約中之風險、涵蓋在比例再保險合約中之風險但卻超額之損失、以及任何非尋常之風險。

再保險通常會以兩大重要型態呈現：比例再保險合約及超額損失再保險合約。保費收入會因再保險合約是否是依據超額損失或者按比例來計算而分為比例再保險合約或臨時分保合約。

(1) 比例再保險合約可分為以下兩種：

　　(a) 比例再保險合約——合約中所承擔的風險是依據事先談妥百分比來計算之。

(b) 溢額再保險合約——由被再保險業者先行選擇其願意承擔的風險，再將剩餘未被再保險的部分分出。由此再保險合約所衍生出的損失或保費收入則由被再保險業者及再保險人依據其所承擔的風險比例來均分。溢額再保險合約通常是按照比例來發行的。此類型的再保險合約可以讓被再保險業者比利用比例再保險合約擁有更大的彈性來分出其所承擔的相關風險。

(2) 超額損失再保險合約

再保險符合保險的基本目標：「分散風險，避免單一實體遭受超過其能力範圍的財務負擔，以致於無法履行責任義務。」而提供再保的公司則可以從事所謂的「轉分保」（retrocession）。

這是一種交易，再保險人可以把其之前所承保的全部或部分再保險，轉讓給另一家再保公司。在轉分保中，轉讓再保的再保險人，稱為「轉再保險人」（retrocedent），承受轉分保的稱為「轉分保人」（retrocessionaire）。

跨集團的再保險交易對保險業者來說是最受矚目的移轉訂價交易之一。由於許多再保險業者大多都將公司設於稅務優惠之領域（例如：百慕達），另外，OECD近期致力於追究保險公司固定營業場所之盈餘分配，因此各個領域之稅捐主管機關也基於上述二因素提高對於再保險業者移轉訂價交易的審核。

如上述所說明，再保險之交易通常較為複雜，另外，再保險合約通常都會預設保險業公司與再保險業者間之相關規定，因此，移轉訂價之架構通常會包含以下之組合：

● 商業理由

用來支持再保險交易的首要條件是必須有商業理由來支持其交易。如果此交易並非能夠輕易的和非關係人來進行，此交易很有可能將會被稅捐主管機關重新認定。由於OECD會員國家近期重視透過與再保險業交易以及企業重組相關之反避稅（anti-avoidance）查核，因此商業理由更趨於重要。

內部可比較未受控價格法：在特定的情況下，一個集團可能同時透過關係人以及非關係人從事再保險交易，具說服力的內部可比較未受控價格之可比較對象可能因此產生。在另一種特定情況下，一個集團可能在透過集團之再保險合作業者之前就先與外部再保險業者從事再保險交易。因此，在此種情形下，公司在提出可比較未受控交易的可比較對象時，必須很謹慎的考量其篩選出的可比較公司之商業組成、風險層級與規模、預期損失比率、再保險之承保量等等。

● **訂價策略**

對於複雜的非比例再保險合約，最適當的移轉訂價證明是能夠將內部的訂價策略和外部非關係人之再保險合約訂價策略做完全的比對並且相符。

此種比價方式會牽涉到必須對外部非關係人再保險合約之訂價精算模型以及其所承擔的風險做相關的專案查核，另外也必須深究了解可比較對象的承保策略，因為承保策略足以證明該可比較對象之訂價策略及過程。此查核方式已被美國的temporary services regulations加強修訂並將此列為保險業特有的案例。

● **資金成本**

由於規模大的比例再保險合約通常會涉及多種不容易在市場上尋

得的商業種類，許多規模大的比例再保險合約無法適用上述作為其移轉訂價的訂價策略。

因此，此時必須回歸到基本面，了解資金的需求以及扣除預期風險、各事業部門之損失比率以及相關成本費用後的資金報酬，並且從被再保險人以及再保險人的角度來看待和處理。此外，評比公司在訂價的過程中可以透過再保險交易提供指導以及支援。

0816 集中化

和銀行一樣，保險集團通常也會集中化第5章0501-0512節談到的許多種服務。例如：人力資源、法務、會計、內部溝通、以及公共關係的集中化管理。針對服務提供的認定、提供服務的個體、接受服務的個體、所涉及的成本費用、以及成本加價的適用與否均適用於此。以下所討論的是保險產業特有的集中化活動。

多數的跨國保險集團會制定集團策略，來管理一個或多個集中化地區的風險。如果要發展一致性的移轉訂價策略，就必須瞭解集團對各種風險的分類和所在地（Layering and location of risks）的策略，以及風險集中化背後的目的。風險集中化可讓集團購買全球性的保障，因此取得規模經濟的優點，不過要考慮到參與者之間的利益分配問題。

如果銷售全球性保單給跨國公司（其談判、協定及風險管理需由全球或地區總部決定）時，會產生特殊的集中化議題。在此狀況下，即使需由當地的保險公司（或分公司）來認列保費收入，但是事實上當地公司卻很少或幾乎沒有參與風險管理的評估，所以要考慮到如何補償全球或地區總部協商和（或）風險管理的成本。

0817 投資和資產管理

利用保費進行投資所獲得的收益，可幫助保險公司更有能力履行其理賠責任。如果這類投資和資產管理集中由集團內某些特定公司執行，就應該對集團內其他公司收費。這類服務的收費標準會受到以下因素影響：管理的資產類型、執行的活動層次、涉及的風險、交易量多寡、預期收益、提供此服務的成本費用。

本章第21到24節（0821-0824）會詳細討論這些議題。不過值得注意的是，保險集團所要管理的資產量通常很大，而且資產多寡通常是對提供投資管理服務進行訂價時主要的考慮因素，所以把較大投資管理部門的可比較資料應用到集團內部時，必須先經過適當的調整。

0818 融資和財務保證

和銀行相同，第2章15節到25節（0215-0225）所討論的融資交易議題也可以應用到保險集團內部融資，包括集團內部借貸和貸款保證（loan guarantee），但是保險產業仍有專屬的特定融資議題。

在保險移轉訂價中，有關提供財務保證是一項重要的議題。這類保證包括理賠保證、淨值維持協議（net worth maintenance agreements）等等。需要考慮的相關因素包括擔保品的種類、保證提供者和承受者的信用評比、市場狀況、保證的種類和時間等。

0819 保險經紀和核保支援

核保涉及風險的評估和訂價。保險經紀和核保是保險產業的整體功能，目前有許多提供保險核保和經紀的專業者，且出版品中有關企業財務的資訊也可以用來測試公司內部的交易。不過這類資料通常以總計方

式呈現，所以無法馬上建立可比較性。

0820 保險的其他議題

保險公司正逐漸擴展新的業務領域，以便將現代保險產業的風險分散化。因此我們也看到保險集團從事許多傳統上與銀行或資產管理集團有關的業務，因此本章其他部分所討論的議題或許也可以應用到保險集團的業務。

其中一項特殊議題反應出保險集團的歷史，即保險集團的愈趨成長（通常是藉由併購），由於法令限制和歷史因素，使保險集團結構變得更複雜並出現非標準的交易。瞭解這類交易背後的歷史，有助於解釋在適當的商業脈絡中，如何評估移轉訂價的方法。

投資管理

0821介紹

整體金融服務產業充斥著各式投資管理活動。保險公司的主要需求為進行管理來自保費的資金。銀行會以資金所有者或代表顧客的模式進行投資管理，因此許多投資管理業務成為銀行或保險業務的一部分，不過現在也出現許多專門只為客戶管理資產的獨立投資公司。

不管哪種方式，資產都會以「分離」（segregated）或者更常見的「匯集」（pooled）方式，藉由概念上或法律上的投資基金來進行再投資。投資管理具有多樣化和全球性的特色，因此投資基金的種類非常多，包括證券或債券基金（bond funds）、避險基金（hedge funds）、

地產基金（property funds）、私募股權基金 （private equity fund）、期貨與期權基金（futures and options funds）、營運基金（trading funds）、保本基金（guaranteed funds）、認股權證基金（warrant fund），以及組合基金（funds -of-funds）。這些基金可以進一步細分成不同的股份或單位，有不同的收費、權利和幣值。

　　不同的基金會有不同的資產管理策略。投資者必須根據基金的表現與自己對風險的態度來選擇基金。基金可以追蹤指數或予以積極管理。指數型基金（indexed funds）或追蹤型基金（tracker）以企業的指數為基點，基金經理人採取被動，不會透過選股來拉高指數。而積極管理的作法則相反，經理人會利用選擇資產的方式來拉高市場或特定基點的績效。

　　資本的流動性愈來愈高，加上通訊產業的科技發展，使得很多地區的投資管理產業日趨興盛。很多時候基金經理人提供服務的對象，從跨國投資者到特定目標國的投資者。投資諮詢、市場和基金會計服務就委由較易取得成熟技術勞動力的當地子公司來服務。

　　管理基金通常按比例來收費（也就是其所管理的基金額度的比例），不過收費額度和計價標準會根據投資標的的基金種類、基金的投資組合，以及投資目標的不同，而有所差異。

　　投資者投資基金須支付幾種費用：

● **申購手續費**（Front End Loads）

　　個別投資客申購基金時所支付的費用。在零售基金（Retail Funds）中這很常見，獨立理財顧問（Independent Financial Advisor，IFA）把客戶的錢用來購買基金，而客戶則支付申購手

續費。

● **管理費**（Management Fees）：

　根據基金單位淨值（net asset value）的固定比例來計算，從基金中直接扣除給基金經理人的費用。

● **佣金**（Trailer Fees）：

　基金銷售人（例如獨立理財顧問，IFA）推薦客戶購買某類型基金，該類型基金經理人從總管理費中支付給IFA的費用。一般來說，此費用根據基金單位淨值的比例來計算，通常等到投資人贖回時才支付。

● **績效費**（Performance Fees）：

　利基市場基金（如避險基金和個人股票型基金）和管理龐大的分離基金（segregated funds，稱投資保本基金），除了要支付管理費外，通常還有績效費。

此產業把投資者分為三大類：法人、散戶和私人客戶。

1. **法人**（Institutional）：法人用以投資的資金，通常是退休基金。另外壽險公司也將其全部或部分資產的實際管理工作委外執行。由於這類資產投資的目標非常明確嚴格，所以經常以「分離」的方式來操作（也就是每個客戶的資產都分開管理），不過也可能以「匯集」的方式進行（亦即投資目標類似的客戶結合在一起）。

2. **散戶**（Retail）：散戶的投資款項，通常來自小額投資人和一

　　般社會大眾，將眾人的錢集結之後進行集合投資。就定義上來說，這類投資是採用匯集方式，屬於一般性的匯集基金，不對個別的投資進行管理，而以匯集方式進行。

　　3. 私人客戶（Private Client）：私人客戶的投資管理業務不像法人或零售那麼透明。理財顧問針對高淨資產的個別富者（High Net Worth Individuals, HNWI），提供投資組合服務。這類業務的酬金通常具機密性，而且很難取得相關市場資訊。客戶服務是私人客戶部門的主要任務，如果理財顧問能提供需要的人脈管道給客戶，並且迅速可靠地執行客戶命令，提供資訊，多數這類客戶會提供酬金答謝。

　　富有客戶（HNWI）通常願意接受高風險，以換取更高的報酬率，他們的財務能力成熟，要求高度機密，具充分準備，能在海外更多他國進行大筆投資。

　　以下更詳細討論主要的跨國商品和服務流。

0822 資產管理

　　在投資管理的產業中，移轉訂價的關鍵議題就是資產管理功能的訂價。資產管理原則上包括一般性的資產配置、資產研究、個別證券的選擇和管理，以期能符合投資組合或基金的目標。這些業務經常以「分離」的方式進行，以便能充分利用當地資源、專家的知識和專業。

　　投資管理集團對於法人機構的委任可能有潛在的內部可比較未受控價格做為參考。此外，也可以公開取得投資管理和再轉包顧問的收費標準等相關資訊，不過要謹慎使用這些資料，因為任一特殊因素可能影響這類服務的訂價，例如管理的資產類型、管理業務的範圍程度、涉及的風險、交易量多寡、預期報酬、以及提供服務的收費。

近期利基市場基金（niche funds）的成長及伴隨而來所增加的績效費，引發了另一點考量——如何在不同的投資功能和投資地區間分配績效費。

0823 行銷、配銷和客戶服務

在考慮行銷、配銷和客戶服務的最適常規交易費用（arm's length fees）時，其中一項考量的重點是顧客的類型。舉例來說，散戶投資客的收費就比法人投資客高，因為替散戶投資客找尋基金需付出額外成本，且法人投資客的投資額度較大，所以具有較大的議價空間。

同樣地，不同客戶、基金和投資策略所適用的業務模式都不相同，因此在利用內部或外部的可比較資料時，必須萬分謹慎。因為配銷的財務安排和資本募集的服務經常分開進行，使得可取得的公開資訊非常稀少，造成產業情報和小道消息經常變得更重要。

0824 行政和其他集中化活動

銀行、保險和投資管理集團或次集團通常會集中化第5章第1至第12節（0501-0512）所討論到的管理服務。以下討論的是投資管理產業特有的集中化活動。

基金的行政作業包括許多內容，例如準備報告給投資者、保管、服務代理（transfer agency）、基金會計作業（fund accounting）、投資者保護、成交/結算（execution/settlement）。這些業務可以予以集中化，以充分利用規模經濟和當地專家的優勢。尤其具產業標竿意義的資訊產業（IT）的投資，更是如此。

在發展能強化投資績效、集中化風險並有助於決策的制定投資技術

（bespoke investment technologies）時，也應考量相對報酬。

　　在投資管理產業中，品牌名聲和歷史紀錄非常重要，在進行任何移轉訂價分析時，品牌的擁有權、發展狀況以及其他無形資產也非常重要。

第9章 台灣移轉訂價法規介紹

0901 前言

　　所得稅法第43條之1是防杜租稅規避的條文，是我國於1971年修訂所得稅法時，參酌美國內地稅法第482條及各國租稅協定通例而制定的，但因該條文並未具體規定有關不合營業常規之認定標準與相關調整方法，致徵納雙方均缺乏共同遵循之標準，而無法發揮應有的防杜功能。

　　由於所得稅之課徵，降低企業稅後利潤，跨國企業面臨不同國家之所得稅制度，基於追求全球稅後利潤最大化之目標，偶有藉彼此間之控制關係，安排相互間交易所訂定之價格（即移轉訂價），將利潤實現在低稅負或免稅之一方，以達降低集團總稅負之目的。

　　鑑於近年來建立移轉訂價稅制之國家日增，而且許多國家投入相當的資源在移轉訂價的稽查上，為使我國所得稅制與國際接軌，財政部於第40次全國賦稅會報作成「建立跨國企業移轉訂價查核機制」之決議。為執行上開決議，財政部於2004年1月2日於「營利事業所得稅查核準則」增訂了第114條之1規定了相關移轉訂價調整方法，復於2004年12月28日依所得稅法第80條第5項規定，發布了「營利事業所得稅不合常規移轉訂價查核準則」（以下簡稱移轉訂價查核準則），以期建立周延完善之查核制度，並提升查核關係企業避稅案件之效率，進而保障稅收，維護租稅公平。

0902 法令規則

所得稅法第43條之1確立了常規交易原則，如有以不合營業常規之安排，規避或減少納稅義務者，稅捐機關為正確計算所得額，得報經財政部核准按營業常規予以調整。

移轉訂價查核準則第6條亦具體規定了營利事業於辦理營利事業所得稅結算申報時，應依規定評估受控交易之結果是否符合常規，或決定受控交易之常規交易結果。稅捐機關進行不合常規移轉訂價之調查及核定時，亦應遵循該準則之規定進行查核。

凡營利事業與國內外其他營利事業具有從屬或控制關係而從事所得稅法第43條之1規定之不合常規移轉訂價案件，或是符合金融控股公司法第50條第1項暨企業併購法第42條第1項第1款規定之不合交易常規移轉訂價案件，均適用此一查核準則。移轉訂價查核準則共分7章，合計30條條文，自2005年1月1日起實施，2005年5月申報2004年營利事業所得稅時，即需依照該準則規定辦理。

0903 其他法規

依據相同立法精神，2001年制定「金融控股公司法」時，亦於第50條第1項規定不合交易常規之公司得按查得資料予以調整，其規定如下：

「金融控股公司與其子公司相互間、金融控股公司或其子公司與國內、外其他個人、營利事業或教育、文化、公益、慈善機關或團體相互間，有關收入、成本、費用及損益之攤計，有以不合交易常規之安排，規避或減少納稅義務者；或有藉由股權之收購、財產之轉移或其他虛偽

之安排，不當為他人或自己規避或減少納稅義務者；稽徵機關為正確計算相關納稅義務人之所得額及應納稅額，得報經主管機關核准，按交易常規或依查得資料予以調整。但金融控股公司與其持有達已發行股份總數90%之本國子公司間之交易，不適用之。」

2002年制定「企業併購法」時，於第42條第1項規定：「公司與其子公司相互間、公司或其子公司與國內、外其他個人、營利事業或教育、文化、公益、慈善機關或團體相互間有下列情形之一者，稽徵機關為正確計算相關納稅義務人之所得額及應納稅額，得報經賦稅主管機關核准，按交易常規或依查得資料予以調整：一、有關收入、成本、費用及損益之攤計，有以不合交易常規之安排，規避或減少納稅義務者。二、有藉由股權之收購、財產之轉移或其他虛偽之安排，不當為他人或自己規避或減少納稅義務者。」，以作為企業併購交易之調整依據。

0904 常規交易方法

財政部所規定各類型交易及可適用之常規交易方法如下表：

常規交易方法 ＼ 交易類	有形資產交易	無形資產交易	服務提供	資金使用
可比較未受控價格法（CUP）	∨		∨	∨
可比較未受控交易法（CUT）		∨		
再售價格法（RPM）	∨			
成本加價法（CP）	∨		∨	∨
可比較利潤法（CPM）	∨	∨	∨	
利潤分割法（PSM）	∨	∨	∨	
其他經財政部核定之常規交易方法	∨	∨	∨	∨

納稅義務人若擬採用上開財政部所明定之常規交易方法以外之訂價方法，應經財政部事先核准才可適用。

上開規定方法中，再受價格法的可比較未受控毛利率、成本加價法的可比較未受控交易成本加價率、可比較利潤法的可比較未受控交易之利潤率指標，以及利潤分割法的非關係人之市場公平報酬，應以可比較受控交易之財務報表資料為基礎。評估受控交易之結果是否符合常規，或決定受控交易之常規交易結果時，受控交易應採與可比較未受控交易相同之基礎。

另採用可比較利潤法時，需選擇利潤率指標，移轉訂價查核準則第十八條規定的利潤率指標包括營業資產報酬率、營業淨利率、貝里比率及其他經財政部核定之利潤率指標。

由於考量製造型之營利事業或服務業，其產出績效與投入之成本及營業費用密切相關，而現行法令規定可比較利潤法所使用之利潤率指標尚有不足，財政部乃參考韓國、新加坡、加拿大及美國之相關法規及實務上之做法，核定「成本及營業費用淨利率」為可比較利潤法所使用之利潤率指標。其定義為：以營業淨利為分子，銷貨成本或營業成本與營業費用為分母所計算之比率。在計算成本及營業費用淨利率過程中，不需區別營業成本與營業費用，可排除因各國會計原則差異，而影響可比較對象之選定，可增進營利事業取得未受控交易資料之可比較程度及其所使用之資料與假設之品質。

0905 舉證責任

最初，證明關係企業間交易不合常規原則的舉證責任是在稅捐機關，但依移轉訂價查核準則規定，營利事業於辦理營利事業所得稅結算申報時，有義務依規定按常規申報及調整，並於稅捐機關調查時提供文據資料以證明關係企業間交易遵循公平交易原則，此即納稅義務人申報

之協力義務，納稅義務人應配合有關規定自行揭露有關關係人交易之資料，並準備相關移轉訂價文據資料以符合法令規定。

0906 關係企業年度申報及應準備文據

營利事業於辦理所得稅結算申報時，應依規定格式揭露關係企業、關係人之資料，及其與該等關係企業或關係人相互間交易之資料。財政部所頒布規定格式之四大申報書表為：

(1) 關係人結構圖

(2) 關係人明細表

(3) 關係人交易彙總表（下列（4）之彙總表）

(4) 關係人交易明細表

上開申報表格不僅須揭露關係企業及關係人之資料，還須揭露與關係企業/關係人的具體交易資料，包括按不同交易類型分別揭露帳載「實際交易金額」（分收入/支出列示）及「申報交易金額」（按收入/支出列示）。此外尚須勾選是否需準備移轉訂價報告以及是否已備妥移轉訂價報告。營利事業於辦理交易年度所得稅結算申報時，即應備妥下列文據：

(1) 企業綜覽

(2) 組織結構

(3) 受控交易之彙總資料

(4) 移轉訂價報告

(5) 公司法第36條之12規定之關係企業報告書、關係企業合併營業報告書等資料

(6) 其他與關係人或受控交易有關並影響其訂價之文件

有關上開第4項移轉訂價報告之準備（編製）義務，自2005年度營利事業所得稅結算申報案件適用之。該移轉訂價報告至少需包括下列內容：

(1) 產業及經濟情況分析

(2) 受控交易各參與人之功能及風險分析

(3) 是否符合常規交易原則（依移轉訂價查核準則第七條規定辦理之情形）

(4) 可比較程度的分析（依移轉訂價查核準則第八條規定選定之可比較對象及相關資料）

(5) 最適常規交易方法之決定（依移轉訂價查核準則第九條第一款規定進行之可比較程度分析）

(6) 選定之最適常規交易方法及選定之理由、列入考量之其他常規交易方法及不予採用之理由

(7) 受控交易之其他參與人採用之訂價方法及相關資料

(8) 依最適常規交易方法評估是否符合常規或決定常規交易結果之情形，包括所使用之可比較對象相關資料、為消除第九條第一款規定因素之差異所作之調整、使用之假設、常規交易範圍、是否符合常規之結論及按常規交易結果調整之情形等

受控交易之金額在財政部規定標準以下者（即避風港法則），得以其他足資證明其訂價結果符合常規交易結果之文據取代有關移轉訂價報告。

0907 調查選案標準

依據財政部發布之「營利事業所得稅不合常規移轉訂價案件選案查

核要點」規定，稅捐機關應就每年營利事業所得稅結算申報不合常規移轉訂價案件進行選案查核，而營利事業所得稅結算申報案件有下列情形之一者，通常會被列入選查案件：

(1) 申報之毛利率、營業淨利率及純益率低於同業申報。

(2) 全球集團企業總利潤為正數，而國內營利事業卻申報虧損，或申報之利潤與集團內其他企業比較顯著偏低。

(3) 交易年度及前2年度之連續3年度申報之損益呈不規則鉅幅變動情形。

(4) 未依規定格式揭露關係人相互間交易之資料。

(5) 未依本準則第6條規定，評估受控交易之結果是否符合常規，或決定受控交易之常規交易結果，且未依移轉訂價查核準則第22條第1項規定備妥相關文據。

(6) 關係人間有形資產之移轉或使用、無形資產之移轉或使用、服務之提供、資金之使用或其他交易，未收取對價或收付之對價不合常規。

(7) 稅捐機關進行調查時，未依本準則第22條第4項規定提示關係人交易之相關文據者，其以後年度之營利事業所得稅申報案件。

(8) 經稅捐機關依本準則調整者，其前後年度之營利事業所得稅申報案件。

(9) 與設在免稅或低稅率國家或地區之關係人間業務往來，金額鉅大或交易頻繁。

(10) 與享有租稅優惠之關係人間業務往來，金額鉅大或交易頻繁。

(11) 其他以不合常規之安排，規避或減少納稅義務。

　　營利事業與其關係人間之交易，經與稽徵機關簽署預先訂價協議者，得不列入選查案件。

0908 稽徵機關調查、核定及相對應調整

　　當稅捐主管機關質疑納稅義務人與關係人交易有不符常規交易原則時，則會發函進行調查。營利事業應於稅捐機關書面調查函達之日起1個月內提示本章第5節（0905）所列之文據資料，若因特殊情形，不能於規定期間內提示者，應於期間屆滿前申請延期，延長之期間最長不得超過1個月，並以1次為限。

　　稅捐機關於審閱所提示之文據後，認為有再提供支持該等文據之必要文件及資料者，營利事業應於1個月內提供。

　　財政部主要負責制定政策與頒布釋令，各區國稅局則負責具體執行。各區國稅局可能視納稅義務人是否提供移轉訂價證明文據，而採取不同的方式來進行調查。若營利事業依據移轉訂價查核準則規定提供足夠適當的移轉訂價文據資料，稅捐稽徵機關需依移轉訂價查核準則規定核定受控交易之常規交易結果，並據以核定相關納稅義務人之所得額。若營利事業未依移轉訂價查核準則規定提示文據或未能提示者，稽徵機關得依查得資料核定所得額。

　　若無查得資料，且營利事業未提示之文據係關係其所得額計算之成本或費用者，稽徵機關得依所得稅法第八十三條及其施行細則第八十一條規定，就該部份相關之營業收入淨額，依同業利潤標準核定其所得額。營利事業拒不提示之文據為關係其所得額之資料、文件者，稽徵機關得依稅捐稽徵法第四十六條規定辦理。

　　從事受控交易之營利事業，有關收益、成本、費用或損益攤計之交

易，經稽徵機關依本準則規定進行調查，並報經財政部或金融控股公司法第五十條規定之主管機關核准按營業常規或交易常規調整且經核課確定者，其交易之他方如為依所得稅法規定應繳納我國所得稅之納稅義務人，稽徵機關應就該納稅義務人有關事項進行相對之調整。至於交易之他方如為國外納稅義務人，因涉及他國課稅主權，應經由租稅協定，協商他國稅捐機關進行相對應之調整。

0909 上訴程序

納稅義務人若對稅捐機關之決定有不服時，可依法提示有關行政救濟和訴訟程序，以維權益。

0910 補稅和罰款

關係企業間之交易應與獨立企業間之交易相同，按常規交易原則訂價，以正確核定其所得額及應納稅額。

營利事業若利用其相互間之從屬或控制關係操縱價格，以達減少納稅義務之目的者，已構成短漏報情節，除補稅及加計利息外，若符合財政部所規定標準者（詳下段），尚應按所得稅法第110條規定視情況處罰最多3倍稅額，有關處罰自2005年度營所稅申報案件適用之。

如有下列具體短漏報情事之一者，應依所得稅法第110條處罰：

(1) 受控交易申報之價格，如係為成本或費用項目，申報價格高於核定價格2倍以上者，或係為收入項目，申報價格低於核定價格50%以下者；

(2) 核定調增之所得額達全年所得額10%以上，且達全年營業收入淨額3%以上者；

（3）營利事業未提示移轉訂價報告，且無法提示其他文據證明其訂
　　價結果符合常規交易結果；

（4）其他有具體短漏報事證且短漏報金額鉅大者。

0911 預先訂價協議

為減少移轉訂價事後查核引發徵納爭議及造成稅務行政負擔，因
此移轉訂價查核準則參照OECD指導方針第4章F節，訂定預先訂價協議
（Advance Pricing Agreements）機制。

申請預先訂價協議之條件

營利事業與其關係人進行交易，符合下列各條件者，得由該營利事
業向稅捐機關申請預先訂價協議，議定其常規交易結果：

1. 申請預先訂價協議之交易，其交易總額達新臺幣10億元以上或
年度交易金額達新臺幣5億元以上。

2. 前3年度無重大逃漏稅情事。

3. 已備妥下列文件：

（1）企業綜覽。

（2）國內外關係人結構圖。

（3）參與申請預先訂價協議交易之關係人相關資料。

（4）申請預先訂價協議交易之相關資料。

（5）申請人與其他關係人進行相同交易或關聯交易之訂價資料。

（6）預先訂價協議適用期間內各年度經營效益預測及規劃等。

（7）申請當時與國內外業務主管機關間，已發生或討論中與其所
　　採用之訂價方法有關之問題說明或已獲致之結論，或與國外

業務主管機關間已簽署之預先訂價協議。

（8）可能出現之重複課稅問題，及是否涉及租稅協定國之雙邊或多邊預先訂價協議。

4. 已完成移轉訂價報告，並應特別載明下列資料：

（1）影響訂價之假設條件。

（2）採用本準則未規定之常規交易方法時，應特別分析並說明該方法較規定之常規交易方法更為適用、更能產生常規交易結果之理由，並檢附足資證明之文件。

（3）直接影響其訂價方法之重要財務會計處理。

（4）申請預先訂價協議交易所涉國家與我國之財務會計與稅法間之重大差異，但以足以影響其所採用之常規交易方法之差異為限。

該管稅捐機關收到申請書後，應於1個月內書面通知申請人是否受理，其經同意受理者，應於書面通知送達之日起1個月內提供已備妥之文件及已完成之移轉訂價報告；其不能於規定期間內提供者，得向該管稅捐機關申請延期提供，延長之期間最長不得超過1個月。

稅捐機關審核評估期間

稅捐機關應於收到申請人或其代理人所提供規定文件及報告之日起1年內，進行審核評估，並作成結論。稅捐機關因特殊情況而需延長審核評估期間者，應於前項規定期間屆滿前通知申請人或其代理人，延長之期間最長不得超過6個月，必要時，得再延長6個月。但涉及租稅協定之雙邊或多邊預先訂價協議者，不在此限。

預先訂價協議之簽署及適用期間

稅捐機關應於作成審核評估結論之日起6個月內，與申請人或其代理人就可比較對象及其交易結果、假設條件、訂價原則、計算方法、適用期間及其他主要問題相互討論，並於雙方達成協議後，由申請人或其代理人與該管稅捐機關法定代表人或授權簽署人共同簽署預先訂價協議。預先訂價協議一經簽署，雙方互負履行及遵守之義務。預先訂價協議之適用期間，以申請年度起3年至5年為限。但申請交易之存續期間較短者，以該期間為準。

預先訂價協議之效力、情況變化之處理及協議之延長

1. 預先訂價協議之效力：申請人於預先訂價協議適用期間實際進行之交易，符合協議規定並遵守協議條款者，稅捐機關應按協議之常規交易方法及計算結果核定其所得額；其有不符合協議規定或遵守協議條款者，稅捐機關得不依協議條款辦理，並得依本準則規定進行調查。申請人如有隱瞞重大事項、提供錯誤資訊、涉及詐術或不正當行為，該協議自始無效。

2. 情況變化之處理：申請人於預先訂價協議適用期間，如影響交易結果之因素發生顯著變化，包括關鍵性假設條件改變、交易雙方已非為關係人或依交易契約規定應重新訂價之情形，應於變化之日起1個月內通知該管稅捐機關，該管稅捐機關應依其情節採取必要之措施，包括與營利事業協商修改預先訂價協議條款及條件或停止預先訂價協議之適用。

3. 協議之延長適用：申請人已確實遵守預先訂價協議之各項條款者，得於適用期間屆滿前，檢附足資證明影響預先訂價協議內容

之相關事實與環境未發生實質變化之資料，向該管稅捐機關申請延長適用期間，經該管稅捐機關審核同意者，得再簽署預先訂價協議。但延長之期間，不得超過5年。

0912　OECD的議題

我國雖非OECD會員國，但財政部係參酌OECD及其他先進國家相關文件或立法以制定我國移轉訂價法規，使我國法規符合國際潮流及思維，但這不表示OECD會員國的法律或規定，都一體適用於我國。

0913 移轉訂價與關稅之聯結

對於營利事業，在法律允許範圍內合理減少所得稅負擔是具有正當性的，但是若未妥適評估移轉訂價政策（尤其是跨境交易），致發生重複課稅問題或引發其他如關稅及/或加值稅的額外負擔，則很不值得。該項議題值得企業賦予關注。

進口報關應注意事項

關稅法第30條與營利事業所得稅不合常規移轉訂價查核準則第4條就關係人的定義極為類似。營利事業所得稅中的關係人交易，如果涉及國際貨品貿易的話，原則上，都會構成關稅法中的關係人交易。因此，營利事業在與關係人進行國際貨品貿易時，必須確保進出口申報的關係人交易資料的正確性，以及該關係人交易資料與所得稅申報書揭露資訊的一致性，以避免遭海關或稅捐稽徵機關質疑並衍生可能的稅務風險。

我國進口報單第13欄，係供進口人（關稅納稅義務人）報明與賣方是否具有「特殊關係」。進口人應填「Ｙ」以表示有特殊關係，或

「N」表示無特殊關係。營利事業與關係人進行國際貨品貿易，並在台灣報關進口時，均應在進口報單第13欄，填「Y」，以確保對海關與稅捐稽徵機關所作的關係人交易揭露是一致的。

此外，依據我國報關自動化手冊，「貨價申報書」（見附錄七）為進口報關時應附的文件之一。若屬關係人交易者，進口人必須揭露的資訊包括：特殊關係類型、特殊關係是否影響常規交易價格、交易條件、費用負擔情形等項目。在此「貨價申報書」須由營利事業負責人用印後於報關時隨同進口報單繳交海關的情況下，營利事業必須在填寫此申報書時，需特別注意相關資料的正確性，及與其他揭露資料的一致性，以避免因關係人交易情況、關係人交易價格或其他事項的申報不實或申報錯誤，而暴露於關稅（逃漏稅額2至5倍罰款）、營業稅（漏稅額1至10倍罰款）與所得稅的多重稅務風險中。

第二部份

各國移轉訂價解析

第10章　中國移轉訂價法規介紹

1001 介紹

　　1990年以前中國稅務當局已經開始對外商投資企業（FIEs）展開移轉訂價性質的稅務調查。過去移轉訂價調查主要集中於外商投資企業生產活動中透過關聯交易進行有形資產的買賣。近年來，中國稅務當局對於移轉訂價調查日益擴展至服務的提供和接受、商標或技術特許權的使用或轉讓及資金借貸等。

　　2007年中國頒布了「中華人民共和國企業所得稅法」（以下簡稱「新企業所得稅法」）和「中華人民共和國企業所得稅法實施條例」（以下簡稱「新企業所得稅法實施條例」）。並自2008年1月1日起實施。新企業所得稅法取代了原「外商投資企業和外國企業所得稅法」和「企業所得稅暫行條例」，內資、外資企業適用統一的企業所得稅法。該法亦引入了一系列新的移轉訂價管理及反避稅概念，使中國的稅收徵管進入了一個新紀元。而於2009年元月正式頒布的「特別納稅調整實施辦法(試行)」，則進一步細化且增強了中國移轉訂價的監管力度。

1002 法規

新企業所得稅法及實施條例
新企業所得稅法中關於移轉訂價的章節為第6章「特別納稅調

整」。該章共有8條，規定了獨立交易原則為關聯企業間交易的訂價原則。若納稅人在關聯企業間交易違反獨立交易原則，該法授權稅務機關有權按照合理方法調整納稅人的應稅收入。新企業所得稅法及其實施條例為移轉訂價方法、成本分攤協議（CSA）、預約訂價安排（APA）、關聯企業間交易的年度披露及同期資料文檔（Contemporaneous Documentation）、應納稅所得額的核定方法、受控外國企業（CFC）管理、資本弱化管理、一般反避稅（GAAR）以及特別利息徵收等，提供了高層次的法律架構。

稅收徵管法及實施細則

2001年頒布的《中華人民共和國稅收徵收管理法》（以下簡稱「稅收徵管法」）及2002年頒布修訂的《中華人民共和國稅收徵收管理法實施細則》（以下簡稱「稅收徵管法實施細則」）構成了有關納稅申報、預約訂價安排、稅務調查、行政覆議和訴訟以及罰款和滯納金等稅收徵管程序之法律、法規。

1003 其他規定

「特別納稅調實整施辦法」（試行）

中國國家稅務總局（下稱「稅務總局」）是隸屬於國務院的政府部門，負責制定稅務法令、法規及具體實施細則。稅務總局基於新企業所得稅法當中對於「特別納稅調整」之專章，需進一步制定之細化規定亦陸續於2009年1月8日正式頒布「特別納稅調整實施辦法(試行)」(以下簡稱「實施辦法」)以整合、彙整原分散在不同規定的實施程序，包括規範主要各類型關聯交易之申報要求及管理方法。該實施辦法分為下列

十三章，其中專屬於關聯交易申報之移轉訂價管理所涵括的章節，除
「受控外國企業管理」及「一般反避稅管理」係稅務機關對於歸屬於中
國居民企業的所得，因不當的利潤分配政策導致的稅收調整外，其餘所
有章節的內容，均涉及企業的關聯交易管理是否符合獨立交易原則進行
更周延細化的規範。

- 總則
- 關聯申報
- 同期資料管理
- 移轉訂價方法
- 移轉訂價調查及調整
- 預約訂價安排管理
- 成本分攤協議管理
- 受控外國企業管理
- 資本弱化管理
- 一般反避稅管理
- 相應調整及國際磋商
- 法律責任
- 附則

實施辦法雖於2009年1月出台，但正式施行日期卻自2008年1月1
日起施行。由於實施辦法的出台，原先與移轉訂價有關規定之函號，包
括（國稅發〔1998〕59號）、（國稅發〔2004〕143號）和（國稅發
〔2004〕118號）等亦同時廢止。在本實施辦法發佈前實施的有關規定
與本實施辦法不一致的，以本實施辦法為準。

1004 舉證責任

在中國，證明關聯交易符合獨立交易原則的舉證責任在納稅人。隨著新企業所得稅法的頒布，納稅人的舉證義務正式以法律的形式予以明確。實施辦法更明確規定稅務機關有權依據稅收徵管及其實施細則有關稅務檢查的規定，確定調查企業，進行移轉訂價調查、調整。被調查企業必須據實報告其關聯交易情況，並提供相關資料，不得拒絕或隱瞞。

1005 資訊報告

關聯企業交易事項年度申報

新企業所得稅法對於企業有產生關聯業務往來的納稅人之資訊披露有全面性的要求，其中新企業所得稅法第43條第1項規定，企業在關聯交易發生年度的次年5月31日前於向稅務機關報送年度企業所得稅納稅申報表時，應當就其與關聯方之間的業務往來，附送年度關聯業務往來報告表。此報告表已於國稅發[2008]114號文中公佈，所需揭露之主要內容包括：

● 關聯企業關係表；

● 關聯交易彙總表；

● 購銷表；

● 勞務表；

● 無形資產表；

● 固定資產表；

● 融通資金表；

● 對外投資情況表；

● 對外支付款項情況表。

因此，該條文亦構成了《實施辦法》當中關於『同期資料』管理及關聯企業間交易資訊年度申報要求的法律基礎。

避風港原則

根據《實施辦法》規定，企業須在關聯交易發生年度的次年5月31日之前完成準備該年度移轉訂價同期資料，但有下列任一情況除外：

● 年度發生的關聯購銷金額（來料加工業務按年度進出口報關價格計算）在2億元人民幣以下且其他關聯交易金額（關聯融通資金按利息收付金額計算）在4,000萬元人民幣以下，上述金額不包括企業在年度內執行成本分攤協議或預約定價安排所涉及的關聯交易金額；

● 關聯交易屬於執行預約定價安排所涉及的範圍；

● 外資股份低於50%且僅與境內關聯方發生關聯交易。

同期資料內容

《實施辦法》明訂同期資料內容主要包括：

● 組織結構

包括企業所屬的企業集團相關組織結構及股權結構，企業關聯關係的變化情況，與企業發生交易的關聯方資訊（例如，適用稅率和享受的稅收優惠等），以及對企業關聯交易定價具有直接影響的關聯方資訊等；

● 生產經營情況

包括企業所處的行業及市場競爭暨企業發展概況、經營策略、產

業政策、行業限制等影響企業和行業的主要經濟和法律問題，集團產業鏈以及企業所處地位，主營業務之營收及營業利潤的比重，企業及其關聯方在關聯交易中所發揮的職能、使用的資產以及承擔的風險等相關資訊以及企業集團合併財務報表（可視集團會計年度情況準備）等；

● 關聯交易情況

關聯交易類型、參與方、時間、金額、結算貨幣、交易條件等有關貿易條件及業務流程說明（包括各個環節的資訊流、物流和資金流，與非關聯交易業務流程的異同），其中亦需包括關聯交易中所涉及的無形資產及其對定價的影響，交易合同或協定副本及其履行情況的說明，以及對影響關聯交易定價的主要經濟和法律因素的分析等

● 可比性分析

包括可比性分析必要考慮的因素，包括職能、風險以及使用的資產等相關資訊，可比交易的說明，可比資訊來源、選擇條件及理由和對可比資料的差異調整及理由等；

● 移轉訂價方法的選擇和使用

包括移轉訂價方法的選用及理由，確定可比非關聯交易價格或利潤的過程中所做的假設和判斷，運用合理的移轉訂價方法和可比性分析結果，確定可比非關聯交易價格或利潤，以及遵循獨立交易原則的說明。

資料準備和提交期限

根據《實施辦法》，同期資料準備必須為中文，如原始資料為外文

的，應附送中文副本，且依規定應自企業關聯交易發生年度的次年5月31日前完成並保存10年。由於2008納稅年度第一年即需適用，稅務總局為顧慮企業準備資料的完整性，特於同法規定關聯交易的同期資料準備截止期可延至2009年12月31日。日後若經稅務機關查核要求提示者，依規定需於要求之日起20天內提供。

實務中企業年度審計報告通常需要到次年第一季末才能準備妥當，因此考慮到次年5月31日的準備期限，對納稅人來說在準備企業移轉訂價同期資料時可能會面臨較大的時間壓力。

若企業因特殊原因不能按期提供相關資料的，經批准，雖可延期提供，但最長不得超過30天。中國稅務機關在移轉訂價查核力度相對其他國家嚴格的地方尤其是體現在被調查企業關聯方以及可比第三方企業（「可比企業」）也可能被稅務機關要求提供相關資料。稅務機關依規定可以向可比企業同時發出《稅務事項通知書》，並於其雙方約定期限內提供相關資訊和資料且約定期限最長為60天。

1006 調查審計對象

實施辦法所規定移轉訂價調查之重點選擇企業與過去所規範並無重大異同，主要包括：

- 關聯交易數額較大或類型較多的企業；
- 長期虧損、微利或跳躍性盈利的企業；
- 低於同行業利潤水準的企業；
- 利潤水準與其所承擔的功能風險明顯不相匹配的企業；
- 與避稅港關聯方發生業務往來的企業；
- 未按規定進行關聯申報或準備同期資料的企業；

● 其它明顯違背獨立交易原則的企業。

實際稅負相同的境內關聯方之間的交易，只要該交易沒有直接或間接導致企業總體稅收收入的減少，原則上不作移轉訂價調查、調整。

1007 被審計時資料提供要求

稅務機關在進行關聯業務調查時，企業及其關聯方，以及與關聯業務調查有關的其他企業，應依規定提供相關資料。所稱相關資料包括：

● 與關聯業務往來有關的價格、費用的制定標準、計算方法和說明等同期資料；

● 關聯業務往來所涉及的財產、財產使用權、勞務等的再銷售（轉讓）價格或者最終銷售（轉讓）價格的相關資料；

● 與關聯業務調查有關的其他企業應當提供的與被調查企業可比的產品價格、訂價模式以及利潤水準等資料；

● 其他與關聯業務往來有關的資料。

1008 調查程序和調整

調查方式

中國稅務總局主要專注政策制定，各地方稅務局負責具體執行。具體實施移轉訂價審計的稅務機關是該區的市、自治州以上稅務局內設定的專職進行國際（涉外）稅收管理的機構或其他稅務管理部門。無論是哪一機構實施移轉訂價審計、調查及調整，最終均須層報國家稅務總局批准。

稅務審計地點可以是稅務局的案頭審計或在企業實施現場調查，實施辦法當中也同時針對移轉訂價審計流程有詳細之規範，但值得關注的

是，企業在經稅務機關調整移轉訂價結案以後的5年內將被持續地跟蹤管理。在實施跟蹤管理期間，企業需在跟蹤年度的次年6月20日之前向主管稅務局提交同期資料。

調整方式

《實施辦法》規定，稅務機關對企業進行移轉訂價評估時可使用公開信息，也可使用非公開信息。原則上若納稅人的利潤水準低於可比公司利潤區間的中位數，稅務機關可對納稅人利潤水準至少按中位數進行調整。 此項依中位數規定與台灣移轉訂價查核規定頗相近。

然而，當稅務調整最終結果導致利息、股息、租金或類似應稅項目的金額被調減時，《實施辦法》亦規定多扣繳的預提所得稅將不會被退回。若因調整造成所得稅負增加，也可能會引起增值稅，營業稅，或消費稅等流轉稅負的增加。

惟，為消除雙重課稅的問題。企業在收到稅務機關特別納稅調整通知之日起3年內得提出相應調整的申請。

1009 覆議程序和訴訟

稅務局通常會與納稅人協商確定調整方案，但事實上納稅人很難影響最終結果。加之中國稅收法規給予稅務當局較大裁量空間，有必要與稅務當局保持良好工作關係。

當稅務機關形成移轉訂價調查的初步意見，稅務機關可將調整意見以書面或會談形式與被調整企業見面並徵詢意見。企業如有異議，可在稅務機關規定的期限內提供有關足以說明價格合理的證據資料。這期間企業仍可與稅務機關進行協商，直至稅務機關作出審議決定並以書面形

式出具「特別納稅調查調整通知書」。最終決議通知一旦發出就很難與稅務局進一步協商。

依據稅收徵管法，納稅人同稅務機關在納稅上發生爭議時，必須先依照稅務機關的納稅決定繳納或者解繳稅款及滯納金或者提供相應的擔保，然後可以依法申請行政覆議；對行政覆議決定不服的，可以依法向人民法院起訴。

當事人對稅務機關的處罰決定、強制執行措施或者稅收保全措施不服的，可以依法申請行政覆議，也可以依法向人民法院起訴。但是事實上，在中國發生稅務訴訟的先例不多，所以應當盡量在稅務機關出具調查決議書之前與稅務機關協商解決。

當事人對稅務機關的處罰決定逾期不申請行政覆議也不向人民法院起訴、又不履行的，作出處罰決定的稅務機關可以採取稅收徵管法第四十條規定的強制執行措施，或者申請人民法院強制執行。

若關聯企業間交易在中國與協約國之間進行，經企業申請，國家稅務總局與協約國的相關權力機構可進行雙邊協商以避免由於移轉訂價調整導致的重複課稅問題。

1010 聯合調查

中國很少就移轉訂價問題與其他國家聯合調查某跨國公司。然而，中國政府與各國政府簽訂的關於避免雙重徵稅和防止偷漏稅的協定通常包含情報交換之有關內容，為政府間的資訊交換（包括移轉訂價調查所用之資訊）提供了協力合作基礎。

比較常見到的聯查方式，通常是因跨國公司在中國境內不同地區擁有多家子公司，各子公司所在地稅務局或各省稅務局可能聯合對該公司

進行審計，審計對象包括境內和跨境交易。此外，中國國家稅務總局通常也會在某行業累積一定調查經驗後，主動下發內部通知，動員各地稅務機關在全行業範圍內開展聯合調查。

1011罰則

企業拒絕提供與其關聯方之間業務往來資料，或者提供虛假、不完整資料，未能真實反映其關聯業務往來情況的，經責令限期改正外，並處最高五萬元的罰款。

- 罰款金額形式上不大，但後果卻提供稅務機關有權採用其主觀「合理」的方法核定企業的應納稅所得額。
- 稅務機關除對企業進行移轉訂價所得額調整之補稅外，對企業2008年1月1日以後發生交易做出特別納稅調整的，還可徵收不可在稅前扣除的處罰利息（罰息係根據補稅稅款按日計算），罰息的年利率為百分之五。若企業按照《實施辦法》規定準備並提供移轉訂價同期資料的，上述百分之五的罰息則可以免除。
- 《實施辦法》的移轉訂價資料準備要求針對的是單個獨立納稅人，目前尚不允許在合併層面進行資料的準備工作。

此外，對於納稅人善意地認為其可以免除準備同期資料而未進行移轉訂價同期資料的準備，若經稅務機關調查，其實際關聯交易額達到必須準備同期資料的標準的，稅務機關對補徵稅款加收利息以外可能仍無法免除罰息。因此，跨國公司在分析其交易行為是否構成關聯交易，應審慎地從中國移轉訂價角度來綜合整體評估潛在的稅務調整風險。

1012 稅務機關專家小組

　　國家稅務總局擁有移轉訂價專門查核小組，該組成員通常是負責管理、發展和解釋移轉訂價法規。這些稅務官員經常到國外學習先進管理經驗，以協助地區稅務官員進行現場審計。通常而言，該專家小組並不與納稅人直接接觸，而是在實地調查中向各級稅務機關的調查人員提供支援。隨著移轉訂價審計小組日漸壯大，目前沿海主要工業城市都備有專職的移轉訂價審計小組，一般隸屬當地的國際稅收管理部門。

1013 預約訂價安排的申請

　　依《實施辦法》規定，一般只有同時滿足以下條件的企業，才可以申請預約訂價安排：

　　(1) 年度關聯交易金額在人民幣4000萬元以上；

　　(2) 依法履行關聯申報義務；

　　(3) 按規定準備、保存和提供同期資料。

　　預約訂價安排的談簽與實施通常經過預備會談、正式申請、審核評估、磋商、簽訂安排和監控執行六個階段。預約訂價安排包括單邊、雙邊和多邊三種類型。

　　根據《實施辦法》的規定，預約訂價安排有以下特點及好處：

● 納稅人可與主管稅務機關就預約訂價安排的可能性進行匿名的預備會談；

● 預約訂價安排可適用於自企業提交正式書面申請年度的次年起3至5個連續年度的關聯交易；

● 預約訂價安排在執行期滿後將自動失效。納稅人在執行期滿前90天內可向稅務機關提出續簽申請；

● 根據《實施辦法》，預約訂價安排適用於自企業提交正式申請年

度的次年起3至5個連續年度的關聯交易。如果申請當年或以前年度的關聯交易與預約訂價安排適用年度相同或類似，經企業申請，稅務機關批准，可將預約訂價安排確定的訂價原則和計算方法適用於申請當年或以前年度關聯交易的評估和移轉訂價調整。

　　由於《實施辦法》制定的預約訂價安排申請變得更加明確，許多有意願的跨國企業可以選擇同稅務機關達成預約訂價安排的方式來尋求稅收上的確定性。惟在實際進行過程中，地方主管稅務機關就移轉訂價的實務經驗和對預約訂價安排所持態度仍是決定能否成功辦理預約訂價安排的關鍵因素。

1014 無形資產

　　關聯企業之間的無形資產的轉讓和使用同樣適用獨立交易原則。依《實施辦法》規定，對關聯企業之間轉讓無形資產的作價或收取的使用費參照非關聯企業交易數額進行調整。調整時要注意考慮企業與其關聯企業之間轉讓無形資產及與其非關聯企業之間轉讓無形資產，在開發投資、轉讓條件、獨佔程度、受有關國家法律保護的程度及時間、給受讓者帶來的收益、受讓者的投資和費用、可替代性等方面的可比性。

　　有鑑於台灣近期對於總機構在台灣之企業，如何在使用及管理其無形資產之議題亦相當重視，對於關聯交易涉及兩岸的跨國企業尤應審慎思考合宜的租稅策略。

1015 成本分攤

　　隨著經營活動與商業往來的日益複雜，跨國公司往往需要從內部和外部資源中尋求更大的支持空間。成本分攤模式能夠使參與無形資產開

發的各方將開發風險與相關資源匯集在一起，並使各方分享其開發成果。 中國稅務機關亦首次將此觀念正式納入課稅管理規程當中，形成高度的管理規定。

因此跨國公司經常利用成本分攤協定來優化配置現有資源以實現更好的整體業務管理與成本控制。

根據《實施辦法》的規定，企業應自成本分攤協議達成之日起30日內，層報國家稅務總局備案。稅務機關判定成本分攤協定是否符合獨立交易原則也須層報國家稅務總局審核。對於符合獨立交易原則的成本分攤協定，有關稅務處理原則如下：

- 企業按照協議分攤的成本可在稅前扣除；
- 涉及補償調整的，應在補償調整的當年計入應納稅所得額；
- 涉及無形資產的成本分攤協議，加入支付或退出補償應按資產採購或處置的相關規定處理。

在成本分攤協議的執行期間，無論成本分攤協議是否採取預約訂價安排的方式，企業必須在本年度的次年6月20日前，向稅務機關提供成本分攤協定的同期資料。

此外未依《實施辦法》規定處理的分攤成本將依法不得在稅前列支：

- 成本分攤協定不具有合理商業目的和經濟實質；
- 成本分攤協定不符合獨立交易原則；
- 成本和收益的分攤沒有遵循成本與收益配比原則；
- 企業未按有關規定備案成本分攤協定或準備、保存和提供有關成本分攤協定的同期資料；
- 企業自簽署成本分攤協定之日起經營期限少於20年。

　　基於上述幾點，成本分攤協議的法規要求顯得較為嚴苛。不過，成本分攤協定也可以通過預約訂價安排來達成。

1016 受控外國企業

　　根據《實施辦法》的規定，受控外國企業應為符合以下標準的外國企業：

- 由中國稅務居民控制；
- 設立在實際稅負低於中國法定企業所得稅稅率百分之五十的國家（地區）；
- 並非出於合理經營需要對利潤不作分配或減少分配。

　　在受控外國企業的概念中，「控制」是指在股份、資金、經營、購銷等方面構成實質控制。其中，股份控制是指由中國居民股東在納稅年度任何一天單層直接或多層間接單一持有外國企業百分之十以上有表決權股份，且由其共同持有該外國企業百分之五十以上股份。中國居民股東多層間接持有股份按各層持股比例相乘計算，中間層持有股份超過百分之五十的，按百分之一百計算。

　　如果一家外國關聯企業符合以上標準且被認為是某中國居民企業的受控外國企業，中國居民企業股東應將視同股息收入計入其當年應納稅所得額。當符合以下條件之一時，可免於將視同分配股息計入當期所得：

- 受控外國企業設立在國家稅務總局指定的非低稅率國家（地區）；
- 受控外國企業主要取得積極經營活動所得；
- 受控外國企業年度利潤總額低於500萬元人民幣。

1017 資本弱化管理

過去很長一段時間，對於在中國經營的跨國公司而言，並沒有適用的資本弱化相關的規定。而對於內資企業，在舊企業所得稅法體系下曾經規定債資比例超過0.5：1的關聯方借款利息費用不得在計算應納稅所得額時扣除。

2008年9月，財政部和國稅總局聯合頒佈了財稅[2008]121號檔（121號文）。該檔對資本弱化條款下的關聯債資比例作了明確，即金融企業為5：1，其他企業為2：1。

《實施辦法》對新的資本弱化條款作了進一步具體規定，這些規定適用於在中國從事各類關聯企業融資的公司。根據《實施辦法》，關聯債資比例按年度各月平均關聯方債權投資之和與年度各月平均權益投資之和間的比例計算。根據所得稅法實施條例的規定，關聯方債權性投資亦包括關聯方通過非關聯方提供的背對背貸款（例如委託貸款等），以及由非關聯方提供、但由關聯方擔保的債權性投資。在計算權益性投資時，《實施辦法》明確使用所有者權益的帳面價值而非市場公允價值。

關聯債資比例超過上述標準比例的納稅人須準備、保存並按照稅務機關要求提供同期資料來證明其關聯方借貸符合獨立交易原則以確保其超過標準比例的利息費用可在所得稅前扣除。

企業未按規定準備、保存和提供同期資料的，或同期資料不能證明其關聯債資比例符合獨立交易原則的，其超過標準比例的關聯方利息支出，不得在計算應納稅所得額時扣除，除非該利息支付給實際稅負更高的境內關聯方。此外，超過標準比例的支付給國外關聯方的利息支出將被視同為股息分配，從而需要徵收預提所得稅。並且如已扣繳的所得稅

稅款多於按股息計算應徵所得稅稅款的部分，不予退稅。

有關不得在計算應納稅所得額時扣除的利息支出則按以下公式計算：

不得扣除利息支出=年度實際支付關聯方利息×（1-標準比例/企業關聯債資比例）

1018一般反避稅條款

根據《實施辦法》，稅務機關可以對可能存在以下避稅安排的企業，啟動一般反避稅調查：（1）濫用稅收優惠；（2）濫用稅收協定；（3）濫用公司組織形式；（4）利用避稅港避稅；（5）其他不具有合理商業目的的安排。

當稅務機關開始一般反避稅調查時，應按規定向企業送發《稅務檢查通知書》。企業應在收到通知書起的60日內提供資料以證明其安排具有合理的商業目的。如果企業未在規定期限內提供相關資料，或提供的資料不能證明安排具有合理商業目的的，稅務機關可根據已掌握的資訊實施特別納稅調整，並向企業送達《特別納稅調查調整通知書》。

另外，《實施辦法》還規定，任何一般反避稅調查及相應的調整都必須上報國稅總局批准；這一規定顯示了稅務機關在執行過程中的謹慎性；但這並不意味著稅務機關在適用一般反避稅條款上會綁手綁腳。鑑於《實施辦法》實施前的一般反避稅調查較少有先例可循，未來稅務機關可能在處理實際案例中不得不更多地依賴於自身的理解和判斷，從而給反避稅調查帶來了一定程度的不確定性。

1019 OECD議題

中國雖非經合組織成員，但其參考OECE指導方針以制定移轉訂價法規，並體現在獨立交易原則和訂價方法等方面。但是這不表示經合組織國家的規定都適用於中國。

1020 特殊議題

多重審計

中國不允許外商投資企業之多個子公司合併納稅，所以分佈在不同地區的子公司可能被不同地方稅務局多次調查審計。

相應調整

依據實施辦法之規定，關聯交易一方被實施移轉訂價調查調整的，應允許另一方做相應調整，以消除雙重徵稅。相應調整涉及稅收協定國家（地區）關聯方的，國家稅務總局與稅收協定締約對方根據稅收協定有關相互協商程序的規定展開磋商談判。

企業與稅收協定國家（地區）關聯方之間的交易被境外稅務機關實施移轉訂價調查調整的，企業應同時向國家稅務總局和稅務主管機關書面申請相應調整，報送《啟動相互協商程序申請書》並提供企業與其關聯方被調整的通知書影本等與相應調整有關的資料。企業應自企業或其關聯方收到移轉訂價調整通知書之日起三年內提出相應調整的申請，超過三年的，稅務機關不予受理。相應調整或相互磋商的結果，由國家稅務總局以書面形式經主管稅務機關送達企業。

特許權利金

在中國，特許權利金不僅是一個移轉訂價問題，關聯企業間的特許

權使用合約必須經外經貿主管部門註冊蓋章，未註冊者，國家外匯管理局（SAFE）將不允許特許權利金匯出。一般情況下，外經貿主管部門不會對特許權利金的高低進行質疑，但如果所支付費用明顯高於同類企業的比例，外經貿主管部門將會提出質疑。在目前的中國移轉訂價實務中，稅務機關亦越來越關注特許權利金的合理性。

管理費

新企業所得稅法實施條例第49條規定，企業之間支付的管理費不得扣除。而另一方面根據新企業所得稅法第8條規定，企業實際發生的與取得收入有關的、合理的支出，包括成本、費用、稅金、損失和其他支出，准予在計算應納稅所得額時扣除。因此依據新企業所得稅法第8條規定，理論上應可以包括企業間支付的服務費用。新稅法雖未就管理費與服務費的區分作進一步明確規定，然而依據國稅發〔2008〕86號函發佈「關於母子公司間提供服務支付費用有關企業所得稅處理問題通知」卻也做出下列較清晰的指示方向：

(1) 母公司為其子公司提供各種服務而發生的費用，應按照獨立企業之間公平交易原則確定服務的價格，作為企業正常的勞務費用進行稅務處理。

(2) 母公司向其子公司提供各項服務，雙方應簽定服務合同或協定，明確規定提供服務的內容、收費標準及金額等，凡按上述合同或協定規定所發生的服務費，母公司應作為營業收入申報納稅；子公司作為成本費用在稅前扣除。

(3) 母公司向多個子公司提供同類項服務，其收取的服務費可以採取分項簽訂合同或協定收取；也可以採取服務分攤協定的方

式,即,由母公司與各子公司簽定服務費用分攤合同或協定,以母公司為其子公司提供服務所發生的實際費用並附加一定比例利潤作為向子公司收取的總服務費,在各服務受益子公司(包括盈利企業、虧損企業和享受減免稅企業)之間按規定合理分攤。

(4) 母公司以管理費形式向子公司提取費用,子公司因此支付給母公司的管理費,不得在稅前扣除。

(5) 子公司申報稅前扣除向母公司支付的服務費用,應向主管稅務機關提供與母公司簽訂的服務合同或者協定等與稅前扣除該項費用相關的材料。不能提供相關材料的,支付的服務費用不得稅前扣除。

關稅和其他稅種

對於納稅人而言,在法律範圍內合理減少所得稅負擔不是唯一需要考慮的問題。其他稅負例如營業稅、增值稅和關稅可能會產生重大影響,所以在制定移轉訂價規劃時應予考慮。

對於進口時的關稅而言,稅務局關注的是進口價格過高的行為,而中國海關會從相反的角度來調查,即關注進口價格過低的行為。因此,企業訂價的關鍵是找到兩者之間的平衡點。

第11章　美國移轉訂價法規介紹

簡介

1101 美國移轉訂價法規之重要性

　　本章主要廣泛地談論美國的移轉訂價法規及相關的處罰規定，並介紹美國稅務機關的作業程序包括預先訂價協議（APAs）計劃，以及美國的移轉訂價法規與OECD指導方針間的互相影響。美國移轉訂價法規的規範具有重要的意義，主要的原因有以下幾點：

(1) 對大多數跨國企業而言美國都是個重要的市場，因此遵守美國的法規是非常重要的議題，而美國的法規在全球中號稱最嚴格且規範最詳細者。

(2) 美國移轉訂價法規於1990年代間有重大的改變，而且這些改變也影響其他國家提高了相關法規的嚴格程度。因此，瞭解美國法規的發展以及新法規的相關爭議，是瞭解其他國家在移轉訂價上可能產生爭議的指標。

(3) 美國的行動已經造成貿易夥伴間的紛爭，因為並非所有貿易夥伴都完全認同美國對常規交易標準的解釋。藉由這些法規再加上更大層面的執法活動，將有更多移轉訂價議題會透過與主要貿易夥伴所締結的租稅協定中有關共同協議條款的協商程序來處理。

(4) 主管機關的審核程序也成為建立預先訂價協議計劃的基礎，而

預先訂價協議也逐漸成為跨國企業再次確認其移轉訂價政策和程序符合常規交易標準的重要機制，同時也是解決移轉訂價的稅務稽核問題的另一項機制。

各國的稅捐機關和專業人員大多對美國移轉訂價法令及其程序要求的詳細程度有很多批評。然而，在考量美國稅務制度時，必須先瞭解美國的制度與其大部分的主要貿易夥伴不同，美國的公司所得稅制度係採自我評估制（self-assessment system），將舉證責任轉移到納稅義務人身上，致使政府與納稅義務人之間存在對立的關係，但這項額外的舉證義務不是只有在移轉訂價的範圍內發生。

1102 美國稅務制度的理論基礎

在1986年，美國國會指示對關係企業間的移轉訂價進行全盤研究，並要求美國內地稅務局（Internal Revenue Service（IRS））評估是否有修訂法規的必要。美國國會對移轉訂價的重視，反映出當局普遍認為在美國營運的跨國企業通常任意訂定其銷售價格，導致在美國的可課稅所得可能有誤（misstated）。此外由於缺乏有關價格如何制定的書面文件，使得IRS很難追溯以往交易來進行稽查，因此無法決定這些企業是否在實務上採用常規交易標準來訂價。

1103 美國稅務制度改革之歷史

自1934年起，「常規交易原則」被用來決定跨國企業的關係企業間移轉訂價是否能「清楚反映所得」，以滿足聯邦所得稅的目的。目前常規交易原則已經成為衡量關係企業間訂價的國際公認標準。

1968年IRS頒布的法規，規定了使用常規交易原則的程序以及特定

的移轉訂價方法，以供測試移轉訂價結果是否符合常規交易原則。這些「交易基礎法」，包括可比較未受控價格法、再售價格法、成本加價法等，都已獲得國際廣泛的認同。

1986年，國會修改內地稅法第482條，針對無形資產的移轉加入「與所得相稱（commensurate with income）」的規定。國會並同時指示IRS對關係企業的移轉訂價、所得稅法第482條下的可適用規定、以及新執法工具與策略的需要等，進行全面的研究。為回應國會的指示，IRS在1988年頒布了白皮書。

在1988年和1992年間，國會增加或修訂稅法第 982、6038A、6038C、6503（k）等條款，要求納稅義務人遵守新的資料申報及帳冊保存的要求，並且賦予IRS官員更大的權利來取得這些資訊。此外，國會還增訂第 6662（e）和（h）條文，對移轉訂價重大調整規定懲罰措施。1992年IRS針對稅法第482條提出了新的規定草案。

這些新草案運用了「與所得相稱」的規定，並引進重大的新程序法規與移轉訂價法規。這些提案還包括了成本分攤協議的重要新規定。（將於1115到1122節中討論）

IRS在1993年頒布臨時法規(Temporary Regulations)適用於1993年4月21日以後及1994年10月6日以前之課稅年度。這些法規強調使用非關係企業間的可比較交易資料，以及彈性應用訂價方法以反映特定的事實與情況。IRS也針對稅法第6662（e）和（h）條提出新的草案，規定納稅義務人必須同時保留書面文件說明稅法第482條的規定如何應用在公司的訂價方式中，以避免遭受處罰。

1994年IRS頒布稅法第6662（e）和（h）條的暫時性試行條例(Temporary and Proposed Regulations)，適用於1993年12月31日以後的

所有年度。IRS在1994年頒布稅法第482條修訂後的最終版本，適用於1994年10月6日以後的年度，並修訂第6662（e）和（h）條的暫時性試行條例的生效日為1994年1月1日。

雖然IRS在1994年頒布的稅法第482條最終版本是適用於1994年10月6日以後的年度，納稅義務人可選擇適用該最終版本的規定於過去任一個尚未被核定的課稅年度及其以後的所有年度。

1995年IRS頒布成本分攤法規的最終版本（在1996年曾做小幅修改）。這些法規適用於1996年1月1日開始的課稅年度。現有的成本分攤方法若與新規定不同，就必須作修正，以符合最終版本的規定。如果企業現有的成本分攤協議符合1968年成本分攤法規的規定，那麼分攤協議參與者必須在1996年12月31日以前作出修正，以符合成本分攤法規最終版本的規定。

規範成本分攤交易的法規於2005年有重要改變，即2005年8月22日IRS發布了暫時的成本分攤法規草案（Proposed Regulation），2008年12月31日公布暫時性合約（Temporary and Proposed Regulation），並於2009年1月5日生效，該法規提出5個評估「平台貢獻交易（Platform Contribution Transaction,PCT）是否符合常規交易的方法。

1996年稅法第6662條的移轉訂價處罰規定的最終版本於2月9日頒布，並自即日起生效，但納稅義務人得選擇從1993年12月31日以後的任一個尚未經核定的會計年度起適用。修正後的預先訂價協議程序亦於1996年頒布。1998年頒布了適用於小型企業納稅義務人的預先訂價協議審核簡化程序。

2003年對2002年所研擬有關合格的認股權成本分攤協議的成本處理方法定案，且另提出有關集團內服務的規範草案，此項草案將在後文

中說明。除非另有註明，否則本章的評論皆引用移轉訂價法規的最終版本。

　　IRS於2008年發布了預先訂價協議將擴張並涵蓋到當有常設機構（permanent establishment）存在時如何適當的歸屬利潤及其他所得分配的問題，此規定於2008年6月9日生效。

1104 美國法令與經濟合作暨發展組織（OECD）指導方針之間的一致性

　　在美國從事稅法改革的同時，OECD也在修改其指導方針有關移轉訂價的部分。這些指導方針對許多美國的主要貿易夥伴，在移轉訂價議題上，提供了重要的參考。因此，這些指導方針與美國法令之間的一致程度就成了關鍵。

　　因為所有跨國企業都希望能完全遵守其所有經營據點當地之法令，但另一方面，也希望能避免雙重課稅或處罰的風險，因此本章對美國法令與OECD指導方針之間重要規定作了比較（請參考本章第58節至69節，1158-1169）。

1105 美國移轉訂價的稽查

　　IRS擁有廣泛豐沛的資源及受過經濟分析訓練的稅務專員，以從事外勤稽查（field audit）、稅務申訴及與對等外國稅捐機關交涉等事項，現今移轉訂價稅務稽查已不再僅限於調查有避稅嫌疑的案件。

　　跨國企業應有心理準備，隨時接受IRS傳喚，要求說明其納稅申報書中移轉訂價的決定方式以及為何交易結果符合常規交易原則。而且稽查工作開始進行的標準程序，就是要求企業必須在30天內準備好輔助用

的證明文件。

美國移轉訂價法規

1106 最適常規交易方法原則

納稅義務人必須在稅法所明定的幾種訂價方法中擇一，以檢測其移轉訂價是否符合常規交易原則。根據最適常規交易方法原則，納稅義務人需考量交易的事實與情況，並能說明所選擇的最適方法相對於其他訂價方法，能提供最可靠衡量結果。以交易為基礎的各種訂價方法其相對可靠性主要決定於下列因素：

（1）可比較未受控交易的採用以及可比較未受控交易與納稅義務人的交易之間的可比較程度；

（2）資料的完整性與正確性，以及所做假設的可靠性和為提升可比較性所必須作的調整。

當調整可以提升所選擇移轉訂價方法之衡量結果的可靠性時，則此調整是必要的。可比較程度應藉由功能性分析找出受控制與未受控制個體，雙方各自執行的重要經濟功能、所使用的資產以及承擔的風險來決定。

產業平均報酬（Industry average returns）不可用來建立常規交易結果。如果納稅義務人能說明採用稅法中未規定的訂價方法能衡量出最可靠常規交易結果，那麼該訂價方法亦可以採用。稅法中最偏好的方法是採用仰賴外部資料和可比較未受控的交易資料。如果納稅義務人選擇稅法所規定的訂價方法，則納稅義務人無須說明為何不適用其他訂價方法。然而，為了避免可能發生的處罰，納稅義務人應於當年度的同期紀

錄文件（contemporaneous documentation）中顯示在選擇「最佳方法」以前，納稅義務人已盡合理的努力，來衡量其他方法的適用性（請參考本章第39節（1139））。

1107 常規交易區間

如果納稅義務人的移轉訂價結果在常規交易區間內，且該常規交易區間是由兩個或兩個以上的可比較未受控交易資料求得，則沒有必要進行調整。美國法規採用了常規交易價格的區間，而非以單一常規交易價格為基準的觀念，反映了美國在應用上的彈性。

在美國的法規下，只有在每個可比較交易均達到相當高的比較標準時，才會將所有的可比較交易作為決定常規交易區間的基礎。如果使用不完全準確的可比較交易（inexact comparables），就只能以可比較交易結果中的25%到75%統計變數區間作為常規交易區間。不過，其他統計方法也可用來改善區間分析的可信度。

如果納稅義務人的移轉訂價結果在常規交易區間之外，IRS也許會將那些訂價結果調整到常規交易區間內。通常這類調整會將價格調到常規交易區間的中位數（median）。

目前法令准許以適當的年數作為期間，計算平均交易價格結果，作為受控與未受控交易比較之基準。如果納稅義務人以數年度的資料所計算的訂價結果，不在常規交易的價格區間內，那麼對於某一年度的訂價調整，只能以相同年度的可比較資料所計算的常規交易區間為基礎加以調整。

1108 相應調整與沖銷

納稅義務人可在納稅申報書上改按常規交易結果申報。即納稅義務人若按常規交易申報，所反映出來的價格與原發票或帳冊紀錄中的價格不同時，納稅義務人仍必須申報常規交易結果，否則可能會面臨巨額的罰款。由於大多數美國的貿易夥伴國的稅法並沒有相類似的條款，因此可能會引起重複課稅。

當IRS依據所得稅法第482條的規定作了所得調整，則其必須考慮任何適當的相應調整。如果受控制集團內成員的所得因稅法第482條的調整而增加，集團內其他成員必須相對的減少所得。

納稅義務人也可要求就受控制集團內任何非常規的交易作對應沖銷調整，但美國稅法限制類似的沖銷要求，僅限同一稅務年度的相同二個納稅義務人的交易才可以沖銷。

1109 外國法令限制的影響

美國移轉訂價法令試圖限縮外國法令對決定常規交易價格的影響。一般而言，當有下列情形時，美國法令可考量外國法令的限制：當外國法令的限制是公開的規定、在可比較的情況下會影響未受控納稅義務人的決定、納稅義務人必須證實已盡所有努力於外國法令規範中尋求救助、法令的限制明顯阻礙支付或收受常規報酬、以及納稅義務人未與受該法令限制的企業簽訂合約等情況。當外國法令限制納稅義務人按常規交易價格計費時，美國法令也會試圖強迫納稅義務人使用會計上的遞延收入法（deferred income method）。

1110 有形資產的移轉

自1992年起關於有形資產移轉的法令並沒有太大的變動。相關法

令依然將重點放在可比較未受控價格法下產品的可比較性，以及再售價格法及成本加價法下功能的可比較性。在這些法令下，可比較性的調整必須考慮產品品質、合約條件、市場層級、地理市場、交易日期及其他可能的潛在差異。除此之外，法令還要求應將商業經驗及管理效率的潛在差異納入考量。

1111 無形資產的移轉

實務上「與所得相稱原則」（commensurate with income standard）的執行，一直是美國和其貿易夥伴間重要的紛爭來源。某些人解讀該法規的目的在規定無形資產的移轉價格應受限於交易發生很久之後的調整，這項作法與非關係人間的交易合約不一致。這項法令的主要目的是允許IRS有權去稽查移轉無形資產在訂價時所作的重要假設（assumptions）是否符合常規交易原則。因此該法規對移轉無形資產所給付的價款應如何評估始能與稅法規定的「與所得相稱」原則一致提供了具體規定。

無形資產移轉價格應否定期調整，取決於用來決定移轉價格的移轉訂價方法是否考量了預測結果（預測利潤或成本節省）。如果歸屬於該無形資產所產生的實際利潤，在預測利潤的上下20%以內，就無須進行定期調整。如果該無形資產所實現的利益超出這項範圍，除非符合法規所定的特殊事件，該移轉價格就應重新評價。這項法規隱含的目的是要仿效非關係企業間在真實交易下可能發生的情況，例如某一公司簽立了授權合約，但發現因不可預期的商業事件致使所給付的權利金水準不符經濟效益，將會發生什麼情況。同時也希望防止納稅義務人藉由操縱利益的預測數來計算有顯著差異的無形資產購買價格。

若在移轉後的連續5年中，保證無須作任何調整，則該移轉價格將被視為符合常規交易價格，那麼在此5年的任何年度中均不需作定期調整。若價格調整是被保證的，那麼是否納稅義務人可以援用所得相稱原則是具有爭議性的。IRS在其2003年的成本分攤試行條例中認定，只有稅局可以援用與所得相稱原則而非納稅義務人。

所有先前制定的法令（包括1968年、1992年和1993年頒布的）均規定，為了移轉訂價的目的，無形資產的所有權通常歸屬於負擔該項無形資產開發成本最高的納稅義務人。與以前的法令比較，1994年的法令規定，如果無形資產受法律保護（如專利、商標、著作權），那麼擁有使用該無形資產權利的合法擁有人將被視為移轉訂價目的的所有人。若無形資產未受法律保護（如專業知識know-how），那麼所有人為負擔最大比例之開發成本者。

現行法令規定，無形資產之合法所有權是取決於法律的效力，或法律上的所有人將全部或部分無形資產之權利移轉給他人時所訂定的契約。在決定無形資產的法律所有權時，最終法規規定，若某一個體（公司）的實質行為顯示該個體已移轉無形資產，IRS可推定無形資產所有權已移轉。

在2006年6月1日發布的暫時法規(Temporary Regulations)保留了1994年的最終法規中對法令保護的無形資產的處理方式，即就移轉訂價觀點，一般認為是有權使用該無形資產者為法律上的所有權人。 然而，該臨時法規對無法律保護的無形資產的「所有權人」重新定義(僅就移轉訂價目的)。與現行法規規定「無形資產的所有權人為承擔最大部分開發成本者」不同的是，臨時法規重新定義無形資產的所有權人為「實務上有控制權」者。

即使有上面的主張，美國及其他課稅管轄區，就移轉訂價目的，對無形資產的主要所有權人的定義仍有可能不相同。例如，有些納稅義務人可能發現所有權的策略可能在每個國家都不同，因此即使經濟環境相同，各國對無形資產的處理也未必會一致。納稅義務人可能也會發現，商標被視為是某一國所擁有，而產品設計和規格則被視為另一國所有。這樣的情況可能會造成一些極難處理的評價問題。這也是跨國企業為何須在規劃其訂價政策及程序須將這些因素納入考慮的原因。

IRS已提供一些規則來決定如何將「與所得相稱」原則運用於一次付款（lump sum payment）的情形上。如果該付款相當於權利金分期給付的淨現值，而且該權利金的支付是符合常規交易及與所得相稱原則，則該一次性的付款即可被視為符合常規及與所得相稱原則。

在2007年2月，IRS頒布了產業指引（Industry Directive）目的是為了指出未來IRS審查方向將會著重於無形資產的移轉。該產業指引主要的目標是那些移轉依據舊法第936條規定的公司的營業到受控制的外國公司的醫藥及其他生命科學企業。更廣義的說，該產業指引強調IRS非常重視有關無形資產交易的相關問題。在2007年9月27日，IRS公布了相關問題的論文（Coordinated Issue Paper，LMSB-04-0907-62）來闡述與成本分攤協議相關的「買進」價格議題。該論文包含了所有產業，並提醒IRS正準備更嚴格的分析和檢視所移轉的無形資產的主要功能和風險。

1112 集團內部服務

2006年6月，財政部與IRS提出「暫時法規」來規範集團的內部服務。此法規遵循一般有形資產和無形資產移轉的規定，即藉由參考非關

係企業之間的交易價格或所賺取的利潤來制定訂價方法。1968年的法令允許集團內部以「非整體性」（non-integral）服務的成本來收費；而暫時的法規則規定納稅義務人對某些列示於優良名單（good list）中的服務項目，或是那些在非關係企業間僅收取少於或等於全部成本加成7%的服務項目，可不加價並僅收取提供服務的成本。詳細的說明請參考本章第23到37節（1123-1137）。

　　此暫時的法規也強調「集團內部服務」和「提供服務時使用無形資產」兩者間的交互作用。暫時的法規舉出許多例子說明集團內部服務的提供者可能應賺取更多的收益，或者可以分得研發無形資產所得到的利潤（而這無形資產是由資產擁有人和服務提供者所共同發展出來的）。服務的提供和無形資產相結合的例子，包括研發以及在當地市場行銷的無形資產。

　　行銷的無形資產的發展可以葛蘭素公司（Glaxo Smith Kline Plc，Glaxo） 乙案為代表。2006年9月，IRS發布此案的正式決定。雙方達成的協議是葛蘭素同意支付IRS將近34億美金。根據IRS表示，英國跨國企業「葛蘭素」所生產的藥品主要的價值來自於美國關聯企業的當地市場行銷活動的努力，非來自於英國葛蘭素的研發活動。IRS的立場是，其研發之獨特特性可以解釋其創新市場之成功，但是，隨後成功進入市場主要是因為美國關係企業的努力。因此，IRS聲稱葛蘭素的美國關係企業向葛蘭素的收費太低。

　　再者，IRS提出行銷的無形資產、商標以及已存在之商號名稱，在經濟上係由美國關係企業所擁有。因此，IRS將葛蘭素美國關係企業支付母公司之移轉價格，調整為委託加工製造成本並計算加成，以及減少美國關係企業因銷售產品所支付給葛蘭素之權利金。為了強調美國關係

企業的貢獻增加了無形資產的價值，IRS採用剩餘利潤分割法，此法使得多數的集團利潤被分配在美國關係企業上。

觀察上述葛蘭素的案例以及暫時的法規對適用市場無形資產的分析，IRS提出的看法可能隱含了未來將傾向於採用利潤分割法來分析市場服務所產生的價值。由於美國對此議題的重視，可能使得其他國家的稅務機關也採取同樣的觀點，來決定具行銷及配銷功能的公司的適當報酬，並特別針對那些沒有以合約約定此項議題的關係人交易稽查。跨國集團在美國或其他國家行銷與葛蘭素類似產品的公司，可能會面臨類似的衝擊，因此更應該隨時注意暫時法規的進度，及該法規葛蘭素案件的影響。

1113 可比較利潤法（Comparable Profits Method, CPM）

CPM可用來測試有形與無形資產的交易訂價是否符合常規交易原則。在運用此方法時，應考量受測個體及可比較對象間所執行的功能、承擔之風險及資源之運用。

1114 利潤分割法（Profit-Split Method, PSM）

利潤分割法是稅法中所提及可用來測試有形與無形資產之移轉是否符合常規交易原則的方法。然而，法規特別強調可比較交易，是為了限制利潤分割法被運用在不常見的情況下，即納稅義務人交易的相關事實使其無法在其他計價方法下取得足夠的可比較未受控制資料。利潤分割法適用於當交易雙方皆擁有有價值的非例行性的無形資產（non-valuable routine intangible assets）。

稅法所規定的利潤分割法有下列兩種（1）可比較利潤分割法

（comparable profit-split method），參考兩個未受控納稅義務人彼此交易之合併營業利潤，以比較在類似的交易中兩個受控納稅義務人之合併營業利潤，或（2）剩餘利潤分割法（residual profit-split method），首先運用任何其他可用的計價方法分配例行性活動的所得，然後根據各方對無形資產貢獻的相對價值來分配剩餘所得。在現行稅法中，沒有規定其他可用的利潤分割法（雖然必要時亦可採用其他稅法未指定的利潤分割法）。

成本分攤（Cost-Sharing）

1115 美國成本分攤法規

　　成本分攤的一般原則已於第5章討論過。美國現行的成本分攤法規「1995成本分攤法規」）是在1995年頒布，並於1996年1月1日起開始生效。新提議的成本分攤草案（Proposed Regulation）在2005年8月29日頒布，並於2008年12月31日公佈成本分攤暫時性法規（Temporary and Proposed Regulation），自2009年1月5日起生效。1995年成本分攤法規、2005年成本分攤草案與2009年暫時性法規對於在美國使用成本分攤方法提供了詳盡的規則，包括：

　　（1）准許非關係企業參與成本分攤協議，並且在決定成本分攤協議是否符合新法規的主要規定時，排除這些非關係企業；

　　（2）定義由成本分攤協議涵蓋的「無形資產發展範圍」，包含所有與無形資產發展（development）有關的活動，而且這些都是實際依據成本分攤協議的條件進行的；

(3) 准許參與成本分攤的企業花在研發成本上的比例可根據任何因素來衡量，只要該因素能合理反映出該企業利用成本分攤協議開發無形資產可獲得的預期利益比例（涵蓋無形資產）；

(4) 准許運用估算的方式來預估預期收益，前提是預計收益和實際收益的差距不得超過20%；

(5) 規定在成本分攤協議下，任何經IRS調整的成本分配，必須分配在成本發生的年度；

(6) 在決定「買進」（buy-in）、「買斷」（buy-out）的支付款時，不適用避風港法則（safe harbor rules），但若成本分攤協議所涵蓋之無形資產可提供給其他企業使用的情況下，可有限制的適用避風港法則；

(7) 成本分攤協議不會被視為合夥關係，而外國企業單純參與成本分攤也不會因此就被視為在美國從事貿易或商務（trade or business）；

除了說明1995年美國最終的成本分攤法規外，以下的章節將說明2005年成本分攤草案及2009年暫時性法規所造成的顯著的影響。

1116 合格的成本分攤協議

要達成所謂的「合格的成本分攤協議」（qualified cost sharing arrangement, CSA），條件是該協議必須在成立時即以書面型式寫成。根據1995年美國成本分攤法規，書面合約的主要內容必須包括：

(1) 參與企業名單；

(2) 研發範疇的敘述（「無形資產發展範圍」）；

(3) 每家參與的企業從該合約所開發的無形資產所得到的利益

（「所涵蓋之無形資產」）；

(4) 決定每個參與之關係企業對無形資產開發成本的分攤比例的方法，而該比例係取決於可合理反映企業預期利益的因素；

(5) 協議的期間；

(6) 列出協議之開始日期及可以修訂或終止該協議的情況及相關後果；

(7) 為參與企業提供成本分攤的調整法規，以反映經濟情況或商業營運的重大改變。

2009年美國成本分攤暫時性法規規定了同期文件需以書面紀錄，且在適用該成本分攤協議第一筆無形資產發展成本發生後的60天內，所有的參與者需在該文件紀錄完成簽名及簽署日期。此外，2009年美國成本分攤暫時性法規亦要求合約應列示所有上述除了第（5）項外的所有項目。最後，2009年美國成本分攤暫時性法規要求下列項目應包含於合約中：

(1) 列舉在成本分攤協議中，各受控參與企業的功能及風險；

(2) 列舉所有依據成本分攤協議下應當分攤之無形資產發展成本；

(3) 具體說明受控參與企業必須使用一致之會計方法來決定無形資產發展成本，及按2005年成本分攤草案的規定，合理的分攤預期利潤，且必須使用一致的基礎來轉換外幣金額；

(4) 要求受控參與企業簽訂成本分攤協議，且該協議需涵蓋所有規定於2009年美國成本分攤暫時性法規中的無形資產發展成本；

(5) 要求受控參與者在適用的情況下，參與涵蓋所有外部貢獻的平台貢獻交易（platform contribution transactions，PCTs）。

(6) 列於現存協議中各PCT之付款方式。

若一關係企業僅根據契約向成本分攤協議中一個或多個參與企業提供研發服務，但並未取得該無形資產之利益，那麼該關係企業就可以不必被視為該成本分攤協議中的參與企業。然而，提供委託研發服務的企業必須向參與成本分攤的企業收取包括機會成本在內的常規交易服務費。參與企業所支付的委託研發服務費用，包括任何利潤加價，都必須包含在成本分攤協議下的研發成本中。 原先在1995年的成本分攤法規中要求成本分攤參與者必須使用或合理的預期會使用在成本分攤協議中所涵蓋的無形資產於「主動的貿易或商業行為」中。這項規定後來被放寬，僅規定參與企業必須合理預期企業會因使用所涵蓋的無形資產而受益。這個規定放寬了所涵蓋的無形資產授權給第三者開發的可能性。這個觀點一直以來被建議應該重新檢視，以回應「刪除主動的商業活動的要求已導致納稅義務人過度安排租稅天堂公司在成本分攤協議的架構中」的主張。

然而在2009年美國成本分攤暫時性法規中，並沒有對「合格的參與者」的定義所作任何改變。

1117 成本分攤：無形資產發展範圍以及相關成本

1995年的成本分攤法規中，對無形資產發展成本提供了較具彈性的定義。無形資產開發成本係指所有實際依照成本分攤協議條件進行的相關活動的成本。所涵蓋之無形資產可能包括在成本分攤協議開始時無法預見的無形資產。

一個參與者的研發成本包括自己所實際發生的所有研發成本，加上支付給其他參與者的分攤成本，減去自其他參與企業收取的分攤成本。成本包括所有營業費用但不包括折舊和攤銷（例如廣告、促銷、銷售、

行銷、倉儲和配銷與行政管理費用等）。無形資產開發成本包括使用有形資產之成本（不包含於上述營業費用），但不包括使用受控參與企業所擁有的有形資產的成本，或任何可供成本分攤協議使用的無形資產。

將酬勞性「股票選擇權」（stock options）當作應分攤之成本的作法已成為爭議性的問題，IRS對這個議題的注意是因為美國有愈來愈多高科技公司以股票做為服務提供者的報酬。在2003年定案的規定中，IRS規定酬勞性質的股票選擇權（亦即員工報酬費用的部分）是在成本分攤協議中必須由關係企業分攤的成本。

這項規定已引起許多納稅義務人和專業執業人員的強烈反應。納稅義務人和專業執業人員擔心，外國的稅捐機關可能會採取不一致的立場，因為用股票選擇權作為服務的報酬在目前只是美國特有的現象。股票選擇權的價值如何決定也是一個問題，因為可用來決定價值的方法有很多種，而且決定報酬價值的時間（即可當費用扣抵時點）和服務提供者實際提供服務的時間可能不一致。這些問題無疑地反映出很大數額的影響：將酬勞性質的股票選擇權成本由美國公司分攤至外國關係企業將增加美國公司的課稅所得額。因IRS法令上述成本分攤的規定使目前有許多的案件正在稅務法庭審理。在2005年美國的一個判例中，法院主張公司不需將酬勞性質的股票選擇權成本包含在成本分攤協議的費用中。然而，在本書撰寫期間，IRS正向法院提起上訴。

1118 成本分攤：合理預期利益的決定

如果已有成本分攤協議，IRS在審核時可能不會對有關無形資產之所得或費用進行分配，除非參與成本分攤協議的企業在書面成本分攤協議中所分配的研發成本比例，與其從協議中所涵蓋之無形資產所獲得

的合理預期利益比例不同。從這個角度來看，從無形資產所獲得的利益，代表參與成本分攤的企業可因使用無形資產而創造所得或節省成本。此外，參與成本分攤的企業之合理預期利益是指其所使用之無形資產，在使用期間內創造出來的利益總和。

參與成本分攤之關係企業在研發成本上所分攤的比例及預期利益的比例，僅參考其他參與成本分攤之關係企業的可分配成本和預期利益來決定。分配給參與成本分攤的非關係企業之成本及所產生的利益是不列入考量的。

合理預期利益是用最可靠的衡量方法，來估算所涵蓋之無形資產可創造的利益。預期利益的估算可直接參考未來將創造的額外所得或節省的成本，也可間接參考其他因素，例如產量、銷售數量、銷售額、營業利潤，或利用其他與額外所得及成本節省有合理關聯的衡量方法。衡量預期利益的標準對所有參與成本分攤的關係企業應保持一致，通常也必須持續使用同一衡量標準。

然而，必要時也可進行調整，以反映參與企業的活動因使用所涵蓋的無形資產於時間經過產生的重大改變。

若有兩個或兩個以上可以用來衡量合理的預期利益的方法，那麼為了決定最可靠的衡量方法，應將可獲得資料以及分析中所使用的假設的完整性與正確性納入考量。如果兩個衡量標準的可靠度相當，則可選擇任一方法來衡量，IRS也不得根據兩個衡量標準之間的差異，逕行調整成本分攤協議下研發成本的分攤方式。

現行法令係依據「最適常規交易方法原則」來決定採用適當的方法，以測試關係企業間有形與無形資產移轉之常規交易特性。據此，現行法令對於成本分攤協議的成本分配允許有較大的彈性。

現行法令對選用適當的間接基礎來衡量預期的利益，並沒有提供許多意見。原則上，選用的基礎必須與使用無形資產所產生的利益有關。因此，如果每個參與成本分攤之關係企業每產品單位淨利的增加或虧損的降低相類似，那麼生產數量或銷售數量也許可作為預期利益的可靠衡量標準。例如參與企業在類似的經濟情況下，生產與銷售幾乎同質的產品便可引用上述的基礎。相同的，如果使用之無形資產的成本與所創造的收入沒有明顯關聯，或者是使用無形資產的主要效果是增加收益且不增加成本，那麼銷售收入也許可以做為預期利益之可靠衡量標準。不過除非每個參與成本分攤的企業所處的市場水準相當，否則銷售收入便不是預期利益之可靠衡量標準。如果營業利潤主要來自於無形資產之使用，或每個參與成本分攤企業使用無形資產獲得的利潤比例相當，那麼營業利潤可能就是可靠的預期利益衡量標準。當無形資產是參與企業商業活動的一部分，而且每個參與企業使用該無形資產所獲得的邊際利潤相當，則營業利潤便可做為可靠的衡量標準。

決定成本分攤協議中所涵蓋之無形資產的合理預期利益必須基於可靠的預測。一般而言，預測中應包括從研發活動開始，到研發活動之利益實現這段時間的決定。此外，預測中還應包括逐年對所涵蓋之無形資產所創造的利益做評估。如果參與成本分攤協議的企業之預期利益不會隨時間經過產生大幅度的變化，則目前的年度利益即可做為未來利益的可靠衡量。然而，如果相關企業參與成本分攤協議獲得利益的時間有顯著差異，就有必要計算折現值，以決定參與企業所獲得之利潤的比例。

在成本分攤協議下，若參與企業之間的預計利益比例與實際利益比例有顯著的差距時，這可能表示使用的預測並不可靠。但若每個參與之關係企業的差距不超過其預期利益比例的20%，則該利益比例預測就不

會被視為不可靠。此外，如果預計利益比例與實際利益比例之間的差異，乃肇因於參與企業無法控制的特殊事件，則該利益比例預測也不會被視為不可靠。

20%的法則適用於每個參與企業。因此，如果有一參與企業無法通過20%的測試，即使其他參與企業都通過測試，IRS仍可進行成本比例的調整。此外，如果預期利益的衡量標準並非根據最可靠的方法，那麼20%的安全港或特殊事件的發生都不能保證可以避免IRS對成本比例的調整。

為了決定實際與預期利益比例之間的差距，所有參與之非美國關係企業都必須集合起來，視為單一參與企業處理。只有在參與成本分攤的美國關係企業進行符合成本比例分配之調整，或者外國參與成本分攤的企業實際與預測利益比例的差異，使得在美國繳交的所得稅負大幅降低時，IRS才會根據不可靠的預測，對外國參與成本分攤企業的成本比例進行調整。

2009年的美國成本分攤暫時性法規對1995年美國的成本分攤法規再次澄清一些技術上的疑義，並確認新的專業術語及法令架構。2009年美國成本分攤暫時性法規，如同在1995年成本分攤法規中所隱喻的，指出為了決定任何時點的合理預期利益分配比率，必須預估運用應分攤成本的無形資產的整個時期的合理預期利益，包括過去和未來，並且必須能即時更新，適當的反映現況並考量目前可得最可靠的有關過去及預測未來結果的資訊。

1119 美國內地稅局對參與成本分攤的美國企業進行成本比例調整

　　IRS通常不會對合格的成本分攤協議進行移轉訂價的調整，除非有必要且為了使每個參與成本分攤的關係企業所負擔的無形資產開發成本比例與其因無形資產而獲得的合理預期利益比例相當（這類調整通常不會構成視為無形資產的移轉）。任何這類的調整必須反映在成本重新分配的年度。此外，當參與成本分攤企業被要求支付予另一參與成本分攤企業相關應分攤的成本時，IRS可能進行適當的計算以反映該筆成本的常規交易利息。

　　如果在一段時間過後，實際經濟狀況與成本分攤協議書中的內容產生差異，IRS可能會按各參與成本分攤協議的企業的實際執行情況擬制一個成本分攤協議，此情況會發生於例如若有某個參與成本分攤之關係企業總是負擔過高或過低比例的無形資產開發成本，因該項情況可能會被視為無形資產的利益移轉。

　　2009年美國成本分攤暫時性法規規定，依據與所得相稱原則，納稅義務人不得定期調整，但取代的，通常是由稅務審查員被授權可以進行調整與成本分攤協議有關之受控交易，以使交易結果符合常規交易原則。

　　基於上述，稅務審查員可能會對成本分攤協議進行一些適當的調整，以使無形資產開發成本分攤與合理預期利益分配一致。這些調整包括了增加或刪除無形資產開發成本、重新分配無形資產開發活動與其他商業活動的成本、增進所採用計算利益基礎的信賴度或計算合理分攤利益預測因素的可靠程度、以及將未分配區域的利益分攤予各受控交易參與者。若受控參與人所承擔之成本並沒有與其預計分配到之利益相當，稅務審查員是被允許擬制一個與受控交易參與者所遵循及執行內容一致的合約。

1120 成本分攤：買進或買斷費用（Buy-in／Buy-out Payments）

　　成本分攤協議中的參與企業，因支付了無形資產的開發費用，而取得相對的無形資產的利益，除此之外通常不需支付其他費用。如果某一參與企業將其原先擁有之無形資產提供予其他參與企業，或於成本分攤協議中使用。在此情況下，其他每個參與企業都必須支付無形資產之買進費用（buy-in payments）。同樣地，如果一新參與成本分攤的關係企業參加已存在的成本分攤協議，並取得該協議所涵蓋的無形資產的利益，則新加入的參與企業必須向每個參與之關係企業支付買進費用，因該新企業從其他參與企業取得利益。最後，如果參與成本分攤之關係企業對該協議所涵蓋之無形資產的相對利益發生變化，則所有利潤增加的參與企業都必須支付買進費用。買進費用可以是一次付清、分期付款，或採持續的權利金給付。

　　買進費用金額必須假設在常規交易下，相當於來自一非關係企業無形資產移轉之金額。1995年的成本分攤法規沒有提供安全港規定，以決定買進或買斷費用之金額，而是依賴s.482最後版本中對無形資產移轉所提供的方法。最近IRS在一項無法律約束力之內部規定中，對無形資產之估價方式考慮採用剩餘估價法（residual valuation method），即是以納稅義務人的股票在美國股票市場所具有的價值（股票市值），減去納稅義務人的有形資產、行銷無形資產和其他製造無形資產等部分的價值後，剩餘的金額作為無形資產的價值。這個方法引發很多納稅義務人和專業執業人員的討論，因為1990年末期美國的網路股和高科技股股價非常高。雖然這類型美國公司之股票市價已有下跌，但如果此法被

採用，這個計價法可能會導致無形資產的價值非常高，因此買進費用也將會成為龐大的支出。

如果參與成本分攤之關係企業退出成本分攤協議，因而將其在某無形資產上所能獲得之利益讓渡出來，在此情況下，只有在一個或一個以上的其他參與企業之利益增加時，才需要支付給讓渡無形資產的企業買斷費用（buy-out payments）。因此，當參與成本分攤的企業放棄特定的地理區域的權利時，除非其餘的參與企業預計開始在該區域經營事業，否則不需要支付該企業買斷費用。

2009年美國成本分攤暫時性法規提案，將「買進」的付款視同平台貢獻交易（platform contribution transactions，PCTs），並且將與PCT相關的無形資產的定義擴大到潛在的勞力、商機以及商譽等。在這個新的定義之下，有經驗的研究團隊的貢獻可能要求適當的買進付款為報酬。此外，2005年美國成本分攤草案擴張了所需的權利移轉，目的是要消除當時有限的權利的移轉可能導致較低的PCT的爭議。因此，根據這些提案草案，PCT的支付必須說明無形資產移轉的排他性、永久性以及地域權。最後，2005年美國成本分攤法規認為當任何已分攤權利成本的參與者移轉現存的「製造或銷售」權時，一個較低的PCT是不被允許的。另外，2005年美國成本分攤提案提出了「投資人模式」（Investor Model）的方法，即PCT收取的金額必須與依據成本分攤協議每一個受控參與者開發無形資產成本的總淨投資是能被合理的預期將賺取適當的報酬率且該報酬率相當於一個合理的貼現率的假設一致。

在決定PCT付款的評價時，2009年美國成本分攤暫時性法規共列舉了下列5種適用評估PCT是否符合常規交易的方法，即可比較未受控交易法（Comparable Uncontrolled Transaction Method）、所得法（Income

Method）、取得價格法（Acquisition Price Method）、市場資本化法（Market Capitalization Method）及剩餘利潤分割法（Residual Profit Split Method）。依據該提案，當只有一個參與者對開發及運用成本分攤協議下的無形資產，提供了非經常性的貢獻時，剩餘利潤分割法不適用。

　　在2007年9月27日，IRS藉由頒布協調爭議白皮書（Coordinate Issue Paper，LMSB-04-0907-62），提出對所有產業與成本分攤協議有關聯的買進付款（或者PCTs），以重申對2005年美國成本分攤草案的立場。該白皮書的目的在實地協調所有成本分攤協議（CSAs）的審查。

1121 成本分攤：行政規定

　　參與成本分攤之關係企業必須保存必要的文件資料，以得知成本分攤協議下發生的無形資產開發成本總額，以及每個參與企業的成本分攤比例是如何決定的。該文件必須於IRS提出要求30天內提供。此外，參與成本分攤協議的關係企業須在申報美國所得稅時，附上聲明書，說明其為成本分攤協議的參與企業，並列出所有其他相關的參與企業。如果參與成本分攤的企業不需申報美國所得稅，則該聲明書必須附在其所申報的表格5471（資訊申報書-美國人持有特定外國公司的相關資訊）或表格5472（資訊申報書-25%的股權為外國公司擁有的美國公司或外國公司在美從事貿易或商業之申報書）中。

　　在2009年成本分攤暫時性法規提案下，受控參與企業如有成本分攤協議則必須及時地更新以及保存足夠的文件，以符合在成本分攤法規提案中所特別提出的10個要求，即：

　　（1）辨別受控參與企業所發展之成本分攤或試圖根據成本分攤協議發展無形資產；

（2）建立每個受控參與企業合理的預期利益；

（3）描述在成本分攤協議下每個參與企業所承擔的功能以及風險；

（4）提供每個參與企業的商業部門概覽，包含經濟分析以及影響成本分攤協議與PCT訂價的法律因素；

（5）為成本分攤協議下之每一應稅年度，建立受控參與企業之無形資產發展成本金額。包括了所有無形資產發展成本歸屬於股權基礎之報酬；

（6）描述預計成本分攤協議存續的每一年中，每一個受控參與企業所預期利益分攤之合理方法，其中包含了所有估計利益之推測、所有合理預期的利益分攤的最新消息、以及解釋為何此方法被選取，且為何此方法提供估計合理預期利益分攤最可靠的方式；

（7）描述所有外部之貢獻；

（8）描述每個PCT或每群組PCT之參考交易；

（9）詳細指明在每個PCT或者一群PCTs付款之形式；以及

（10）描述並且解釋決定因PCT產生之常規交易付款方法，包含：

　　（a）解釋為何所選用的方法構成衡量常規交易之最適方法；

　　（b）發展以及選擇最適合方法所倚賴之經濟分析、數據及預測，包括了數據來源以及使用之預測（projections used）；

　　（c）每一個被考慮過之方法以及其不被選擇之理由；

　　（d）在成本分攤協議生效後，任何受控參與企業取得可以幫助決定受控參與者選擇的方法以及被合理應用的數據。

（e）用來評估每個PCT下的應付款的貼現率，並證實採用的貼現率與該法規提案所規定的原則一致；

（f）估計每個應支付PCTs日期的任何外部貢獻的常規交易價格；

（g）討論某些交易應該或不應彙集為同類交易的理由；

（h）付款方法的形式以及從付款方法的形式轉換成特定的付款形式；

（i）若適用的話，受控參與企業的集團加權平均資金成本。

為了符合文件的要求，每個受控參與企業必須依據2009年成本分攤暫時性法規，當新的成本分攤協議適用時，第一筆無形資產開發成本發生的90天內，呈交「受控參與企業聲明第1.482-7成本分攤協議」之後，在成本分攤協議期間內，每個受控參與企業必須於美國稅申報書或表格5471的Schedule M或表格5472或表格8856後附上原成本分攤協議聲明書副本以及變更計畫表。

1122 成本分攤提案彙總

第1115節到1121節討論了舊的法規、2009年美國成本分攤暫時性法規可能造成的重大潛在影響。此暫時性法規反映了IRS以及財政部對舊條文中對成本分攤協議允許過度彈性的關注，並且改進了政府認為支付予原成本分攤協議中貢獻無形資產的美國企業之買進價金太低的問題。

總結來說，2009年美國成本分攤暫時性法規包含了5個明確的評價方法，提供IRS（非提供予納稅義務人）在新的與所得相稱原則的觀念下，決定並調整常規交易的買進金額以及未來的評價。未來，成本分攤

協議可能必須依據不重疊的地理區域，或各參與人對所發展無形資產的可使用範圍，提供任何情況的部門的成本分攤。買進價格可能會以投資人模型來衡量，並強調對成本分攤協議參與者可行的實際替代方案。買進支付可能須考量與該成本分攤活動相關的外部貢獻，包含了事先已存在或取得之無形資產的貢獻，例如目前可用人力的貢獻、服務或其他類似項目的預期貢獻。然而，買進付款的計算並不包含移轉權力予製造者或銷售現有產品，因該交易必須適用目前移轉訂價法規有關無形資產移轉的相關規定來評價。

目前許多的成本分攤協議可能需要被修改以符合新的法令規定，且現存之成本分攤協議下所約定之買進付款，在新法規生效後，可能須修改以符合新的「可實行替代」原則（realistic alternatives principle）。

服務法規

1123 美國之服務法規

現存之美國服務法規頒布於1968年，當中包含了成本安全避風港法規以及以成本來決定價格相關規定。在2003年9月10日，IRS提出了處理受控服務交易的新的法規提案，其中包含了新的成本法──「簡化成本基礎法」（Simplified Cost Based Method，SCBM），引進分攤服務協議，並要求以股權為基礎之報酬應被包含在全部的服務成本中。

2006年8月4日IRS頒布了新的「暫行的服務法規」（Temporary and Proposed Services Regulations），以回應經營企業者對2003年提案之回饋及反應。該法規於2006年12月31日以後的課稅年度生效。若所有暫

行的法規可以運用於納稅義務人所有的課稅年度，則納稅義務人可以選擇適用該法規，並且追溯適用自2003年9月10日開始以後的課稅年度。

1124 服務成本法 （Services cost method）

2006年的法規引進新的訂價方法「服務成本法」（Services Cost Method，SCM），取代之前的「簡化成本基礎法」（SCBM）。於2007年1月16日，IRS發布了2007-5號公告，延後服務成本法的適用生效開始日一年，即適用自2008年1月1日開始之課稅年度。納稅義務人採用服務成本法必須表明使用此方法之目的，且須有關此服務成本發生到結束之詳細紀錄。這些紀錄須包含所有參與之企業（亦即服務提供者與收受者）以及分配成本的方法。

2007年1月16日發布的Rev. Proc 2007-13號公告，將優良的清單（the "good list"）擴張成超過100種低利潤適合採用服務成本法之服務，即可以成本來收取服務報酬而不需加價（mark up）。而沒有列示於優良清單上之服務，若經執行利潤指標分析後，可比較樣本成本加價率的常規交易區間的中位數低於7%（即低利潤服務），則可適用服務成本法。然而，服務成本法是可以由納稅義務人選擇是否採用的，即使納稅義務人提供列於清單上之服務，仍可選擇採取加價法來訂價。

除了清單上之服務以及低利潤服務之外，納稅義務人同時必須遵守商業裁量法規（Business Judgment Rule），此法規自2006年12月31日後之課稅年度生效。該法規要求納稅義務人推斷提供之服務並不會對主要的競爭優勢、核心功能、或使服務提供者或接受者或兩者在一個或多個交易中成功或失敗有顯著的影響。因此，在過渡期間（2007年1月1日到2007年12月31日）納稅義務人可繼續申請成本避風港以聯結商業裁

量法，但以股權為基礎的報酬應包含在總成本中。

此法規同時也特別地提到不能使用服務成本法之服務，這些服務如下：

- 製造
- 生產
- 萃取、探勘或加工自然資源
- 建築
- 轉售、配銷、銷售或採購代理人、或佣金代理商、或類似研發或實驗活動的安排；金融交易，包含擔保
- 保險或再保險

1125 利潤分割法（Profit split method）

新的暫行法規修改了利潤分割法的規定，要求在分配剩餘利潤時，應基於非例行性之貢獻而非基於對無形資產之貢獻。IRS定義非例行性的貢獻為「無法由經濟分析來決定」的利潤。新的暫行法規意圖釐清利潤分割法對規定於Treas. Reg.1.482-9T（g）（1）的高價值服務的應用，即認為利潤分割法通常是用在牽涉到許多受控納稅義務人的非例行性貢獻。暫行法規刪除了「高價值」以及「高度整合交易」的觀念，且「經常性」的交易並不意味著「低價值」。非例行性貢獻包括了不能以經濟分析來決定利潤之服務（例如政府合約、名譽、某商業領域之成功業績）。

1126 契約式協議以及內含的無形資產（Contractual arrangement and embedded intangibles）

在分析涉及無形資產之交易時，暫行法規保留了強調法律擁有者之重要性的觀念。當無形資產被內含於受控服務交易時，其經濟實質必須與契約內容一致。該經濟實質必須符合常規交易原則。

1127 無形資產的所有權（Ownership of intangibles）

暫行法規頒布了關於無形資產擁有者的新指導原則。為了移轉訂價之目的，受法律保護之擁有者為法定擁有者。然而，在不受法律保護之無形資產個案，其擁有者為對該無形資產有「實務上控制」之個體。當法定擁有者之觀點與「經濟實質」不相符時，這些法規可能不被考慮。暫行法規不考慮多人同時擁有單一無形資產之可能性，此觀念存在於目前法規中的「發展者－協助者」（developer-assister）之規定。

1128 利益測試（Benefit test）

哪些活動會被視為對服務接受者產生利益的條件在暫行法規中已有修訂。這些情況為：

（1）如果這個活動係直接或預期會因為合理且可辨識之價值而提升收受人之商業地位，或；

（2）如果一未受控的納稅義務人在可比較的情況下會願意付給另一未受控個體相同之價格，或服務接受者若無接受該服務時，需為自己執行相同或相似之活動。

有關被動性關聯(Passive Association)，暫行法規聲明若利益是導因於受控納稅義務人為受控集團之成員，則服務接受者會被視為沒有獲得利益。

若一受控納稅義務人執行的活動與另一受控納稅義務人為自己之目

的所執行或預期會執行之活動重複，該活動通常不被視為對接受者產生利益，除非該活動提供接受者額外的利益。暫行法規說明了若重複性的活動降低了與該交易相關的商業風險則應視為產生利益之活動。

1129 轉嫁成本（Pass-through costs）

暫行法規進一步釐清有關轉嫁（pass-through）外部成本而未加價的相關法規。此情況一般適用於受控服務提供者的成本顯著包含了未受控企業的費用。暫行法規允許第三者的成本（若該成本很重大）被評估為不須包含在服務交易的成本中。

1130 被動相關的利益（Passive association benefits）

受控納稅義務人的利益來自於身為受控集團一員的受控地位，一般不會被認為獲得利益。然而，為了評估受控交易與非受控交易的可比較性，受控納稅義務人在受控集團中的地位可能會被考慮。

1131 管理工作及股東活動（Stewardship and shareholder activities）

暫行法規將對「利益」的定義之焦點從服務提供者轉移到服務接受者，以符合OECD指導方針。

暫行法規將股東活動定義為「單獨影響 」而非「主要影響」的活動，即股東活動主要係保護服務提供者對服務接受者或其他受控關係企業的資本投資，或使服務提供者能遵循申報、法律或是法令特別對服務提供者的要求規定。這些股東活動不應對集團其他成員收取費用。例如：

（1）準備及申報公開的財務報告；及

（2）內部審計活動。

管理工作活動被定義為某一受控集團成員的活動使該集團另一成員受益。這些服務成本應分攤予集團其他成員並且加價收取費用。例如：

(1) 公司重整之相關費用（包括給付予外部律師事務所以及投資銀行之費用），可依據利益測試結果來收費；

(2) 在暫行法規下，IRS可能要求美國之跨國企業向海外關係企業收取提供集中性的集團服務費用；

(3) 受控集團之日常管理活動則係明白地被排除在股東費用外，因為暫行法規並不認為該費用係為了保護服務提供者的資本投資。

1132 股權為基礎的報酬（Stock-based compensation）

IRS已經釐清了以股權為基礎之報酬必須包含在總服務成本中。在可比較分析中，暫行法規指出當考量以股權為基礎的報酬後，發現可比較公司與測試個體間有重大差異，且該差異會影響常規交易結果時，應調整可比較公司的財務資訊，以增加可比較性。這些調整可能影響到測試個體及（或）可比較公司的總服務成本。暫行法規提供了當考量以股權為基礎的報酬時，測試個體及可比較對象之總服務成本以及營業收入應如何調整之範例。

暫行法規並沒有指出計算授予日（grant date）到執行日間溢價（spread-at-exercise）的最適計算報酬的方法，然而，暫行法規提出之範例傾向於採用授予日的價值作為以股權為基礎的報酬。

1133 服務成本分攤協議（Shared services arrangements）

　　暫行法規提出服務成本分攤協議（Shared Services Arrangements ,SSAs）之指導方針，說明服務成本分攤協議適用於那些符合服務成本法（SCM）之服務（即不需要受到加價規範的服務）。成本係依據每個參與者合理預期從該服務獲得的利益來分攤。納稅義務人需保存文件憑證並說明在該成本分攤協議下，欲適用服務成本法之意圖。

1134 金融擔保（Financial guarantees）

　　金融擔保服務被視為不適合使用服務成本法之服務，因為在暫行法規中，金融擔保之法規要求其報酬須合乎常規交易。

1135 契約關係（Contractual relationships）

　　暫行法規試圖澄清IRS何時會依據經濟實質來認定契約關係。在暫行法規中的舉例說明了關係人間契約條文之經濟實質如何被實現，即使由IRS決定的成本加價比率落於常規交易區間外。然而，由納稅義務人決定之成本加成報酬百分比落在常規交易區間外，IRS可能歸因於契約關係。但是IRS對於落於常規交易範圍多少之外才構成所謂的重大偏差，現在則是不明確的。

1136 附帶條件的付款（Contingent payments）

　　暫行法規排除了必須考慮在可比較狀況下，未受控納稅義務人如被委任相似交易時，是否會收取附加費用的觀點。在現有的條文中反而強調經濟實質原則。換言之，受控企業間特定的安排是否具有實質，並非

決定於是否與非受控個體間之安排一致。

1137 文件需求（Documentation requirements）

暫行法規並不要求納稅義務人在稅務申報前備妥文件。然而，在稅務申報後才準備文件並不能排除可能之罰款若IRS不同意其使用之方法。

在過渡期間，IRS提供納稅義務人減輕罰款的方法，即需盡其合理的努力遵守新規定。

美國稅法的處罰制度

1138 罰則規定（The final penalty regulations）

IRS明確指出，處罰制度的目的是鼓勵納稅義務人盡其合理的努力，來決定並記錄其關係企業之間移轉訂價的常規交易本質。稅法對合理努力之標準提供了一些詮釋。

現行法令規定，如果申報的移轉價格為常規交易價格的200%或以上，或為常規交易價格的50%或以下，導致短繳應納稅款（tax underpayment），IRS將處以20%的交易性罰款（transactional penalty）且該罰款不可作為稅務抵減。如果申報的移轉價格為常規交易價格的400%或以上，或為常規交易價格的25%或以下，則處罰將增至40%。符合這些處罰門檻範圍時，除非納稅義務人證明其在決定申報移轉價格時有合理的原因而且是誠實申報，否則將受到處罰。

如果短繳稅款現象是肇因於課稅所得的淨增加，而該淨增加是因為淨移轉訂價調整超過500萬美元或總收入的10%（兩者中較小者），則現行法令也將課以20%的淨調整罰款（net adjustment penalty）。如果淨

移轉訂價調整超過2,000萬美元或總收入的20%，則罰款比例將提高到40%。符合這些處罰門檻範圍時，唯一能避免罰金的方法是納稅義務人能夠說明，其有合理基礎相信其移轉訂價方法可達成常規交易的結果，而且報稅時已有支持納稅義務人移轉訂價方法的分析文件，並在IRS的要求下於30天內呈報。現行移轉訂價法令的一個基本焦點是納稅義務人必須達到法令所規定的文件要求，才能避免淨移轉訂價調整的罰款。

　　不論是交易性罰款（transactional penalty）抑或移轉訂價淨調整罰款（net adjustment penalty），短繳稅款是否歸因於非常規交易移轉訂價乃決定於納稅申報書的申報內容，不論申報內容是否與納稅義務人帳冊和紀錄上的原有交易價格相符。在IRS向納稅義務人要求稽查原有的申報書內容以前，納稅義務人可利用更正後的納稅申報書修正原有申報書的錯誤。美國的移轉訂價罰款不是所謂的「無過失」罰款（no fault penalty）。即使最後IRS決定納稅義務人的移轉訂價並非常規交易價格，而且交易價格也超過交易性罰款或淨調整罰款所規定的範圍，但如果納稅義務人可以說明，根據可得的資料，有合理的基礎相信其移轉訂價之常規交易特性分析是最可靠的，且其達到最終版本的新法令中的所有文件要求，那麼該納稅義務人便不會遭受處罰。

　　美國的主管機關已明確指出，移轉訂價罰金並不能因為與他國簽訂租稅協定（以避免雙重課稅）而可以協商。

1139 合理性測試（The reasonableness test）

　　如果納稅義務人選擇並合理地運用移轉訂價法令中允許的移轉訂價方法，那麼該納稅義務人對其移轉訂價的常規交易分析就會被視為合理。為了顯示移轉訂價方法的選擇與應用是合理的，納稅義務人必須運

用「最適常規交易方法原則」，並合理的評估運用其他稅法所允許的計價方法之可能性。如果納稅義務人選擇稅法中未規定的移轉訂價方法，就必須說明其有合理的理由相信稅法提及的方法都不可能提供可信賴的用以衡量常規交易的結果，且其所選用的未於移轉訂價法規提及的方法，可提供可信賴的衡量常規交易區間的結果。

現行法令明定，在運用「最適常規交易方法原則」時，一般而言沒有必要對所有可能適用的計價方法進行全面的分析。法令指出，在大多數情況下，納稅義務人可取得的資料本身便可清楚顯示某一特定的計價方法，是否能提供可靠的衡量常規交易的結果。因此，除非特殊或複雜的狀況，否則沒有必要對多種移轉訂價方法進行詳盡的分析。

現行法令指出，在決定納稅義務人對移轉訂價方法的選擇與運用是否合理時，有下列7個因素需要考量：

(1) 納稅義務人及其關係企業的經驗與知識；

(2) 正確資料是否可以取得，以及納稅義務人對資料的搜尋是否全面；

(3) 納稅義務人遵守移轉訂價相關法令的程度；

(4) 納稅義務人依賴合格專業人士所製作的分析或研究的程度；

(5) 納稅義務人是否任意地尋求制訂出常規交易價格區間內極端的移轉價格；

(6) 納稅義務人依賴適用於上一納稅年度的預先訂價協議的程度，或依賴IRS審查上一年度相同交易時，所允許的特定計價方法的程度；

(7) 移轉訂價調整數的大小相對於關係企業間之交易規模。

於決定應投入多大努力以取得資料作為移轉訂價分析的基礎時，納

稅義務人應衡量進一步蒐集資料所須發生的成本，與發現改進分析可靠性資料的機率。納稅義務人不被要求在課稅年度後繼續蒐尋相關資料，但應依規定保存在年度後申報前取得的收關資料。

1140 對同期紀錄文件的要求（The contemporaneous documentation requirement）

為了避免遭到移轉訂價的處罰，納稅義務人必須保有充分的文書資料，證明其在可取得的資料中能做出合理結論，決定其選擇及採用的計價方法能提供最可靠的常規交易衡量，並且必須在IRS提出要求的30天內，將受審查的納稅年度相關文書資料提供給IRS。

最近IRS中大型企業處的主管公告指示，IRS將提高30天法則的執行，且會採行標準作業以要求稅務外勤人員於開始調查具有重大關係企業交易的納稅義務人時，應要求於30天內提示同期紀錄文件。

法令並未要求納稅義務人於IRS發出要求前即提供資料，1993年暫行法規中要求於所得稅申報表中揭露採用未規定的訂價方法、利潤分割法及對購買無形資產採一次總額給付的規定，在最終法規中並未被納入。因此，就這件事情上，美國法規較其他國家（如加拿大及澳洲）來的寬鬆。然而，相反地，應注意美國IRS對有關成本分攤協議（cost-sharing arrangement）在所得稅申報的揭露要求。

1141 主要文件（Principal documents）

為了符合書面資料要求的規定，下列主要文件必須在申報所得稅時就準備妥當，而且必須正確完整地描述納稅義務人所進行的基本移轉訂價分析：

(1) 納稅義務人之企業綜覽，包括影響移轉訂價之經濟和法律因素的分析；

(2) 納稅義務人組織架構的描述，包括組織圖，其中必須包括所有從事潛在相關交易的關係企業；

(3) 移轉訂價法令所特別規定的文件；

(4) 對所採用之計價方法的描述，以及說明選用該法的理由；

(5) 列入考慮的其他替代方法的敘述，以及不予以採用的理由；

(6) 受控交易的敘述，包括銷售條件、以及用來分析這些交易的任何內部資料；

(7) 可比較未受控交易或對象的敘述，可比較性是如何衡量，以及對於可比較性做了那些調整（若有的話）；

(8) 對於適用所選擇的移轉訂價方法時所根據的經濟分析與預測提出說明。

除上述文件外，納稅義務人還必須額外的保存下列主要文件，並在30天內呈交給IRS，但在申報所得稅時不必先行備妥：

(1) 納稅義務人在納稅年度結束後、報稅前所取得的任何相關資料的描述，這些資料在決定納稅義務人選擇及採用其移轉訂價方法是否合理時將有所幫助；及

(2) 與移轉訂價分析有關的主要文件與背景文件的總索引，以及這些文件分類和存取紀錄系統的說明。

1142 背景文件（Background documents）

背景文件是用來支持主要文件的所有必要文件，包括稅法s. 6038A中所列出的所有文件，其中涵蓋外國人擁有的美國公司所必須保有的資

訊。背景文件不必在IRS要求主要文件時提供，但若IRS另外要求提供背景文件，則須於30天內提出。

現行法令規定，在30天內向IRS提供文件的要求，只適用於審查該納稅年度之文件。IRS明確表示可能也會要求納稅義務人，提供未來各納稅年度的移轉訂價文件資料。但納稅義務人無須遵照30天內提出文件的規定，以避免可能的移轉訂價處罰。

1143 美國財務會計準則委員會（FASB）第48號公報（FIN 48）

美國財務會計準則委員會（FASB）發布了第48號公報—所得稅不確定事項的會計處理（FIN48）。該公報提供了一個廣泛的範例來解釋公司應如何決定及揭露已呈現的或預期將呈現於納稅申報書中的不確定的租稅處境（tax position）於其財務報表附註。目前有關適用所得稅法的指導方針非常的複雜而且有時模糊不清，因此在納稅申報書上呈現的特定處境（position）在未來是否會被認可（sustain）或是否有其他的稅款支付並不確定。由於對「不確定的稅務處境」的會計處理權威性的學術著作有限，因此在實務運作中產生了顯著的差異。這些會計上的差異使得稅務上不確定的準備（contingency reserves）成為人為操縱損益的工具，且公司提列的準備無法合理的比較，除非記錄租稅利益的標準被加強及標準化。

在FIN48之下，公司的財務報表將反映所有不確定稅務處境的預期未來租稅後果。FIN 48適用於2006年12月15日之後開始的會計年度。

稅務風險的估計應追溯及預測未來的情況。所得稅準備（tax reserves）應在稅捐機關對該稅務處境有充分的知識及充分了解相關事實的假設下被估計。每一個稅務處境應依據其特殊性質來估計，不能沖

銷（offset）或合併考慮，且須多方參照權威性的來源，包括著作、法規、解釋令、法院判決及過去行政的實務及判例。

　　FIN48的主要兩種原則為「認列」及「計算」。「認列」原則係指當稅捐機關基於他們的專業且不考慮是否察覺的機率下質疑該稅務處境時，該稅務處境仍可「能有機會」（more likely than not）被認可（sustain），則在不確定的稅務處境下的租稅利益可以被認列。至於「計算」，FIN48指示稅務不確定狀況下產生之利益，應使用「累計概率」的方法來計算，即對稅捐機關最後結案時大於50%以上會實現的租稅利益以最大金額計算。

　　由於移轉訂價為不確定的租稅重大來源之一，因此在發展稅務法規時必須考量。有關關係人交易的同期紀錄文件是不能充分的消除租稅風險的不確定性。通常，與移轉訂價相關之租稅不確定性與納稅義務人處於哪種稅務處境無關，而是與納稅義務人可要求的租稅利益有關。

稅務主管機關（Competent authority）

1144 2006年稅務稽徵程序（Revenue Procedure）

　　納稅義務人可能援引對某一主管稅捐機關的相互協議程序，當納稅義務人認為美國或與美國簽訂租稅協定國家的行動，造成租稅的課徵違背租稅協定的規定，除非租稅協定規定有相互協議程序法規，否則IRS並不會理會納稅義務人的這項請求，當相互協議程序無法被援用時，單方預先訂價協議的作業可能是較有利的作法。

　　納稅義務人可選擇要求主管機關的協助，而無須先檢視美國內地

稅務局訴願處（IRS Appeals Division）不同意的問題，有關問題亦可能被美國主管機關與IRS訴願處考慮，主管機關協議程序也可能延伸至解決以後課稅年度的類似問題。

在現行稅務稽徵程序下，即使已有租稅協定的規定，美國主管機關在某些情況下，仍可能不會受理納稅義務人的請求。其中一種情況是納稅義務人在尋求主管機關認可前已默認外國對重大法律或實際問題所作的有關調整。

1145 稅務主管機關的協助範圍

除了百慕達以外，所有美國所簽訂的租稅條約都包含「相互協議條款」（Mutual Agreement Article），即規定兩個簽約國的「主管機關」必須互相協商，以減少或消除雙重課稅的情形，當兩個國家對一家跨國企業或關係集團的同一筆所得，同時聲稱擁有課稅管轄權時，就會發生雙重課稅的情形。

美國租稅協定中的「相互協議條款」並未規定對等的外國稅務主管機關必須就特定案例達成消除雙重課稅的協定。相反地，這些條約只規定，兩國的稅務主管機關必須以公正不倚的態度來達成這類協定。因此，他們無法保證主管機關的協助必定能消除每件案例的雙重課稅問題。事實上，絕大多數的案例都是以達成避免雙重課稅的目的結案。

主管機關協商是一項政府對政府的過程，納稅義務人不得直接參與協商。然而，納稅義務人可以在主管機關的裁判程序中採取積極手段，就特定案例直接向各國政府表達其對事實、論點與舉證的看法。納稅義務人可以發展替代方案、並對他們的問題與相關議題做出回應，藉以促進兩國政府進行協商。

　　在移轉訂價的案例中，尋求主管機關豁免是最常見的解決方法。在這類案例中，一國對於關係企業間重新分配所得的方式，與另一國對相同交易的處置方式不同。在這類案例中，主管機關豁免的目的是在於避免雙重課稅，對於已分配在他國之所得，可相對減少在本國的課稅所得。在移轉訂價的案例中，美國主管機關以s. 482條規定為指導原則，但不需嚴格受限於這些規定，它可以將所有事實與情況列入考量，包括避免雙重課稅條約的目的。

1146 向稅務主管機關申請協助的時機

　　如果移轉訂價調整是IRS所發起的，則IRS將擬提出調整的金額以書面方式交由納稅義務人後，納稅義務人即可向外國的對等稅務主管機關遞交申請豁免的書面文件。在外國稅務主管機關發起調整的案例中，只要有可能造成雙重課稅的情形，即可申請美國稅務主管機關的協助。主管機關接獲納稅義務人申請後，可針對對方稅捐機關可能著重的議題給予一般性的處理原則。這些議題可能是所得的分配、扣除、抵減、相關人員的費用支出、收入的來源與屬性、及在租稅協定中特定詞句的意思及解讀。

1147 稅務主管機關：申請前及協定後會議（pre-filing and post-arrangement conferences）

　　美國稅收程序（Revenue Procedure）提供了申請前會議（pre-filing conference）的規定，在申請前會議中，納稅義務人可以討論獲得美國主管機關協助的實務議題以及能與國外租稅協定國有效溝通協調所應採取的行動。稅收程序也提供在兩國主管機關達成協議後的協定後會議

（post-agreement conference）規定，以討論所考慮問題的解決方案。稅收程序並未明確規定，在兩國稅務主管機關考慮相關議題的期間，是否可與納稅義務人舉行商討會議。目前在美國實務上，與租稅協定簽約國進行協商的期間，美國主管機關會和納稅義務人開會或溝通相關作法。

1148 稅務主管機關：小型案件程序

有關租稅調整與稅額核定的案件必須在特定金額以內，才可符合小型案件程序（small case procedure）的條件。若案件中的調整金額不超過100萬美金，企業可適用小型案件的處理程序。

1149 稅務主管機關：對法令限制之保護性措施

美國或他國法律的追訴時效規定或其他程序性障礙，可能會排除或限制稅務主管機關可提供協助的範圍。即使在美國與他國的租稅協定中並未明文規定，但美國的稅務主管機關一般會設法利用與他國之租稅協定來豁免因國內法所造成的程序性障礙。然而，並非所有美國的租稅協定簽約國會採取相同的作法。因此，尋求美國稅務主管機關協助的納稅義務人，必須儘可能採取必要的保護性措施，確保稅務主管機關所達成之協議，在執行上不會因簽約國國內法而造成行政、法律或程序上的障礙。

特別應注意的是，納稅義務人必須預防保護性措施在他國適用之時效過期。若一租稅協定簽約夥伴國拒絕參與稅務主管機關協商，或是在美國以外的國家因保護時效過期，而導致稅務主管機關無法執行協商的話，納稅義務人將無法及時採取保護性措施，進而使美國稅務主管機關認定，納稅義務人在申請國外稅額抵減時，並未善用稅務主管機關的補

救辦法。

一些美國所簽訂的租稅協定條文中包括依據稅務主管機關協商的結果，可以豁免或排除因抵減或退稅的程序性障礙，即使法令限制的保護條款時效已過。2006年稅收程序警告納稅義務人不要太依賴這些條款，因為各租稅協定簽約國會以不同的方式來解讀。稅務主管機關可以解決的議題，有時會受到條約的限制，而這些限制也是納稅義務人必須採取保護性措施的原因之一，以便確保稅務主管機關之協定能順利執行。

多數美國所簽訂的租稅協定條文中也包含了特定的時效限制，而這些特定的時效限制與國內的法令限制是分開的。例如美國與加拿大的租稅協定中要求當納稅義務人遇有美國（加拿大）租稅調整時，須於該租稅調整案例之課稅年度結束之日起6年內發出對加拿大（美國）之通知。從美國的觀點而言，在美國與加拿大之租稅協定要求下，於加拿大執行行政程序的補救措施後，納稅義務人可對稅務主管機關提出有關該租稅調整之請求或發出信函，請求保留納稅義務人可於稍後尋求稅務主管機關協助之權利，來完成通知加拿大此租稅調整之協調事項。若納稅義務人藉由發出信函保留其後續可尋求稅務主管機關協助之權利，則直到真正向稅務主管機關提出協助的要求前，納稅義務人需每年更新該信函，或者直到納稅義務人決定不需再保留其可於稍後尋求稅務主管機關協助之權利時，則不需每年更新該信函。

1150 稅務主管機關：單邊取消或減除美國所做出之移轉訂價調整

在IRS作成移轉訂價調整時，美國主管機關的主要目標是取得海外

租稅協定簽約國相對的租稅調整。因此，單邊的取消或降低美國所作出之調整，一般不會被美國主管機關所考慮。唯有在特殊情況下，美國主管機關才會考慮單邊豁免，以避免雙重課稅。

1151 稅務主管機關：移轉訂價調整後資金匯回之處理

1999年，美國頒布另外的稅收程序（Revenue Procedure 99-32），規定在移轉訂價調整後，納稅義務人所匯回美國的資金在一定額度內是免稅的。大致說來，其目的在於讓納稅義務人能夠移動資金，以反映在移轉訂價調整後議定的所得分配額。在牽涉租稅協定簽約國的案例中，美國主管機關先和租稅協定簽約國進行協調，然後再與該納稅義務人為結案議定。

這項稅收程序亦規定，納稅義務人必須設立一筆可應收帳款，這筆款項可能在無任何租稅後果（tax consequence）之情形下被清償，條件是這筆款項必須在最終協定生效的90天內支付，或是在調整年度的所得稅申報後90天內支付。在認列此應收帳款時，必須將下列各點列入考量：

（1） 此應收帳款未在90天內收現的話，其金額將被視為股利或資本挹注；

（2） 此應收帳款應計算常規交易利率；

（3） 此應收帳款被視為在移轉訂價調整年度的最後一天發生，且應收帳款未收現期間亦應計算利息並計入在相關年度所得內。

IRS在1999年前公布的稅收程序中規定，因移轉訂價的調整所作的現金付款（即前述應收帳款被清償）可用來沖抵（offset）先前支付的股利。在1999年的稅收程序中，納稅義務人因移轉訂價調整所作的現

金付款僅能沖抵（1）納稅義務人自行調整年度所支付的股利，且於按時申報所得稅申報書（或更正後的所得稅中報書）時提出沖抵的請求，或（2）與IRS達成調整協議年度的股利支出。在前者的情況中，股利被視為預付的應收帳款之本息（即視為該應收帳款之本息提前收現）。

然而，對於移轉訂價處罰已經成立的交易而言，1999年稅收程序的豁免辦法並不適用。實際上，對於無法維持同期文書資料以證實常規移轉訂價者，這項規定會課徵額外的稅金。

1152 利息與罰款

美國主管機關對於因移轉訂價調整所產生的罰款或補繳稅款所加計之利息並無權利豁免或得與租稅協定簽約國協商。

預先訂價協議（Advance Pricing Agreements，APAs）

1153 APAs：美國採行的程序

美國是第一個公布一套具有法律約束力的預先訂價協議程序的國家，藉由預先訂價協議把常規交易原則運用在公司間的移轉訂價上。在此程序下，納稅義務人提出一項移轉訂價方法（Transfer Pricing Method），並提供資料證明此移轉訂價方法是在法令規定下最好的方法；且可以就特定關係人交易中，判定納稅義務人與其關係企業交易之常規交易結果。IRS依照納稅義務人呈交的資料與其他相關資訊後，再審核預先訂價協議的申請。經過討論後，如果納稅義務人的預先訂價協議申請案件可以被稅局所接受，納稅義務人和IRS便可簽署一份書面協

議。

　　這些申請預先訂價協議程序中詳細載明了必須與申請書一起呈交給IRS的資料。申請預先訂價協議必須付費，收費標準是視納稅義務人的規模大小、以及申請案件的性質而定，目前的收費約在10,000至50,000美元之間。

　　在申請書中，納稅義務人必須提出及說明一組關鍵的假設（critical assumption）。關鍵假設的定義是「任何與納稅義務人、第三者、單一產業、公司狀況或經濟狀況相關的事實（無論是否在納稅義務人的控制之下），是納稅義務人所預計採用的移轉訂價法中不可欠缺的一部分。」。舉例而言，關鍵假設可能包括企業營運的特殊模式、特別的企業或公司結構、或是預期營業額的區間。

　　納稅義務人必須在協議有效期間提交年度報告，內容通常包括下列事項：

　　（1）移轉訂價方法在該年度實際營運上的應用

　　（2）說明任何與關鍵假設不符的情形

　　（3）分析由一企業給付另一企業的任何補償性調整，以及這些款項的支付方式

　　納稅義務人必須要為預先訂價協議，擬定相關適合的產業、產品或交易的起訖期限，並且必須註明此協議將自那一個課稅年度開始生效。在預先訂價協議涵蓋的第一個課稅年度中，提出預先訂價協議申請的時間，不得晚於聯邦所得稅的延長申報日期。

　　預先訂價協議保證，只要納稅義務人遵循預先訂價協議的條款與條件，IRS就會認定納稅義務人的移轉訂價結果符合常規交易原則。倘若有詐欺或不法行為發生，則預先訂價協議可在具追溯效力的情況下撤

銷；倘若有與事實不符的陳述、事實錯誤或疏漏、或者沒有真誠遵守協議內容，則此協議也將撤銷；倘若關鍵假設改變，則此協議就有可能必須修正。確實遵守此協議的條款與條件，仍有可能受IRS的稽查－不過稽查不包含移轉訂價方法的重新評定。

1154 溯及既往

納稅義務人在其與第三方之合約簽署前提出請求，並在取得IRS相關管轄區的同意下，預先訂價協議可往前追溯至較早期的課稅年度。對納稅義務人來說，這項有效的機制有助於其解決現有的稅務稽查議題。

1155 雙邊與單邊預先訂價協議－對稅務主管機關的衝擊

當納稅義務人和美國IRS簽署一份預先訂價協議時，美國主管機關在納稅義務人的要求下，嘗試與會受到協議中移轉訂價方法影響的租稅協定簽約國之稅務主管機關協商雙邊預先訂價協議。美國IRS向來鼓勵納稅義務人透過美國稅務主管機關來簽署這類的雙邊預先訂價協議。

倘若納稅義務人和美國IRS簽署單邊預先訂價協議，若此協議的交易涉及其他租稅協定簽約國，則該簽約國可能會接獲此納稅義務人向美國申請單邊預先訂價協議的通知。除此之外，倘若納稅義務人在遵循單邊預先訂價協議後，發生雙重課稅的情況，即可引用一般的稅務主管機關協議程序來處理。更重要的是，美國主管機關在嘗試與外國的主管機關協商解決方案時，可悖離預先訂價協議的條款與條件。然而，2006年稅收程序宣示一段措辭強烈的警告，指出「單邊預先訂價協議可能會阻礙美國主管機關達成豁免雙重課稅的相互協定，而雙邊或多邊預先訂價協議的訂立，將有助於此協議在簽約國皆有效且被相同對待」。

1156 適用小型企業納稅義務人的預先訂價協議與美國IRS主動提出的預先訂價協議

為了使所有的納稅義務人更容易運用預先訂價協議方案，美國IRS在1998年初發布一份公告，提出特別簡化的預先訂價協議程序，供小型企業納稅義務人（small business taxpayer, SBT）採用。此公告中規定，一家小型企業納稅義務人的定義是總所得少於兩億美元的任何美國納稅義務人。在簡化的預先訂價協議流程中，整個預先訂價協議的處理過程速度都已加快，效率也更高，而且美國IRS提供納稅義務人的協助，將比在處理標準版的預先訂價協議時還多。

為了使預先訂價協議流程更簡化有效率，美國IRS可能會允許特別的預先訂價協議申請也可採取較簡化的程序，即使該項申請並不完全符合「小型企業」的條件。

最近，美國IRS宣佈了一項計劃，鼓勵各區的稽查人員在發現預先訂價協議有助於加速問題的解決時，可建議納稅義務人提出這類申請。

1157 預先訂價協議之發展

預先訂價協議部門隨著其團隊對於特殊產業以及特殊議題之專精而越來越專門化並互相協調合作（諸如汽車、製藥以及醫療器材產業成本之分攤、金融產品以及半導體產品等議題）。預先訂價協議之期限也越來越嚴格。目前若納稅義務人與美國IRS同意完成預先訂價協議之完成日期後，但截至該完成日期仍尚未達成該協議時，雙方將須呈遞聯合報告（joint status report）來解釋為何延遲的原因並安排一個新的計畫，在未來3到6個月內結束此案（即第2目標日）。

如果美國IRS和納稅義務人沒有在第2個目標日前達成，新程序將會自動地安排雙方所有的重要人員會面。對其他已執行之預先訂價協議，納稅義務人被要求呈遞年度報告，以證明其對於協議中規定之條款及條件之遵循。納稅義務人現在也需要呈遞一份標準化預先訂價協議報告彙總，藉此展示出其重要資料，當作是預先訂價協議年度報告的一部分。

與OECD移轉訂價規範之比較

1158 最適方法原則

就如本章第5節（1105）中提及的，美國法規規定，在選擇訂價方法時必須採取「最適方法原則」（Best Method Rule）。OECD指導方針雖然並未明確指出必須使用最適方法原則，但它採用的也是相同的原則。根據OECD指導方針，納稅義務人所選擇的方法，必須要能提供常規交易價格的最佳估價，同時將下列各點列入考量：

（1）案件的事實與情況；

（2）各種可用的證據；

（3）經過考慮後，各種方法的相對可靠性。

1159 可比較性分析

美國法規與OECD指導方針都規定，在決定公司間交易的常規交易本質時，通常必須檢視該受控交易在美國法規下的「結果」（results）或OECD指導方針下所提及的「情況」（conditions）（在此兩種案例中，意指價格或利潤），然後再找出在可比較未受控交易中實際的結果或情況，然後對兩者進行比較。必須列入考量的可比較性因素包括執行

的功能、承擔的風險、契約條件與經濟條件、以及所移轉的財產或所提供的服務特性。在決定可比較程度時，必須以功能性分析為根據，以便確認受控制與未受控制的當事人在接受審查的交易中所表現的重要經濟功能、使用的資產、以及承擔的風險。

美國法規與OECD指導方針都允許在審查的受控交易中，使用不完全相同但「相似」的可比較資料。然而，如果將受控制與未受控交易之間的實際差異列入考量，而兩方差異之調整能有助於提高所選用訂價方法的結果的可靠性時，對於未受控交易必須採用合理且精確的調整。美國法規與OECD指導方針都明令禁止（expressly prohibit）使用未調整的產業平均收益，來建立常規交易結果。

在美國法規與OECD指導方針下有一項重要的可比較性因素，亦即受控集團內的風險分配。在這兩套規則下都必須列入考量的風險類型，包括市場風險、與財產/廠房/設備的投資與使用相關的損失風險、與研發成敗相關的風險、以及由匯率和利率變動等引起的財務風險。除此之外，在這兩套規則下究竟是那一方承擔了風險，部分是取決於實際執行的行為，以及其在管理與這些風險相關的商業活動時所深入的程度。

1160 市場滲透策略

OECD指導方針與美國法規都承認，市場滲透策略可能會影響移轉價格。這兩套規則都規定，倘若納稅義務人採取了這類商業策略，就必須證明下列事項：

（1）根據合理的預期，未來的利潤將能產生合理的報酬，以回饋實施此策略相關的成本；

（2）就該產業和產品而言，此策略已實行了一段合理的時間。

在市場滲透策略方面，OECD指導方針的限制通常比美國法規少，因為美國規定要呈交非常廣泛的事實與文書資料。

1161 常規交易區間

與美國法規一樣，OECD指導方針也規定，倘若納稅義務人的移轉訂價結果在常規交易區間內，則納稅義務人之移轉訂價結果不應該被作任何調整。OECD指導方針中並未明定建立常規交易區間的特定原則，但承認在可比較資料的結果之間會存有「實質差異」（substantial deviation），代表有些可比較資料的結果「可能不像其他的那麼可靠」，或是這些可比較資料的結果可能需要進行重大的調整。

1162 價格設定與結果評估——何者應為常規交易

美國法規的重點主要在於納稅義務人是否已將常規交易結果反映在美國納稅申報書中；至於納稅義務人用來訂定移轉訂價的實際方法與程序並不重要。然而，OECD指導方針的重點通常較少放在移轉訂價的結果上，而較著重於建立移轉價格時所採用的常規交易方法是否與未受控的當事人在協商價格時所採取的作法相類似。因此，OECD指導方針將主要重心置於納稅義務人在建立移轉訂價時已知道的要素（factors）。

1163 傳統交易法

在進行有形資產的移轉時，OECD指導方針偏好使用「傳統交易法」（Traditional Transaction Methods）來測試移轉訂價的常規交易性質。這些方法包括可比較未受控價格法、再售價格法及成本加價法。這些方法也都是美國法規中「明訂的方法」。

美國法規與OECD指導方針的重點都在於可比較未受控制價格法下的產品的可比較性，以及再售價格法與成本加價法下的功能可比較性。在這三種方法和這兩種法規下，可比較性調整（係指受控交易與非受控交易比較前的調整工作，藉此使可比較資料能有一致的比較基礎）也必須將營業費用、會計慣例、地理市場、商業經驗與管理效率列入考量。

在這些方法的理論觀念、應用方式、或在那些條件下它們可成為最適方法等方面，美國法規與OECD指導方針之間並沒有具體實質的差異。美國與OECD這兩種規定的差異僅在於確認可比較未受控交易的可適用性，以及合理取得充分可靠之可比較資料的可能性的評定方法不同而已。OECD指導方針認為，在一些案例中應用這些方法時，可能會遇到一些實際問題，而OECD指導方針則假設這類案例是例外情況。OECD指導方針的規定如下：

「在確認關係企業（associated enterprises）之間商業與金融關係的交易情況是否符合常規交易時，傳統交易法是最直接的方法。因此，傳統交易法優於其他方法。然而，實際的商業情況非常複雜，可能會在實際應用傳統交易法時造成困難。在此例外的情況下，無論是沒有可用資料，或是可用資料的品質不夠，以致於無法完全依賴、或根本無法依賴傳統交易法時，可能就必須評估是否可應用其他方法，以及該在那些情況下使用它們。」

根據美國的經驗，要確認未受控交易符合傳統交易法的可比較標準通常是很難的。這一點對美國法規和OECD指導方針來說，大體上都差不多。因此，在實務上無法應用這些傳統交易法，可能是很常見的事，而不是像OECD指導方針所假設的，只是例外而已。

1164 其他方法

在傳統交易法不適用時，美國法規和OECD指導方針都提供了其他的方法。依美國法規，納稅義務人可以採用可比較利潤法（CPM）或利潤分割法。在OECD指導方針下，納稅義務人可以使用利潤分割法或交易淨利潤法（Transactional Net Margin Method ，TNMM）。大部分案件中，可比較利潤法和交易淨利潤法是無法區別的。然而，美國法規強調可比較性的目的就在於企圖去限制利潤分割法用在那些例外的案例。在那些例外案例中，與納稅義務人交易有關的事實，使我們無法確認在其他方法下有那些充分可靠的可比較資料。相反地，OECD指導方針則偏好使用利潤分割法，勝過交易淨利潤法。

1165 交易淨利潤法（TNMM）

交易淨利潤法是在比較複雜程度較低且未擁有無形資產的關係企業的營業利潤的某個合適的基礎 （例如利潤率指標），與非關係企業間之營業利潤在適當基礎下的水準。因此，交易淨利潤法的操作規則和可比較利潤法大體上是相同的。這兩種方法都規定必須對適當的企業部門（business segment）進行分析，並採用一致的獲利標準和會計慣例。

OECD指導方針規定，交易淨利潤法必須依照交易原則來應用。這項規定的確實意義並不明確。要依照真正的交易原則來確認比較資料的淨邊際貢獻利益，通常是不可能的。而且在許多案例中，納稅義務人很難依照交易原則來確認他們的淨利潤。在任何情況下，交易淨利潤法的應用方法，似乎都與再售價格法及成本加價法相同，由於後者採取的通常是某一整體企業部門中整個課稅年度的總利潤，因此交易淨利潤法大

概也是一樣的應用方法。

因此，OECD指導方針並未禁止使用可比較利潤法。然而該指導方針的確規定只有以利潤為基礎的方法（例如可比較利潤法）和所謂的修正的再售價格法/成本加價法符合常規交易原則。

1166 無形資產

關於無形資產的處理方式，最近OECD公布了一個章節，討論與無形資產有關的交易，亦即討論在建立移轉訂價的常規交易原則時會遇到的特殊考量。OECD指導方針強調的是在無形資產價值發展的過程中，集團內不同成員的相對經濟貢獻度以及強調在關係企業間的交易中，該無形資產移轉後之使用權利。在行銷無形資產之價格訂定時這一點尤為真切。因此，OECD指導方針著重於無形資產的經濟所有權，而非法律所有權。

OECD指導方針並未藉由提供特定的可比較標準，來為無形資產的訂價提供重要的新指導原則。OECD指導方針跟美國法規類似，都規定無形資產的價格必須以下列各項考量為基礎：

(1) 集團內各方可獲取的預期利益；

(2) 先前以無形資產價格調整為主的協定或短期合約；

(3) 在無形資產交易中不確定成本或利益的分配，以及發生極端或意外情況而重新協商的可能性。

目前OECD唯一經過明確認可的訂價方法是可比較未受控價格法（CUP），它相當於美國法規中的可比較未受控交易法（CUT）。在很難應用交易法的情況下，OECD指導方針相當謹慎地核准使用利潤分割法或交易淨利潤法。但是，除了OECD偏好使用利潤分割法勝過交易淨

利潤法以外，其實此兩種方法所預期結果，都與在相同情況下，採行美國最佳方法原則的結果一致。

在美國移轉訂價法案之提案中，就無法律保護的無形資產而言，對無形資產所有權原則重新定義之相關條文可能會引起美國及與已採用OECD指導方針的租稅協定簽約國間之爭議。對於無形資產的「實際控制權」與「經濟實質」兩者之定義並不明確，將是引起可能爭議的主要原因。

1167 根據OECD指導方針進行的定期調整

美國法規中對達成常規交易的結果極為重視。美國法規中定期調整（periodic adjustments）的概念，跟OECD指導方針中闡述有關不宜用事後的事實來作調整依據的論據不合，所以容易造成爭議，而這些看法通常被視為對美國立場的批評。然而，OECD明確表示，稅捐機關有權稽查用來建立移轉訂價安排的預測準確度。此外，倘若這些移轉訂價協議的預測，經證實是不充分或不合理的，則稅捐機關也有權進行調整。

1168 服務

美國法規和OECD指導方針皆關注集團內一公司提供集團內另一公司服務時，該集團內一公司計算提供此服務所發生之成本後，向另一公司收取服務費是否依照常規交易原則。根據美國法規與OECD指導方針，計算提供該服務的成本時亦包括間接成本的合理分攤。

至於所收取服務費的常規交易訂價是否包括服務提供者的利潤，根據OECD指導方針的說明，利潤通常是服務成本的一部分。在常規交易中，一家獨立企業通常會將其欲賺取的利潤包含在向他方所收取的服務

費用中。

美國移轉訂價法案之提案（服務部份）企圖藉由消除「成本避風港方法」，使美國法規與OECD指導方針一致。然而，某些被視為「低利潤」服務的活動所規定的選擇性服務成本法使這個企圖部分無效。（詳1123至1137節）

1169 文件規定與罰則

OECD指導方針建議，納稅義務人應盡力建立移轉訂價以確認其移轉訂價結果符合常規交易原則。OECD也建議納稅義務人，在建立移轉訂價時，也要同時備妥記錄其建立移轉訂價之文書資料，如此才是謹慎的作法。OECD指導方針也提醒稅捐機關在要求納稅義務人提出文書資料時，必須考慮準備這些文書資料會對納稅義務人造成的成本與行政負擔，並應盡力使這兩者保持平衡。OECD指導方針也特別指出，納稅義務人提供足夠的紀錄及主動地準備文書資料會有助於加速稽查和解決相關的移轉訂價議題。

OECD指導方針中也指出，罰則為促進納稅義務人遵守相關移轉訂價法令規定的一合法方式。OECD指導方針鼓勵各會員國，以公平且不致於過度繁複的方式，來執行此罰則制度。

第12章　日本之移轉訂價介紹

1201 前言

　　日本從1986年起制定移轉訂價法令，且為最早制訂預先訂價協議（Advance Pricing Agreements，APAs）的國家之一。日本持續積極地發展移轉訂價措施，並累積了相當豐富的稅務經驗，而其投注於移轉訂價制度政策的資源也愈來愈多。到目前為止，許多依據移轉訂價調整所作的重大稅務核定，已引起大眾的重視。因此，日本的移轉訂價環境值得納稅義務人的高度關注。

1202 法令與相關規定

　　日本於1986年4月正式制定移轉訂價法令：「特別稅務措置法」（Special Taxation Measures Law），第66-4條（以下簡稱「移轉訂價稅法」）。為了實行移轉訂價稅法，相關內閣和部會也頒布命令，彙集成「特別稅務措置法執行命令」（Special Taxation Measures Law Enforcement Order），第39-12條，以及「特別稅務措置法行政命令」（Special Taxation Measures Law Ministerial Order），第22-10條。另外，日本國稅局（National Tax Agency，NTA）對移轉訂價法令和規則的詮釋及指導方針，則規定於2000年9月8日和2001年6月1日制訂的「特別稅務措置法基本公告」（Special Taxation Measures Law Basic Circulars）（分別簡稱「2000年9月公告」及「2001年6月公告」）。

日本是OECD會員國，而且積極參與1995年「OECD跨國企業移轉訂價指導方針」（以下簡稱「OECD指導方針」，OECD Transfer Pricing Guidelines for Multinational Enterprises）的起草工作。日本國稅局大力倡導「OECD指導方針」中的移轉訂價理論和實施方法，並予以落實在「2001年6月公告」中。實際上，日本對「OECD指導方針」的詮釋和執行，主要根據日本自己的移轉訂價法令和其獨特的政治及經濟脈絡的架構來進行。日本將OECD原則進行「在地化」的改良，使得OECD在日本的實施情況與其他法律管轄區下有顯著之不同。

雖然如此，日本的移轉訂價法令在精神上還是與「OECD指導方針」一致，皆是以常規交易原則為基礎。總結來說，日本的「移轉訂價稅法」規定企業（或其他法人）在銷售或購買貨物、提供服務，或與外國關係企業進行交易時，都必須根據常規交易原則。在申報公司稅時，如果日本稅捐機關認為該筆交易未遵守常規交易原則，該企業所銷售或購買的價格會被調整成與非關係人進行交易時的相同價格。可見日本稅法賦予稅捐機關莫大的權力得以重新計算移轉價格。

移轉訂價法令的架構

一般而言，移轉訂價法令適用於跨國交易的日本「法人」與「外國關聯法人」。有下列任一情形成立，則此兩法人將構成關係企業：

- 至少有50%的股權由同一人共同持有（Common ownership）
- 兩個體間具有「特殊關係」（Special relationship）

適用性

- 外國交易

一般而言，日本稅捐機關不擔心境內交易造成稅收減損，因為在日本境內的任何收入形式上的轉換，最終將會被課稅，因此，日本的移轉訂價法令只針對與外國關係企業間的交易進行規範。日本移轉訂價法適用於關係企業間之交易，無論交易對方是否為非日籍母公司或子公司。然而，移轉訂價法令並不適用於非日籍關係企業在日本境內設有常設機構所賺取之日本來源所得，因該日本來源所得仍將被日本政府課稅。

● 法人

移轉訂價法令適用於日本法人和外國法人間的跨國交易，法人包括公司、公益團體（例如協會或基金會）、合作協會（例如農業合作社或小企業合作協會）。而合夥組織、非法人型合資企業（unincorporated joint ventures）、非法人型協會（unincorporated associations）或個人則不適用移轉訂價法令。外國法人是指根據外國法令所設立的法人實體，其在日本沒有主要辦公處所。

移轉訂價法令未明確討論合夥組織的交易。一般認為因合夥人具有合夥利益，因此移轉訂價法令並不將合夥人視為關係人，但若交易發生在日本和外國納稅義務人之間，且符合「特殊關係」的檢驗標準者，某些合夥人的交易應被移轉訂價法令規範。

關係人的定義

下列任一情形成立則會被視為關係人：

● 至少有50%的股權被同一人共同持有
● 兩個體間具有「特殊關係」

50%共同持有的檢驗標準

如果具法人身分的納稅義務人直接或間接擁有

● 另一法人全部已發行股份總數（包括有表決權及無表決權），或

● 另一法人全部的出資額

因此，典型的外國母公司之日本子公司，或者日本母公司之外國子公司都符合此檢驗標準。另兩家兄弟公司個別對外發行股份總數（包括有表決權及無表決權）的50%或以上，是由同一個體所擁有，則此兩公司亦會被視為關係企業。

根據間接持股原則，如果第一家公司擁有第二家公司所發行股份之50%或以上，第二家公司所持有他家公司的股份，亦視同為第一家公司的間接持股股份，應計入50%門檻的計算。這種間接持股原則適用於透過前述的一家公司或甚至透過數個公司轉投資的情形。日本移轉訂價稅法對於合夥關係沒有明文規定，不過每個合夥人通常被視為個別擁有合夥關係之資產。因此，如果以公司股票的概念來看，每位合夥人所擁有合夥企業的股份數，相當於其在合夥關係中的擁有的股權比例。

在決定是否符合50%的檢驗標準時，家庭歸屬原則（Family attribution rules）亦是間接持股概念的應用。因此，在計算持股比例時，配偶的任何持股數皆應計入，而在某些情況下，甚至配偶家庭的持股數也應計入。

特殊關係的檢驗標準

在某些情況下若50%共同持有的檢驗標準無法成立，「特殊關係」的判定或許可適用。即縱使有時雙方無持股關係，「特殊關係」也可能構成關係企業的身分。「特殊關係」的情況包括：

(1) 公司中50%或以上的主管，現在是或曾經是另一家公司（目前

法令尚未明訂時間長短）的主管或員工；

(2) 代表公司的董事（representative director）現在是或曾經是另一家公司的員工或主管；

(3) 公司有相當比例的「營運交易」（operating transactions）與另一家公司有關（所謂的「營運交易」是指與公司主要營收來源有關的交易）；

(4) 公司營運必要的貸款（outstanding loans）中，有相當比例是由另一家公司所貸予或保證。

透過非關係企業所進行的交易

如果和外國關係企業之交易，是透過非關係企業來進行（presumably acting as a conduit），亦適用日本移轉訂價稅法的規範。此類法規所規範的交易是那些和非關係人之貿易公司所進行的交易。日本的貿易公司在促進貨物進出口上，扮演重要角色，他們是賣家和買家之間的中介橋樑。有些專家認為，這項規範是非常有必要的，因為日本有大幅比例的進出口業務是透過貿易公司來進行。

涵蓋的交易類型

移轉訂價法令涵蓋的交易類型包括有形資產的買賣和「其他交易」。日本稅法有意規範大方向，留給日本國稅局較彈性的解釋空間。

所謂「其他交易」包括：

● 來自有形資產的租金；

● 使用無形資產的權利金，或者銷售或購買無形資產的貸款或預支款項的利息；

● 關係企業之服務提供報酬。

日本移轉訂價稅法對於有形資產的交易，有詳細明文規定，而且要求「其他交易」亦需採用類似的方法來計價。此外，日本企業於年度報稅時，必須填寫表格17（3）（Schedule17（3）），其前身為表格16（4），此為公司年度納稅申報書的一部分，納稅義務人必須同時揭露相關之「其他交易」資料。（參見本章第5節1205）。

常規交易價格的決定方法

日本法令規定關係企業間必須根據常規交易價格來進行交易。雖然法令並未特別制訂常規交易價格的範圍或淨利潤值區間，以作為建立特定常規交易價格的標準；然而，之後所頒定的「2001年6月公告」已採用此兩種概念訂定移轉訂價方法，以作為日本國稅局人員稽查工作的例外查核。

存貨的買賣

對存貨的銷售或購買，日本法令提供下列方法決定常規交易價格：

（1）可比較未受控價格法

（2）再售價格法

（3）成本加價法，或

（4）如果無法使用上述方法，可以採用類似的

上述方法的其他合理方法，或者「特別稅務措置法執行命令」所規定的其他方法。

日本法令並未要求可比較未受控價格法、再售價格法或成本加價法適用的優先順序；當初在起草日本稅法時，立法委員認為不明訂適用順

序，將可以給企業更大彈性以找出在其特定產業或市場內，最符合常規交易原則的最適價格。

其他方法

「特別稅務措置法執行命令第39-12條」（簡稱「執行命令」第39-12條）原以利潤分割法（profit split method）作為「其他方法」類別中的唯一方法；而在2004年3月，日本政府發布修正，明文增訂交易淨利潤法（Transactional Net Margin Method，TNMM）為可接受的「其他方法」之一，並適用於會計年度自2004年4月1日開始之企業的移轉訂價案件，使得目前所謂的「其他方法」增加為四種方法，茲說明如下：

1. 利潤分割法（原「執行命令」所規範）：

採用利潤分割法時必須依據一個分攤基礎，並單一或合併考量與所採分攤基礎相關之因素，以計算分割的利潤：

（1）成本：如果採用來自損益科目的成本科目為分攤基礎，則可以下列成本的相對比例來分配利潤：

　　(a) 製造成本加上營業成本，或

　　(b) 人事成本加上相關設施成本

（2）資產：如果採用來自資產負債表中的資產科目為分攤基礎，則可以下列資產的相對比例來分配利潤：

　　(a) 營運資產；或

　　(b) 運用的資本

該注意的是，「執行命令」並不限定只能使用上述方法。其他因素如果能充分決定出每個企業對利潤的貢獻度，也可加以考慮，不過在實務運作上，若要為日本國稅局所接受，企業則需另提出合理的解

釋。「2000年9月公告」也允許使用「可比較利潤分割法」（comparable profit split method）以及「剩餘利潤分割法」（residual profit split method）。可比較利潤分割法是參考非關係企業間可比較交易的利潤分割比率（當可取得這類資料時），而據以將利潤分配給企業。如果進行受控交易的任一方擁有重要無形資產時，則可採用剩餘利潤分割法，採用此法時，首先應參考沒有重要無形資產的非受控交易的資訊，將例行性的利潤（routine profit）分配給交易雙方；而分配後剩餘的利潤則根據雙方擁有重要無形資產價值的比例，來進行分配。

2. 交易淨利潤法（TNMM；新增訂方法）：

在新增訂的交易淨利潤方法下，有3種方式可決定常規交易價格，包括：（1）交易淨利潤法之修正再售價格法（TNMM by Modified Resale Price）、（2）交易淨利潤法之全部成本加價法（TNMM by Full Cost Markup）、以及與（1）（2）相近的方式。

（1）交易淨利潤法之修正再售價格法：

關係人（進貨）交易價格＝企業再售價格－（企業再售價格×可比較交易的常規營業淨利率＋企業之銷管等營業費用）。

（2）交易淨利潤法之全部成本加價法：

關係人（銷售）交易價格＝企業全部成本（亦即銷貨成本加上銷管等營業費用）＋企業全部成本×「可比較交易的常規全部成本加價率」。

「可比較交易的常規全部成本加價率」＝可比較交易的營業淨利÷可比較交易的全部成本。

在交易淨利潤方法下，必須在關係人交易與其他交易之間，針對間接銷售管理等營業費用進行合理分攤，其分攤方式應顧及相關分攤費用

的性質以及分攤的內容，並採合理之分攤基礎，如：銷售額、銷售成本、資產價值以及服務員工人數等進行之。

其他交易

移轉訂價法令規定，銷售或購買存貨以外的交易，例如使用有形資產的租金，使用無形資產的權利金，或者銷售或購買無形資產的報酬、服務費，貸款或借款的利息，都可以使用類似可比較未受控價格法、再售價格法、成本加價法等方法。如果在特定狀況下，這些方法仍無法使用，就採取第4種（fourth method）或「其他」方法。「其他」方法就是如上所論之其他合理的方法。

至於關係企業間之服務費，2002年6月20日所更新的「2001年6月公告」（新段落2-10段）特別納入集團內服務的處理方式，主要還是重複OECD對集團內服務的立場（參見OECD指導方針第7章）。如果接受服務的公司未能由關係企業提供服務時，而須另從非關係企業取得服務，或者必須由自己執行，那麼相關支付給關係企業之服務費就能夠於稅上作為費用扣除。不過，母公司基於股東服務立場所提供的服務，則不能視為應給付報酬的服務，故此類報酬之支付於報稅時並不能作為費用減除。前述第2-10段的規定同樣也適用於日本母公司和外國母公司的跨國企業。此公告於2006年3月 20 日再次更新，本次更新加入內容包括成本貢獻安排 （ Cost Contribution Arrangements （CCAs） ） 及無形資產交易之處理準則。

1203 法律案例

日本目前還沒有移轉訂價相關的法院判例。不過日本稅捐機關所進

行過的一些稅務調整細節，以及企業與稅捐機關的爭議，已經被公開發表。最近比較受到關注的是對無形資產的支付款進行調整，以使其符合常規交易訂價，以及有形資產價格的調整。以下是發表過的一些案例。

● **2005—美林** （Merrill Lynch）

該公司在東京的三家分公司與其在美國及歐洲的關係企業間進行衍生性金融商品交易所產生之相關收益，未於日本認列合理之利潤，該項移轉訂價調整了達600億日圓之所得。

● **2006—東電化** （TDK）

TDK收到東京地區稅務局（Regional Tax Bureau, RTB）發出從會計年度結束日為2003年3月前5年的核定通知書，東京稅局對其與香港及菲律賓關係企業的電子零組件之關係人交易調整所得達213億日圓。

● **2006—三菱公司** （Mitsubishi Corporation）

三菱公司收到東京地區稅務局對結束日在2000年3月的會計年度的核定通知書，東京稅局對三菱公司與其澳洲關係企業間之交易核定增加課徵五億日圓的稅負。東京稅局也計畫核定以後6個年度的所得（直到結束日為2005年3月的會計年度），但目前僅先發出結束日為2000年3月的會計年度的核定通知書，因該年度的核課期間即將屆滿。三菱公司已經對這6年預先估列了234億日圓的所得調整。

● **2006—武田製藥** （Takeda Pharmaceutical Co., Ltd）

大阪地區稅務局對武田製藥將利潤留在關係企業TPA Pharmaceutical Products Inc.（TPA，為武田製藥與亞培藥廠各持有50%股權的子公司）作出6年的移轉訂價調整核定（從結束日在2005年3月的會計年度往前推共6個會計年度），因武田製藥銷售予TPA一種治療消化性潰瘍的藥（Prevacid）賺取了非常不合理的低毛利。該項移轉訂價調整增加了武

田製藥1,223億所得,為截至目前為止日本最大金額的調整案件。

● **2006─新力公司與新力電腦娛樂公司**（Sony Corporation （Sony） and Sony Computer Entertainment Inc （SCEI））

東京地區稅務局對新力電腦娛樂公司與其新力娛樂美國公司（Sony Entertainment America Inc.）間之關係人交易作出6年的移轉訂價調整核定（從結束日在2005年3月的會計年度往前推共6個會計年度），以及核定調整新力結束日在2004年3月及2005年3月的會計年度,其銷售與其海外子公司自行製造的CD及DVD產品的移轉訂價。該移轉訂價調整了744億日圓的所得。

1204 舉證責任 （Burden of Proof）

日本的法律制度將所有稅務的舉證責任交由政府承擔,因此移轉訂價稽查人員認為他們在審查的過程中必須取得較詳盡的可比較交易資訊,雖然稽查人員也同意,基於對納稅義務人資料保密的規定,這些資料理論上不能揭露給納稅義務人。此情形衍生出所謂的「秘密可比較對象」（secret comparables）的爭議。實務上在進行稽查時,納稅義務人應依法負有提供資訊的義務,而就審查管理的策略來說,想要隱瞞這類資訊,對納稅義務人來說可能不太有利。

1205 一般稅務查核程序

公司必須於每年度申報年度納稅申報書時附上表格17（3）,該表格記錄納稅義務人外國關係企業的詳細資料,以及與該外國關係企業的交易情形,包括每筆交易所採用的移轉訂價方法。稅捐機關會審查此表格並參考公司的財務報表和營運成果,以作為選案查核對象。

審查過程中，如有下列情況，日本國稅局會特別予以注意：

(1) 和外國關係企業的交易額度非常大；

(2) 原本已訂定的關係企業間價格、佣金和權利金訂價政策，事後修正並有圖利外國關係企業之可能；

(3) 企業利潤並未隨著主要產品市場的擴大而等比例增加，或者和可比較企業的課稅所得相較，不成比例；

(4) 銷售自外國關係企業所購買的產品出現虧損；

(5) 外國關係企業所賺取的利潤未合理反映其所執行的功能；

(6) 外國關係企業所執行的功能未被清楚定義；

(7) 權利金比率的計算基礎未被明確定義；及

(8) 企業和其外國關係企業間的所得分配方式，顯然不合理。

一般而言，日本公司和外商公司受到移轉訂價稽查的機率一樣大。

1206 擴大稽徵程序與移轉訂價調整

一旦鎖定稽查的對象，該地區稅務局即派出稽核專家親臨企業營業場所進行調查。

稅捐機關有權要求企業提供他們認為需要的資料，以便判定適當的移轉訂價。「2001年6月公告」詳列出稽查人員可能要求的文件種類，包括納稅義務人和其外國關係企業的帳冊、紀錄和其他文件；當稽查人員要求提示國外相關資料時，納稅義務人亦必須全力配合。一旦納稅義務人未在合理期限內提示決定常規交易價格的關鍵資料或國外相關資料時，稅捐機關得以任何法令所規定的方法（例如再售價格法或成本加價法），對納稅義務人與外國企業之關係人交易進行設算課稅所得；通常稅捐機關會以企業種類、規模和其他功能風險定位與稽查對象相類似

的可比較企業之毛利率來設算稽查對象額外的課稅所得。有關設算方法（imputed method）是指當納稅義務人拒絕提供重要相關資料供稅捐機關查核的最後方法，截至目前僅發生一案例。

1207 救濟的途徑（Recourse Options）

一旦收到核定通知書，有三種國內的救濟方法以及一種雙邊的救濟方法：

(1) 國內救濟途徑

  (a) 向所轄地區稅務局提出重新調查

  (b) 向國家稅務法庭（National Tax Tribunal）提出複查

  (c) 提出訴訟

(2) 雙邊的救濟係基於日本與其租稅協定國的稅捐機關間的雙邊協定

1208 補稅和罰款

未繳納的稅額需被加徵利息，其利息的計算最低為每年7.3%或是以上年度11月30日的官方優惠利率（2006年11月30日的利率為0.4%）加上4%（就2007年而言，合計的利率為4.4%）。白申報截止日起算，另從核定通知發出日起到實際繳納補稅款前，也需按該利率計算利息。若在核定通知發出日起3個月內，納稅義務人仍未繳納應補繳之稅款，則利率將增加為14.6%。該補稅之利息不得在申報公司所得稅時作為費用扣除。

在遭地區稅務局移轉訂價調整的情況下，凡是有短報課稅所得額之情事者，不管其理由為何，如納稅義務人係屬如期申報者，將依核定增

加之稅額處以10%到15%的罰鍰（在等同原申報稅額之金額內為10%，超出原申報稅額部分則為15%）。若納稅義務人逾期申報，則依全部核定增加之稅額處以15%的罰鍰。如果地區稅務局判定納稅義務人有故意逃稅之嫌，視其當初是否如期申報，另處35%或40% 的罰鍰。這些罰鍰均不得在申報公司所得稅時扣除。

　　自2007年4月1日起，若納稅義務人在收到移轉訂價核定後，提出雙邊協議程序的請求時，因該移轉訂價協定產生的應支付稅額及罰款可延期至雙邊協議程序完成，但納稅義務人應對該遞延的稅額提供擔保。另在遞延繳款期間不會被視為欠稅。

1209 稅捐機關可取得的資源

　　東京、大阪和其他地區稅務局都有移轉訂價稽核專家，負責執行調查。過去幾年內，日本國稅局透過監督和擴大稅務查驗範圍，強化移轉訂價的落實工作。日本國稅局提高稽查員的人數，也增設調查企業移轉訂價策略之辦公據點，希望能有效處理日益增加的移轉訂價案件和預先訂價協議的申請案件（參見本章第12節1212）。此外，日本國稅局也訓練員工如何在對日本企業進行稽核時，能有效辨識各類「警訊」（red-flag）以供擴大稽查。由於日本國稅局的態度愈趨強硬，加上其移轉訂價之處理經驗也愈益豐富嫻熟，使其對於不同產業之企業進行可觀的稅務核定，其中也包括製藥及醫療儀器等產業。

1210 可比較資料的使用及取得

　　日本稅捐機關一向非常嚴格地落實法令之執行，致使其一般係採以個別交易為基礎（或者以各產品線或各部門別為基礎）進行移轉訂價

之審查，並以其營業毛利（gross margin）而非以營業淨利（operating margin）作為稽查的基礎（依據日本之實務經驗觀之，即使以營業淨利為基礎的交易淨利潤法已於2004年正式公布，但可以預期的是日本國稅局仍將持續採以營業毛利為基礎的移轉訂價方法，如再售價格法等，作為審查時的主流方法）。雖然日本國稅局「2001年6月公告」提及在進行例外檢查時，營業淨利為移轉訂價利潤之判斷依據，然而實務上，稅局稽查人員仍是仰賴以營業毛利來建立常規之交易價格。

由於稅捐機關是逐筆審查個別關係人交易之移轉訂價，所以非常倚賴具有可比較程度之未受控交易資料。許多案件是透過對納稅義務人的競爭者進行稽查而取得之外部可比較未受控交易資料。「2001年6月公告」要求稽查員必須對納稅義務人解釋其所挑選秘密可比較對象之過程、可比較交易之內容，及其所使用的稅務調整方法（如果其計算結果和納稅義務人不同時）；不過受限於保密規定，稽查員所能向納稅義務人解釋之範圍往往受到限制，譬如由於秘密可比較對象之內容仍不得公開，故造成稽查時很大的困難。事實上，「秘密可比較對象」（secret comparables）正是目前日本移轉訂價制度下飽受爭議之問題之一。

1211 降低重複課稅之機制以及主管機關的處理程序

日本所有的租稅協定皆針對雙方締約國稅務主管機關之協談程序訂定有關之規範。日本國稅局中負責掌管「國際營運室」（Office of International Operations）及「相互協議程序室」（Office of Mutual Agreement Procedures）的秘書長（Commissioner's Secretariat）和「國際事務部」的次長（Deputy Commissioner for International Affairs），負責稅務主管機關之談判協商工作。

如果主管機關之談判結果，導致日本稅捐機關必須取消部分的移轉訂價調整，地區稅務局就會據以降低相關稅額，納稅義務人毋需再申請重新核定。這類稅額之降低亦會對地方稅收造成相對應之影響，這是由於日本的市及縣稅是決定於納稅義務人所繳納之公司稅額。

截至2007年6月30日止，日本政府進行中的「相互協議程序」（Mutual Agreement Procedures，MAP）共計有276件，其中與移轉計價有關者為250 件，約占整體相互協議程序件數之九成，而其中屬於雙邊預先訂價協議（Bilateral Advance Pricing Arrangement; BAPA）案件達191件，約達整體相互協議程序件數之七成；在2006年的會計年度間（自2006年7月初至2007年6月底止），日本國稅局收件的154件相互協議程序申請案中，與移轉訂價相關的案件即為140件，其中屬於雙邊預先訂價協議者達105件。比較近10年的統計資料，自1996年會計年度間，計有40件之相互協議程序申請案，其中雙邊預先訂價協議案件僅18件，10年來相互協議程序申請案件及雙邊預先訂價協議案件數分別增長了約4倍及6倍之多，預計未來仍將持續成長。另以雙邊預先訂價協議案件協商之對象區域別觀之，雖然與日本訂有雙邊預先訂價協議的國家仍以美國、澳洲及加拿大所占比例最高，近來與具備較少預先訂價協議經驗的亞洲國家所簽訂或進行中的雙邊預先訂價協議件數亦有增加的趨勢；以2006年的會計年度為例，日本國稅局所受理的雙邊預先訂價協議案中，件數最多者依序為美國、澳洲、中國。

跨國間稅務主管機關之協商過程中，最主要的困難點在於彼此對於決定常規交易價格所使用的移轉訂價方法等之稅務政策上的差異。例如小松企業（Komatsu）之美國與日本的雙邊預先訂價協議就是明顯例子，美國IRS傾向採用可比較利潤法而日本國稅局則偏好利潤分割法。

由於愈來愈多的移轉訂價評估案件無法在主管機關層次上獲得解決，所以日本國稅局現在鼓勵納稅義務人申請預先訂價協議。

1212 預先訂價協議（Advance pricing arrangements，APAs）

　　日本最早的預先訂價協議制度稱為「預先確認制」（pre-confirmation system，PCS），係在主要移轉訂價法源立法完成不久後，旋即於1987年4月間制訂。日本是最早為移轉訂價之目的而訂定預先訂價協議制度的國家之一。此後，預先訂價協議的歷程開始有了重大的發展，1999年10月日本國稅局公布正式的預先訂價協議程序公告，將既有的實務作業程序賦予了法源基礎。日後此公告未作大幅修正下直接納入「2001年6月公告」繼續遵行。

　　「2001年6月公告」強烈希望採取雙邊的預先訂價協議。根據預先訂價協議，納稅義務人必須向相關地區稅務局呈交決定常規交易價格所使用之移轉訂價方法和具體內容。地區稅務局會評估該移轉訂價方法等具體內容，若判定該方法適當即予同意、或必要時建議稍作修正。在協商持續的過程中，如果預先訂價協議係屬雙邊協議者，便需透過日本國稅局的「相互協議程序室」（Office of Mutual Agreement Procedures）進行協調，以與對方國家稅務主管機關達成共識。稅捐機關一旦接受納稅義務人所提交的移轉訂價方法，只要納稅義務人的稅務申報遵守日本國稅局所同意的移轉訂價方法，則地區稅務局即視其關係人交易之訂價已符合常規交易原則。「2001年6月公告」將「申請前置會議」（pre-filing conference）當成預先訂價協議申請過程之重要步驟。在正式的預先訂價協議申請作業中需要提供一套詳細而具體的支持文件，內容包括企業的功能分析、重大業務與經濟情況假設之說明、以及和非日本企業

進行交易時任何關於移轉訂價爭議之詳細情形。

過去納稅義務人應於預先訂價協議欲涵蓋年度的第1個會計年度的公司稅申報日前提出該預先訂價協議的申請，但日本國稅局於2008年10月發布了新的規定，要求納稅義務人應於預定訂價協議欲涵蓋的第一個會計年度開始之前提出申請；如屬於申請續約者，納稅義務人則需於該預先訂價協議欲涵蓋的第1個會計年度開始前提出申請。

原則上，經核准的預先訂價協議所涵蓋的期限為3年；然實務上申請人可於申請時提出建議不同的適用年限，通常可達5年，而稅局方面也多接受。日本國稅局為因應實務之需求，於2006年發布公告（Circular）正式訂定預先訂價協議的適用期間為3至5年。自2006年起，僅有雙邊預先訂價協議的情形下才可以申請追溯適用預先訂價協議的移轉訂價方法至以往年度，而單邊預先訂價協議已無此項申請之適用（所謂的追溯適用「Roll Back」是指經主管機關同意的移轉訂價方法可追溯至預先訂價協議生效前之期間適用）。

1987至1992年間，少有「預先確認制」（PCS）的申請案件，且其中僅少數的案件被核准。自1992年之後，全世界的移轉訂價法令有相當水準的發展（尤其是美國），日本國稅局為順應潮流，採取更積極立場推動雙邊預先訂價協議程序。截至2007年6月30日止，共計有598件的雙邊預先訂價協議案提出申請，其中已完成協議之雙邊或多邊預先訂價協議約計超過407件。以下為預先訂價協議部份案例之介紹：

● 日本的蘋果電腦（Apple Computer）是第1個取得日本國稅局和美國IRS雙邊預先訂價協議的美國企業。日本當地蘋果個人電腦的銷售利潤率，是根據日本國稅局和IRS相互同意的利潤率計算。

● 松下電器公司（Matsushita Electric Industrial Co.）是第1個取得日

本國稅局和美國IRS雙邊預先訂價協議的日本企業。

● 小松公司（Komatsu Ltd）則是第2個取得日本國稅局和美國IRS雙邊預先訂價協議的日本母公司企業。其預先訂價協議是以「雙重」方法（a hybrid method）制訂，結合了美國偏好之可比較利潤法和日本傾向之利潤分割法。目前認為這種方法是「特例」，無法供未來引用。

● 日本可口可樂（Coca-Cola）公司在其權利金支付之移轉訂價案件核定後，隨即完成日本國稅局（NTA）和美國內地稅局（IRS）雙邊預先訂價協議案件。

● 2005年，日本與中國的第1個雙邊預先訂價協議案協商完成。

● 2007年，自2005年3月提出申請的日本與德國雙邊預先訂價協議案，歷時約兩年半達成協議，主要是針對關係人間有形資產銷售的移轉訂價進行預先訂價協商。

1213 OECD議題

日本是OECD會員國。

1214 法令和實務的未來發展

2006年3月20日，針對2001的指令（Directive）日本國稅局頒布了新增修訂條文；另2007年6月25日再次針對該2001的指令發布了2007年移轉訂價指導方針（2007 Guidelines，以下簡稱2007指導方針），不論是2001指令本身新增條文或是相關的指導方針，其主要目的係作為日本國稅局稽核人員在進行移轉訂價稅務稽查以及受理預先訂價協議時的作業指導；而就納稅義務人而言，該相關法令之發布可用以窺

知日本國稅局最新的稽核重點以及相關議題的處理態度。其中2006年3月20日的新增條文主要係對無形資產以及成本貢獻安排提出規範，茲就其重點列示如下：

無形資產的相關評價

（1）當衡量無形資產對營業利潤的貢獻價值時，除專利、營業秘密等傳統無形資產外，亦應考量藉由員工智能、系統（systems）、作業程序（processes）、人脈網絡（networks）所創造的相關無形資產。

（2）當評價無形資產的授權交易時，除法定所有權外，該無形資產的創造、發展與維護的相關成本亦應一併考量。然而企業雖承擔了上述成本，但相較於另一企業就該無形資產具有相關之決策權、服務提供或風險管理等功能而言，後者就該資產的相對貢獻可能更大。

（3）在一般常規交易原則下，縱使無形資產的使用實際上沒有相對的權利金報酬，稽核人員也應視該交易為一需負擔權利金之交易，設算應付權利金。

成本貢獻安排有關規範

成本貢獻安排一向非日本國稅局的稽核重點且相關的實務經驗十分有限。在本次新增條文中將成本貢獻安排納入，提供稽核人員較為明確的作業規範。

（1）成本貢獻安排係關係企業間發展特定無形資產有關成本分攤之協議，依據未來各企業預期可享有利益的相對比例（例如

預期之獲利增加或成本節省），決定應承擔共同創造該無形資產的相對成本。值得注意的是，此次日本新增的成本貢獻安排相關條文，僅規範有關無形資產成本貢獻安排的建立，與OECD的概念不同。

（2）明確規範與外國關係企業間的成本貢獻安排係屬於移轉訂價法令規範下的關係人交易，必須依據常規交易基礎進行。

（3）稅務人員在稽核成本貢獻安排關係人交易時，應考量合約的交易範圍、如何取得相對利益、相關的成本分攤方式、以及加入或退出協議時有關給付額的計算。在協議之前已存在無形資產的情況下，其所有權人是否應獲得其他參與人的報償、以及該相關報償是否符合常規交易等亦應一併考量。

（4）明訂稅務人員在稽核成本貢獻安排時，納稅義務人的應備文件。

此外，根據2007指導方針的主要方向彙整如下：

擴大無形資產的定義

將可提供企業發展、銷售、籌資等之有關產製流程、議價程序、以及商業脈絡等足以建立企業無形價值之項目擴大定義為無形資產。

明確規範預先訂價協議申請案件應提示的文件

以往即使法令規範了申請預先訂價協議的應備文件，但其實務執行上並不夠嚴謹，例如申請人即使未事先準備好外國關係企業的財務資料，也不太影響到申請案件的流程。在2007指導方針中則明確指出，一旦申請人的資料未備齊時，包含未提供外國關係企業之有關資料時，日本國稅局將不受理該預先訂價協議案件。

預先訂價協議案件的內容應與經濟實質面一致

2007指導方針明確點出預先訂價協議的申請案件應有經濟實質面的支持，亦即申請適用預先訂價協議的交易，其關係人間的交易合約內容應與交易經濟實質及功能風險分析相一致，否則申請案件將遭否准。此外，企業在進行組織架構重整時，如有無形資產的移轉、企業間功能風險的改變、或人力資源的調度等，應存在合理的對價支付。

在日本國稅局2007年度的稅務改革議題中，關於移轉訂價的重大決策彙列如下：

移轉訂價調整應補稅額之繳納給予寬限期

自2007年4月1日起，凡仍在相互協議程序進行中的移轉訂價調整應補稅額案件，納稅義務人可申請延後稅款的繳納期至該相互協議程序審理完成。其目的在減輕納稅義務人因雙重課稅所造成的負擔。

簡化申請前置會議的流程

日本國稅局將促使預先訂價協議之「申請前置會議」的流程更加便捷簡化，並擴編負責預先訂價協議案件審核之相關人事，期足以應付未來更多的預先訂價協議申請案件。

廣納建言修法與新案例發布

2007年6月間日本國稅局藉由廣徵各界意見以修改相關移轉訂價法令，以期增加納稅義務人的租稅可預測性並進一步宣示相關法令的管理機制。同時，也建立並發布一系列關於移轉訂價相關議題的處理案例，供社會大眾參考。

第13章　荷蘭之移轉訂價介紹

1301 前言

荷蘭從2002年1月1日起開始實施移轉訂價法令。此法令的改革，除了提供具體的移轉訂價規則之外，也透過落實移轉訂價的文件規定，將舉證責任從稅捐機關轉移到納稅義務人。新的法令主要根據OECD移轉訂價指導方針制定而成，另外做了一些修正，以符合荷蘭的企業狀況。

過去的移轉訂價爭議多半透過稅捐機關和納稅義務人之間的非正式協調來解決，因此相關的判例寥寥無幾。跨國企業得有心理準備，其移轉訂價已經遭受愈來愈多質疑。因此，新的文件規定會迫使企業更加注重其移轉訂價政策之制定。

1302 法令規定

2002年1月1日之前，荷蘭的稅務法令並沒有涵蓋明確的移轉訂價條文。不過「個人所得稅法」（Personal Income Tax Act）和「公司所得稅法」（Corporate Income Tax Act）中利潤決定的通則，也是採常規交易原則的精神。「個人所得稅法」的相關條文（2001年新法第3.8章）規定，如果交易價格不符合一般的市場行情，該筆交易的所得和費用會從荷蘭的納稅義務人所申報之課稅利潤中剔除，該規定也可應用於企業。

2002年1月1日起，荷蘭「公司所得稅法」第8b章明確規定移轉訂價條款。

該章節內容與OECD租稅範本（Model Tax Convention）第9章大致相同。

荷蘭新稅法的基本特色如下：

● 納入常規交易原則規定。

● 擴大關係企業間有關「控制」（control）的概念，以使移轉訂價法令的應用範圍更加擴大，也就是說，直接或間接參與另一家企業之資本、管理或監督，只要對相關企業間的交易價格產生足夠影響就可視為「控制」。法令並未對控制和影響的程度具體量化，只要交易發生於一方得以控制另一方，或者雙方隸屬於相同控制權時，就可適用新稅務法令。

● 必須保存文據資料，以便證明移轉訂價符合常規交易原則，以及說明該價格的決定過程。

嚴格的文件規定，隱含納稅義務人最好在集團內交易發生時，就準備好所有相關文件和證據，這種作法比較謹慎而且具成本效益，不過稅捐機關還是允許納稅義務人在稅捐機關要求提出移轉訂價文件的4週內回應，若納稅義務人涉及特別複雜之交易，得於3個月內回應。

如果因為關係企業其交易不符合常規交易原則，使荷蘭集團公司所申報之課稅所得短少的話，稅捐機關就會將其所得往上調整。在特定情況下，所短報之所得可能會被視為隱藏的紅利分配，適用股利扣繳稅款。

荷蘭集團公司若因關係人非常規交易而申報超額盈餘（surplus profit），則該超額盈餘可能被視為母公司的非正式資本的投入（capital contribution）。但荷蘭集團公司就報稅目的，可就該非正式的出資額部份可以主張名目性的扣除（notional deduction）。

專利權（Patent box）及集團利息（Group interest box）

荷蘭於2007年1月新修訂的公司所得稅法引進了對專利權及集團利息的特殊課稅規定。

專利權特殊課稅規定（Patent box）

當納稅義務人選擇了專利權的特殊課稅規定，則當納稅義務人符合下列全部條件時，該專利權所賺得的利潤適用10%的有效稅率。

(1) 納稅義務人擁有無形資產；

(2) 該無形資產係由該納稅義務人所開發；

(3) 納稅義務人有針對該項無形資產申請專利權；

(4) 若該專利權於2006年12月31日以後開發，於2006年12月31日以後的資產負債表有認列該項專利權。

此外，該項新的法令要求預期從該無形資產取得的所得對擁有該專利權的納稅義務人而言應夠顯著（例如至少占其所得的30%）。

此專利權的特殊規定僅適用某些特定的無形資產，該規定並不適用於商標、圖像或其他由納稅義務人所開發的類似的資產。

但該項特殊規定適用於新開發植物品種的栽種權。可適用專利權特殊課稅規定者，其利潤之課徵上限為全部相關開發成本的4倍。

集團利息特殊課稅規定（Group interest box）

自2007年1月1日起，公司可以選擇適用集團利息的特殊課稅規

定。在此新規定下，集團內的淨利息收入可被課徵約5%的有效稅率。集團公司的定義為直接或間接持有或被他公司持有至少50%以上的股權。但正的淨集團利息金額上限為納稅義務人的平均權益的某百個分比，此百分比為稅捐機關上一季所公佈的利率。

除上述集團利息外，以未來購買必須的資金進行短期投資產生的所得，也可納入集團利息的特殊課稅規定的範圍內。適用集團利息的特殊課稅規定是選擇性的，但此決定必須在整個荷蘭集團公司內是一致的，並且至少3年不能變更。

1303 其他法規

荷蘭政府也公布其他法規，以處理某些特定狀況，有些與移轉訂價議題有關，詳述於下。

法規和決議

荷蘭財政部所制訂的「法規和決議」（The Decrees and Resolutions）提供一套指導方針，讓荷蘭稅法在特定情況下的詮釋和應用有法可循。此「法規和決議」的目的是為了確保稅法的應用能協調一致，各稅捐機關得以密切合作。

根據「法規和決議」內之任何條款，納稅義務人有權利向法院提起上訴。2001年所發布之相關法規，於2004年間修訂，該法規和決議之內容細述如下：

移轉訂價法規（Transfer Pricing Decree）（IFZ2001/295M）

荷蘭2001年3月30日的移轉訂價法規採用「常規交易原則」（Arm's

Length Principle）及OECD之「跨國企業與稅捐機關移轉訂價指導方針」（OECD指導方針）的觀念。該法規提供了一套準則，讓荷蘭稅捐機關在詮釋OECD指導方針時得以遵循，並釐清實際應用時所應處理的議題。

此法規所處理的議題包括：

- 常規交易原則的實務應用：納稅義務人必須證明其交易價格符合常規交易原則。
- 不同移轉訂價方法的應用：尤其強調成本加價法及其實際意涵。
- 避免和解決移轉訂價爭議的行政措施：就荷蘭政府依相互協議及仲裁程序所採取的政策和程序作深入的說明。
- 金融服務的常規交易費用。
- 分配給總部和常設機構（Permenent Establishment）的利潤：常規交易原則同樣適用於決定外國納稅義務人的課稅基礎。

移轉訂價法規修正案（Amendments to the Transfer Pricing Decree）（IFZ2004/680M）

2004年8月21日的修正法案目的是針對2001年3月30日之法案，釐清下列相關主題：

關係人間服務的提供/總部費用（Intercompany services／head office expense）

該修正法案說明某些活動將被歸類為股東活動。另外，此修正法案提供了決定常規交易服務費用之指導原則。

此法案針對某些符合一定條件之支援性質服務（Support Service），可以基於實際發生成本收取而無須加價（mark-up），因

此提供了某些普通、低附加價值服務一個很務實的作法。

委託研究發展（Contract research and development，R&D）

在2001年3月之法規，荷蘭稅捐機關對委託研發活動已從荷蘭稅務的角度提出詳細的討論。此外，現在已經有一指導原則來定義這些活動應取得的相對報酬。

簡單來說，此法案指出如果最終決定與研究發展有關，而這些活動之成本和風險以及所開發出的資產的經濟所有權係屬總部（Principal）所有，成本加價法為計算委託研究發展活動報酬的適當方法。

成本貢獻安排（Cost contribution arrangement，CCA）

為了終止更多有關2000年3月法案中「成本貢獻分攤」之段落是否完全依照常規交易原則之爭論，已撤銷有關成本貢獻分攤之章節。在新修訂的法案中則明確說明成本貢獻的安排須符合OECD指導方針。

無形資產之評價（Valuation of intangible assets）

根據荷蘭稅捐機關指出，在某些狀況下，非關係企業間不會同意無形資產之移轉採用固定的金額，且通常會包涵價格調整條款，例如無形資產之價格視未來的所得而定。在2004年8月的法案提到若上述價格調整之條款，可被非關係人在類似營運條件下的交易所接受，則無形資產之移轉合約應假設包含價格調整之條款。

扣繳稅款（withholding taxes）

此法案承認某些國家會對服務費支付課徵扣繳稅款，縱使該課徵不符合該國家與荷蘭之租稅協定。這個情況特別會在某些混合（mixed）型的合約中發生（例如混合服務與權利金之合約）。

　　此種情況下的付款，全部的支付金額都會被課徵扣繳稅款，即使租稅協定僅同意針對權利金的部分課徵扣繳稅款。此法案說明，如果這些扣繳稅款與租稅協定的規定衝突，則此扣繳稅款不能扣抵荷蘭之公司所得稅。

預先訂價協議法規（IFZ2004／124M）

　　荷蘭財政部於2004年8月11日頒布關於「跨國交易移轉價格的預先確定處理程序」（即預先訂價協議）之法案（此法案為原IFZ2001／292M的更新版本）。此法案提供一套將OECD指導方針應用於預先訂價協議之準則，使實務上得以遵循。

　　針對更細節之資訊，例如於申請預先訂價協議所需遵循之程序及所需提供之資訊，請參考預先訂價協議之個別章節。

金融公司之法規 （IF2004／126M以及IFZ2004／127M）

　　此法規係為了使金融公司能適用關係人之間的融資活動（back-to-back inter-company loans），以及關係人之間的授權交易（inter-company licensing transactions）。直到2001年4月1日，在符合某些情況下是有可能取得財務金融相關解釋令（finance ruling）的。

　　另金融公司是不被允許承擔經濟風險的（或是僅能承擔十分有限的風險）且必須就平均其借款資金申報淨課稅所得額。此外，扣繳稅款只能按比例扣抵應納稅額。

　　上述規定已於2001年4月廢除，但2005年以前已存在的情形則不在此限。即目前所有的公司如有上述交易，應符合新的法令規定。

依據新的法規，荷蘭金融或授權公司必須符合下列要求：

● 該公司必須承擔經濟風險

● 該公司必須有充分的實質營運

荷蘭財政部於2004年發布了兩個法案針對上述要求有詳細說明。第一個法案（IF2004／126M）主要係針對涉及關係人融資活動但無經濟實質的公司。此法案主要係更新原本2001年3月之法案（IFZ2001／294M）。第二個法案（IFZ2004／127M）則是針對法案執行之相關問題及解答。

重要的是，若上述兩項要求無法達到，利息或權利金的支付或收入不會被納入荷蘭的課稅基礎。此外，荷蘭稅捐機關可能會主動與對方國家的稅捐機關交換資訊。此結果可能會造成這些支付的款項被課徵扣繳稅款，且這些扣繳稅款不能在荷蘭的所得稅計算上當成費用減除，因該利息或權利金所得並不包含於荷蘭的課稅基礎中。

雖然這個對於金融及授權公司的法令包含了比舊法令更多的要求，但實務上這些要求很容易做到，且相較於舊法令更容易達到最終受益人的要求。此外，新法令使得預先訂價協議更容易申請，因為荷蘭稅局只要確定（1）是否符合上述要求（2）取得的報酬是否符合常規交易原則即可。

歐洲共同體仲裁公約之決議（Resolution on EC Arbitration Convention）

1995年11月28日所公布之決議，說明了荷蘭對於與「仲裁公約」（arbitration convention）相關之實際事務的看法，例如在仲裁過程所使用之語言以及仲裁的成本。提交案件請求仲裁的程序，也在決議中有所說明。

預先核釋（Advance Tax Rulings，ATRs）

從2001年4月1日起，荷蘭的（標準）釋示制度轉變成「預先訂價協議」（APA）或「預先核釋」（ATR）。

預先核釋通常適用於參與免稅（participation exemption）的申請、混合的借款（hybrid loans）以及存在常設機構的情況。

1304 法律案件

荷蘭移轉訂價的法院判例非常少，理由之一是納稅義務人可以從荷蘭稅捐機關取得特定移轉訂價安排之常規交易原則的（單邊）預先裁定。另一原因是移轉訂價爭議的舉證責任，長久以來一直落於稅捐機關，所以稅捐機關在這方面的自信也可能是個因素。

這可以從2002年6月荷蘭最高法院對於一樁涉及日本母公司和荷蘭配銷子公司的稅務案件之裁定看出（最高法院，2002年6月28日，36 446號）。

該案件為一日本公司之荷蘭子公司在整體的銷售表現是獲利的，但是銷售特定單一產品卻長期虧損。荷蘭子公司旗下所有產品的移轉價格都由日本母公司決定，但是納稅義務人卻無法提出雙方協商談判的明顯證據。

荷蘭稅捐機關質疑該虧損產品的移轉訂價不符合常規交易原則，且認為在相同狀況下獨立第三者不可能接受持續銷售同樣產品。高等法院認為，稅務稽查員針對單一虧損產品的稽查方法有誤，而且法院認為有舉證責任的稅務稽查員無法證明獨立第三者的配銷商不會同意其所審查之交易的訂價安排。最後最高法院支持高等法院之判決，同意納稅義務人勝訴。

從最高法院的判決可以發現，即使納稅義務人所申報的利潤偏低，且與產業的平均值有明顯差異，舉證責任還是落在稅捐機關。而且最高法院裁定，在進行常規交易檢驗時，可以將特定的交易合併起來，所以就企業所投注的資本和商業風險來看，只要該企業的整體銷售具合理的報酬率，某一產品的虧損銷售並無不可。

2002年9月13日荷蘭財政部的國務秘書處（State Secretary of Finance）因應最高法院之判決，公布了一份法規（IFZ2002／830M）。該法規認為，最高法院的判決導致稅捐機關在2002年1月1日之前的舉證責任更為加重。此外法規也指出，財政部正在研究新的移轉訂價法令是否可以順利讓納稅義務人與稅捐機關在面對移轉訂價爭議時，分配到相等的舉證責任。

在2005年10月，最高法院裁定了一個有關雙重居民且有常設機構的案例（最高法院，2005年10月14日，41050號）。該跨國集團之集團總部位於荷蘭，該荷蘭總部透過設立於比利時的關係企業執行集團的融資活動，最高法院裁定由於每日的主要活動係由比利時公司的員工執行，該荷蘭公司應不屬於雙重稅務居民，且無荷蘭所得稅課徵問題。此外，由於荷蘭總部參與活動的程度低於一般水準，因此不能認定比利時公司在荷蘭有常設機構。

1305 舉證責任（Burden of Proof）

荷蘭沒有相關法令說明該如何分配納稅義務人與稅捐機關間的舉證責任，舉證責任的分配是由法院決定。實務上及基於荷蘭的判例，如果企業的收入被按移轉訂價法規往上調整，舉證責任就落在稅捐機關。相反地，費用扣除額的舉證責任則落在納稅義務人一方。

在進行移轉訂價時，如果訂價安排非常異常，舉證責任就歸屬於納稅義務人，例如納稅義務人可以取得可比較未受控價格卻不使用，或者以或低於成本的價格提供貨物或服務時。

另外，如果納稅義務人有法律責任應提供稅捐機關要求之資訊，但是卻拒絕提供，或者未申報必要之稅務申報表時，舉證責任將歸納稅義務人，而且甚至可能會面臨更麻煩的程序或處罰。有時候法院會把舉證責任歸屬於最能夠提供證據之一方。

如上所述，現在納稅義務人有義務保留移轉訂價文件。如果納稅義務人未遵守此規定，舉證責任很可能最後會歸屬於納稅義務人。

1306 一般稅務稽查程序

挑選稽查公司

移轉訂價稽查並沒有明確選案標準，不過若有下列情況之一者，企業受到稽查的風險會增加：

- 企業持續虧損數年；
- 企業與免稅天堂或低稅率國家（tax heaven）的關係企業進行交易；
- 企業的業績每年呈現波動；
- 企業停止營業或解散；
- 企業進行營運活動重組；
- 企業的績效低於該產業的平均值；或
- 企業支付鉅額的權利金或管理費。

未來荷蘭稅捐機關很可能會以中央協調的調查方式，對特定產業（如製藥和汽車業）進行移轉訂價調查。

根據「一般稅法」（General Tax Act）規定，稅捐機關得要求納稅義務人提供所有的帳冊，以及能證明企業稅務狀況與事實的文件。如果納稅義務人沒有依照稅捐機關要求，提供相關資訊，其就必須負起法律之舉證責任，此外，這也會被視為犯罪行為，納稅義務人最終可能面臨罰款或牢獄之災。

新的移轉訂價法令並沒有明確說明最基本的文件規定。不過新法令的「釋義備忘錄」（Explanatory Memorandum）提及這方面可以參考OECD指導方針。2001年3月及2004年8月公布的法規也提供文件保存之準則。據此，以下文件應該加以保存：

● 集團內相關交易之摘要紀錄；

● 功能分析；

● 產業分析；

● 所使用之移轉訂價方法及利潤率指標，包括用來決定常規交易結果的方法的證明文件

● 企業策略的詳細資訊，包括關鍵性假設（critical assumption）；

● 集團內協議，包括貿易條件。

針對2002年1月1日之前與關係企業所簽訂，截至目前仍有效之協議，也需要遵守以上文件保存之規定。

調閱集團之國外關係企業的文件，可能也會對荷蘭企業自身的稅務造成影響，以下不同狀況的影響是有所區別的。

荷蘭企業擁有外國企業的多數股權

在此狀況下，荷蘭稅捐機關認為其可以要求荷蘭企業提供資訊，而且也有權利取得其外國子公司的帳簿和紀錄。如果企業未能提供稅捐機

關要求之資訊，就必須承擔舉證責任。

荷蘭企業具有國外母公司或同等級之子公司

荷蘭稅捐機關可以要求荷蘭企業提供其國外母公司或集團內其他子公司的資訊。不過如果母公司或同級子公司設立於歐盟，或者其所處國家與荷蘭簽有資訊交換之租稅協定，納稅義務人就沒有義務要提供相關資訊。

此時，應由荷蘭稅捐機關直接向對方之稅捐機關取得資訊。如果雙方沒有租稅協定，或者條約內容不包括資訊交換條款，荷蘭稅捐機關就可以根據荷蘭法律，要求取得股東的帳簿或紀錄。如果納稅義務人沒有提供，就得負起舉證責任。要求同級之子公司提供資訊之原則亦同。

1307 稽查程序

移轉訂價事務的稽查被視為一般國家稽查制度（State Audit）的一部分。荷蘭稅捐機關的目標是每5年把所有的企業至少稽查一次，而較大型企業則1年1次。國家稽查制度包括對企業之帳簿進行「現場」檢查，檢查範圍通常涵蓋數個稅務年度，因為根據法令，稅捐機關在5年內可對企業重新核定。如果納稅義務人之報稅時間被准許延長的話，核定的期間也會延長。

長久以來稅捐機關的稽查焦點主要放在集團內所收取的服務費和權利金，現在亦把焦點轉移到貨物之移轉訂價，以及荷蘭跨國企業對總部之成本所作的分攤。隨著荷蘭稅捐機關愈來愈積極，可能會由各地方不同的移轉訂價審查員分別審查。

稅務調查期間，納稅義務人的行為，尤其是對於稅捐機關要求提供

資訊的態度，可能會影響稅務爭議的結果和調整的金額。稅捐機關和納稅義務人之間的移轉訂價爭議通常透過談判協商來解決，而非訴訟。值得注意的是，因為多數的爭議是經由某種程度的妥協談判以獲得解決，所以最有可能的結果是核定較高的稅額。

1308 更正核定和上訴程序

納稅義務人可以更正核定提起上訴，上訴時間必須在該核定發出之日起6週內進行。稅捐機關必須在12個月內對此上訴以書面方式做出正式決定，不過如有財政部的書面同意，時間最多可再延長12個月。稅捐機關也必須提出其決定之理由。

如果上訴受到稅捐機關拒絕，納稅義務人可以向地方法院（District Court）提起上訴，此上訴必須在稅捐機關做出正式決定起6週內提出。正式之上訴程序已於2005年1月起變更。為了加速判決過程，在納稅義務人及稅捐機關雙方同意之情況下，納稅義務人得直接向地方法院提起上訴而不須經過稅務稽查人員。

地方法院的判決時間沒有時限。不過法院做出判決後，納稅義務人或稅捐機關都可以在6週內向高等法院提起上訴。高等法院做出判決後，納稅義務人或稅捐機關都可以在6週內針對法令之意義向最高法院提起上訴。最高法院是最後的審理法庭，其判決具絕對約束力，不得再上訴。

最高法院的判決過程沒有時間限制。為了加速判決過程，在納稅義務人及稅捐機關雙方同意之情況下，任一方得直接向最高法院提起上訴而不須經過高等法院。一般來說納稅義務人會努力避開法律訴訟，因為耗時又耗錢。

1309 補稅和罰款

荷蘭稅法並未特別規定任何移轉訂價法則。但現行稅法之法則卻適用於任何因移轉訂價調整所導致之補稅情形。原則上，任何的補稅可能被處以罰款。罰款程度從補稅的0%到100%不等，要視納稅義務人的逃稅意圖或疏忽程度而定。

申報所得稅時，罰款不能被認列為費用從公司所得中扣除。移轉訂價調整通常不會導致罰款，因為此時納稅義務人多少可以為其立場辯護，所以很難構成逃稅嫌疑。核定補稅必須支付利息。

1310 稅捐機關可取得之資源

移轉訂價調查通常是由地區稅務稽查員向「移轉訂價協調小組」（Transfer Pricing Co-ordination Group）之專業會計人士進行諮詢後進行。「移轉訂價協調小組」之成員來自財政部和稅捐機關，其主要任務是提出政策，以解決常規交易原則應用不當而導致荷蘭政府收取的公司所得稅受到侵損之問題。

此外，稅捐機關和財政部遇到任何移轉訂價議題（包括總部與常設機構之間利潤分配），也可以向該小組諮詢，該小組會確保移轉訂價相關政策的一致性。地區稅務稽查員正在進行或未來會著手的移轉訂價案件，都應向「移轉訂價協調小組」報告。下列狀況更須如此：

● 與免稅天堂或低稅率國家（tax heaven）的關係企業進行之跨國交易；

● 提議的移轉訂價稽查；

● 經評定為現在或未來所進行的產業查核中，查核重點之跨國交

易；

● 納稅義務人因海外關係企業的移轉訂價受到調整，而申請進行之相對應調整；

● 即將進入相互協議或仲裁程序之跨國交易；

● 集團內進行無形資產的跨國轉移；

● 預先確認移轉訂價文據要求之申請

此小組會複核（期中）報告，並提供具拘束力之建議給地方稅務稽查員，同時會對稅捐機關員工給予支援服務。其提供給地方稅捐機關之建議不會與預先訂價協議的申請有關係，因為地方稅務稽查員應偕同中央設立的預先訂價協議/預先核示小組處理與任何預先訂價協議相關的事項。

1311 可比較資料之使用及取得

使用（Use）

如上所述，OECD指導方針的原則已經為荷蘭所接受並加以應用。由於OECD指導方針建議使用可比較資料，所以可比較研究是支持移轉訂價政策的適當方法。此外，近期的法令釋義備註也認為要參考可比較資料，由此可明顯發現，荷蘭企業捍衛其移轉訂價最主要的武器就是可比較資料。稅捐機關可以利用商業性的資料庫取得自己的可比較資料（參見以下內容）。

根據最新的移轉訂價法令及其釋義備註，嚴格來說，納稅義務人並沒有法律義務必須執行可比較研究（亦即可比較對象之搜尋，benchmarking），以支持其移轉訂價決策。

另一方面，如果納稅義務人沒有進行可比較研究，荷蘭稅捐機關很

可能會自己執行。所以納稅義務人最好自己執行可比較研究，以證明其移轉訂價安排符合常規交易原則。在申請預先訂價協議時，納稅義務人必須提供可比較研究資料給稅捐機關。

可取得性（Availability）

荷蘭企業必須依企業規模向地方商業司（Chamber of Commerce）申報其規定的完整或簡明形式的財務報表。這些資料會被編纂入公開的資料庫中，而可能會被類似經營狀況的其他企業用來證明或捍衛其訂價政策。

稅捐機關也可以取得所有的公開資訊，包括外部資料庫以證明其立場。此外，稅捐機關亦可能使用自己所取得之資料，例如毛利（gross margin）或營業淨利率（operating profit margin），這些數據並不公開，必須從公司納稅申報書或國家稽查資料中才能取得。

不過這些資料很少用來作為法院的呈堂證據，因為如此一來稅捐機關可能被迫得公開用來佐證訂價方法不符合常規交易原則的可比較公司之財務資訊，而此舉將使稅捐機關違反其保密的法律責任。

1312 風險交易或產業

沒有任何交易或產業會被排除於移轉訂價法令之適用之外。長久以來荷蘭稅捐機關把主要焦點放在集團內的收費，例如權利金、管理費、佣金和利息支付，以及涉及與低稅率國家的集團內交易和涉及無形資產的集團內交易。

最近荷蘭稅捐機關把更多心力放在移轉價格、貨物利潤、以及總部成本的分配和荷蘭跨國企業所收取的相關服務費上。另外針對關係企業

間常規借款利率之適用、資金之使用和信用保證等財務交易則更被重視。

1313 重複課稅的限制和主管機關的訴訟

荷蘭所簽訂的避免重複課稅協定多數都包含相互協議程序的條文。在荷蘭進行相互協議程序必須向財政部提出申請，且通常必須在納稅義務人發現被重複課稅之日起3年內提出。提出申請的方式沒有明確規定。

財政部並不公開相互協議程序的資訊，所以無從得知申請數量。可以瞭解的是，在荷蘭透過主管機關進行協議程序並未被善用，因為納稅義務人無法確定相關機關是否可以達成協議，而且這些程序通常很耗時（可能會拖上數年）且所費不貲。

另外，過去納稅義務人對許多問題可能可以獲得預先裁定，所以政府對移轉訂價的質疑可以在當地透過和解方式來解決，所以實務上訴諸主管機關進行協議程序的案件不多。

荷蘭財政部的國務秘書處（State Secretary of Finance）宣布，荷蘭政府計劃在未來的租稅協定政策中加入仲裁議題。目前荷蘭與美國間的租稅協定已經納入仲裁條款。

值得注意的是，荷蘭與其他的歐洲聯盟會員國，已正式認可仲裁公約的程序自2000年1月起適用。

1314 預先訂價協議

如上所述，在荷蘭事先設定訂價政策，透過單邊或雙邊預先訂價協議已有正式的程序。預先訂價協議程序的法源依據是荷蘭財政部於

2004年8月11日所修訂之預先訂價協議法規（APA Decree），此法規修訂後取代2001年3月30日的版本。

預先訂價協議的同意事項可能包括移轉訂價方法論，以涵蓋幾種不同的關係企業交易類型，或者特定交易（包括有形資產或無形資產的交易或服務的提供）。預先訂價協議的涵蓋內容可能包括納稅義務人移轉訂價的所有議題，也可能只限定於一種或多種特定議題。

到目前為止，荷蘭稅捐機關所審定之預先訂價協議數量明顯增加。納稅義務人向稅捐機關申請預先訂價協議時，必須揭露特定數量之細節資料，不過這些資料和2002年1月1日所規定的移轉訂價文據要求並無重大的不同。

納稅義務人向稅捐機關申請預先訂價協議時，通常需準備的資料包括：

● 與其提案相關的交易、產品和協議之細節；

● 相關的企業和常設機構之細節；

● 相關的法律管轄權；

● 全球集團架構、歷史、財務數據、產品、功能、風險和相關有形無形資產的詳細資料；

● 描述所提議的移轉訂價方法，包括可比較對象之分析（comparables analysis）；

● 提案所用之關鍵性假設（critical assumption）之細節，以及假設變動之意涵。如此一來把關鍵性因素（如市場佔有率或價值鏈）的波動限定在已經決定好之範圍內，在實際應用預先訂價協議時，就可以有一定的彈性空間；

● 涉及的會計年度；及

● 市場狀況的一般資訊（如產業分析）。

預先訂價協議需向主管的稅務稽查員提出。在任何狀況下，稽查員有責任把申請案件呈交至荷蘭稅捐機關的預先訂價協議／預先核釋小組，以取得其具拘束力之建議（以免移轉訂價協調小組研商過後有新的政策發布）。

在申請雙邊預先訂價協議時，荷蘭財政部會先和涉入國進行雙邊協議程序，原則上預先訂價協議的有效時限為4至5年，除非雙方簽訂更長期之合約。在特定狀況下，預先訂價協議可以往回追溯。

荷蘭稅捐機關希望有效執行預先訂價協議制度，因此荷蘭財政部國務秘書處聲明，荷蘭稅捐機關會持續維持其在這領域上專業、彈性及合作的國際名聲。

2004年8月11日所修訂之預先訂價協議法規（IFZ2004／124M）公布幾種不同的措施，以進一步發展預先訂價協議機制，並簡化申請流程。新的措施包括申請前置會議（pre-filing meeting）、個案管理計畫（case management plan）之採用、以及稅捐機關提供協助給總資產小於500萬歐元或員工少於50人之小型企業，助其找出可比較資料。

申請前置會議讓納稅義務人在實際提出申請前，有機會和預先訂價協議小組討論。納稅義務人可以藉此瞭解所需之資訊，以及正式申請時可能相關的特定要素。

納稅義務人和預先訂價協議小組合作時，會有一個「聯合案件管理計畫」（亦即工作計畫），詳細描述案件申請和完成回覆間的流程（包括時間點）。案件管理計畫應該提供雙方都同意的完成時間表，目的是要降低納稅義務人在申請過程中的不確定感。

為了降低小型企業之行政負擔，稅捐機關會盡可能提供非關係人企

業的可比較財務資訊給小型企業。此舉可以幫助小型企業更容易提出預先訂價協議申請，因為許多小型企業之所以不願意申請預先訂價協議，就是因為需負擔行政作業和相關的費用支出。納稅義務人必須提供稅捐機關所需的資訊，例如企業本身的組織和功能分析，以及所提議之移轉訂價方法和機制的基礎原理。

1315 法令和實務的預期發展

由於荷蘭已經實施特定的移轉訂價法令，而且荷蘭稅捐機關也愈來愈注意移轉訂價事項，所以未來可能的發展是更加嚴密審查集團內交易，並且更頻繁地提出質疑，此作法部分是因為荷蘭多數的重要貿易夥伴（如德國和美國）的主管機關，也對移轉訂價採取更積極作法所致。這些發展迫使跨國企業開始更謹慎評估自身的移轉訂價策略，並且扎實完整地準備文件，以面對未來可能的質疑。

1316 與海關之協調

公司所得稅主管機關和海關進行資訊交換，是荷蘭稅捐機關的例常工作之一。在執行關稅調查時，位於鹿特丹的海關評估特別小組會直接和主管公司所得稅之機關合作。此外，海關現在也有一套資料庫，內含訂價結構以及不同產業的價格水準。

海關主管機關在執行關稅評估稽查時，會要求企業提供下列資訊：

● 公司的一般資訊；
● 任何可取得之移轉訂價資訊；
● 年度帳本；
● 法律架構；

● 貨品流動和發票結構之特定資訊（包括追溯的價格調整）、以及任何的特殊安排（例如工具、機械、提供給製造商之貨物和原料等所謂的「協助品」）、權利金、售後服務保證、行銷等資訊；

● 外國關稅稽查的報告。

海關通常會提供關稅評估報告的副本給公司所得稅機關。

原則上，任何公司所得稅之移轉訂價調整也應該向海關主管機關報告，除非調整的項目不屬於海關課徵關稅範圍。如果進口的價格被往下調整，納稅義務人要求返還多繳之關稅時，必須在實際進口日起3年內提出。如果進口價格被往上調整，納稅義務人在定期申報關稅時，必須誠實納入。海關主管機關在實際進口日起3年內，有權力進行額外核課。

近來海關愈來愈質疑，當集團購買貨物的經濟風險很低甚或沒有風險時，企業還是以集團內購買價格作為申報完稅價格是否適當。利潤來自於成本加上酬金的配銷中心也是如此，不過其還是屬於購買/銷售的經營架構，或者屬於低風險之配銷企業。在這種狀況下，海關認為集團內的購買價格雖然符合移轉訂價政策，但是根據海關評價規定，還是不能作為關稅完稅價格。

在海關人員眼中，由於缺乏買家的經濟分析，所以購買價格並不代表一般市場價格，因為前者會受到交易雙方在集團內的關係所影響。有鑑於此，在執行移轉訂價或公司所得稅安排時，最好也把關稅評估的因素考慮進去。該注意的一點是，如果海關不接受上述狀況下的交易價格，就有加值稅的問題待處理，例如誰可以扣除貨物進口時的加值稅以及在成本加價的安排下，服務提供者的加值稅責任為何。

1317 OECD議題

荷蘭是OECD會員國，根據2001年3月30日頒布及2004年8月11日所修訂之移轉訂價法規，OECD指導方針可以直接應用於荷蘭。

此外，2001年10月之移轉訂價法令建議書的釋義備忘錄（Explanatory Memorandum），在2002年1月生效後也再次確認荷蘭稅捐機關應採用OECD指導方針。

1318 聯合調查

原則上，荷蘭可以和其他國家執行跨國集團之移轉訂價聯合調查，不過這種情形並不常發生，即使有，通常也是由外國的稅捐機關所發起。

1319 資本弱化（thin capitalization）

荷蘭採用自2004年1月1日起生效之資本弱化規定。簡要來說，當負債／股東權益比率超過3：1時（避風港），應付集團貸款的利息就不能扣除。在確定企業的負債金額時，與非關係人之淨貸款和集團內的淨貸款（net loans）必須同時列入計算。如果荷蘭公司之負債／股東權益比（debt to equity）超過3：1，那麼可能可採用該荷蘭企業所屬的集團的合併財務報表所計算出來的負債／股東權益比。

在此狀況下，集團合併的負債／股東權益比若超過3：1時，應付集團貸款的利息就不能於報稅時扣除，因此荷蘭集團的總負債額度也需被考量。荷蘭企業之股東權益與債務額度之決定方式，有特定法律規定之。此外，在應用這些規定來計算荷蘭公司所得稅時，必須把一會計個

體視為單一納稅義務人。

第14章　澳洲之移轉訂價介紹

1401 前言

　　澳洲的移轉訂價法規於1981年5月27日生效，並一直是澳洲稅務局（Australian Taxation Office，ATO）重視的議題，也象徵著澳洲經濟的持續全球化。澳洲自移轉訂價法規建立後，澳洲稅務局已陸續頒布相關解釋令以便在適用移轉訂價法令時有所依循。澳洲稅務局高度關注移轉訂價議題，包含納稅義務人是否遵循上述相關法令政策及與其他司法單位及國際組織（如OECD，PATA）之合作；藉由前述之合作能減少雙重課稅及移轉訂價之爭議。澳洲稅務局對於移轉訂價的觀點大致上是與OECD一致的。

1402 法令規則

移轉訂價法規

　　澳洲的移轉訂價法令規則，規範於1936年「所得稅徵收法案」（Income Tax Assessment Act，ITAA）第3部份第13節（SS136AA 到136AF），此節提供了反避稅條款且主要目的是為了確保澳洲稅收不會因國際利潤移轉的安排而受到侵蝕。

　　第136AD節規定納稅義務人與有「跨國協定」（international agreement）國家之企業產生「供應」或「取得」「財產」之行為時的適用情形。第136AD節包含了下列4個子項目。

(1) 以低於常規交易之價格供應財貨。

(2) 無償供應財貨。

(3) 以高於常規的報酬取得財貨。

(4) 無法判別或實務上不能決定常規交易價格。

屬同一企業個體之分公司，當其相互有跨國關係人交易發生，則第13節之規定是授權稅務執行官可重新分配該關係人交易之收入及費用，且可重新判定所得來源或費用所關聯之所得。

第13節概念上適用於計算受控外國公司（Controlled Foreign Company, CFC）可歸屬之所得。但若該受控外國公司係屬於「廣泛免除國名單」（Broad-Exemption Listed Country，BELC）上的國家，或其所得已被計入BELC國家中的稅基者，則可免計算其可歸屬所得。BELC的國家包含美國、英國、紐西蘭、日本、德國、法國及加拿大。

澳洲法令規定並未限制其稅務執行官可以調整移轉訂價不合常規交易之期限。因此，自澳洲移轉訂價法規於1981年5月27日發布生效後，移轉訂價之調整是可能發生的。

避免重複課稅協定

澳洲與許多國家所簽訂的避免重複課稅協定（Double Tax Agreements）可補充國內的法規，相關的章節有相互協議程序、關聯企業及營業利潤等。一般而言，避免重複課稅協定會比第13節之規定優先適用，更多說明請參考本章第14節（1414）。

1403 其他法規

除了上述規定，澳洲稅務局也頒布各項的移轉訂價規定，這些規定

除了解釋法規的應用，也對法規未涵蓋的議題，提供指導方針。這些規定有兩種類型：

● 最終稅務解釋令（final taxation rulings，TR），此解釋代表澳洲稅務局的官方立場，稅務官員、納稅義務人及開業人士都可此為依據。

● 稅務解釋草案（draft taxation rulings），此草案代表澳洲稅務局的初步觀點，尚不構成澳洲稅務局的官方說明。

當上述最終稅務解釋令被評估是減少納稅義務人負擔者，稅務執行官、行政上訴審裁處（Administrative Appeals Tribunal, AAT）及法院皆須遵守該最終稅務解釋令。但是，若其他法律之規定比該最終稅務解釋令對納稅義務人更有利時，則其他法律之規定優先適用之。

與移轉訂價相關的釋令彙總如下：

● 第13節施行的基本概念——稅務法令TR 94/14

● 移轉訂價常規交易方法論——稅務法令97/20（TR 97/20）

● 建立和評估移轉訂價的相關文件及實務問題——稅務法令98/11（TR 98/11）

● 集團內服務——稅務法令1999/1（TR 19991）

● 貸款安排（loan arrangements）及貸方餘額（credit balance）——稅務法令92/11（TR 92/11）

● 常設機構——稅務法令2001/11（TR 2001/11）

● 稅務罰款指導方針——稅務法令98/16（TR 98/16）

● 雙邊或單邊「預先訂價協議」的程序——稅務法令95/23（TR 95/23）

● 隨後調整——稅務法令1999/8（TR 1999/8）

● 「視為股利條款」（dividend deeming provisions）規定下的常規
　交易意義——稅務法令2002/2（TR 2002/2）

● 國際移轉訂價及利潤重新分配，免於重複課稅及相互協議程序
　——稅務法令2000/16（TR 2000/16）

● 補充規定（Addendum）：國際移轉訂價及利潤重新分配，
　免於重複課稅及相互協議程序——稅務法令2000/16A（TR
　2000/16A）

● 資本弱化、常規交易債務檢驗的應用—稅務法令2003/1（TR
　2003/1）

● 成本貢獻安排——稅務法令2004/1（TR 2004/1）

● 跨國銀行分公司之資金融通——稅務法令2005/11（TR
　2005/11）

● 隨後調整（取代1999/8所發布之稅務法令）——稅務法令
　2007/1（TR 2007/1）

　　除了上述所發布的稅務解釋令外，澳洲稅務局已經發布一整套有關
國際移轉訂價的出版品。彙總如下：

● 國際移轉訂價：概念介紹及風險評估

● 國際移轉訂價：預先訂價協議

● 國際移轉訂價：常規交易原則之應用

● 國際移轉訂價：中小型企業適用之文件簡化規定及風險評估

● 國際移轉訂價：行銷之無形資產（marketing intangibles）。該出
　版品中舉例說明稅捐機關將會如何決定企業使用其商標或非屬其
　所有之商標/商品名稱作為行銷活動所獲取之適當報酬。

● 國際移轉訂價：分配利潤予常設機構（非獨立代理人）。

　　澳洲稅務局已經表示這些指導性質的出版品不能取代、改變或影響澳洲稅務局於上述稅務法令中之說明解釋。

1404 法律案件釋例

　　僅有少數移轉訂價案件會提出至澳洲法院；而在大部分的案件中，法院都是支持澳洲稅務局的觀點。這些案件包含：

- San Remo Macaroni Pty Ltd. 1999——對惡意的移轉訂價核定的質疑問題。
- Daihatsu Australia Pty Ltd 2001——考驗澳洲稅務局搜尋資訊和證據，以及對移轉訂價進行調整稽查的能力。
- Syngenta Crop Protection Pty Ltd and American Express International 2006——要求稅務執行官（Commissioner）提供移轉訂價核定詳細資料。
- WR Carpenter Holdings Pty Ltd & Anor 2006 ——要求稅務執行官提供其移轉訂價核定調查時所考慮之特別因素。

　　最重要的是，上述所有牽涉行政法之案件皆挑戰了稅務執行官有關移轉訂價案件之核定過程。到目前為止，沒有很多移轉訂價相關的訴訟案件。

1405 提供證據之舉證責任（burden of proof）

　　稅捐機關進行稽查時，納稅義務人有責任提出證據，向稅捐機關和法院證明其移轉訂價符合常規交易原則。

1406 稅務稽查程序

納稅申報書附表（Schedule 25A）

澳洲的租稅體制是讓納稅義務人自我評估其所應納稅額並申報。基本上，納稅義務人要對其正確計算應納稅額負責，而稅務申報被視為這種自我評估應納稅額之通知。此外，在這樣的租稅體制下，納稅義務人亦被期望能適當的注意其稅務申報所需的準備文件，且確定其跨國交易之價格能符合常規交易區間。

與跨國關係企業進行交易金額超過1百萬澳幣的所有納稅義務人必須提交一份移轉訂價相關報表（報表25A，Schedule 25A），並附上年度納稅申報書。澳洲稅務局清楚表示，「報表25A」是澳洲稅務局挑選納稅義務人作為稅務稽查的主要途徑。揭露於報表25A的關係企業跨國交易金額以及納稅義務人用來支持其選擇及採用適當移轉訂價方法所準備的文件是否充份等，都是澳洲稅務局評估納稅義務人之移轉訂價風險，或者是否要進行稽查的重要依據。

納稅申報書——常設機構（Permanent establishment, PE）

澳洲稅務局一般是遵守單一企業個體方法，但是為了「報表25A」之使用，表示報表25A的揭露資料是建立在常設機構為「名義上獨立企業」的基礎上，但仍是關係企業。

納稅申報書——公司負責人的責任

由於「報表25A」是納稅申報書的一部份，所以處理稅務的公司負責人權責也適用「報表25A」。公司負責人必須在納稅義務人的納稅申報書上簽名，以表示該企業的納稅申報書和「報表25A」的內容正確無誤。如果「報表25A」資料不正確或有誤導，公司負責人可能被起訴。

澳洲稅務局近期活動

澳洲稅務局之「大型企業與稅務遵循」（Large Business and Tax Compliance）

澳洲稅務局每年皆會公布一份「大型企業與稅務遵循」的政策聲明，列明下一年度對大型企業（營業額超過2.5億澳幣的企業）的稽查重點、確認風險範圍以及處理該些風險的執行計畫。

此政策提供澳洲稅務局處理大型企業稅務時的主要關切點和策略，也提供了在挑選稽查案件時會考慮的事實以及納稅義務人可預期被質疑事項的「檢查清單」。有關大型企業，澳洲稅務局已開始12件的「客戶風險審查」（Clients Risks Review, CRRs），但是在2006/07年無任何大型企業被查核。此外尚完成8件預先訂價協議的申請案件及一件相互協議程序案件。目前，有19件的相互協議程序的案件尚待處理。

中小型企業（Small to Medium Enterprises, SMEs）

澳洲稅務局界定中小型企業納稅義務人是營業額介於2百萬澳幣及2.5億澳幣者。澳洲稅務局認為中小型企業納稅義務人的文件準備工作和稅務遵循狀況非常差，因此特別注意有出現兩個零（double zero）或三個零（triple zero）的公司（即近兩年或近3年來都未繳納稅款之公司）。澳洲稅務局期望短期內可以對中小型企業進行更多的所得稅查核。

澳洲稅務局在2006/7年已經完成4件中小型企業的預先訂價協議案件。此外，澳洲稅務於近來已經完成其內部企劃之1998至2006年間移轉訂價遵循的評估。

資料的準備，及與稅捐機關合作的責任

納稅義務人必須把能證明收入和支出的相關資料文件保存至少5年

（自證明文件取得之日或自與該交易相關紀錄文件完成之日起，兩者較晚的那一天開始起算）。由於納稅義務人有舉證責任，所以有時候最好保留更久，尤其是移轉訂價相關議題（請參閱本章第2節（1402））。

根據「所得稅徵收法案」，稅務執行官或者其他稅捐機關官員有權利自由進出納稅義務人所有建築物、場所，或取得各種帳簿、文件及其他報告。

1407 稽查程序

如上所述，在檢閱納稅義務人的稅務事件時，會以「客戶風險審查」（CRR）的處理程序來評估重大稅務議題之風險，包括移轉訂價。澳洲稅局審查的文件包括納稅申報書的表25A、稅務遵循紀錄、最新消息或者媒體文章以及其他可公開取得之資訊。

「客戶風險審查」程序包括：

● 瞭解大型企業以及其運作的環境；

● 分析現有資訊，並且與市場上的類似企業作比較；

● 發展一套假設，以便將焦點清楚放在重大風險議題上；

● 拜訪納稅義務人以進一步瞭解其業務和環境，並檢驗先前對重大問題的初步風險評估；以及

● 推薦適合用來處理風險的稅務遵循策略，讓納稅義務人可以特別或廣泛應用，並且提供法令變動訊息或其他法律說明，包括釋令、注意要點或者執行稅務稽查。

當納稅義務人之移轉訂價被辨認為有重大風險時，澳洲稅務局會執行「移轉訂價紀錄審查」（Transfer Pricing Record Review，TPRR）。被納入「移轉訂價紀錄審查」之納稅義務人在風險審查完成後會收到一

份風險等級單。被評為高風險之納稅義務人不一定就會被選為稽查對象；但是，至少很有可能是被列為「觀察對象」（watching brief）。

當一公司被選為稽查對象，澳洲稅務局通常會於稽查程序一開始時，要求與納稅義務人開會。澳洲稅務局是採用TR98/11中所列示的4步驟法之中的前3項步驟：

- 步驟1：在納稅義務人的產業範圍內，點出關係企業的跨國交易特色
- 步驟2：選擇最適的移轉訂價方法
- 步驟3：採用最適的方法，決定常規交易結果

完成這些步驟後，澳洲稅務局會考量所有已收集之資訊（包含納稅義務人移轉訂價文件之審閱）並發出通知，該通知會列明審閱期間內的稽查發現及預計之調整金額。

然而，由於該通知是記錄自雙方口頭之會議對談，因此在澳洲稅務局發出該通知後，納稅義務人可以書面方式提出該通知內容有錯誤之部分；更甚者，納稅義務人可以提出補充資訊或與澳洲稅務局辯論。最後，澳洲稅務局會發出定稿之通知（final position paper）以及核定通知書。核定之調查稅額於核定通知書發出之日即為稅款應繳納之日，若有延遲繳款之情事者，則需補徵利息。

1408 變更核定及上訴程序

稅務執行官所提的變更核定結果具爭議性時，澳洲有一套周延的異議及上訴程序來處理。根據相關法令，納稅義務人可以對稅務執行官的核定提出異議。對核定結果不滿意的納稅義務人，從接到核定通知起4年內，可以以書面方式提出異議，並說明異議的理由。稅務執行官必

須對異議慎加考量,可以全部或部分接受,或者不接受,並將其決定通知納稅義務人。納稅義務人如果對稅務執行官的決定不滿意,可以訴請「行政上訴審裁處」(AAT)審查,或者直接上訴至澳洲聯邦法院。

如果評估結果的通知書中包括納稅義務人因為錯誤申報而需支付的補稅款(additional tax),納稅義務人最好審慎考慮過再決定是否上訴至AAT,因為AAT具有裁量權,可以重新決定罰款程度,而且其決策可以取代稅務執行官的判斷。相反地,如果上訴至聯邦法院,其只能決定稅務執行官在處罰納稅義務人時是否有過失。如果沒有法律過失,那麼罰款額度也不會重新調整。AAT作出的決定也可被上訴至聯邦法院,不過只能就法律適用性的問題來處理。

1409 補稅和罰款

1992/93及之前的罰則

移轉訂價調整的罰款比率與避免重複課稅協定規定於1998年11月發布的TR 98/16函令中。

一般罰款比率可能由10%到50%。若納稅義務人沒有逃稅意圖且有合理辯解立場(reasonably arguable position)的文件,此時的罰款比率最低為10%。但當納稅義務人有逃稅意圖且沒有合理辯解立場的文件時,此時的罰款可能最高到50%。廣泛來說,當有「很有可能是對的」(as likely as not to be correct)的情況時,會被認為有合理的辯解立場。納稅義務人為了證明其有合理的辯解立場,必須保存支持其符合常規交易原則的文件。

澳洲稅務局在特殊情況下將會完全免除其罰款。

罰款比率在下列情況下可能增加20%:

● 納稅義務人採取步驟、阻止或妨礙澳洲稅務局查核納稅義務人是否符合移轉訂價規定之情形者。值得注意的是，納稅義務人不合理的延誤回覆澳洲稅務局的質詢或未能於合理期間內通知澳洲稅務局其過失時，會被視為前述所謂之妨礙。

● 納稅義務人於前一年度有被處以罰款之情形者。

罰款比率在下列情況下可能會減少：

● 若納稅義務人接到澳洲稅務局即將查核的通知後自願揭露者，其罰款比率則會減少20%。

● 若納稅義務人在接到澳洲稅務局即將查核的通知前自願揭露者，其罰款比率會減少80%。

1991/92及之前的罰則

在自我評估制度採用前是兩層罰款結構的。第一層是針對避稅者處以200%的罰款，第二層則是針對其他案件按年處以25%的罰款。若納稅義務人自願揭露者，則罰款比率可能限制在每年10%，但有避稅行為年度處罰的上限為50%。

1410 稅捐機關可取得的資源

澳洲稅務局裡有移轉訂價專家小組，小組成員專責處理移轉訂價議題。這個小組負責提供與移轉訂價紀錄審查、客戶風險審查，以及和稽核相關的高階專業建議給各行各業人士（例如大型企業和跨國企業以及小型企業的營收狀況）。

該小組擔任諮詢角色，並不直接執行紀錄審查或稽核。真正的移轉訂價紀錄審查或稽核是由不同行業中相關產業部門的成員所執行，

另外澳洲稅務局的「國際策略和運作小組」（International Strategy and Operations）負責「移轉訂價實務與經濟學家實地業務」的專家會提供協助。澳洲稅務局進行移轉訂價稽查的標準程序之一，是讓經濟學家參與。此外，偶爾也會邀請其他國際經濟學家參與決策或特殊稽查案件。

1411 可比較資料的使用和取得

可比較資料的使用

上市公司必須提交財務報表給「澳洲證券暨投資委員會」（Australia Securities and Investments Commission，ASIC）。這些資訊可以公開取得，但即使這些上市公司之財務資訊已經提交給澳洲證券暨投資委員會，在澳洲的市場上取得可信賴的可比較資料仍是有困難的。儘管市場上有將公司依照產業及營業活動分類的資料庫（如IBIS，Business Who's Who及OSIRIS等），然而對特別小型的澳洲市場而言，的確有困難確認出可信賴的可比較公司。此外，有些澳洲公司是免於提交完整的財務報表給澳洲證券暨投資委員會，且很多澳洲公司係屬跨國集團內之企業，因此這些資訊也就屬「受控」的交易資料，所以財務比值只適合作為參考。在澳洲資料的侷限下，澳洲稅務局漸漸的轉向海外市場尋找可比較資料。要注意的是，澳洲稅務局已經指出他們強烈偏好使用上市公司進行可比較分析（comparability analysis）。

澳洲統計局（Australian Bureau of Statistics）的資料

在執行「移轉訂價紀錄審查」時，澳洲稅務局會使用澳洲統計局的公開性資料，以瞭解納稅義務人真實的財務績效與市場整體財務績效的比較狀況。澳洲稅務局使用澳洲統計局的資料，引起納稅義務人和諮詢

顧問的反彈，因為這些資料裡有參與「受控交易」之企業的詳細資料，而且統計局的分類非常廣，可能把功能不同的企業也囊括進來。

受控資料（controlled data）的使用

TR97/20令人困擾的一點是，如果找不到足夠資料作為可比較基礎時，澳洲稅務局可使用受控資料。雖然這違反OECD指導方針中受控資料的使用規定，澳洲稅務局仍不認為不妥。對可能面臨移轉訂價調整的稅納義務人卻無法取得相同資料。從近期的經驗發現，澳洲稅務局使用受控資料的立場有軟化跡象，而且其似乎開始努力以納稅義務人所提報的方法論來審查，並且使用可公開取得的資料。

1412 法律與實務的未來發展

澳洲稅務局目前正檢視其對解釋令的態度。由於牽涉到發布解釋令的成本及程序，澳洲稅務局對什麼議題下應該以解釋令來管制，正朝此建立一套清楚的指導方針。

澳洲稅務局已經預示一些列舉議題可能須以解釋令或小冊子的方式來規範。這些議題包含：

- 支付予境外銀行分行的核算利息；
- TR92/11（貸款安排及貸方餘額）之更新；
- 考量所得稅徵收法案第4A部分（Part IVA ）──查看法律變更下的財務結構（第4A部份包含了一般的反避稅條款）；
- 常設機構的可分配利潤；
- 第13節及高價值之服務；
- 銀行及金融機構。

1413 具風險的交易或產業

澳洲稅務局在進行移轉訂價審查時，很可能也會審查關係企業的所有跨國交易，也就是說，沒有任何一筆交易、案件或產業可以豁免澳洲稅務局的移轉訂價審查。

澳洲稅務局將其特別關注的企業活動明列於其2006-07的遵循方案中，詳細如下：

- 提供給海外相關企業的免息貸款；
- 保證費用；
- 澳洲無形資產未被適當承認並給予合理報酬及支付予非澳籍企業不合理的權利金；
- 管理服務費用；
- 澳洲藉企業重整活動，如功能重新分配、資產及風險移轉海外，尤其是低稅率國家；
- 與租稅天堂之國家有關係人交易往來；
- 納稅義務人有大量跨國關係人交易，且該關係人交易之利潤水準低於同業標準者。

1414 重複課稅和主管機關訴訟的限制

如果移轉訂價稽查後，必須進行訂價調整，納稅義務人可以藉由一套機制，限制因調整而產生的重複課稅。

居民納稅義務人 （Resident taxpayer）

如果澳洲的居民納稅義務人可能面臨被重複課稅時，可以採取下列

措施：

（a）當雙方訂有避免重複課稅協定

澳洲的居民納稅義務人可以把案子提交給澳洲主管機關。澳洲所簽訂的每個「避免重複課稅協定」都有「相互協議程序」條款，這是為了幫助相關國家的主管機關能會面商討，以解決重複課稅問題。「相互協議程序」（Mutual Agreement Procedure，MAP）條款並不強制規定必須達成協議，也沒有允許澳洲的居民納稅義務人免於受到澳洲稅務局的罰款或利息支付要求。稅務執行委員會（The Commissioner of Taxation）發表了TR2000/16，該釋令說明了該遵守的程序，以及在何種狀況下會被稅捐機關考慮調查。

如果澳洲的居民企業的利潤被他國課稅，而澳洲稅務局雖然認為此舉違反避免重複課稅協定，但是主管機關又不能解決此案，那麼納稅義務人還是可能被重複課稅。

（b）當雙方沒有簽訂避免重複課稅協定

如果某國對澳洲的居民納稅義務人進行移轉訂價調整，而該國與澳洲沒有簽訂「避免重複課稅協定」（例如香港），除了藉由澳洲的訴訟程序請求民主的解危之外，通常就沒有任何機制可以幫助納稅義務人免於被重複課稅。

非居民納稅義務人（Non-resident taxpayers）

非居民納稅義務人的某些交易，可能可以透過澳洲當地法令，避免被重複課稅。依據「所得稅徵收法案」第3部分（Pt.III）第13節（Division 13），當非居民納稅義務人已經作了移轉訂價調整，則此非居民企業的某項交易的營收或扣除額可進行「隨後調整」

（consequential adjustment）。例如，已經支付扣繳稅款的利息，為了避免重複課稅，扣繳稅款可以根據移轉訂價調整後之利息金額重新計算。

1415 預先訂價協議

目前已可以在澳洲進行正式的預先訂價協議（APAs）。預先訂價協議（APAs）是納稅義務人和稅捐機關之間的協議，以便建立一套移轉訂價方法論，並根據此方法論來確保納稅義務人之移轉訂價遵守常規交易原則。在澳洲稅局的移轉訂價遵循計畫中，其持續支持及提倡預先訂價協議（APAs）。澳洲稅務局的預先訂價協議（APAs）計畫建立的很好，且自推行以來已完成或更新超過100件的案件。

值得注意的是，澳洲稅務局現在更有選擇性地去挑選納稅義務人所提出的預先訂價協議之申請及討論。當澳洲稅務局認為下列其中之一或多項情形存在時，並不鼓勵納稅義務人申請預先訂價協議：

- 當無法即時於適當的移轉訂價方法、適當的可比較資料及常規交易區間等項目上達成協議時；
- 企業交易內容之並無重要性時；
- 分析程度不夠複雜仔細，導致該預先訂價協議不能提供足夠的確切性
- 該企業交易的主要部分係為獲取在澳洲或海外的稅務利益時。

澳洲預先訂價協議的指導方針請見TR95/23。

澳洲稅務局現在也一直在尋求簡化預先訂價協議之過程，以及發展更多符合成本效益的選擇方案。尤其是該選擇方案對無資源去申請預先訂價協議（如中小型企業）或不得申請預先訂價協議的納稅義務人來

說，可以提供某種程度的方便性。就這一點而言，澳洲稅務局已經邀請納稅義務人提出替代預先訂價協議的建議方案。

自我評估審查（Review of Self Assessment, ROSA）制度下，如何與新的法令條款相互運作

2006年4月，澳洲稅務局就重要觀點進行廣泛的審閱所得稅自我評估制度，這也造成1953年租稅行政法（Taxation Administration Act 1953, TAA）的法令內容有所變更，該變更部分並於2006年1月1日開始適用。主要改變是納稅義務人可依其個別情況申請解釋函令的機制（new private binding rulings regime，PBR）。此機制在過去的適用範圍是限定在某些情況下，納稅義務人可以尋求以申請解釋令的方式來解決稅務議題。現在該機制擴大了過去適用情形的範圍。簡言之，技術上而言，允許納稅義務人申請解釋函令的機制可能包含了移轉訂價的協議。

由於上述法令的改變，澳洲稅務局已經承認該機制可能包含的移轉訂價協議議題會與預先訂價協議的法令規定有所重疊。澳洲稅務局也指出，即使理論上納稅義務人可以透過申請稅務解釋函令的方式解決移轉訂價的問題，但預先訂價協議提供較大的彈性以及可使納稅義務人取得雙邊預先訂價協議，因此仍將保留預先訂價協議制度。

儘管目前對於申請解釋函令的機制與預先訂價協議制度間如何相互運作，並無更詳細的指導方針，一項針對此法規的新的實務說明正在澳洲稅務局內討論。

1416 與關稅單位的協調合作

澳洲稅務局和澳洲海關署（Australian Custom Service，ACS）簽訂協

議，約定彼此交換與移轉訂價相關的資訊。這份協議內容包括資料庫，澳洲稅務局和海關署人員能自由交換產品與企業訂價等數據。

　　澳洲稅務局、澳洲海關署、稅務從業人員以及納稅義務人，對於進行預先訂價協議或移轉訂價調整時，關稅的處理方式爭論不已。持續引起爭論的議題是，如果最後稽查結果確定要調高應稅所得額時，是否要對超繳的關稅進行概念調整。現行制度下，澳洲稅務局與海關署兩方之相關規定尚未一致，海關署也未有因應移轉訂價調整而修正或退回納稅義務人所繳之關稅。澳洲稅務局與海關署持續會談，使移轉訂價調整及關稅評估兩者間達成一套共識的合理程序及方向。

　　對之前已經面臨因移轉訂價之調整（不論是因自我評估申報制度或是調查核定而調整者）而不確定是否應相對調整的關稅納稅義務人來說，澳洲稅務局與海關署之共識是很重要的。

1417 OECD的議題

　　澳洲是OECD會員國，而且是OECD移轉訂價任務小組（OECD Transfer Pricing Task Force）的成員之一。澳洲稅務局在移轉訂價方面已經遵守OECD指導方針，這些原則反映在澳洲政府制訂的稅務法令和釋令草案中，不過澳洲政府並沒有必須遵守OECD指導方針之責任。

1418 資本弱化（Thin capitalization）

　　澳洲資本弱化制度的重大改變於2001年起生效。相關法規冗長且複雜。一般而言，相關法規採用「避風港」（safe harbor）債務額度，另外一種檢驗法是「常規交易」的債務額度，後者可能會提高可扣除的利息額。

澳洲自2005年1月1日起適用國際財務報表編製準則（International Financial Reporting Standards, IFRS）後，將會對原採用澳洲一般公認會計原則（Australian Generally Accepted Accounting Principles）的資本弱化避風港債務額度產生影響。因應前述之情況，澳洲政府於2005年1月24日宣佈3年資本弱化制度的過渡期。概括而言，對面臨潛在可扣除利息額損失的納稅義務人來說，還有3年的過渡期可適用原澳洲一般公認會計原則下之避風港債務額度。

1419 管理服務

TR1999/1說明的是澳洲稅務局在判定關係企業相互間的服務或交易價格是否符合常規交易原則的立場。

根據此函釋，所謂服務是指該服務是否基於實際業務活動而產生，以及是否該計收費用，端視該活動是否對關係企業產生效益。

此函釋對不應收費和可能對關係企業產生效益的「股東活動」（shareholder activities）（例如母公司的股東會議）或更廣義的「管理活動」（stewardship activities）（例如集團財務的集中協調與控管）這兩者予以明確區分。

此函釋提供了管理性實務（administrative practices）或符合避風港的觀念，允許關係企業在提供或接受非核心業務的服務（non-core service）時，得按集團成本7.5%的加價率收費或付費。

澳洲集團企業提供非核心業務的服務給外國關係企業時，如果提供服務費的成本沒有超過澳洲集團企業總營收的15%，就可適用管理性實務的規定。同樣地，如果澳洲集團企業所接受的非核心業務的服務成本沒有超過澳洲集團企業總費用的15%，就可適用7.5%的加價率之規

定。成本包括所有直接成本和間接成本。總費用包括總會計費用，即銷貨成本加上所有的營運費用。

「非核心業務」服務，包括非屬於賺取利潤所不可或缺的業務活動，或者該集團不具經濟上重要性的活動，例如行政及人力資源業務，但不包括技術與行銷服務在內。納稅義務人可以有最高2.5%的空間可調整，若其他國家要求不同的加價比率，也就是說在某些特殊狀況下，納稅義務人可以採5%至10%的加價。

如果納稅義務人要利用此2.5%的增減空間，必須持有其他國家之證據，以證明其作法具正當性。不過實際上，為了這一點差異，要納稅義務人提出證據，會非常麻煩，因為外國稅捐機關通常不會立法或者明文規定可接受的成本加價。如果納稅義務人採用了2.5%的增減空間，對同國家之關係企業間的往來交易，以及澳洲集團內任何企業與其之間的來往交易，也都必須採用相同的加價。如果納稅義務人和不同法律管轄權的關係企業進行往來交易，則可使用不同的加價率。

本函釋也允許較小企業對其所有服務（亦即核心與非核心業務的服務）適用管理性實務的規定。所謂較小企業是指每年總服務成本（提供或收取服務成本分別計算）金額超過50萬元澳幣（同樣地，以澳洲集團為基礎），這50萬澳幣分別適用於對外提供服務及接受服務的費用，換句話說，不管對外提供服務或者接受外來的服務，只要沒有違反50萬澳幣的門檻規定，在特定年度內，集團總共可以有100萬澳幣的最高額度。如果採用「避風港」加價的方法，納稅義務人並不能免除將集團內服務的交易書面化的責任，只是不需要對提供集團內服務的加價作利潤指標分析。

第15章 英國之移轉訂價介紹

1501 前言

近幾年來，英國的移轉訂價法令架構有顯著之改變。英國皇家稅務及海關總署（以下簡稱HMRC），現已取代英國稅務局（Inland Revenue）成為英國的稅務主管機關，並發布許多有關移轉訂價法令解釋之參考資料。

最值得注意的改變是1998年的「財政法案」（Finance Act）將公司所得稅的「自我評估」（self-assessment）觀念引入。該「自我評估」之機制，將稅務法令遵循的義務從HMRC移轉到納稅義務人身上。

英國的移轉訂價規範係訂於「1988年所得與公司稅法案」（Income and Corporation Taxes Act 1988，以下簡稱ICTA 88）的Schedule 28AA中。該法令制定的範圍很廣，並希望能涵蓋每種交易類型。

自從ICTA 88, Schedule 28AA頒布後，移轉訂價法令有相當大的改變，特別是刪除「英國對英國」企業間交易不適用移轉訂價法令之規定，同時將資本弱化規定納入移轉訂價法令中。這些改革自2004年4月1日起生效（參見本章第19節1519）。於2005年3月4日此法令再度將對財務公司及私募基金的規範作出進一步的修訂。以往稅捐機關與納稅義務人多透過非正式的談判來解決移轉訂價爭議，因此英國的稅務判例非常少，但卻發展了許多非正式的實務案例。在法令更新之外，HMRC在取代英國稅務局成為英國的稅捐機關後，也針對移轉訂價法令的解釋

發行了更多宣導性文宣。

　　跨國企業應有心理準備將會受到稅捐機關更多有關移轉訂價的質疑。更甚者，不論移轉訂價是否為稅捐機關的稽查重點，「自我評估」方式的採納，已迫使公司和合夥企業更專注於移轉訂價議題。

1502 法令

　　移轉訂價舊法令適用於會計年度結束日在1999年7月1日前之公司，新法令（ICTA 88, Schedule 28AA）及之後修正的法令則適用於會計年度結束日於1999年7月1日之後者。

自我評估（Self-assessment）

　　納稅義務人於申報所得稅時應先行自我評估是否符合常規交易原則。公司或合夥企業必須於申報所得稅時自行進行移轉訂價調整，若不符合常規交易原則卻未自行調整，則會遭到處罰並加計利息。罰則規定詳本章第9節1509。

　　與舊法令規定一致，新法令也採用單行（one-way street）法則，即納稅義務人若因移轉訂價調整會增加英國課稅所得，則會被要求進行移轉訂價調整，若因該調整會降低課稅所得，則不被允許進行調整。想要降低英國企業的課稅所得，只能透過避免重複課稅協定之主管機關協議程序來進行。

控制權（Control）

　　如果一方企業得以控制另一方，或者兩方位於共同控制權之下，那麼雙方間的交易就適用新法令。行使控制權之一方可以是公司、合夥企

業，有些情況下可能是個人。

此控制權的概念係建立在ICTA88第840節的基礎上，以及下列延伸的概念：

- 該合資企業內的雙方各擁有至少40%的股權時，則此雙方間的交易亦適用此新法令。
- 採用歸屬法則（attribution rules）。為了適用移轉訂價規定，從各個層級來瞭解企業是否受到另一方之控制，以便追溯其控制關係。

「提供」（Provision）的概念

在移轉訂價規則所描述的交易脈絡下，「提供」（provision）是一個新概念。新的法令並未對「提供」加以明確定義，不過使用此名詞的目的是希望能更廣泛的考慮所有與該交易相關的條件和狀況，以決定此交易是否符合常規交易原則。當新法令提出時，英國政府在國會說明採用「提供」一詞：「我們選擇以『提供』這個詞來代表企業雙方交易中所提供之事務，這不是狹義的會計名詞……其代表的只是交易中提供之事務，意思清楚簡單……，在我看來，實在無需更進一步定義。」新法令下這個名詞是否能以上述這種廣義方式加以公正詮釋，尚有待觀察。

OECD 指導方針（OECD Guidelines）

新法令修改的目標之一是使英國的移轉訂價法令與OECD指導方針一致。從要求新法令必須確保英國當地法令與「OECD所得與資本之租稅協定範本」（OECD Model Tax Convention on Income and Capital）第9章以及與「OECD指導方針」達成最大的一致性，可看出英國對此目標

之重視。

分公司及常設機構（Branches and Permanent Establishment）

雖然ICTA88 Schedule28AA不能適用於分公司（或常設機構）與母公司間的交易，因為兩者非為分開之法律實體，但可採用該法案之其他章節以及「避免重複課稅協定」中的「企業利潤」（Business Profits）一章之規定，對英國之利潤課徵適當的稅額。至於英國企業國外分公司之其利潤，則會被視為英國總公司利潤之一部份而被課稅。若是海外公司之英國分公司，根據ICTA 88 Section 11、11A及Schedule A1，所得若直接或間接透過或來自於該英國分公司，則該所得屬英國課稅所得。另ICTA88 Schedule 28AA亦規定該條文也適用於分公司所隸屬之法律個體間之關係企業交易，因此，英國企業之海外關係企業與英國企業之海外分公司皆為關係人，且此兩海外公司間的交易也適用ICTA88 Schedule 28AA之規定。

第二次調整（Secondary adjustments）

英國稅捐機關通常不會進行第二次調整例如視同分配（deemed distributions）或視同資本投入（deemed capital contributions）。但若有資本弱化情況時，則相關調整可能涉及視同分配。

2004年財政法案 （Finance Act 2004） - 英國關係人間的移轉訂價 （UK-to-UK transfer pricing）

ICTA88，Schedule 28AA 主要的改變是在2004年財政法案（Finance Act 2004）以及2005年第二號財政法案（Finance No.2 Act 2005）提出。說明如下：

ICTA88，Schedule 28AA 原規定符合某些條件下，移轉訂價不適用於英國關係人間之交易。自2004年4月1日起，英國政府取消了英國對英國企業間交易不適用移轉訂價法令之規定，同時修正原來對資本弱化之規定，並將資本弱化的政策納入移轉訂價制度中。此稅務改革的提案背後，有兩個主要理由：

- 英國政府考慮到現行法令未來可能會違反歐洲國家間之租稅協定（European Treaty, the Treaty）；及
- 此稅務改革可以降低英國租稅規劃的影響範圍，尤其是對金融或財政領域的影響。

英國移轉訂價之現行法令或文件規定是否違反歐洲國家間之租稅協定仍待商榷，而HMRC有可能會傾向選擇清晰的歐盟稅法判例而非其他過去所結案之判例。

根據以上兩個理由所提出之修正草案會有以下影響：

- 首先，HMRC在沒有特殊的目的下，並不想花費資源去調查英國對英國企業間之交易，然而在不受到歐洲國家間租稅協定質疑的前提下，英國政府需確認有相關規定以進行英國對英國企業間交易之調查。自英國企業間交易適用移轉訂價的規定發布後，HMRC的調查經驗已經改變但普遍也支持該新規定。
- 由於英國沒有合併申報所得稅的制度，新的法令將會對例如當集團內有某一公司虧損而該集團利用租稅規劃來降低所得稅的情況產生影響。此稅務改革所影響的另一層面是目前未將服務的提供或資產的使用（包括智慧財產權）交易納入移轉訂價之規定。

2004年財政法案（Finance Act 2004）──讓步及免除

（concessions and exemptions）

為了減輕此稅務改革對英國納稅義務人及HMRC的影響，移轉訂價之文件規定已稍微放寬。此改革提供兩年的過渡期間，且在某些情況下，未能符合移轉訂價文件要求之罰款規定也會減輕或放寬。跨國交易以及英國境內之交易皆可適用前述放寬的罰款和文件規定。此外，當英國企業間之交易被稽查且一方須調整時，亦有相對調整機制以減輕另一方之負擔。

中小企業可以免除適用移轉訂價之部分規定，不過中小企業的定義是以整個集團來看。整個集團超過250名員工，營業額超過5,000萬歐元，或者資產總額超過4,300萬歐元都不符合中小企業的定義，因此需適用移轉訂價規定。由於這些門檻是以歐元作為幣值單位，所以集團可能會因為每年匯率的不同，有時符合此定義，有時又不符合。此外，當HMRC認為移轉轉訂價被不尋常地操縱時，可保留決定中型企業是否應適用移轉訂價規定之權利。停業或休業之企業亦可免於適用移轉訂價之部分規定。

2004年財政法案 （Finance Act 2004）──資本弱化（Thin Capitalization）

在2004年4月1日前，資本弱化的議題規定在ICTA 88，Section 209。一般來說，英國企業支付關係企業所提供貸款的利息可能會被質疑不符合常規交易原則，因為無論是支付的利息或貸款額度一般都會過高。根據法令規定，這類過高的利息支付在稅法上無法認列費用（亦即超出一般市場利率及第三者所願意提供貸款額度部份之利息，以及非常規貸款產生之所有利息，在稅法上都無法認列費用）。這類利息可能

會被重新歸類為股利,並被課徵預提所得稅(advance corporation tax,ACT)。但自1999年4月6日起,課徵預提所得稅之規定已被廢除,稅捐機關可依據Section 209之規定辦理且不需依HMRC的特別指示。

自2004年4月1日起,英國政府修改了原先的資本弱化規定,並將資本弱化規定納入移轉訂價法規內,因此資本弱化目前規範於ICTA88,Schedule28AA。

資本弱化法規的改革引起一些疑慮,特別是刪除目前在決定常規交易的債務額度時,將所屬英國的集團組織(包括所屬英籍母公司及其子公司)視為單一個體的規定。相反地,新修正的法令規定,在決定常規交易債務額度時,只考慮直接或間接投資的借款子公司的股權價值,借款方和母公司間的關係將不被考慮。這代表新規定可能會同時影響外部投資者對英國的投資及集團內的融資,及有對外借款的英國集團公司。

2005年第二號財政法案(Finance No.2 Act 2005):移轉訂價及貸款關係

其他有關融資的規定於2005年第2號財政法案中引進。這些法令於2005年3月4日生效,對目前融資行為則適用過渡時期的規定,此過渡規定於2007年4月1日失效。

新的法令規定限制了兩家融資合作的公司僅能於常規交易範圍內的利息作為稅上減除的項目。該項法令也適用於多個法人共同控制一個公司或合夥組織,並共同為該公司或合夥組織融資的情況。這些改變對私募股權之融資造成了很大的影響,因為私募股權的融資過去都是遵循HMRC所一直認同的模式。因此,可能考慮由第三人銀行提供融資,因HMRC一般認同此融資為常規交易。另HMRC對企業因其特殊環境欲獲得

稅務上的確定有清楚的申請程序。

　　HMRC針對何種行為將構成4A（1）（C） Schedule 28A新章節所述的行為提出指導方針。這個指導方針似乎可被廣泛地使用。

1503 其他法規

　　在1997年10月公布「諮詢文件」（Consultative Document）之前，官方對於移轉訂價的說明非常有限。英國政府只有指導方針且沒有具體法律效力。

　　指導方針附註：跨國企業之移轉訂價（稅務局新聞稿，1981年1月26日）

　　1981年，稅捐機關發表一份有關跨國企業之移轉訂價的新聞稿。此新聞稿提供一套準則，說明稅捐機關如何詮釋移轉訂價法令，並且準備實施此法令。不過推行此準則時，實務上會遭遇到一些限制，如施行之方法、程序和其他行政事項（例如稅捐機關收集資訊與交換資訊之權力）等。

　　移轉訂價：新的OECD報告：英國稅務局作業程序之指導方針（稅務局稅務公報，1996年10月25日）

　　1996年的稅務公報（Tax Bulletin）提出了移轉訂價程序指導方針、HMRC說明對OECD指導方針以及實行相互協議程序的立場。HMRC表示，他們在實施英國移轉訂價法令和相互協議程序時，會遵循OECD指導方針，其也指出納稅義務人在自行申報其移轉訂價是否符合常規交易原則時，也應參考OECD指導方針。至於其對預先訂價協議的看法，以下會再詳談。這份公報的內容有時限性，英國根據相互協議程序所同意的減免措施和解決方式現在已經被特定的法令所取代，公報中許多內容

也已經過時了。所以，現在此公報主要作為過去重點之參考，執行相互
協議程序的新程序可在ICTA88之第815AA節中找到。

第60號稅務公報（Tax Bulletin 60）（詳見本章第6節1506）詳細
說明了會引起HMRC質疑的狀況，此份說明被擴大詳述，並納入「國際
手冊」（International Manual）中。

「諮詢文件」和1998年3月的預算宣告

諮詢文件（Consultative Document）除了說明所欲提出之新法令外，
也對政府在研擬新法令時所考慮的議題提出建言，邀請的諮詢對象主要
來自利益團體。1988年3月，英國政府將各方建議匯納集結，發表摘要
報告，並說明政府的回應及進一步的法令提案。

諮詢過程所考慮的主要議題和諮詢結果如下：

● 政府認為不需要有小額條款（de minimis provision）。英國政府
  保留給HMRC的權力，讓其稽查員可權衡評估移轉訂價調整的可
  能總金額與因挑選稽查對象所產生的相關成本。

● 英國政府認為有必要把一些合資雙方協議（joint venture
  arrangements）納入法令範圍內，即使合資雙方沒有「控制」的
  關係存在，不過此作法引起不少公論。稅捐機關對既有的合資企
  業讓步，短期內不可能就合資雙方協議之價格重新談判，所以採
  用了過渡性條款，允許這些合資企業有3年時間不受新法約束。

● 英國政府不要求納稅義務人在其年度納稅申報書中特定揭露有關
  移轉訂價之相關資訊。

● 英國政府決定制訂法令，禁止二次調整。不過「諮詢文件」鼓勵
  納稅義務人自行修正。

- 在諮詢過程中，正式「預先訂價協議」程序受到許多支持聲音，所以英國政府宣布計畫在未來的財政議案（Finance Bill）中納入相關法令，讓稅捐機關能事先與納稅義務人磋商。

- 文件的指導方針草案規定於「諮詢文件」的附件中。這些指導方針條列出3類文件：（1）移轉訂價應準備並保存之文件；（2）進行一般商業交易所需保存之文件；（3）納稅義務人不打算保存之文件。鑑於諮詢過程中的許多意見，英國政府宣布HMRC將修正指導方針備註之草案，新修正的附註將更強調建立文件的一般性原則，減少特定文件類型的條列。新修正的備註於1998年10月公布，包含在稅務公報第37期中（Tax Bulletin 37），以下第9節（1509）有詳細說明。

- 特定的移轉訂價罰則條款已草擬中，但尚未發表。但HMRC有關處罰上的實務公布在1998年稅務公報第38期中。該部份將會在本文中討論，請參閱以下第9節（1509）。

英國皇家稅務及海關總署手冊（HMRC Manuals）

「英國皇家稅務及海關總署手冊」係為稅捐機關內部使用，不過一般大眾也可以取得，HMRC之網站也有網路版可供下載。一般而言，這些手冊詳細說明稅捐機關如何詮釋既有法令，並對於法令發展提出理由和解釋。手冊也提供準則，說明稅捐機關在應用這些法令時，會考慮的事實因素，例如在何種狀況下會提出移轉訂價議題，以及決定是否提出質疑時的考慮事項。

2003年10月HMRC出版了「國際手冊」（International Manual），本手冊涵蓋了「免於重複課稅」（Double Taxation Relief）原則之指導方

針，並介紹了「避免重複課稅協定」及「受控外國公司」相關法令、移轉訂價的指導方針、跨國金融與資本弱化法令，並提供了稅務稽查員在進行這類調查時的實務建議。本手冊對早期法令內容，尤其是移轉訂價方面，作了大幅修正與補充，形式亦有所差異，尤其在細節說明和具爭議性之實用準則方面更是如此。「國際手冊」整合了許多1998年起出版的稅務公報內容，包括文件準備、處罰、稽查對象挑選及股票選擇權（share option）等說明。

移轉訂價的實用準則包括下列三方面：

（1）移轉訂價調查的執行，包括：

(a) 對象挑選；

(b) 稽查員應收集的證據；及

(c) 移轉訂價報告和可比較資料的詮釋。

（2）確認調查範圍，包括：

(a) 所使用的移轉訂價方法；

(b) 使用之價格區間和制訂價格的方法；及

(c) 其他的稅務作法，例如常設機構（PE）、英籍企業（residence）等。

（3）高風險的移轉訂價結構，包括：

(a) 佣金代理人（Commissionaire, commission agents）；

(b) 來料及進料加工（toll and contract manufacturing）；

(c) 智慧財產權的移轉；及

(d) 採購與研發服務。

納稅義務人可以參考該手冊以更加了解移轉訂價調查之細節及稅務優勢的投資架構。

1504 法律案件

很少有移轉訂價議題被提至法院來解決，不過還是有相關判例存在，例如Watson 對Hornby（1942）、Sharkey 對 Whrnher（1955）、以及Petrotim Securities Ltd 對 Ayres（1963）。這些判例集合起來，建立了當時關係企業交易之常規交易原則，現在這些原則就呈現在法令中。最近有兩個重要案例，最能說明ICTA88，Schedule 28AA之前法令的詮釋和應用狀況。

Ametalco UK對稅務局稅務執行官（IR Commrs）（1996）

Ametalco案件牽涉到的是移轉訂價所適用之交易性質。這家英國公司因應其母公司要求，預先提供一筆免息貸款給關係企業。稅捐機關根據ICTA88之第770-773節，要求該英國公司設算這筆貸款的「名目」利息，並藉此對英國借貸公司之「名目」所得課稅。

稅捐機關主張，該法令適用於所有類型的交易，包括借款和預付款項，就其觀點來看，這類交易也包括在ICTA88第773節所說之「各種類型之商業措施（business facility）」內。納稅義務人提出各種說法，以反駁稅捐機關觀點，不過「特別執行官」（Special Commissioners）還是贊同稅捐機關的立場與看法。

這個案件很重要，因其釐清了稅捐機關對於一般貸款和利息，以及無息貸款之法令應用的立場。

葛蘭素大藥廠（Glaxo Group）對稅務局稅務執行官（1995）

葛蘭素集團裡尚有幾家公司的上訴未獲得解決。HMRC質疑該集團旗下的公司所進行的關係企業交易並未遵循常規交易原則，所以增加調

查未核定的案件以反映移轉訂價調整。

　　葛蘭素辯稱，要調整移轉訂價必須提出新核定，不應透過修正既有的未核定案件來進行。進行新核定有6年的時間限制（涉及詐欺或過失行為之案件除外），這規定會限制稅捐機關的調整動作。

　　法院判決結果認為可以對任何未核定案件進行移轉訂價調整。所以目前的法律是，稅捐機關可以在特定條件下對任何「未核定」年度以及前6年的「已核定」年度進行移轉訂價調整。

「特別執行官」（Special Commissioners）之決定——Waterloo公共有限公司（plc）和其他企業對稅務局稅務執行官（2001）

　　除以上移轉訂價法院案件外，有些案件是由特別執行官先行進行審理，雖然此審理為無法律效力的判例，但可對法令解釋造成反駁效果。

　　2001年7月，特別執行官對Waterloo公共有限公司（公開之判決書中以匿名方式表示）之跨國股權計劃（international share plans）相關之成本進行移轉訂價研究。特別執行官認為應該視同Waterloo 公共有限公司已向海外子公司收取費用而被課稅，因為其提供股票利益給海外子公司的員工。所以根據移轉訂價法令，稅捐機關有權對Waterloo的課稅利潤進行向上調整。

　　特別執行官認為，讓子公司的員工參與股票選擇權就是一種「商業措施」。特別執行官同意股票選擇權是員工的報酬，母公司透過整體的安排，提供一些報酬給子公司之員工，而提供報酬給子公司就是一種有價的「商業措施」。

　　此商業措施是直接針對子公司參與權責權的員工， ICTA88第770節修正成第773（4）節後，規定該措施須「給予」受餽者，而非一個

買或賣的明顯交易，所以不需要界定出母公司與子公司間的直接交易，就可以課稅。

特別執行官認為，股票選擇權方案提供明顯的有價利益給子公司員工，而這個利益的價值是可以被計算出來。廣義來說，這個案件說明了ICTA88第773（4）節的假設立場，也就是稅捐機關可以對集團內提供的總交易措施課稅，不一定需要對個別交易基礎來分析：「商業措施是一個商業用語、非法律詞彙……，如果法令中使用商業用語，就需要把所有的交易聚集起來，超越其法律上的個別性，以進行一般的商業檢驗」（公開之判決的第57節）。

Waterloo公共有限公司認為由於交易雙方並沒有共同控制權（亦即受託管理人與Waterloo 公共有限公司），所以不應採用ICTA88第770節，不過上述執行官的論證使其敗訴。

HMRC將其對Waterloo案件的詮釋和作法刊登在2003年1月的稅務公報第63期（Tax Bulletin 63）及國際手冊上。HMRC也按照國際財務報告準則（IFRS）中有關股權支付（share-based payment）的新會計準則，陸續發布股權計畫適用常規交易原則的指導方針，此指導方針適用於會計年度開始日自2005年1月1日起或之後者。

1505 舉證責任

依據目前的法令，證實移轉訂價符合常規交易原則的責任落於納稅義務人身上。此法認為，納稅義務人經自我評估過後再呈交納稅申報書，就表示其已經考慮過非常規交易價格並自行對其課稅利潤進行必要調整了。

根據1999年7月以前之法令，稅捐機關有責任確認納稅申報書是否

完整正確。如果稅捐機關對該納稅申報書有所疑慮，則可以進行調查，並要求納稅義務人提供額外資訊作為補充。如果進一步調查後稅捐機關還是無法同意申報書之記載為正確，則會調整其金額並核發核定通知書或者修正既有的未核定案件，以課徵納稅義務人應該支付的補稅。納稅義務人可能接受稅捐機關的判定，或者提出額外的所需資訊，以作為上訴的支持文據。

　　理論上，舊法規定舉證責任在於稅捐機關（即由稅捐機關證明納稅申報書是否正確完整），然而實務上，稅捐機關只需要作出一次結論，如果核定通知書已核發或修正既有的未核定案件，舉證責任就轉移到納稅義務人身上。

　　如果稅捐機關認為由於納稅義務人之疏忽，導致稅收減少，那麼證明稅收減少起因於納稅義務人疏忽的責任就歸屬於稅捐機關，而非由納稅義務人提出。

1506 稅務稽查程序

調查程序

　　在自我評估的制度下，公司一般必須於在會計年度結束日起12個月內申報所得稅及法定的會計帳目（statutory accounts），HMRC在一定時間內會發出正式的通知函告知納稅義務人將調查其納稅申報書。當調查文件發出後，所有包含於納稅申報書的事項都在調查範圍，包含移轉訂價議題。HMRC無須說明調查的理由。

　　包含移轉訂價同期紀錄文件的典型資訊會以信件方式要求提供，納稅義務人可以以書面、提供文件、資料或資訊及其他分析資料來佐證其稅務狀況。稅捐機關與納稅義務人在這之後的會議，可以更進一步相互

討論資料內容或其他特別關心的議題。有關於移轉訂價部份的調查,除非經由納稅義務人的邀請,HMRC沒有法定權利去拜訪納稅義務人的場所或與其員工訪談。過去並未執行相關拜訪,但此已漸漸成為趨勢。

移轉訂價調查可能由當地調查員獨立執行並作出結論。若當地調查員要求協助,HMRC國際租稅移轉訂價單位(即國際部門)的專家將會提供協助。

一般而言,移轉訂價調查需耗時多年,且調查的結論需在稅捐機關與納稅義務人多次的溝通及會議中才可得到。然而,由於Varney review的結果,移轉訂價調查時間可望可以減少。

在調查完成後,調查員必須發出結束通知,並對正確的應納稅額作出結論。納稅義務人有30天的時間對申報書作出更正(如果有必要作調整),否則調查員有權在之後的30天內作出調整。

選定調查對象

目前的納稅申報書並無包含集團交易細節的揭露。集團貸款或貸差(credit balance)這類交易的有限細節資料,只能在納稅申報書所附之會計科目查核說明中取得。此外,根據會計法令,如果與關係企業之交易不符合常規交易原則,就必須公開這類資料,但是根據第8號「財政報告準則」(Financial Reporting Standard 8,FRS),只有在此標準所列出之情況下,才需要公開。而稅捐機關的手冊則規定了幾個項目,這些項目會說明是否需要提出移轉訂價議題,尤其當其與關係人有不尋常的大筆交易金額時。

風險評估

　　原則上，HMRC在對企業執行移轉訂價調查前，應先作過風險評估。風險評估可使調查更集中焦點，確定所調查的對象的確有重大或可能的移轉訂價風險。

　　依據Varney報告，在正式提出調查之前，HMRC被期望在風險評估程序中與納稅義務人互動以取得所需資訊。HMRC在正式調查前取得的資訊的法律基礎是遭受質疑的，因此公司可以選擇配合或不配合該項調查，但若選擇不配合可能會對稅捐機關造成負面的印象。

　　HMRC稅務稽查員執行的風險評估原則上包括下列幾項：

● HMRC隨時可取得之企業資訊，包括：
　（1）任何移轉訂價文件的檢閱
　（2）集團6年期間之帳目，以及英國和非英國之個別企業帳目的詳細檢查
　（3）集團架構以及租稅天堂（tax haven/shelter）國家的認定
　（4）產業趨勢的探討，企業在其產業的近況，以及集團內的最新發展（新的購併狀況或新地點等）
　（5）檢閱資料庫，以瞭解多年度的資料和潛在的可比較資料

● 其他租稅管轄區之資訊，包括其他租稅管轄區的納稅申報書。值得注意的是，稅捐機關如果要取得其他租稅管轄區之跨國企業的資料，必須特別向企業要求，或者可根據歐盟規定或透過租稅協定之資訊交換規定來取得。

● 來自其他英國政府稅捐機關的資訊：
　（1）與「隨薪付稅」（PAYE）辦公室合作，以取得高所得英國員工的資料
　（2）與「關稅與貨物稅局」（Customs & Excise）合作

這基本上是促使稅務稽查員利用其他政府的稅務部門取得資料。「隨薪付稅」（PAYE，Employment tax）為英國所得稅制度之一，此制度提供了別處無法提供的資訊，例如高所得員工之股票選擇權資訊，且此資訊不會在當地帳目中記載。至於「關稅與貨物稅局」（Customs & Excise），為負責徵收加值稅和關稅的政府部門，稅務稽查員可以從此取得加值稅稅籍登記的詳細資料，以及貨物移動的情形，並藉此確認貨物進入和運出英國的價格。2005年之後，英國稅務局（Inland Revenue）以及關稅與貨物稅局（Customs & Excise）合併成為同一個部門，亦即現在之英國皇家稅務及海關總署（HMRC），因此促成不同功能稅務部門之合作及資訊的分享。

構成調查的因素

HMRC界定了幾個很可能構成其進行移轉訂價徹底調查的特定風險區域，詳述如下：

● 有租稅天堂（tax haven）的公司

如果集團在租稅天堂設有公司，不論這些位於租稅天堂的公司是否在集團內經營營運活動，都會成為HMRC優先稽查和徵稅的目標。如果其在租稅天堂營運的規模和利潤額度不相符的話，會引起稅捐機關進行移轉訂價稽查。

● 企業於英國所申報之利潤普遍較集團低

英國企業的利潤如果大體上低於其所屬其他集團企業，不論是否有理由相信此為事實，都會成為HMRC稽查和徵稅的目標。

●英國企業只有例常性低利潤之產出

英國企業如果擁有可產生高利潤的資源，但是實際上卻只列報例

常性的低利潤，就會成為HNRC調查的對象。為了瞭解這類企業的真實經濟狀況，HMRC會視其是否有鉅額投資、高技術及報酬的技術或研發人力或者無形資產（例如商標、知識（know-how）和專利）。

● 所支付的權利金或管理服務費似乎不符合市場價格，而且對其在英國所申報的利潤造成巨大影響，所支付的這類費用包括：

（1）英國所不知道之品牌名稱

（2）在英國執行業務過程中所附加的技術具有很高價值

（3）意義不明的一堆無形資產

（4）連續數年績效很差。此「績效」一詞，實務上通常是指損失。損失易引起HMRC的注意，並會被要求提出未來可能會有超額利潤的證明以支持目前的損失。

● 風險組合改變，英國集團所獲得的報酬也跟著改變，例如：

（1）經銷商變成佣金代理人（淨利下滑）

（2）全方位製造商變成委託製造商（contract manufacturer）

（3）原本可以收取權利金的研發活動變成委託形式

（4）開始採用成本分攤協議

HMRC同意應予考量潛在的稅務風險以及建立常規交易價格的困難，雖然在英國移轉訂價法令中沒有這些微不足道的規定。

實務議題

「國際手冊」提供了更詳細的實務準則、HMRC的實際案例以及移轉訂價原則的詮釋。

Varney報告也設定了從開始執行調查起18個月內完成的目標，但對

特別複雜或高風險的案件可延長到3年。

1507 取得資訊的權利

　　根據舊制度，稅捐機關在執行移轉訂價調查時，依一般稅法和ICTA88第772節中規定具有相當之權力可以取得資訊。根據第772節規定，稅捐機關有權力取得英籍企業（UK resident company）與其關係企業間的交易資訊，並要求該英籍企業提供其握有51%股權之非英籍企業子公司的帳簿和紀錄。

　　隨著移轉訂價法令的更新和現代化， ICTA88第772節中的特定條文已被刪除，因此現在只有普通法（general law）（「1970稅務管理法案」TMA 1970）第19A節賦予HMRC權力，不過這不會影響其有效執行移轉訂價稽查的能力，而政府也密切注意，這項對HMRC取得足夠資訊權力所做的改變，是否會影響成效，如果造成反效果，很有可能再次實施HMRC可以取得相關資訊之權力的規定。

　　英國稅捐機關並沒有權力取得英國企業之非英籍母公司的資訊，以及該非英籍母公司下之子公司（屬於非英國控制之集團）資訊。請注意，由於英國廣泛簽訂避免重複課稅協定，因此至少理論上HMRC能夠根據相關之「資訊交換」條款，取得大量資訊。

　　如果納稅義務人沒有回應HMRC的要求提供必要資訊，HMRC可能會進入其企業場所，查閱與移轉訂價議題相關之文件。如果HMRC認為第三方的資訊有助於調查進展，HMRC也有權力透過第三方取得資訊。不過HMRC通常很少行使這種權力，而且只有在極端的狀況下才會派上用場，因為連HMRC自己都覺得這個權力具爭議性，需要謹慎行使。如果納稅義務人未能提供所需資訊，很可能會被重新估算營收，如此一來企

業就必須提出證據作為反駁。

1508 修正的核定及訴訟程序

　　如果稅捐機關和納稅義務人對於移轉訂價之價格無法達成共識，任一方都可將案件呈交至委員會，不過通常是由稅捐機關呈交。移轉訂價的上訴是由「特別執行官」來聽審，他們是一群稅務專家組成的審理庭。值得注意的是，納稅義務人在收到核定通知書後，也可以在30天內提出上訴，並需附上上訴理由。如果稅務稽查員已經對既有的「未核定」（根據舊制）做出移轉訂價調整，或者對納稅申報書做出修正（根據新制），那麼即使案件尚未被呈至「特別執行官」面前，也很可能已經算提起正式上訴。

　　請注意，「特別執行官」可能會把核定金額往上或往下調整，　且判決確立，其所核定的稅額最後可能會比原來稅捐機關所提之核定金額調高。納稅義務人或稅捐機關可以針對「特別執行官」的決議提起上訴，不過此時的上訴必須就法律觀點（如法條之引用或解釋有誤）而非事實的觀點。上訴會由高等法院（High Court）審理，後續的上訴審理單位則是上訴法院（Court of Appeal），然後是上議院（House of Lords）。如果這些法院的審理涉及歐洲法律問題，就可以請求盧森堡的歐洲法院（European Court）協助此案。

1509 附加稅和罰款

　　有關移轉訂價的具體處罰規定還未制訂，目前係適用「1970稅務管理法案」（TMA1970）第95、95A和96節所列之一般規定。一般而言，應納稅額之補繳必須支付利息，而且是從稅額原本應繳納之日起計

算。利息的利率會有明文規定，通常稍高於銀行利率。此外，特定的行為或過失可能會被處罰，罰款額度可能固定，也可能依據所犯之情節，以稅額比例來計算罰款。例如，沒有申報公司稅，一開始只處以小額的固定罰款，但是超過應申報之日起6個月的延遲申報，會變成以稅額來計算罰款。

以下狀況會被處以移轉訂價相關之罰款：

● 未能根據稅捐機關所發出之正式通知提供其要求之文件或資訊（不過很少會有這種通知），罰款金額從50英鎊到300英鎊不等。若在罰款徵收後納稅義務人還是未能提供相關文件，就會依據其延遲天數計算罰款。

● 疏忽或故意填寫不正確的納稅申報書（或者事後才發現錯誤，卻未能及時向稅捐機關報告者），最高會被處以需補繳稅額之100%的罰款，多數採用自我評估方式申報的納稅義務人最可能面臨這種風險。

即使公司的自我評估申報的利息處理方式已經做了修正（適用於會計年度於1999年7月1日結束或者之後者），前述因補繳稅款所附加的任何的利息或罰款都不能於申報時列為扣除額。在某些情況下，納稅義務人於HMRC調查期間所產生的專業顧問費等也不能扣除。

英國政府公布了對罰責適用的修正，並預期適用於2008年3月31日以後開始的稅務申報年度，即適用於2009年3月31日以後申報的納稅申報書。詳細的規定尚未公布，但HMRC已指出修改包括了：

● 簡單的錯誤不應適用罰責。

● 將設定最高和最低的處罰比例。

● 有更大的誘因使納稅義務人自動揭露錯誤，而稅務稽查員對處罰

的處理權將比現在更低。

● 暫緩處罰的新觀念將被引進。

● 假設納稅義務人已充分揭露，在很長的爭訟期間結束後，不應有罰責的適用。

上述規定除適用於移轉訂價外，也適用於其他稅務遵循案件。

疏忽

涉及詐欺可能會觸犯刑法，不過此狀況較少見，實際上比較困難處理的狀況是疏忽。

HMRC在新移轉訂價法令中，明訂自我評估申報疏忽處罰的準則，請參考1998年12月的稅務公報（Tax Bulletin）。另外，此準則也納入新的「國際手冊」中。

如稅務公報所說，英國的法院或HMRC都未曾詳細定義「疏忽」。雖然如此，納稅義務人很明顯有責任做出任何有理智者會做之事，以確使其所申報的符合常規交易原則。HMRC建議納稅義務人要做到下列幾點，不過不只限於此：

● 使用其商業知識和判斷，做出符合常規交易原則的安排和訂價。

● 能夠證明其誠實合理地努力符合常規交易原則標準（例如準備高品質的證明文件）。

● 有需要時尋求專業之協助。

由此清楚發現，納稅義務人為了避免疏忽之嫌，必須建立合理的移轉訂價策略，並備妥相關文件，實際執行時也要根據此策略執行。HMRC曾指出，如果文件不能提供良好理由，使其相信納稅義務人的安排和價格符合常規交易原則，那麼備妥文件並不代表納稅義務人就不會

被處罰。

文件規定

雖然舉證責任有了變更，但是對於納稅義務人需準備何種文件以支持其移轉訂價，英國政府尚未明訂相關規定，不像許多國家移轉訂價制度已有明文規範可尋。英國政府偏好採用自我評估申報的一般規則，也就是「納稅義務人要保存所需之紀錄，以便做出正確完整的納稅申報」。這種缺乏確定性的文件規定，引起不少疑慮。尤其是納稅義務人很可能會被指稱在報稅時沒有呈交足夠移轉訂價文件，以證明其決定符合常規交易原則，而被處以可觀之罰款時。

有鑑於此，1998年10月，HMRC在第37期稅務公報提供一套準則，說明文件紀錄之規定。

此套準則涵蓋5部分。由於交易可能很複雜，納稅義務人應準備並保存相關文件，以確認：

● 新法令規定範圍內之相關商業或財務關係。

● 相關交易的性質和條件（包括連續性的交易，和相關的沖銷交易 off-setting transactions）。

● 交易性質和條件所設定的方法，包括任何可比較資料研究的資訊，以及任何的功能性分析。

● 這些方法如何計算出符合常規交易原則之條件，或者，如果不能計算出來，需要怎樣的計算調整，以及應該如何計算。

● 與第三者和關係企業進行交易所產生之相關商業安排的條件。

從此份準則可看出，需要的資訊非常詳細。此外，如果再加上第三者可比較資料研究的資訊，更可以強烈證明納稅義務人所挑選的訂價方

法符合常規交易原則，因為這表示企業有第三者交易之可比較資料，以及具有與第三者交易產生之利潤。沒有這些資料，HMRC會認為資料不夠完整。為了證明可比較資料是真正經過比較，或者最後結果是真正經過評估，通常必須執行特定之功能和風險的詳細分析。

減輕罰款

HMRC指出，其會依照納稅義務人資訊公開、合作程度、規模和情節輕重等狀況，根據一般原則，減輕納稅義務人罰款。這套制度的實際運作正是新制度的主要目標。這類訊息在稅務公報中沒有太多說明，不過其指出，除了規模與情節輕重外，HMRC還會考慮下列事項：

● 調整的絕對額度大小。

● 和進行調整時的企業營收和利潤相比，調整額度的相對大小。

● 如果可能取得的話，最好有受到調整之關係企業的交易量和交易值的資料，並瞭解和此交易量和交易值比較之下，調整額度的大小。

根據截至目前的核定情況，少有對移轉訂價之調整加以徵收罰款。

1510 稅捐機關可取得之資源

處理移轉訂價議題的專家不多，在HMRC的國際公司稅部門中有一專責處理移轉訂價的「特別小組」，傳統上這個特別小組負責處理大型跨國企業之調查。雖然稅務稽查員有足夠能力和經驗處理移轉訂價，不過人數太少，能稽查的案件非常有限。所以通常只有規模或性質非常重要的案例才會受到此單位調查。

因此，移轉訂價案件通常是由地方稽查員，或者由 HMRC裡的其他

分處例如「特別遵循辦公室」（Special Compliance Office）來執行，有需要的話才會藉助該「特別小組」稽查員的技術。國際手冊說明在何種狀況下，地方稽查員可以請求「特別小組」之協助。雖然「特別小組」的中央監督工作會持續進行，不過地方所接受的稽查案件應該還是比中央多。

1511 可比較資料的使用及取得

如上所述，英國政府支持OECD指導方針，並加以應用。此準則建議使用可比較資料，所以這也可以用來證明移轉訂價政策。再者，HMRC在考慮罰款和文件議題時，會參考可比較資料，由此可看出，在英國可比較資料仍然是納稅義務人捍衛其移轉訂價的重要依據。

稅捐機關可以取得自己的可比較資料，而HMRC會使用一套從市場上購買之資料庫以取得英國企業的資料（詳見下文）。HMRC表示，原則上可比較未受控價格法應是最合適的訂價法，不過如果有證據證明無法使用可比較未受控價格法，就可以使用其他方法。

可比較資料之取得

所有英國的企業，不論是公開或非公開發行之公司，皆必須準備法定帳本並呈交給英國「公司登記局」（Companies House）的公司註冊部門（Registrar of Companies）。某些公司，例如中小型企業，其只需要繳交有限細節的簡要帳目。這些帳目的複印本可以公開取得，不過能提供的幫助只限於某些特定內容。

還有幾個可以自市場購買取得之資料庫，這些資料庫包括每個公司數年來的財務報告摘要，此資料有助於獲得潛在的可比較資料。這些資

料庫能提供的幫助當然也會受到資料來源的品質之限。HMRC也會利用這些資料庫進行可比較研究。

稅捐機關和企業顧問對因其職務而取得之第三者之資料，負有保密責任，不得洩漏給其他公司。實際上，雙方在這相關議題上所累積的知識和經驗，在未來的調查中能互相受益。HMRC即便會使用「秘密的可比較資料」（secret comparables）來作為移轉訂價調查的選案標準，但不會公然使用該「秘密的可比較資料」來質疑納稅義務人移轉訂價的合理性。

1512 風險交易或產業

沒有任何交易或產業可以不受移轉訂價法令的規範。如果某一特定產業或案件受到「特別小組」的注意，HMRC可能會使用對某納稅義務人調查所得的資訊或經驗，來調查另一類似的納稅義務人。所以，雖然所有的產業都可能成為稽查對象，不過HMRC還是會特別注意某些特定產業，然後再進行其他產業稽查。

就地方稽查來說，所有的交易和產業都可能成為對象，不過比較容易受到注意的並不是特定產業，而是特定交易，尤其與集團內相互收費之交易，例如權利金、管理費，而非貨物的移轉價格。

1513 重複課稅之限制與主管機關訴訟

進行相互協議程序時，須注意下列事項：

● 相互協議程序下與移轉訂價有關之案件，交由「特別小組」來處理。

● HMRC可能對重複課稅提出單邊解決方式，或是根據相互協議程

序和另一國家達成協議，但並不保證會進行相對應的稅務調整，因為根據相互協議程序，稅捐機關不需要達成協議。

● 如果英國企業想要根據外國稅捐機關對其進行之調整，要求在英國進行相對應的調整，就必須儘快提出保護聲明，以免超過相對應調整的提出時限。

● ICTA88第815AA節釐清了相互協議程序的時限。在避免重複課稅協定中並沒有訂出更長的時限，所以當面臨移轉訂價調整時，要在調整當年之會計年度結束起6年內，向英國主管機關提出聲明。

● 第815AA節說明相互協議程序所達成之協議如何在英國生效，並說明隨後的聲明必須在相互協議達成或解釋函通知日起12個月內進行。

● 第815AA節也清楚表示，相互協議程序下的案件，並不是稅務減免的聲明，所以不用受到這類聲明法令的規範。

● 進行相互協議程序的方法，並無明文規定，納稅義務人只要在書面中詳細說明案件，包括相關年度、案件性質和涉入企業之細節，就可以提出申請。

有時候外國租稅管轄區會在移轉訂價調整之後，進行二次的調整。二次調整可能會把名目股利（notional dividend）或是資本貢獻（capital contribution）視為已經繳納來調整交易與財務報表，以平衡公司的績效表現。

而英國通常不這麼做，因此引發一個問題：英國會承認其他國家所做的二次調整嗎？如果願意，會怎麼處理。在「諮詢文件」中，政府決定不把其處理二次調整的作法明訂於法令中，雖然如此，英國政府還是

表示，希望鼓勵納稅義務人在這種狀況下能「自動修正資金」。據此，HMRC可能在某些狀況下會考慮調整，例如因為他國所進行之二次調整，使得英國公司之建設性貸款所支付利息的抵扣，就可以調整，這可說是英國作法之優點。

HMRC也會考慮未來把二次調整事項納入法令中，但要視納稅義務人自動進行二次調整的成效而定。

值得注意的是，主管機關所進行的程序可能得費數年才能完成，還不一定保證有滿意的結果。不過由於這類訴訟愈來愈多，HMRC預期整個進行過程會愈來愈快。事實上，英國與案件眾多的其他稅捐機關，也開始進行例常性會議。據了解，英國和美國稅捐機關正是如此。

再者，身為歐盟會員國之英國，其稅捐機關會受歐盟仲裁公約（EU Arbitration Convention）的程序所規範。此公約從1995年1月1日起實施，只適用於歐盟會員國，而簽約國同意自2002年1月1日起擴大適用，最後於2004年時經所有簽約國承認。雖然仲裁公約是由納稅義務人所發起，不過其也規定如果稅捐機關無法透過相互協議程序解決意見歧異，也可以訴諸仲裁程序。仲裁程序包括獨立專家組成的諮詢委員會，他們會在特定時間內提供意見。雙方稅捐機關必須依據此意見行事，或者同意另一種作法。

此仲裁公約的預期效益是可以確保在特定時間內對議題提出決議。不過實務上這預期效益尚未實現。成功解決的案件非常少，而且時間限制又經常被以不同的方法詮釋。歐洲執行委員會（European Commission）於2001年10月所公布，標題為「朝向無稅務障礙之內部市場」（Towards an Internal Market without Tax Obstacles）的訊息中，就對仲裁公約的整個成效作了評估。

1514 預先訂價協議

1999年8月31日英國稅務局頒布「實施聲明」（Statement of Practice）（3／99），為1999財政法案（Finance Act）第85至87節中的英國稅務局詮釋提供準則。1999財政法案規定預先訂價協議的法定程序。在聲明中，英國稅務局說明其對此法令的實際應用方式。

到目前為止，已有一些企業採用預先訂價協議，目前約完成數件。

申請人和規模

英國企業，包括合夥企業對於受ICTA88之Schedule 28AA和第770A節所規範之交易，都可以申請預先訂價協議。非英籍企業透過其分公司或代理人在英國從事交易者，以及英籍企業透過其分公司或常設機構在英國境外從事交易者，也都可以申請預先訂價協議。

在英國，通常只有在解決複雜的移轉訂價議題，或是在應用常規交易原則時無法決定適用方法論的情況下，才會進行預先訂價協議程序。如聲明中所說，「HMRC對於較不複雜之案件及對於應採用常規交易方法無重大疑慮時，並不考慮進行預先訂價協議。因此HMRC對於不符合此標準的申請案，可能會予以拒絕。」

預先訂價協議將牽涉到其所涵蓋交易類型的移轉訂價方法，可能包括不同的關係企業交易，或者只是某種特定的交易，以及其他集團內安排，包括有形資產和無形資產的轉移，以及服務提供。預先訂價協議可能與企業的所有移轉訂價議題有關，也可能只限於某些議題。

在實施聲明中，HMRC表明其傾向與另一方關係企業所在之稅務主管機關一起討論預先訂價協議之事項，也就是說其傾向採取「雙邊預先

訂價協議」。HMRC表示，他們希望採取雙邊架構，以達成多國協議。不過，任何多國協議都必須採取兩個或多個雙邊預先訂價協議才能達成。

過程

1999財政法案第85（1）（c）節規定，預先訂價協議的開始程序是由企業根據法規所同意之申請方式提出申請。預先訂價協議的典型程序包括4階段：表明意願、正式提出申請、評估和協議。在表明意願階段或正式提出申請階段，HMRC可以拒絕此申請。此時，HMRC會告知納稅義務人拒絕其申請的理由為何，並允許納稅義務人再次提出申請。在最後達成協議的階段之前，企業可隨時撤回預先訂價協議申請。

HMRC表示，預先訂價協議提案都應備妥下列資訊作為輔助：

● 企業之身分確認，以及其歷史性的財務資料（通常是指前3年）。

● 說明預先訂價協議所欲涵蓋之移轉訂價議題，以及企業之風險和功能分析，以及與此議題相關之企業的預估財務資料。

● 說明納稅義務人所屬之集團的全球組織架構、所有權和業務經營等資訊。

● 說明能用來證明預先訂價協議所將採用之移轉訂價方法論的文件紀錄。

● 與預先訂價協議所涵蓋之議題相關的稅務稽查（目前正在進行者），或者主管機關之相關聲明。

● 預先訂價協議應涵蓋之期間。

● 說明移轉訂價方法論之假設，因為這是移轉訂價應用是否可靠的

關鍵點。

● 申請雙邊預先訂價協議。

● 當企業認為所交換的資訊為商業機密時，HMRC應謹慎執行交換資訊。

● 企業所提供關於預先訂價協議的資訊，會納入HMRC對此企業之資訊庫中。HMRC清楚表示，這類資訊可能會有預先訂價協議以外之用途。

性質和條件

企業和HMRC所達成的協議，決定了特定期間內，雙方對移轉訂價議題的處理方式。雙邊預先訂價協議的條件也會反映兩個稅捐機關所達成之協議的內容。如果HMRC沒有和企業達成協議，HMRC會發出正式通知說明理由。

通常在預先訂價協議申請過後，才會開始在適用期內實行預先訂價協議。不過預先訂價協議的適用期可能在達成預先訂價協議完成申請之前就已經結束，所以新的法令提案會允許這段期間也能適用預先訂價協議。

HMRC規定預先訂價協議的適用期最少為3年，最高5年，從協議達成開始日起生效計算。HMRC認為預先訂價協議的資訊也像其他納稅義務人的資料一樣，受到保密條款所約束，所以如果HMRC未經授權洩漏預先訂價協議的相關資料，也會違反保密規定。

預先訂價協議監督和新效期的履行

預先訂價協議會確認企業根據1999財政法案第86（4）節提出之預

先訂價協議報告的性質。預先訂價協議也會規定呈交該報告的時間。HMRC希望企業每年在納稅申報之日，也能同時提出該報告。

　　該報告中必須說明當年度是否採用預先訂價協議所同意的移轉訂價方法，以及根據此移轉訂價方法做出的財務結果，另外也必須說明實際收取的價格，以及此實際收取價格與根據預先訂價協議中同意之移轉訂價方法所計算出來的常規交易價格是否有差異。企業也要於該報告中提供任何補償性調整（compensating adjustments）的詳細資料，以及對預先訂價協議中之關鍵假設所作的評估。

　　如果企業故意或因為疏忽而提供錯誤或誤導性資訊時，1999財政法案第86（5）節賦予HMRC有權力取消預先訂價協議。HMRC在考慮行使這項權力時，也會考慮到如果沒有錯誤資訊的話，預先訂價協議的價格或條件會有多少差異。

　　在特殊狀況下，可以修正預先訂價協議的條件。舉例來說，如果因為某項改變讓原來預先訂價協議中所同意之移轉訂價方法難以應用，但是其關鍵假設卻一樣有效的話，經過雙方同意，就可以修正協議內容。

　　企業在其預先訂價協議到期前，可能要求更新而繼續預先訂價協議的效力，而此項要求必須在現有預先訂價協議到期日起6個月內提出。不過在新協議適用的第一期階段結束前所提出的申請，HMRC也不會拒絕。如果移轉訂價的議題有所改變，或者提出不同的移轉訂價方法，企業就要提出新的預先訂價協議申請。

罰款和上訴

　　如果企業故意或者疏忽做出錯誤的納稅申報書，導致政府稅收有所損失，就會被處以稅務罰款。如果納稅申報依據預先訂價協議來進行，

但是當初申請預先訂價協議過程中所提供的是錯誤或誤導性的資訊，那麼HMRC會認為預先訂價協議的協議是無效的。

因為取消或廢止預先訂價協議，導致企業額外增加的利潤，企業可以就此提出上訴。

資本弱化（Thin Capitalization）

資本弱化的預先訂價協議最近被引進。此為單邊預先訂價協議並將與其他預先訂價協議適用相同法令規定。預先資本弱化協議（ATCAs，Advance thin capitalization agreements）預期將短期內通過。此規定將適用於那些相對於公司規模而言，對公司有重大影響的交易，HMRC對未達到標準的公司申請可能會拒絕。

1515 法令與措施的未來發展

本書寫作期間，英國政府並無宣布稅務法令的進一步改革。

行政措施

在「大型企業服務辦公室」（Large Business Service Office，以前稱為LBO，為專門處理大型和複雜企業之稅務的地方辦公室）和其他地方稅務辦公室有一套增加移轉訂價調查員專業知識的政策。為了配合此政策，據了解某些稅務稽查員會特別被指派為專責處理移轉訂價的專員。所以，未來在進行例常性稅務稽查時，很可能有愈來愈多的移轉訂價受到質疑。而新國際手冊中所詳細明訂的稽查員工作準則，也會強化此趨勢。

1516 與海關單位之協調

英國政府已經將其稅務局（Inland Revenue）以及關稅與貨物稅局（Customs & Excise）合併成為同一個部門，亦即現在之英國皇家稅務及海關總署（HMRC）。此外，大型企業辦公室（LBO），石油稅務辦公室及關稅大型企業組（Oil Taxation Office and Custom Large Business Goup）等兩部門也正在整合成單一部門「大型企業服務」（Large Business Service，LBS）。這些部會自由地交換資訊，召開會議以對特定集團之資料進行比較。

1517 OECD議題

英國是OECD的會員國，也同意OECD指導方針之原則。英國會盡力以與OECD指導方針　致的作法來制訂法令，如ICTA88之Schedule 28AA。

1518 聯合調查

身為OECD會員國之英國，其HMRC會根據OECD指導方針，與其他國家的稅捐機關執行聯合調查。如果參與聯合調查，就會交換資訊，此時所根據的法令基礎就是訂有相互協助法規的「避免重複課稅協定」。

1519 資本弱化

如上所述，ICTA88之Schedule 28A已將金融交易之規範涵蓋進來。另外，一般法令也規定，英國企業針對從關係企業取得之貸款所支付的利息費用的扣除額，不論是利率超出預期或貸款額度超高，會受到稅捐

機關的質疑。許多舊的租稅協定並沒有規定多少貸款額度會受到調查，所以地方法令會對此提出補償方式。決定貸款額度是否過高或者利率過高的標準為常規交易原則；也就是說沒有關係之第三者是否願意以這種利率或貸款額度進行借貸。法令會設法使英國的立場符合「OECD租稅協定範本」（OECD Model Tax Convention）第9章之規定。

稅捐機關如果確實發現利息費用因超額貸款或者利率本身過於極端而超限時，稅捐機關就不會允許企業對於納稅申報時扣除該超限之利息費用。英國沒有正式的負債對股東權益比率（debt to equity）或者利息保障比率（Interest cover）（指利息及稅前利潤與利息費用的比值）的安全港機制。通常負債對股東權益比為1:1，利息保障比為3:1是安全的比值。HMRC曾說過，在安全比值確能反映出過去歷史的平均值的基礎下，他們通常會接受這些比值。在審查更極端之比值時，他們會善用稅捐機關的資源。

值得注意的是，每個案件都會個別審理。該案的比值是否能被接受，主要受到該特定產業之平均值所影響，而該平均值可能與上述所說的比值有差異。HMRC會考慮的其他因素和第三單位貸方所考慮的因素一樣，例如借方集團之合併負債/股東權益比，以及集團支付利息和本金的能力。所以HMRC可接受的比值通常是雙方協商談判的結果。

對於為了移轉訂價而清償貸款安排的申請案，HMRC通常願意考慮。這時企業經常必須提交貸款安排的詳細資料文件，以及能確實反映出納稅義務人負債對股東權益比率，或者利息保障比率的有效資料。在中期之內，HMRC會更支持這類的債務清償。稅務公報第37期根據ICTA88之Schedule 28A對於金融交易和安排提供一套準則，此準則說明為何現在這套自我評估的基本訂價原則，會比以前法令涵蓋得更廣泛。

此準則涵蓋內容包括：

● HMRC決定是否有超額利息支出的考慮因素。

● 採用ICTA88第209節的規定，將「超額」（excessive）的利息重新視為股利分配。

● 利息支出未被重新分類之案件（如應為利息支出或股利）。

● 應把交易合併計算以評估是否符合常規交易原則之情況。

● 對外投資、免息或低利貸款，以及在重新把這類貸款視為具資產功能（equity function）時，所會考慮的因素。

● 移轉訂價法規與英國外匯及金融工具法令間的交互作用。

● 英國慈善機關及其關係組織間的基金交易的處理方式。

保證費用

納稅義務人的銀行貸款，如果能獲得關係企業之保證，就可以有較優惠的貸款條件，而這時納稅義務人應支付其關係人提供銀行擔保/背書保證之費用，而此費用亦應該符合常規交易原則。HMRC稅務稽查員在審查貸款安排是否符合常規交易原則時，愈來愈會細查這點。由於界定貸款安排是否符合常規交易原則本身相當困難，再加上缺乏第三者之比較數據，所以貸款安排的詳細資料（包括貸方出示的償付款項信函letters of engagement），就是解決此議題的重要步驟。

1520 管理服務

目前沒有管理服務的具體法令，所以稅捐機關通常都以費用抵扣的一般規則來處理企業所支付的管理服務費用。也就是說，當企業所支付的管理服務費用有享受該服務所提供的利益、與企業營運活動有關、並

符合常規交易原則，就可以在報稅時扣除。當然，這和企業再度收取可適度歸屬於集團內之其他關係企業的費用，是不同狀況。

企業如果提供服務，就應該根據常規交易原則，獲得報酬。也就是說要把提供服務的成本加上利潤（成本加價基礎），並開出發票給服務受益企業，以反映出提供此類服務的市場價值。服務的常規交易價值，有時候會少於提供服務的成本。在此狀況下，還是應以市場價格來重新收取費用，此原則受到OECD指導方針的認可。

如果根據成本加價基礎來重新收取服務費用，則通常要和稅捐機關討論協商該成本加價比率。目前HMRC並無針對特定交易訂定相關準則以設立可接受的成本加價標準比率，不過HMRC通常能接受的成本加價比率是5%-10%。不過稅務稽查員會依照他們所認為的服務價值，而調高該服務之成本加價比率。

如果納稅義務人把成本加價比率訂得較低，就要提出第三者之可比較資料，才能說服稅捐機關接受這個較低的成本加價比率。

第16章　印度移轉訂價法規介紹

1601 前言

　　1961年印度所頒布的所得稅法中，在第92到92F條中對移轉訂價有個別的規範，其中包含各企業間之跨國交易，而相關規範於2001年4月生效。有鑑於此，移轉訂價成為印度影響跨國企業最深的國際租稅議題。該條例大致上是基於OECD指導方針，敘述各種移轉訂價方法，規定每年應備妥之移轉訂價文件及違反規定時之嚴屬罰則。

1602 法令及規定

　　在印度移轉訂價法典（The Indian Transfer Pricing Code）中，關係企業因進行跨國交易所產生之收入應計算常規交易價格。其中更清楚的闡明了跨國交易所產生的任何費用及利息亦應計算常規交易價格。該條款亦介紹「跨國交易」、「關係企業」及「常規交易價格」各項名詞之定義。

包含之交易類型

　　整體而言，因任何所得之移轉最終仍會被課稅，印度稅捐機關並不認為印度國內的交易會對稅基之侵蝕造成威脅。因此，移轉訂價法規主要是適用於跨國交易。

　　法規第92B條所定義之「跨國交易」係指涉及兩家以上之關係企業間從事之有形或無形資產的買、賣或租賃、提供服務、成本分攤、借

出/借入款項、或任何其他有關企業利潤、收入、損失或資產之交易。「關係企業」可能係由兩家皆非為印度居民的企業或一家為印度居民、另一家非為印度居民的企業所組成。

此外，外國公司在印度之常設機構亦有資格被認定為關係企業。因此，外國企業與印度的常設機構間之交易受印度移轉訂價規定之規範。

「關係企業」的定義

在Section 92A中定義「關係企業」為由一方企業直接/間接參與管理、控制或出資另一方企業。也包括由相同之人（直接或間接）參與兩方企業之管理、控制或提供資本。

除此之外，若符合某些特定的條件也會被視為是關係企業。包含：

- 由另一方企業或由兩方企業相同之人直接/間接持有一方企業26%或以上之表決權；
- 一方企業貸予另一方企業之款項金額達到另一方企業資產帳面價值之51%或以上；
- 一方企業對另一方企業之背書保證金額達到另一方企業所有借款之10%或以上；
- 一方企業派任於另一方企業之董事超過該另一方企業董事會總席次之50%以上、或一方企業派任一位或一位以上之執行業務董事至另一方企業，或兩方企業管理職之派任為同一人；
- 一方企業（為經營業務）完全依賴另一方企業所授權之智慧財產權；
- 一方企業向另一方企業大量購進之原物料及出售所製成之商品之價格及交易條件受另一方企業所影響；及
- 存在其他法律所規定之共同利益關係者（至今尚無規定）。

再者，某些案例中，若與國外關係企業間之交易係透過非關係企業（作為一類似導管之角色）進行，則與此非關係企業間之交易，也會被視為關係企業交易。也就是說，移轉訂價法規的目的係為了反擊納稅義務人在集團關係企業交易中納入非關係人以規避移轉訂價規定的舉動。

常規交易之原則和訂價方法

Section 92F定義「常規交易價格」為非關係人間之未受控交易適用或計畫採用之價格。以下為第92C所規定之決定常規交易價格之方法：

- 可比較未受控價格法；
- 再售價格法；
- 成本加價法；
- 利潤分割法 ；
- 交易淨利潤法；
- 其他方法（目前並無相關規定）

上述方法並無特定之優先適用次序。特定交易所適用之最適常規交易方法需依交易的本質、交易或關係人的種類、關係人所執行之功能及其他相關因素決定（由納稅義務人選擇）。

法令規定納稅義務人須決定其所有跨國交易之常規交易價格。法令進一步規定，當使用最適常規交易方法而產生超過一個以上之常規交易價格時，跨國交易之常規交易價格為所有價格之算術平均數。因此，印度稅法並不認同常規交易區間的概念，而是要求須決定一單一之常規交易價格。然而，印度稅法也給予納稅義務人一些彈性使其可採用落於未受控交易價格上下5%範圍內之任何價格作為常規交易價格。另外，印度的法令亦闡明若因採用常規交易價格而導致在印度之應納所得稅額減少時，移轉訂價規定不予適用。

所需文件

納稅義務人須按年保存與關係企業間進行跨國交易之資料與文件。1962年所得稅法第10D條規定了納稅義務人所需保存之跨國交易資料與文件的明細。該規定大致上分為兩大部分。

第一部份條列出納稅義務人應保存之必要文件/資料，包括納稅義務人之股權結構、集團概略、納稅義務人及關係企業之企業綜覽、跨國交易之彙整資料（包括交易本質、條件、數量、價格等）、與納稅義務人有關之財務預測/預估等。法規亦要求納稅義務人須完整地將其移轉訂價研究明細作成文件，包含功能分析、風險分析、資產之使用、相關未受控交易之細節（交易本質、條件、及各種狀況）、可比較程度分析、利潤指標研究分析、假設、移轉訂價政策、常規交易結果調整之明細、最適常規交易方法選擇之說明等。

第二部份條列出納稅義務人應保存足夠之文件/資訊來佐證第一部份所述應保持之資訊/分析/研究文件。此部分並條列了建議保存之佐證文件如：政府出版品、報告、研究、技術性出版品/由著名的機構所進行之市場調查報告、有關訂價方面之出版品、相關協議、契約、相關通聯紀錄等。納稅義務人之跨國交易總額如未達到1千萬印度盧比門檻的規定則無須保存以上要求之文件。即便如此，保存足資證明跨國交易係採用常規交易價格之相關文件仍是必要的。

所有規定之文件及資訊皆須盡可能於同期保存，且無論如何須於所得稅結算申報截止日前備妥（公司須於相關稅務年度次年之10月31日前完成申報）。規定之文件和資訊須自財務年度結束日起保存9年，且須按年持續更新。所需文件之規定也適用於在印度產生扣繳所得之外國公司。

會計師報告

毫無例外地，所有企業須取得獨立會計師所出具之關係企業從事跨國交易之報告書，報告須在前述結算申報截止日前提出。報告之格式須符合法令之規定。此報告需由會計師針對納稅義務人是否已適當保存規定的文件與資訊提出意見且需對上述所列規定應予提示之特定文件簽證其正確性。

1603 法律案件

因移轉訂價相關法令還很新，目前並無相關法院審理案件。但因印度稅捐機關將審查重點放在這方面，預計在不久的將來會有法院審理之相關案件。

1604 舉證責任

常規交易之舉證責任主要歸屬於納稅義務人。如印度稅捐機關在案件核定之過程中，依據其所握有之資料、資訊或文件認為納稅義務人之移轉訂價並未符合常規交易原則或納稅義務人並未保存/提出足夠及正確之文件/資訊/數據，印度稅捐機關可能會在給予納稅義務人陳述之機會後重新計算其總收入。

1605 稅務稽查程序

移轉訂價係由專門之移轉訂價官員於一般稅務稽查程序下進行調查。特定比率之所得稅申報案件會被選取以進行詳細之稽查。稅務稽查通知函須於結算申報當月結束後之12個月內依據法令寄發予納稅義務人，該通知函載明須提示予稅務人員之紀錄、文件和相關明細。

　　一旦稅務稽查程序開始進行，對企業作稅務稽查之稅務稽查官員（Assessing Officer, AO）會將案件轉交予移轉訂價官員（Transfer Pricing Officer, TPO）以計算關係企業間跨國交易之常規交易價格（Arm's Length Price, ALP）。而只要稅務稽查官員認為有其必要性，其可隨時提出此類需求，但須事先取得所得稅稅務執行官（Commissioner of Income Tax）的同意。

　　依據之前印度稅捐機關之內部管理指導方針，若關係企業跨國交易累計額超過5千萬印度盧比，則需提交移轉訂價官員進行詳細稽查，而此5千萬印度盧比之累計交易額額度可能會被持續性地予以重新檢討。

　　移轉訂價官員會接著發出通知函，要求納稅義務人提示足資說明其跨國交易常規交易價格計算結果之文件。移轉訂價官員在考量所有相關因素，例如：所採用之移轉訂價方法之適當性、數據之正確性等後，會對案件作詳細的審查。在考量所有相關資料後，移轉訂價官員會給予稅務稽查官員有關決定納稅義務人跨國企業交易常規交易價格的命令。此命令之副本會同時寄發給稅務稽查官員及納稅義務人。在收到移轉訂價官員之命令後，稅務稽查官員會依據移轉訂價官員所決定之常規交易價格計算納稅義務人之總收入。

　　依規定由納稅義務人保存的移轉訂價相關文件和資料要在印度稅捐機關進行稅務稽查程序前的30日內繳交。30日之期限最長可延期至60日。移轉訂價官員被賦予調查、要求出席、於宣誓之情況下對納稅義務人進行審問、強制要求提出帳冊/其他相關文件或資訊之權力。

　　一般而言，移轉訂價查核必須自所查核的課稅年度結束日起2.75年內完成。印度財政部2007年預計提出延長移轉訂價審查期間，若通過此提議，移轉訂價官員將比目前法令規定多出10個月的審查期間，即若此提議通過，移轉訂價審查期間將需最長在3.75年內完成。

1606 更正核定與上訴程序

對稅務稽查官員發出之命令覺得權利受損之納稅義務人，可於收到審查核定命令的30日內向所得稅稅務執行官提起上訴。所得稅稅務執行官為一使稅捐機關和納稅義務人可陳述支持他們論點之類似法院的機構。所得稅稅務執行官之決定反映於受理上訴之命令。若納稅義務人仍有異議，有權再向受理上訴之法庭上訴，之後向高等法院、最後向最高法院提起訴訟。稅捐機關亦有相同之上訴權利。

1607 補稅與罰款

違反移轉訂價法規之罰金制訂如下：

● 未保存規定之文件/資料—交易總額之2%；

● 在稽查時未提供文件/資料—交易總額之2%；

● 納稅義務人收入之調整—稅款調整金額之100%到300%；及

● 未提供會計師報告—10萬印度盧比。

另外，依照法令規定，因移轉訂價調整而增加之收入將無資格享有租稅之減免或優惠。

1608 稅捐機關可取得之資源

印度稅捐機關有專門負責處理移轉訂價議題的移轉訂價查核小組，該組由受過訓練，能處理稅務稽查程序中有關移轉訂價議題之移轉訂價官員所組成。印度稅捐機關積極地訓練可處理移轉訂價議題的人員。

1609 可比較資料的使用和取得

納稅義務人有義務保存可比較資料作為其移轉訂價文件之一，該文

件係用以證明其移轉訂價政策係符合常規交易原則。可比較資料為一於印度抗辯其移轉訂價是否具合理性之決定性要素。印度稅捐機關指出，納稅義務人應盡可能使用印度之可比較對象。除非受測個體是在國外，不然使用國外的可比較對象通常是不被接受的。某些情況下，移轉訂價稅務官員會行使稅法第133（6）條所賦予的權力，自其他納稅義務人取得非公開資料並對進行稽查中之納稅義務人使用相同之可比較對象。

可比較資料之取得

印度資料庫內可取得之可比較資料之內容是合理的。有些機構和政府部門合作提供有關上市公司詳細財務資訊及說明之電子資料庫。有些資料庫亦提供未上市公司之概要資訊。另外，亦可自須付費的公司註冊單位（Registrar of Companies, RoC）取得印度公司之資料。

1610 具有風險之交易或行業

並無特定的行業或交易會被認定為有特定之移轉訂價調查風險。同樣地，亦並無特定的行業或交易會被排除在移轉訂價調查之外。但軟體發展業、經營委外業務之企業、銀行業、通訊業、醫藥業和汽車（與配件）業都是調查可能的目標。提供關係企業核心/高價值服務之經營委外業務的企業需仔細地分析和訂定移轉價格。另外，於一些特殊的狀況，如：承擔損失、業務策略、和位於免稅天堂之公司進行交易及管理費之支付應備妥足夠的證明文件。

1611 重複課稅之限制與主管機關之訴訟

印度大部分的租稅協定均含括了一個有關 「關係企業」之章節，

其包含一稅負減免條款要求一方國家減少應課稅負以抵銷在另一方國家增加之應課稅負以反映常規交易原則。這章節提到雙方國家之主管機關進行磋商以避免納稅義務人被重複課稅之主管機關條款（包含於協定中有關相互協議程序之章節）。相互協議程序/主管機關條款是印度租稅協定中不可或缺的一部份。印度主管機關已開始參與和其他國家主管機關間之相互協議程序。在印度，相互協議程序之使用及其有效率地解決主管機關與納稅義務人間爭議之結果是一個值得鼓勵的進展。

1612 預先訂價協議（ Advanced Pricing Agreements, APAs ）

印度目前並無可讓納稅義務人與稅捐機關預先就其訂價政策達成協議的條款。

1613 法令和實務之預期發展

印度稅捐機關指出未來可能引進有關成本貢獻安排，資本弱化及規範與位於免稅天堂之關係企業進行跨國交易之條款。

1614 與海關單位之協調

雖就以往經驗看來稅捐機關與海關單位間之交流並不頻繁，但這兩單位可能互相交換訊息。移轉訂價官員提出一個看法—其他主管機關所接受之價格並非決定移轉訂價常規交易價格之決定性證據。

1615 OECD議題

印度並非為OECD之會員，但印度之移轉訂價法規廣泛地採納OECD原則。稅捐機關亦表示在不與印度移轉訂價法規相抵觸的情況下，在稽

查時會廣泛地採用OECD指導方針。

1616 聯合調查

沒有證據顯示在印度曾發生聯合調查之情事。但幾乎所有印度的租稅協定都含括了資訊交換與行政協助的條款。在此條款下，印度稅捐機關可因移轉訂價的目的而與其他國家交換資訊。另外，隨著對移轉訂價議題的認知逐漸加深，印度稅捐機關在未來有可能進行聯合調查。

1617 資本弱化

常規交易原則也應用在貸款及利息費用上。但印度目前並無資本弱化的特別規定，亦無訂定可允許之負債對權益比率。

1618 管理服務

有鑑於印度嚴格的外匯管制制度，以往並沒有很多對印度居民提供管理服務並收取費用之案例。但隨著不斷地自由化，納稅義務人如可提示證實此項收費係符合常規交易原則之移轉訂價文件，其有可能得到收取此項費用之核准。

提供管理服務予印度納稅義務人所收取的費用，在不抵觸地方稅務法令的情況下，如該收費係符合常規交易原則，則此費用是可抵稅的。但為了減少無法抵稅的風險，此項收費應有足資證明確有提供服務且所提供之服務對服務收受者而言是必須的佐證文件。另外，此類之支付通常須於印度辦理扣繳。當印度納稅義務人提供上述服務，應收取常規交易報酬。

第17章　移轉訂價和間接稅

1701 關稅的影響

　　貨物穿越國界，從一國海關出口到另一國海關，就可能有繳納關稅的需要，有時甚至要併同貨物稅、加值稅、消費稅等其他稅賦繳納。因此在為貨物決定移轉訂價時，不但須考慮對公司所得稅的影響，也必須考慮對關稅的衝擊；但某些時候將這兩個領域合併考量來處理同一交易的時候，反而可能會產生明顯的衝突。因此，為了要取得一個可以同時滿足稅捐機關和海關所認可的價格，而不致產生過多的稅務負擔，就需要事先詳盡的規劃。

1702 WTO關稅估價協定

　　大部分的國家都以從價的方式徵收關稅（ad valorem duties），就海關目的來說，對於進口貨物價值計算也都有著有複雜的規定。本書所提到的關稅估價方式（除非另有說明），係依據世界貿易組織（WTO）1994年關稅暨貿易總協定第7條執行協定（WTO關稅估價協定）之規定，此估價協定從前被稱做關貿總協定（GATT）關稅估價準則。依照烏拉圭回合談判協定，所有世貿組織的會員國必須在規定期限內採用WTO關稅估價協定。因此，現在世界各大貿易國的關稅法令，多以WTO關稅估價協定為基準。

　　WTO關稅估價協定最基本的原則是，完稅價格應盡可能依據「交易

價格」（transaction value）來決定。原則上，交易價格是指貨物由出口國售至進口國時實付或應付價格，惟此價格的適用可能會受到某些情況的限制或調整。海關接受「交易價格」的最重要條件是，此價格不能受到買賣方之間的關係影響。

　　就直接稅（direct tax）而言，不同國家在判定公司是否關聯的標準上，有相當大的差異。然而WTO關稅估價協定，為關稅中的關係企業認定，提供了一個全球適用的標準，這個標準要比許多直接稅法嚴格許多。在WTO關稅估價協定規定下，交易雙方，不論是自然人或法人，如有下列情況，都會被斷定為關稅上的關係企業：

- 買賣之一方為他方之董事或高級職員者；
- 買賣雙方為依法登記之營利事業合夥人者；
- 買賣雙方具有僱傭關係者；
- 買賣雙方共同由任何人直接或間接擁有、控制或持有其各5%以上已發行具有表決權之股票或股份者；
- 買賣之一方直接或間接控制他方者；
- 買賣雙方由第三人直接或間接控制者；
- 買賣雙方共同直接或間接控制第三人者；或
- 買賣雙方均係同一家族之成員。

1703 關稅與移轉訂價間的關係

　　雖然從廣義的角度來看，海關之估價規則與本書所討論的OECD移轉訂價規定相類似，但他們之間還是有些相當的差異存在。因此，也不可以就此假設稅捐機關所接受的價格就能符合關稅估價規則。

　　基本上，稅捐機關著重於年度所得稅申報書中所申報之移轉訂價總

合，而海關則是針對個別交易中之個別產品課徵關稅，所以雙方之間存在著潛在的衝突。較低之進口價格，會導致較低的關稅，但另一方面，較低進口價格，卻會提高進口企業之所得，導致較高的所得稅負擔。然而，移轉訂價和關稅估價確有著共同的基本原則，亦即：在相同的情況之下，關係人交易上所採用之訂價必須與非關係人交易所採用之訂價一致，簡稱為「常規交易原則」。

1704 無形資產

通常無形資產並不會被徵收進口關稅。但是，如果無形資產之價值成為進口貨物的一部份時，那麼無形資產之價值，可能會構成進口貨物關稅估價的一部分。如果符合某些條件，由進口貨物的買方支付給賣方的佣金、權利金、授權費、研發經費、設計、工程、工具費用和其它費用等，確實有可能會加計於進口產品的完稅價格中被課徵關稅。相反的，某些可能包含在進口貨物價格中的成本和費用，若是與貨物本身分開收取或分開揭露的情況下，可以在計算完稅價格時扣除。

1705 布魯塞爾價值定義

少數沒有簽署WTO關稅估價協定(大多是開發中國家)的國家係遵循舊有的國際規則 ——「布魯塞爾估價定義」（Brussels Definition of Value, BDV）。

該準則採用「一般」（normal）價值的概念。在布魯塞爾估價定義之下，海關的完稅價格與實際支付的貨物價格間不必有所關聯，因此進口貨物到這些仍採布魯塞爾估價定義的國家，移轉訂價對關稅的影響較低或不顯著。

1706 從量稅（Specific Duties）與固定價值（Fixed Values）

並不是所有產品，都是以從價的方式課徵關稅，有些產品是以從量的方式課徵關稅 （例如：就每公升或每加侖課徵一定金額）。某些國家（例如：黎巴嫩與斯里蘭卡）針對特定進口貨物，是以從量的方式課徵關稅。因此實際支付的貨物價格與關稅並沒有什麼關聯。但是，不管進口價格是否會影響關稅的徵收，海關通常還是會要求進口價格必須正確的申報。因此，對那些不影響關稅收入的違法行為，仍然是有相對的罰則。

同樣的，某些國家對於特定貨物採取特定或法定最低價格來核課進口貨物的關稅，這也使得進口貨品的完稅價格與移轉訂價完全脫鉤。但是，當這些國家採取WTO關稅估價協定後，情況就將會改變。

1707 銷售稅、加值稅與貨物稅（Sale Taxes、Value Added Taxes and Excise Duties）

一般而言，為計算其他從價課徵的租稅，進口貨物價值仍會傾向於符合關稅報關的價值。然而，在許多國家有其他特別規定，雖然詳細的內容並不在本書討論的範圍，但是在規劃移轉訂價和經營策略時，必須將這些併同徵收的稅負考慮進去。

1708 反傾銷與平衡稅（Anti-Dumping Duties/ Countervailing duties）

經過正式的調查程序，一旦國內生產商因為進口貨物在國內銷售的價格低於公平價值(考量銷售價格低於相同產品在出口國當地的銷售

價格)而已經或可能受到損害時，該進口貨物會被課徵反傾銷稅（Anti-dumping duties）。理論上，貨物若以傾銷價格出售，即使進口國的稅捐機關不覺得有任何問題，出口國的稅捐機關還是不會接受該價格。然而，在實務上，由於傾銷是兩個市場間的價格差異所造成的，所以違反反傾銷規定的移轉價格，有相當大的機會是會被稅捐機關接受；相反的，沒有違反反傾銷規定的移轉價格卻有不被稅捐機關接受的可能。受傾銷損害的廠商，需要提出受損害或損害之虞的證明之後，主管當局也要有充分理由指出傾銷與產業損害兩者之間存在因果關係，才能課徵反傾銷稅。因此，傾銷價格未必一定會被課徵反傾銷稅。

反傾銷稅是針對個別公司的商業行為，平衡稅則是出口國政府對產業的出口性補貼。與傾銷的情形相同，政府補貼同樣有可能會對移轉訂價產生影響。在補貼後，廠商的外銷成本會因政府補貼而降低，使得移轉訂價可能被不正常的壓低。儘管如此，受外國政府出口補貼損害的廠商，也是需要先提出受損害或損害之虞之證明，當主管當局有充分理由證明出口補貼與產業損害兩者之間存在因果關係，才能夠課徵平衡稅。

1709 建立移轉訂價政策－技術性考量

當移轉訂價政策牽涉到跨國境的貨物貿易，就會衍生關稅或其他進口稅負的問題。因此，移轉訂價政策必須要能：

● 滿足進口國海關的要求；

● 在不影響移轉訂價政策的前提下，提供稅務與關稅規劃的空間，調整進口產品的完稅價格。

單純的以移轉訂價作為海關關稅估價的依據，是一條充滿危險的捷徑。交易雙方必須在申報進口完稅價格的同時，有能力證明申報的完稅

價格是一個符合關稅估價規定的價格。換句話說，關係企業所申報的完稅價格，必須符合關稅估價規定中所謂的常規交易價格。值得注意的是，有許多國家的海關，以書面指導的方式表示，單純的移轉訂價報告，並不足以充分證明進口產品的完稅價格符合常規交易價格。

1710 調整

在正式提出為關稅目的而訂定的移轉訂價之前，可能需要作一些調整，例如將那些已被含在貨物價格中卻可以被排除在關稅價值之外的項目扣除，並且把那些不包含在貨物的價格卻必須包含在關稅估價中的項目加回去。

可能可以自貨物移轉訂價排除的成本和費用包括下列各項：

● 進口國規定可以排除在完稅價格外的運費、保險費和手續費（並非所有國家皆容許此項調整）

● 貨物在離開出口國之後所發生的費用。

● 貨物在進口時被課徵的進口稅捐及其他稅項（例如包括銷售稅、加值稅，以及消費稅等）。

● 進口廠房、機械或設備等貨物之後所產生且可以分別認列之興建、建造、組裝、維修或技術協助等之費用。

● 在進口國可以複製該進口貨物所支付的權利金。

● 採購佣金。

有些成本若可與貨物本身的價格分開列示，則可能可以從關稅的價值中扣除。這個將成本或費用從進口產品的完稅價格中排除的方法，就是所謂的「價格拆解」（price unbundling），稍後會加以說明。

但仍需注意有些沒有包含在進口產品價格中的成本或費用，依規定

是必須要被計入進口產品的完稅價格中的。為了關稅估價目地，必須要加到移轉價格中的成本和費用（如果它們尚未包含在移轉訂價內的話）如下：

- 佣金（除了採購佣金之外）；
- 進口國規定貨物至指定地點之前所產生的運費、保險費及搬運費用；（並非所有國家皆要求此項調整）
- 與進口貨物有關且為交易條件之一的權利金；（個別國家的做法不同）
- 「協助」（assists）：例如：由於生產或銷售貨物，由買方以免費或低價的方式提供賣方的貨物和勞務。
- 任何買方因為轉售賣方貨物所得，所支付給賣方之可量化費用；（除了買方以營業淨利所支付之紅利外）
- 依據進口國的規定，任何移轉訂價的條件可量化的價值；
- 買方以直接或間接方式支付給賣方的額外費用，包括任何為履行賣方義務而支付給第三方的款項；
- 與進口貨物不可分割之包裝成本；
- 包裝貨物的勞工和材料費用。

1711 為關稅目的移轉價格的核定

WTO關稅估價協定為貨物進口價格的核定提供了定量與定性的標準。下面所定義的定量標準是依據已被海關（以歐盟為例，指另一個會員國的海關）所接受的相同或相似貨物已存在的價格。實務上，除非真的有其他非關係人買方，在同一個海關領域進口相同或相似貨物，否則這些標準就不適用。量化的標準為：

● 在同一時間內，其所支付的價格接近另一非關聯企業間買賣之交易價格；

● 在同一時間內，其所支付的價格接近進入同一關稅領域之相同或相似貨物的完稅價格。

定性的標準並沒有被明確的定義，雖然在WTO關稅估價協定的說明中確實有提供了一些案例。重點是，海關必須要同意海外供應商和本國關聯進口商交易時，是如同兩家非關係企業間的交易，而任何能夠證明這項結果的合理證據應該就足夠。若雙方交易價格能滿足下列情況，應該能夠讓海關認定該交易價格並沒有因為交易雙方間的關係而受到影響：

● 價格計算係依據產業一般訂價慣例決定；

● 關係企業交易價格與非關係企業顧客的標準一致；

● 價格足以讓賣方回收所有的成本並賺取合理的利潤；

● 使用也可產生同樣完稅價格的替代估價方法(例如可扣除的或再售價格法)。

如果適用上述任一標準，確定了擬採用的移轉訂價政策可產生能被海關接受的「交易價格」，則除了決定是否需要對價格作任何的調整或是否需要事先向海關申請價格核定外，無需採取其他任何行動。

由於內地稅及關稅的目的都是在追求一個不受交易雙方關聯關係所影響的價格，這兩個能符合稅捐機關規定的價格及可被海關接受的價格原則上應該不會有顯著的差異。然而，由於這兩套法規原本就有各自的彈性與空間，所以雙方的差異是無可避免的。

在某些情況下，如果這樣的彈性與空間因為商業考量或所得稅理由遭到濫用致使這兩個價格有很大的差異，則該移轉價格可能會被海關拒

絕而招致更嚴重的關稅負擔。

1712 移轉訂價低於可接受的完稅價格

如果移轉訂價沒有辦法透過上述方法來滿足關稅估價的目的，可能是該移轉價格比海關可以接受價格還低，納稅義務人此時可有以下的選擇：

● 修改移轉訂價政策；

● 以「替代估價方法」（alternative method of valuation）申請核算完稅價格。

以上兩個選項，需視各案狀況而定，但下列的因素需要加以考慮：

● 原則上，進口國海關和出口國稅捐機關所在意的項目是一樣的：兩者都擔心移轉訂價可能會太低。因此，一個讓進口國海關無法接受的移轉訂價政策所產生之價格，可能也沒有辦法讓出口國的稅捐機關接受。

●在確認移轉訂價是否符合關稅估價時，多半是採用「替代估價方法」來測試海關可接受的完稅價格是否與實際移轉訂價有所差異。這樣的驗算過程，可顯示出在不同方法下海關可能接受的完稅價格為何。在以替代方法測試移轉訂價時，進口商雖然可以選擇採用設算（例如成本加價）或扣減（例如轉售價格）的估價方法，並且能自由選擇可以產生較低的完稅價格的方法，但仍必須遵守WTO關稅估價協定所規定的優先順序。

1713 移轉訂價高於最低可接受關稅估價

若所採用的關稅估價驗算方法顯示，移轉訂價高於海關可能接受的

完稅價格，那麼納稅義務人可有以下的選擇：

● 評估可以從移轉訂價中「拆解」的項目或範圍；

● 修改移轉訂價政策；

● 以替代方法為基礎提出估價。

在包含無需計入關稅估價之各種成本和費用的情況下，移轉訂價有可能會高於海關可接受的進口貨物完稅價格。「拆解」（unbundling）移轉價格，即將部分的成本及費用從移轉訂價中分開的作法，可能會使關稅完稅價格明顯地小於移轉訂價。

就大多數國家的海關法規，並沒有要求進口貨物的完稅價格與公司所得稅存貨價值間能相互勾稽。如果跟美國海關一樣要求能夠勾稽，則那些不必包含於進口完稅價格內的貨品價格就必須小心的處裡。如果拆解之後的移轉訂價，仍然高於海關可接受的進口貨物完稅價格，納稅義務人就應該重新考量此移轉訂價是否能真正滿足進口國稅捐機關之要求。

公司所得稅係針對交易所產生之利潤課稅，而關稅則是不論該筆交易的盈虧與否，皆須根據交易的總價值徵稅。在某些情況下，特別是在交易發生損失的時候，即使稅捐機關能接受比較高的移轉訂價，其結果卻可能會是導致關稅負擔增加，而造成整體稅務負擔的增加。

海關通常不會只因為買賣雙方間的特殊關係，而質疑交易價格是不可被接受的。但是，若買賣雙方間交易有以下狀況，海關則會排除以移轉訂價為基礎的完稅價格：

● 格受到某些無法量化的條件或考量所影響，例如：貨物以寄銷的方式提供，而移轉訂價決定於出售的時點、出售的對象以及數量；

● 買方同意支付給賣方的部分貨物轉售價款無法被量化（除了依據買方整體利潤所支付的股利）；

● 賣方對買方所要求的限制會對貨物價格產生影響，例如：它只能轉售給一定階級的買家；

● 貨物是以雇用、出租或其他不構成貨物交易的形式提供（例如：附帶條件的交易方式）。

1714 估價之替代方法

一旦確定進口貨物無法在交易價格的基礎上完成關稅估價，則移轉訂價（為商業及所得稅目的而訂定）和完稅價格（為關稅估價目的而訂定）之間的連結也將失去。在這樣的情況下，除了在要求所得稅中的存貨成本不能高於進口完稅價格的國家(例如美國)外，納稅義務人可以自由決定移轉訂價，而不必考慮移轉價格是否高或低於海關完稅價格等關稅方面的衝擊。

在這樣的情況下，有許多移轉訂價計算方式可以選擇，而這些方式也大多可以靈活的應用於不同的交易模式上。傳統的移轉訂價方式包括了：可比較未受控價格法（CUP）、成本加價法（Cost Plus）、以及再售價格法（Resale Price）；其他移轉訂價方式則有利潤分割法（Profit Split）、交易淨邊際貢獻法（TNMM）。

海關完稅價格的替代估價方法與部分所得稅之移轉訂價方法非常類似。但WTO關稅估價協定中的關稅估價替代方法與移轉訂價可以自由選擇訂價的方法不同，必須嚴格遵循下列順序進行：

● 同樣貨物的價值

若進口貨物完稅價格，不能依交易價格核定時，則應以與該貨物

同時或相近日期，銷售至同一輸入國之同樣貨物交易價格作為其完稅價格。此一價格，需為海關已接受之完稅價格，且需為同樣貨物在相同交易層次、相同數量之價格。

● 類似貨物的價值

除了貨物不需要完全相同，其他的規定與「同樣貨物的價值」一樣。惟此等類似貨物，仍必須有商業上的可替代性存在。

● 扣減價值（deductive value）

從進口後貨物首次轉售給非關係企業之價格減除進口的名目價格。為了要計算扣減價值，進口商可以計算在進口國發生的特定成本，如關稅、運費、進口商的佣金、利潤和一般性支出等。

●設算價值（computed value）

以輸出國生產製造相同或類似貨物的製造成本，加上正常利潤與一般費用總額所推算之進口價格。方法3與方法4，為WTO關稅估價順序之例外，進口商可以自由選擇設算價格與扣減價格的使用順序。

關稅估價中的相同產品與類似產品的估價方式，與移轉訂價的可比較非受控價格法很類似。可比較非受控價格法，是針對受控交易與非受控交易間的價格，進行比較。看起來簡單，實際的比較卻有困難之處。任何交易條件的差異，都可能會對交易價格產生相當的影響，也增加了尋找可比較價格的困難度。

扣減價值法與移轉訂價中的再售價格法也很類似。再售價格法的計算是以發生在供應鏈下一個階段的交易價格，考量貨品或服務的交易情況與條件，減去非關係人交易所產生的合理毛利後得出的價格。因此，考量實際可得的資料，再售價法或是成本加價法，應該是比較適當的方

法。

設算價值法與移轉訂價中的成本加價法，也同樣的非常類似。成本加價法，是以製造商或是服務提供者的生產或服務成本，加上可比較公司所賺取的合理利潤，所計算出來的價格。加價的部份可考量計入原料、勞工、製造、運輸等成本。再適用這個方法時，有許多的要求需被滿足，因此這個方法最適合用在製成品（finished goods）的估價上。就實務上來說，由於進口國海關無法就出口商於出口國的成本帳務進行查核，有許多海關不太會接受進口商以設算價值法進行估價。

若證明不可能用上述任何一個方法，找出一個合適的進口完稅價格時，仍需尋求一個符合WTO關稅估價協定但未被該協定排除的方法來計算完稅價格。實務上，為了要取得一個可接受的估價方法，海關常常會靈活地運用交易價值，或以上任何一個替代方法。

1715 實行關稅訂價政策

每個國家的進口貨品價格申報程序都不太一樣。在大部分的國家，進口時都須由進口商在進口表格中申報貨物的價值，進口商也同時須要說明貨物的買賣雙方是否為關係企業，以及如果是關係企業，雙方的關係是否已經影響到價格。

在某些情況下，若有相同的貨物在進口國，以同樣的價格賣給非關係人，則進口人就可以為海關申報目的進行必要的調整。然而，就大部分的案例來說，情況並沒有那麼簡單，如果當地法規允許的話，進口商應事先徵詢當地海關，並取得書面核定，或者至少應取得海關對所擬申報價格的認可。

嚴格說來，根據WTO關稅估價協定，在進口完稅價格受到買賣雙

方特殊關係影響的情況中，應由海關承擔較多舉證責任。但在實際上，即使進口商無意取得海關對完稅價格的核定或認可，進口商還是應該以關稅估價的角度對移轉訂價進行檢視，並且保存必要的紀錄、計算和文件，以因應海關稽查之用。

1716 無形資產的移轉

無形資產本身並不會被課徵關稅，但是若無形資產的價值屬於貨物或勞務的一部分，則該無形資產價值可能會構成進口貨物完稅價格的一部分。若貨物和勞務是以一個完整的價格提供，除非此價格中包含可分開量化，且可以從完稅價格中扣除的費用，否則關稅將會以此整體價格課徵。

如前所述，進口商和國外供應商可以選擇將價格「拆解」、分別量化並分別開立銷售發票。如果這些價格沒有包含在完稅價格中的話，也無需納入完稅價格計算。但是，下列的無形資產類別，在某些條件之下，必須含在進口貨物的完稅價格之內：

- 進口商因使用商標、設計、專利、科技或其他類似權利而支付的權利金或授權費。該權利金或授權費需與進口貨物相關，且為賣方賣予買方的銷售條件之一；
- 非在進口國從事（undertake）的無形「協助」；
- 電腦軟體的款項（依據於1984年9月24日GATT決議的意見）；
- 為取得轉售或經銷進口貨物的權利所支付的費用（但不包括買方為取得在一特定地區中，獨家轉售或經銷該進口貨物權利，所支付的自願性費用）；
- 設計、發展、工程或類似的成本，且該成本為進口貨物製造或加

　　工成本的一部份。

1717 權利金和授權費

　　權利金和授權費是關稅估價最複雜的部分，而且每一個案例都必須仔細地檢驗，才能判定是否屬於關稅徵收的範圍。以下的準則，應可提供相當的協助：

- 在判定權利金或授權費是否要課徵關稅時，考慮的重點是權利本身的性質。費用支付的計算方法通常是無關的。

- 一般說來，若進口貨物在進口國國內銷售，而該權利金或授權費是貨物進口條件之一，則該權利金或授權費可能會被課徵關稅。例如：若進口貨物以原製造商的商標銷售（不論商標是在進口前已貼上或進口後才貼上）所支付的權利金款項就會被徵收關稅，無論付款是否根據貨物在進口國的銷售所得來計算。

- 但是，若在進口之後，貨物可能會被再處理或嵌入其他貨物，也就是最終的貨物不具進口貨物的特徵時，權利金或授權費的支出，就可能不被視為和進口貨物有關。舉例來說，買方取得的權利，讓他得以運用賣方的科技、專利或專業知識來製造產品，或者使用進口商本身的商標來販售該產品。在這樣的情況下，權利金的費用就不會被視為自賣方進口原料或零組件的完稅價格的一部分。但是，如果那些零組件構成最終產品的關鍵特徵時，就可能至少要將部分權利金包含在進口零組件的關稅估價中。（參照（4））

- 若海關把進口原料或零組件視為具有最終產品的關鍵特徵，這時候就經常會產生認定上的困難。例如：買方支付一筆使用技術的

權利金,假設這權利金和在進口國最終產品製造有關,但是事實上,此製造過程只不過是一個簡單的組裝操作,那海關便可能會認為此技術權利應含在進口零組件中,而非屬製造作業所需,而認定該權利金應課徵關稅。另一個例子是賣方的「特定專業知識」或「專長」顯然含在進口的某一重要零組件中。例如某公司的獨特科技,包含在進口半導體裝置裡面,即使該整個系統的其他部分都在進口國製造,都是使用進口國當地的零組件,但為取得此獨特科技(半導體裝置)而支付的權利金,仍有可能會被課徵關稅。

● 如果進口商使用的是關係企業設計、產業知識和原料或零組件,在進口國當地製造產品,但又從同一個或另一個關係企業進口最終產品時,對個別交易之相關權利及權利金支付就必須仔細區分。在這種情況下,可以預期的是,賣方通常會在他們製造和出口給買方的最終產品中,回收他們所投入之研究、發展和設計的費用;因此針對那些最終產品收取權利金並不恰當。

● 要注意不同國家對權利金和授權費徵收關稅與否的不同解釋。如果與特定的進口產品沒有直接關係的話,有些國家可能不會對定期支付的授權費徵收關稅。

● 若沒有適當的文件可佐證有多少的研究與發展費用,即使有成本分攤協定也可能會造成問題。進口國海關可能會以成本彙集的概念,認定所有此類的成本皆屬關稅課徵範圍。

如果產品是在進口國製造的,權利金與授權費是無形資產的所有者能夠回收成本的唯一方法。但是,如果權利金指的是「在領土範圍內製造及經銷該公司產品的權利」,則該權利金會被視為和進口產品有關,

也會被視為與那些在出口國製造的產品有關。但是如果用另一種措詞─「在A國家製造該公司產品，以及在該領土上出售所製造產品的權利」─則可能避免不必要的關稅負擔。另外，在進口國內複製（reproduce）進口貨物的權利所支付費用，已明確被排除在進口貨物的完稅價格之外。

1718 無形的協助

無形的協助為進口貨物的買方，以免費或較低的成本的方式提供出口商設計、規格說明及工程資訊等。如果此設計、規格說明及工程資訊是在進口國國內進行，這種協助是不用被課關稅的，但若它們是在貨物製造的國家或任何其他國家內進行，它們會被視為是進口貨物完稅價格的一部分。

「進行」（undertaken）這個字，在不同國家有不同的解釋。例如，設計師為進口國的買方設計產品，但實際上是在製造國設計出該產品，某些海關仍可接受該等設計不須計入關稅的課稅價值，然而其他國家的海關，卻可能會採取相反的看法。

但若該設計工作是在進口國進行卻是由國外賣方支付工作費用，然後再向進口商請款，這樣可能會構成進口產品實付或應付價格的一部分，而可能成為關稅課稅的範圍。協助的價值乃為進口商生產或自行取得該項「協助」的成本，並不需要加上加價（mark-up）與手續費。

1719 利息

出口產品製造商所發生的利息支出，將是被視為生產貨物成本的一部分，且應該包括在進口完稅價格內。但是，在進口貨物買賣相關的財

務協議下，由進口商支付利息給賣方或第三方的利息，若具備下列條件，就不必包含於進口貨物的完稅價格中：

- 書面形式的財務協議（可能只是貨物交易合約上的一個條款）；
- 交易合約利率與合約簽定國家之商業利率水準相當；
- 買方其實可以選擇立即付清，這樣就可以避免滋生利息；
- 為利息另外開立發票，或在貨物的發票上把利息金額分開列示；
- 在一些國家，例如美國，進口商必須將利息於帳上記錄為利息費用。

1720 電腦軟體

簽署WTO關稅估價協定的會員國，可以依據下列方式之一，就使用資料處理設備的軟體進行關稅估價：

1. 軟體的完整價值，包括攜帶媒介（carrier medium）（例如磁碟片、磁帶等）以及程式資料或資料上紀錄的使用說明等；

2. 攜帶媒介的價值。

第二種選擇只適用於以磁帶、磁碟片和類似媒介為形式的軟體。電腦裡面的硬碟機上的軟體，或嵌入於半導體裝置上的軟體程式，都會被以完整價值徵收關稅。同樣的，前述選擇並不能延伸到包括影音素材的軟體。雖然這樣的排他性的原意，是要將關稅的課稅範圍涵蓋像電腦遊戲、電影、音樂等休閒性產品，但現在有越來越多「非供娛樂」的軟體含有影音素材，而且在某些國家，它們可能會被以完整價值來徵收關稅。

現行的軟體估價方式的規定是在1985年訂定，已經追趕不上資料處理產業科技和商業作法上的革新速度。另外，「資訊技術協定」

（Information Technology Agreement, ITA）也已經使得大部分的電腦軟體的關稅稅率變成零。因此，除非WTO關稅估價協定依據資訊產品與軟體的發展進行修正，進口商在軟體的關稅估價上，難免遇到異常或是不確定的狀況。但值得注意的是，即使實體產品可能會被課徵關稅（例如音樂光碟片、影碟等等），軟體和其他電子傳輸的「貨物」卻不會有關稅的問題。

1721 設計、研發、工程與相關費用

設計、研發、工程和相關費用等成本通常會被包括在進口貨物的實付價格裡。但有時候，公司可能會希望以分開收費的方式從關係企業回收這些成本。另外，關係企業所購買的可能是零組件而不是最終的成品，但通常不會透過銷售零組件回收該成本。

一般而言，與進口貨物相關的設計或類似的費用都會被視為是貨物完稅價格的一部分，這些成本費用必須作好適當的分配並加到貨物的價格上。另外，如果有適當的佐證文件，研究成本有可能不會被課徵關稅。

如果提供零組件給買方在進口國製造完成品，並向買方收取最終產品的設計費，這時候就可能會出現一些問題。如果零組件是賣方向非關係企業的供應商購買來的，那麼設計成本很可能已包括在非關係企業供應商的零組件價格裡，因此沒有必要額外收費，但是，如果一些或全部的零組件是賣方自行生產的，而設計費用沒有被包括在此零組件的訂價中，此時就需要將所支付的設計費部份分配到這些零組件的價格中。

1722 訂價政策改變的影響

若完稅價格是以交易價格（進口貨物實付或應付的價格）為基礎時，任何在移轉訂價方法上的改變，都有可能會影響到完稅價格的有效性。如果進口商已獲得海關進口價格的核定，且海關對此核定有取消或重新審核的權力，買方需就進口價格的改變知會海關。

如果所提出的訂價政策修正幅度很大，就需要重複先前敘述的程序，從關稅估價的角度，來決定新的移轉訂價政策是否能被接受。所謂大幅度修正的例子如下：

● 利潤的分配從一企業變更到另一個企業；

● 某些功能與責任從一企業變更到另一個企業；

● 交易結構改變，像增加或移除出口公司、國外銷售公司或是轉單中心；

● 超過正常商業水準的訂價波動。

當價格的變動真實的反應了商業情形的改變，以關稅估價目的所提報的新價格在取得海關認可的過程中應該不會有困難。但是，如果沒有正當的理由而作出改變，尤其是在價格變更幅度很大的時候，恐怕很難充分說明現在提出的價格，在商業環境並沒有大幅度轉變下為什麼沒有在先前的訂價中被採用。

如果修正的提議是要提高價格，那海關可能會認為，先前根據移轉訂價政策所提出的價格太低，而且若依據各地不同法規，海關有可能可以重新徵收過去未繳的關稅，並給予處罰。相反的，就算海關承認現有的移轉訂價比商業上所允許的正常價格還高，賣方若以此移轉訂價差異補貼買方，買方也不能據此要求海關退回溢付的關稅。

1723 價格追溯調整的影響

關於調整交易價格問題，WTO關稅估價協定並沒有就此有特別的規定。因此，如果實付或應付的價格，因為商業理由或租稅目的而需要作調整，各國海關是依據各國不同的規定來決定。

交易價值原則說明「出口到進口國家」的貨物價格，即為該進口貨物的完稅價格。因此，交易當下之實付或同意支付的價格，只要不是暫定的價格或會受未來情況而調整的價格，則該價格應為進口貨物的完稅價格。然而，若交易價格因於出口銷售時所無法預見（或者已經預見，但並不打算調整價格）之商業因素改變而調整時，WTO關稅估價協定並沒有相關規定來處理以下調整：

1. 當交易價格向下調整時，允許進口商申請退回多付的稅款；

2. 當交易價格向上調整時，允許海關補徵少付的稅款。

但是，在海關的眼中，這些調整僅適用於偶發且不重複的獨立事件。舉例來說，如果一家公司要在每個會計年度的年終來檢討營運結果，並決定關係企業間的利潤配置，儘管這些調整沒有在任何移轉訂價策略的書面文件中出現，海關很可能會認為這樣的調整事實上就是該公司移轉訂價策略的一部分。在這樣的情況下，對於過去的價格向上調高可能會被海關補徵關稅，甚至很可能還會被處罰。某些海關可能會認為價格向下調整的動作是可以扣抵關稅的，但海關一般不太可能會接受因完稅價格申報過高而要求退回多繳稅款之請求。

若一公司的移轉訂價政策明確地允許定期檢討和價格追溯調整，例如為達到每國稅局和其他稅捐機關的要求，那麼此類調整就會被海關視為直接適用於進口報關價值的調整。因此，海關將認為任何價格向上的

調整都必須申報,並繳納額外的關稅。在某些國家,價格向下調整卻可能會被視為是進口之後的回扣,所以關稅的退稅申請,將不會被接受。但是在美國的進口商,則可以運用美國海關定期檢視進口貨物價格的勾稽程序,依據個案情況,退回或補繳關稅。

此外,美國有一條特別的條款(1059A)規定就所得稅目的的存貨價值基準,不能超過海關完稅價格(加上特定調整項目)。因此,如果存貨課稅基準超過海關完稅價格的話,IRS可能會不准許價格向上調整。為了要避免因沒有申報進口貨物之完整價值而遭受處罰,並且確保在調降價格時能夠收回多繳關稅,任何牽涉到價格追溯調整的移轉訂價政策,皆應事先通知海關。有些海關可以接受於進口時先以預估價格(Provisional Value)申報,而後在進口後定期報告後續調整,並繳交額外稅款或請求退回多繳部分的協議。

除此之外,對某些進口商來說,若能主張進口時貨物價格尚未確定,而以沒有交易價格的理由,採用其他的關稅估價方法來計算完稅價格,可能相對有利。

1724 國際架構的影響

涉及不同海關的多國交易架構,將對關稅的問題造成顯著的影響。只有兩個獨立的合法實體,在進口貨品交易、所有權及風險從賣方轉到買方的過程中,才會產生交易價格。進口商和出口商之間若缺乏這樣一個價格的時候,完稅價格就必須依據另一銷售交易(如果有的話),或者依據上述的替代估價方法中之一種來估算。以下的例子將說明不同交易架構,對於關稅估價的影響:

● 出口商將位於進口國的子公司(Subsidiary)作為自己的經銷

商，子公司進口貨物，然後把貨物轉售給最終消費者。原則上，這兩家公司之間的價格在關稅上是可接受的。但是，如果經銷商純粹只是出口商的分公司（Branch），兩者同屬一個合法實體，那情況又不一樣了。在這種情形下，除非有另一個交易價值，否則關稅應付金額，將根據銷售給最終消費者的價格（包括該分公司的毛利）來計算。

● 如果子公司僅僅只是出口商的銷售代理商或是佣金代理商（commissionaire）而且不擁有進口貨物的話，也不會有交易價值產生。在這樣的情況下，關稅的應付金額，也將依據銷售給最終消費者的價格而定，在這種情況下，關稅將依據銷售給最終消費者的價格課稅，在此案例，完稅價格要包括子公司的佣金。

● 如果交易操作方式僅僅為轉單的行為（re-invoicing），即不移轉貨物所有權及承擔交易風險而僅以不同貨幣轉開發票，就關稅的角度而言，這樣的交易是不存在的，就如同那些收取佣金的國外銷售公司（Foreign Sales Corporations, FSCs）一樣。但是，如果國外銷售公司在進出口的交易中扮演銷售主體，其交易價格可能成為關稅估價的基準。

歐盟和美國的關稅法規允許進口貨物的交易價值可以以進口前一次的售價為基準(首次銷售觀念)。這意味著，如果美國的製造商以80美元將貨物出售給美國的出口商，美國的出口商再以100美元將貨物出售給歐盟的進口商，即使歐盟進口商以100美元來購買貨物，該進口商還是可以用80美元申報完稅價格。海關接受前次的銷售價格（$80）的條件是：

● 貨物在前次的銷售目的，就是為了將貨物出口到進口國家；

● 該價格係為前次銷售貨物的總價金，且不受買賣雙方間特殊關係的影響；

● 貨物在前次銷售，和在進口時的實體狀況是一樣的。

除了合法地允許關稅可以以較低的完稅價格（大部分的情況是如此）來核課之外，歐盟的「連續」銷售概念（successive sales concept）和美國的「首次銷售」的作法（first sale approach）的另外一個好處，就是將關稅目的的進口貨物完稅價格與決定進出口商課稅利潤的貨物價值分開來。在某些條件下，在日本的進口商也可以採用歐盟與美國的「首次銷售」作法，降低關稅負擔。

1725 面對間接稅主管機關針對移轉訂價的稽查

與所得稅主管機關的動機相同，海關現在也越來越注意進口商及關係企業間以移轉訂價為基準，所申報之完稅價格的有效性。海關主要查詢的領域如下：

● 移轉訂價是否可以完全回收所有相關的成本，包括一般及行政上的經常性支出，還有相關的研究發展費用；

● 加計的利潤是否符合常規交易原則；

● 是否針對權利金、研究發展費用和協助作適當的加計。

傳統上，海關一直在不考慮移轉訂價政策發展及商業或稅賦環境等外力因素下獨立運作。這樣的獨立運作模式，已對廠商造成相當大的困擾，企業界必須一再嘗試的向海關解釋自己的移轉訂價不但符合商業情況，而且已經被稅捐機關所接受。然而，這種情形正在改變，至少在比較先進的地區，海關已試圖去瞭解OECD指導方針，並和他們的稅捐機關同僚溝通。然而，瞭解的更多並不意味著關稅估價的稽查會減少，反

而可能帶來更多與移轉價格相關的稽核。不過，至少對廠商來說，如果海關瞭解的更多，與海關溝通的難度卻可以因此降低。

至於在所得稅方面，完整記錄公司整體移轉訂價政策並說明個別的交易價值計算方式的文件是必要的。同樣的，就關稅估價來說，類似工作也應該進行。發展關稅估價文件的工作，可以先從移轉訂價報告為基礎，並加上關稅估價方面的說明。此外，如果交易情況複雜且在交易價格的計算方式可能發生爭議的情況下，我們極力建議，相關廠商應在進口活動展開以及取得正式裁定或意見之前，就事實和法律的爭議先與海關進行溝通。雖然與海關的溝通，並無法防止後續的稽查，但後續稽查應該僅限於相關事實的查核，而非就原則性議題的爭議。

1726 平衡與運用的策略

謹慎的廠商通常會以處理移轉訂價報告文件的態度，來發展關稅估價的報告文件。綜合前面的討論事項，我們可以說如果進口商只依賴移轉訂價分析，將不足以佐證其進口價格能夠符合關稅估價的需要。即如果只依賴移轉訂價分析，進口商也可能會面臨罰款以及被海關要求以不符合廠商利益的其他關稅估價方式來申報進口貨品價格。值得強調的是，納稅義務人認為移轉訂價報告等於關稅估價報告，在完成了移轉訂價報告之後認為其完稅價格就一定沒問題的「迷思」，已經被多次證明是一個錯誤的看法。

儘管如此，在考量關稅估價的各個面向及相關調整項目之後，移轉訂價分析與報告的確可以成為計算與支持完稅價格的基礎。平衡移轉訂價與關稅估價，對於從事全球貿易的廠商，創造包括以下及其他的利益：

- 為關稅估價目的為關係企業間訂價政策建立良好基礎，進而減少關係人交易價格因價格差異、未全面考量、自相矛盾而造成會計上的問題。

- 減少被海關稽核的可能性，以及因不符合海關規定所面臨的罰則及財務風險。

- 為關係企業間的關稅估價文件準備提供了一個全球且長期性的解決方案，且該解決方案考量了產品線、市場及其他經濟狀況條件。

- 建構主動管理價格調整，進而符合所得稅及關稅法規中常規交易的運作基礎。

- 海關可能視為符合常規交易證據之「預先訂價協議」的基礎。

- 透過採用替代的估價方法，辨析貨物價值及無形資產（例如權利金、授權費、研究發展費用、保固費用、銷售推廣費、及成本分攤協議等）價格規劃的機會。

- 限制海關任意解讀WTO關稅估價協定中第1.2（a） 及1.2（b）條有關認定移轉訂價作為進口貨品完稅價格基礎的可能性。

- 增進關係企業跨境交易財務報告的法規遵循，以滿足沙賓法案對財務報告之要求。

第18章　移轉訂價案例精選

美國移轉訂價案例

1801員工股票酬勞計畫與賽靈思（Xilinx）案例之運用[1]

賽靈思股份有限公司（Xilinx Inc.）經營研究、開發、製造、市場行銷及銷售現場可編輯邏輯器件、積體電路元件和其他開發系統等。1995年4月2日Xilinx與愛爾蘭關係企業簽訂一項技術成本與風險分攤協議（Technology Cost and Risk Sharing Agreement, Xilinx CSA），該協議約定任何由Xilinx及其愛爾蘭關係企業（含其合併之關係企業）共同新開發的技術，應由雙方共同擁有。此外，Xilinx CSA並約定與開發新技術有關的全部成本都必須分攤。另Xilinx CSA要求每年評估一次，以確認每一參與者所分攤的費用相當於各參與者之預期利益。

美國財政規章第482-7條規定，成本分攤協議的參與者應分攤無形資產開發的相關成本，此成本包含內地稅局（Internal Revenue Service, IRS）所定義的營運費用，該營運費用係指所有不包含於銷貨成本之費用但不包括利息費用、租稅及與營業活動不相關之費用。每一參與者應負擔的成本必須與其預期的合理利益相等或相當。

IRS主張為計算成本分攤基礎，員工認股權行使日的股票市價超過

註[1]：Source: U.S. Tax Court in Xilinx Inc. and Subsidiaries v. Commissioner of Internal Revenue, 125 T.C. No. 4

行使價格部份（價差）或酬勞性質的員工認股權授予日價值，應包含於研究與開發成本中。而Xilinx並未將員工股票酬勞計畫相關成本包含於分攤成本中。

在爭論期間雙方都同意缺乏分攤上述價差或酬勞性質的員工認股權授予日價值的可比較未受控交易資訊，因此無法確定非關係人之交易是否將上述價差或酬勞性質的員工認股權授予日價值分開或內含於分攤成本中。最後的裁決表示，因非關係人交易也未將該價差或酬勞性質的員工認股權授予日之價值包含於分攤基礎中，因此IRS的主張不符合美國財政規章第1.482-1規定，即該規章並未規定納稅義務人應將上述價差或酬勞性質的員工認股權授予日之價值包含於分攤基礎中，因此，判定Xilinx符合該規章及常規交易原則。

1802 市場行銷無形資產與葛蘭素（Glaxo）案例之運用[2]

葛蘭素（GlaxoSmithKline PLC）係總部位於英國但主要在美國營運之公司，主要為以研發為主的製藥公司，其在世界藥品界約有7%的市場佔有率。葛蘭素公司生產之藥品主要可治療六種疾病－氣喘病、病毒感染、傳染病、精神疾病、糖尿病和腸胃病。此外，該公司也生產疫苗及研發治療癌症的新療法。

葛蘭素訴訟案例主要的爭議點在於所發展出的市場行銷無形資產，納稅義務人因此更應注意葛蘭素案的影響及市場行銷無形資產使用的移

註[2]：Source: "International Transfer Pricing 2006," produced by PricewaterhouseCoopers LLP; unless otherwise stated, www.gsk.com, visited on December 7, 2007, and "IRS Accepts Settlement Offer in Largest Transfer Pricing Dispute," September 11, 2006, as posted on www.irs.gov.

轉訂價議題。根據美國IRS之主張，葛蘭素英國總公司雖透過其美國關係企業進行藥品行銷，但其所創造的主要價值來自於美國關係企業的市場行銷努力而非來自於英國的研究發展活動。IRS認為研究發展為藥品初次問世成功的要素，然而，隨後進入市場成功的主要因素為公司對行銷的敏銳度，因此，IRS主張該美國關係企業向英國母公司收取的市場行銷服務費過低。

於2006年9月11日，IRS與葛蘭素公司間的爭議終於達成協議。此案的落幕結束了自1980年代以來的爭論，IRS並調整葛蘭素自1989年到2000年的課稅所得稅額。此訴訟案件，葛蘭素公司支付IRS大約34億美元的稅款與利息，係IRS最大單一個案的租稅爭議案件。

跨國公司如在其他課稅轄區進行相似產品的行銷活動（包括以美國關係企業在美國進行行銷），應考量葛蘭素公司的判例因為此案例將可能有非常廣泛的影響。

日本移轉訂價案例[❸]

1803 採用可比較未受控價格法之案例

背景資料

日本P公司為銷售產品A與產品B之公司，10年前於X國成立了銷售

註❸：本案例係摘錄自日本國稅廳網站之「適用移轉訂價稅制時之參考案例集-2007年6月10日」

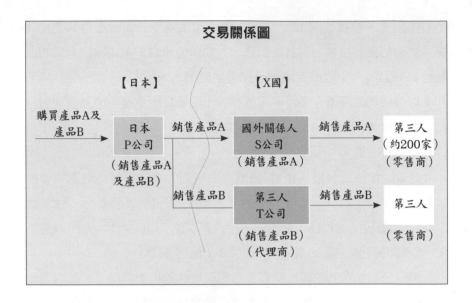

產品A之子公司（S公司）。P公司銷售產品A予S公司，S公司再將其轉售予X國約200家第三人代理商。P公司於S公司設立同期，已銷售產品B予X國第三人代理商T公司，T公司再銷售予X國內之零售商。產品B與產品A相較，雖然於P公司內之產品別（型號）不同，但性質狀態、構造、功能上是相同的產品。

　　P公司銷售產品A予S公司與銷售產品B予T公司之銷售交易（以下簡稱為「兩交易」），從P公司之功能看來，買進產品A與產品B並將其售予S公司及T公司，不能視為個別獨有之活動，功能上亦無差別，且兩公司皆未使用商標。

　　另兩交易之交易數量約略相等，契約條件（交貨條件、付款條件、產品保證及退貨條件等）除交易價格外都相同。

移轉訂價稅之處理

1. 評估適用基本三法之可能性

選擇最適常規交易方法時，依據日本特別稅務措置法第66條之4第2項第1號的規定，基本三法（可比較未受控價格法、再售價格法及成本加價法）優先於其他方法。依據特別稅務措置法解釋令66之4（2）-1及66之4（2）-3號評估可比較未受控交易後之結果如下：

（1）產品A及產品B僅於P公司內部之產品別（型號）不同，但性質狀態、構造、功能上是相同的產品。

（2）S公司與T公司皆為銷售產品予X國零售商之盤商，兩交易之交易位階並無差異。

（3）兩交易之數量約略相同，契約條件亦相同，交易數量及契約條件上並無差異。

（4）對於P公司來說，產品A與產品B並無營運策略上之差異。

（5）P公司於兩交易中具備之功能並無差異，亦無使用無形資產之情形。

（6）S公司與T公司皆位於X國，因此市場情況相同，亦無針對產品A及產品B之政府規章。

2. 最適常規交易方式之選擇

本案例根據上述評估結果，若以 P公司對S公司銷售產品A之交易為受測個體，將P公司對T公司銷售產品B之交易作為可比較對象交易，此時可採用基本三法之「可比較未受控價格法」（特別稅務措置法第66條之4第2項第1號）做為最適常規交易方式。

解說

1. 為計算常規價格，必須依個別事實選擇最適常規交易方法。

　　選擇常規交易方法時，首先要評估是否可適用基本三法。而可否適用基本三法必須要依個別事實判斷。一般而言，有無內部可比較對象交易或外部可比較對象交易，係根據：

（1）合併個體公司或者國外關係企業交易之內部資訊；

（2）有價證券報告書等企業資訊；

（3）收錄企業財務資訊之資料庫；及

（4）業界團體資訊等外部資訊來進行評估。

　　常規交易計算中選定可比較對象交易時，須按國外受控交易之種類，依據特別稅務措置法解釋令第66之4（2）-1（可比較對象交易之意義）、同法第66之4（6）-2（有形資產之借貸使用）、同法第66之4（6）-4（金錢借貸）、同法第66之4（6）-5（勞務提供）或同法第66之4（6）-6（無形資產之使用許可等）等規定進行評估，並依據同法第66之4（2）-3（可比較對象交易之選定相關應評估因素）所舉例之各要素，就是否符合可比較對象交易審慎評估後再行判斷。

　　另外，國外關係人交易涉及無形資產交易時，須特別注意特別稅務措置法解釋令第66之4（2）-3之8中揭露要素（賣方或買方使用之無形資產），以評估是否有可比較性。

2. 評估基本三法之適用性時，就合併個體公司或國外關係企業所進行之內部可比較對象交易而言，由於交易相關資訊均為合併個體公司或國外關係企業內部所持有，因此評估其是否符合上述（1）之可比較對象交易是較容易的作法。

相對上，針對合併個體公司以及國外關係企業以外的第三人間所進行之外部可比較對象交易的情形中，有時僅靠公開資訊可能無法獲得進行判斷所需之充分資訊。

例如，就使用「再售價格法」及「成本加價法」而言，日本的國外關係企業為跨國受控交易之存貨買方時則適用「再售價格法」，國外關係企業為受控交易之存貨賣方時則適用「成本加價法」，惟由於各國企業財務資訊之揭露制度不同，因此經常無法取得潛在可比較對象交易之充分資訊。

另即使自公開資訊可以獲得評估可比較性所需之部門別財務資訊，但當企業擁有數個事業部門時，還須將特定事業部門之財務資訊從整體資訊中抽出才能得到所需資訊。

當無法取得所需資訊來判斷可比較交易可否適用基本三法時，則必須再評估是否適用日本特別稅務措置法第66條之4第2項第1號中規定中「比照基本三法之方法及其他政令所頒訂方法」。

比照基本三法之方法請參照下述第3點；其他政令所頒訂的方法有交易淨利潤法、比照交易淨利潤法、（貢獻度）利潤分割法、可比較利潤法及剩餘利潤分割法。

3. 無法適用基本三法時，可採用法令上訂定之比照基本三法之各方法（比照基本三法係指：比照可比較未受控價格法之方法、比照再售價格法之方法、比照成本加價法之方法）。比照基本三法訂定之主旨為在不悖離基本三法之邏輯前提下，保留一可採用適合交易性質之合理方法。

依法令適用基本三法卻難以找出可比較對象之跨國受控交

易，可透過各種不同的交易模式，使用合理且類似的計算方式，找出並選定可比較對象交易，或以可能的合理交易做為可比較對象交易，以計算常規價格。

因此，將適用比照基本三法之方法之可行性併同列入考慮，評估可比較對象之可比較程度。比照基本三法之運用如下：

（1）若無可與國外關係人交易比較且真實之非關係人交易時，可依據商品交易之行情市價等客觀真實指標，計算常規價格。

（2）當國外關係企業為跨國受控交易之存貨買方，即透過國外關係人將該存貨銷售予非關係人時，先從其銷售予非關係人之存貨價格扣除適用再售價格法時之一般利潤來計算其賣方售予該關係人之售價，再依此價格計算國外關係人交易常規價格之方法。

（3）國外關係企業為國外受控交易之存貨買方，其使用該存貨製造產品，並銷售予非關係人時，自該產品售予非關係人之銷售價格，減除適用「再售價格法」之一般利潤外，再扣除製造該產品相關之製造成本（該國外關係人交易之存貨對價除外），或相當於該產品製造功能之利潤，來計算常規價格之方法。

（4）將從其他公司購入的產品與自己公司的產品組合，銷售予國外關係人時，比如可併用「可比較未受控價格法」與「成本加價法」來計算常規價格。

（5）依照特別稅務措置法解釋令第66之 4（2）-3所規定之各

因素，當存在數個可認定類似程度相當之可比較對象交易時，則使用其交易之價格或淨利率等平均值來計算常規價格。

4. 此外，必須留意的是，若交易不符合基本三法對可比較對象交易要求之可比較要件（類似性），此交易也可能會不符合「比照基本三法之方法」對可比較對象交易之要求。

5. 移轉訂價稅制著眼於以多種因素決定交易價格允當性之問題上，為能適切順利地運用移轉訂價制度，日本國稅局提醒納稅義務人應注意下列要點。

（1）納稅義務人計算常規交易價格時，若未能按照稅捐機關要求準時提借或者提出計算自己選擇之常規交易方式所需之支持資料時，則符合推定課稅之適用要件（特別稅務措置法第66條之4第7項、第9項）。

（2）納稅義務人於接受移轉訂價調查時，因應稅捐機關要求，須盡力取得由國外關係人所保存計算常規交易價格所需之帳冊文件（同條第8項），若未能按照稅捐機關要求準時提借或者提出資料時，則解為符合推定課稅之適用要件。

6. 此外，分析有無適用基本三法之可比較對象交易時，應於　般可執行範圍內，盡可能取得一般資訊進行評估。

選定適用基本三法之可比較對象交易時，如蒐集所需資訊中無公開資訊且為國外資訊並具備一定限制時，應多加留意。下圖為建議之評估程序。

圖：可比較對象交易之選定程序圖例

選定候選可比對象交易時之資料（例）

候選可比較對象交易 ←
- 法人或者國外關係人之交易資料（內部資訊）
- 企業資訊資料庫（外部資訊）
- 同業公會等業界情報（外部資訊）
- 其他資訊（外部資訊）
- 依據措施法66條之4第9項檢查詢問同業所得之資訊（外部資訊）

非關係人間交易 ← 是否非關係人間交易？

資料可取得性 ← 每個交易是否可取得價格資料或計算淨利率之資料

評估因素舉例

存貨種類、勞務內容等 ← 國外受控交易相關之存貨物理特徵或勞務性質

交易位階 ← 零售或盤商，大盤或中盤等。

交易數量或交易時期 ← 有無交易數量或交易時期之差異等

契約條件 ← 貿易條件、付款條件、退貨條件、契約更改條件等是否有差異

賣方或買方具備之功能、負擔之風險 ← 賣方或買方具備之研究開發、行銷、售後服務等功能上有無相異之處

賣方或買方之無形資產 ← 賣方或買方交易中是否使用無形資產

賣方或買方之事業策略、加入市場時間 ← 賣方或買方之市場開發、推廣政策等事業策略或加入市場時間等差異

政府規範、市場情形 ← 每個交易是否可取得價格資料或計算淨利率之資料

特殊情形 ← 是否出現無法合理認定為可比較對象之特殊情形（破產情形等）等

可比較對象

1804預先訂價協議之案例

背景資料

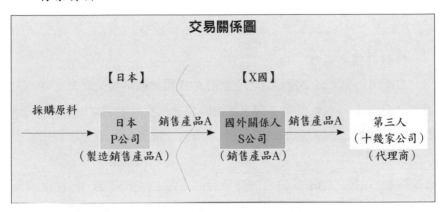

日本P公司為製造及銷售產品A之公司，10年前於X國設立了銷售產品A之子公司（S公司）。產品A為P公司以自行研發之獨家技術製造的產品。P公司銷售產品A予S公司，S公司再將產品A售予十幾家第三人零售商。產品A為P公司之研發成果，其獨家技術性帶動銷售額上升，並於X國保有一定的市場佔有率。而S公司並未於當地進行廣告宣傳及促銷活動。P公司集團所處之A產品產業，為全球性需求波動極大之產業，各公司之損益情形常因需求之變動產生巨幅波動循環。

P公司及S公司，已向兩國稅務稽徵機關申請預先訂價協議。該申請情形如下：以S公司為受測個體，採用「交易淨利潤法」作為最適常規交易方法，從企業資訊資料庫選出X國4家公司作為S公司之可比較對象，以這四家公司過去5年的銷售營業毛利率平均值所構成之常規交易區間（預先訂價協議年度期間毛利率皆固定於此區間內），做為S公司

之目標毛利率水準。另作為可比較對象之四家公司,皆為僅具單一事業部門之銷售業者,其產品、市場、銷售功能等方面,皆具備與S公司之可比較性。

移轉訂價之處理

本案例對預先訂價協議之審查於評估採用最適常規交易方法時,由於產品A是P公司自行研發之獨家技術所製造的產品,若以P公司為受測對象採用基本三法時無法取得可比較未受控交易資訊,故無法適用基本三法。

雖S公司被認定不具備受控交易所得來源之無形資產,但從企業公開資料庫中,仍無法取得適用基本三法之可比較未受控交易之必要資訊,故無法適用基本三法。

因此針對P公司和S公司,以「等同於基本三法之方法及其他政令中所頒訂之方法」進行評估,結果如下:

(1)以P公司或S公司為受測個體採用基本三法時,由於無法取得可比較未受控交易資訊,故無法適用基本三法。

(2)以S公司為受測個體,採用「交易淨利潤法」時,可取得可比較未受控交易資訊。

由上述情況可認定,P公司選擇以相對而言功能較單純的S公司為受測對象採用「交易淨利潤法」,並申請預先訂價協議。

另由於P公司集團所處A產品產業之各業者損益皆面臨巨大之波動循環,因此,本案例中應將該循環造成之影響反映至目標毛利率區間較為允當。此外為防止A產品產業發生超出一般市場狀況波動之極端變化,應事先附加重要假設。

解說

1. 日本於昭和62年（1987年）率先全球導入預先訂價協議，其目的為確保移轉訂價稅制相關納稅義務人之可預測性，故稅捐機關長官等人員須根據納稅義務人之申請，事先確認申請對象受控交易使用之常規交易方法等內容。

預先訂價協議核定適用之公司，於預先訂價協議之年度內，執行符合預先訂價協議內容之申報時，即認定該預先訂價協議交易係依移轉訂價規定辦理（事務營運指針5-16）。

2. 依預先訂價協議計算常規價格時，可使用公司與海外關係人之內部可比較對象或採企業資訊資料庫等公開資訊之外部可比較未受控交易資訊，來決定常規交易價格，或者以公司或海外關係人內部資訊之「利潤分割法」作為最適常規交易方法。

關於外部可比較未受控交易資訊，不應僅限於企業資訊資料庫，亦應評估其他可取得之資訊，以充分確保其可比較性。

3. 預先訂價協議是為預測申請公司受控交易未來利潤之方法，進行預先訂價協議時，為確保移轉訂價相關納稅義務人可預測未來之利潤，故訂立一個特定水準，而以毛利率之一定區間（如四分位中段區間等一定區間）來進行預先訂價協議。就此點而言，其處理方式自然不同於為決定過去年度所得金額而以特定水準計算常規價格之調查。

另設定一定區間時，除有四分位中段區間法外，有時亦可使用所有可比較未受控交易所構成之區間。

4. 有關設定目標毛利率時所使用的資料，有下列兩種方法：

（1）方法一為查驗各預先訂價協議年度時，依序將可比較未受控交易毛利率資料更新為最新資訊，藉以設定目標毛利率區間

之方法。

於各預先訂價協議年度，將該年度毛利率新增至所使用之可比較未受控交易毛利率資料中，同時將最舊年度之毛利率資料刪除，如此便可將資料更新為最近期毛利率資料，本方法即是使用更新後毛利率平均值來設定目標毛利率之方法。

本方法不僅可對應受控交易及可比較未受控交易之期間，且能將市場波動反映至目標毛利率區間內。

惟採取本方法時，必須考慮以下兩點，一是在應更新之可比較未受控交易毛利率資料公開前，無法確定目標毛利率，二是申請時所使用之可比較未受控交易若不復存在時，目標毛利率的設定可能會發生偏差。

（2）方法二為使用固定期間之可比較未受控交易資料，來設定目標毛利率區間之方法。

此方法是依據過去一定期間可比較未受控交易之毛利率平均值設定目標毛利率區間，固定使用於整段預先訂價協議年度期間。

此方法一般用於產業整體波動不大的情況，且事先設定之目標毛利率固定不變的情況。

附錄一 營利事業所得稅不合常規移轉訂價查核準則

財政部93.12.28台財稅字第09304163770號令發布，93.12.30生效

條　文	說　明
第一章 總則	
（法律授權依據） 第一條 本準則依所得稅法（以下簡稱本法）第八十條第五項規定訂定之。	本準則之法律授權依據。
（適用範圍） 第二條 營利事業與國內外其他營利事業具有從屬關係，或直接間接為另一事業所有或控制，其相互間有關收益、成本、費用或損益攤計之交易，應符合營業常規，以正確計算相關營利事業在中華民國境內之納稅義務。 　　前項營利事業從事交易時，有以不合營業常規之安排，規避或減少其在中華民國境內之納稅義務者，稽徵機關為正確計算相關營利事業之所得額及應納稅額，得依法進行調查，並依本法第四十三條之一規定，報經財政部核准按營業常規予以調整。 　　金融控股公司法或企業併購法規定之公司與其子公司相互間，及該等公司或其子公司與國內、外其他個人、營利事業或教育、文化、公益、慈善機關或團體相互間，有關收入、成本、費用及損益攤計之交易，應符合交易常規。 　　前項公司從事交易時，有以不合交易常規之安排，規避或減少其在中華民國境內之納稅義務者，稽徵機關為正確計算相關納稅義務人之所得額及應納稅額，得依法進行調查，並依金融控股公司法第五十條第一項或企業併購法第四十二條第一項第一款規定，報經各該規定之主管機關核准，按交易常規予以調整。	一、經濟合作暨發展組織（OECD）之「跨國企業與稅捐機關移轉訂價指導原則」（Transfer Pricing Guidelines for Multinational Enterprises and Tax Administrations）及主要國家之移轉訂價法規均明示關係企業相互間之交易應依「常規交易原則」（arm's length principle）訂價，爰於第一項規定關係企業相互間之交易，有涉及所得稅法第四十三條之一有關收益、成本、費用或損益攤計之交易者，應符合營業常規之規定，另於第二項規定，其有不符合營業常規之情事者，稽徵機關得依法進行調查，並於報經財政部核准後按營業常規調整，以核定其所得額。 二、第二項及第四項規定金融控股公司或企業併購法規定之公司與各相關交易人間之交易應符合交易常規，其涉及非常規交易時，稽徵機關得依金融控股公司法第五十條第一項或企業併購法第四十二條第一項第一款規定辦理。
（從屬與控制關係之認定） 第三條 本法第四十三條之一所稱營利事業與國內外其	所得稅法第四十三條之一之適用對象僅限於營利事

條文	說明
他營利事業具有從屬關係，或直接間接為另一事業所有或控制，指營利事業相互間有下列情形之一者： 一、營利事業直接或間接持有另一營利事業有表決權之股份或資本額，超過該另一營利事業已發行有表決權之股份總數或資本總額百分之二十以上。 二、營利事業與另一營利事業直接或間接由相同之人持有或控制之已發行有表決權之股份總數或資本總額合達百分之二十以上。 三、營利事業持有另一營利事業有表決權之股份總數或資本總額百分比為最高且達百分之十以上。 四、營利事業與另一營利事業之執行業務股東或董事有半數以上相同。 五、營利事業及其直接或間接持有之股份總數或資本總額達百分之五十以上之營利事業，派任於另一營利事業之董事，合計超過該另一營利事業董事總席次半數以上。 六、營利事業之董事長、總經理或與其相當或更高層級職位之人與另一營利事業之董事長、總經理或與其相當或更高層級職位之人為同一人，或具有配偶或二親等以內親屬關係。 七、總機構在中華民國境外之營利事業，其在中華民國境內之分支機構，與該總機構或該營利事業在中華民國境外之其他分支機構；總機構在中華民國境內之營利事業，其總機構或其在中華民國境內之分支機構，與該營利事業在中華民國境外之分支機構。 八、營利事業直接或間接控制另一營利事業之人事、財務或業務經營，包括： （一）營利事業指派人員擔任另一營利事業之總經理或與其相當或更高層級之職位。 （二）非金融機構之營利事業，對另一營利事業之資金融通金額或背書保證金額達該另一營利事業總資產之三分之一以上。	業及與其具有一定關係之營利事業間，為期適用範圍明確，爰參照公司法第三百六十九條之一至第三百六十九條之三、財務會計準則第五號公報貳4至7及第六號公報貳2(一)至(三)、美國內地稅法第四八二條施行細則一‧四八二一一有關控制之定義及大陸關聯企業間業務往來稅務管理規程第四條之規定，採「股權」及「實質控制管理」測定營利事業相互間之從屬及控制關係，於第一項明列「營利事業與國內外其他營利事業具有從屬關係，或直接或間接為另一事業所有或控制」之各種情形，以資認定。 (一)第一款、第二款及第四款，分別參酌公司法第三百六十九條之二第一項有關控制與從屬定義、第三百六十九條之三第二款及第一款有關推定為有控制與從屬關係之規定訂定；至直接或間接持有或控制有表決權之股份總數或資本總額之百分比，則參照財務會計準則第五號公報貳6有關重大影響力之百分比（20%）訂定。 (二)第三款及第五款參酌財務會計準則第五號公報貳7視為有重大影響力之(1)及(2)訂定，惟第三款參照第一款及第二款之持股或控股百分比要件，酌予增列直接持股達百分之十之要件。 (三)第六款參酌財務會計準則第六號公報貳2(三)有關關係人之定義訂定。 (四)營利事業之總機構對其分支機構原即具有控制能力，且在其經營、理財政策上具有重大影響力，符合公司法及財務會計準則公報有關關係企業之定義。再者，外國營利事業之總機構或國外分支機構與其在臺分支機構，或國內營利事業之總機構或在臺分支機構與其國外分支機構，分屬不同之課稅領域，為期各領域稅收分配公平，防止其藉移轉訂價之安排，將所得實現於低稅負之領域，爰參照國際慣例，於第七款將其列入從屬與控制關係之範疇，以資規範。 (五)公司法第三百六十九條之二第二項與財務會計準則第五號公報貳6及第六號公報貳2均規範一方對於他方之人事、財務或業務經營具有控制能力或重大影響力者，為關係企業。為期明確，參酌大陸關聯企業間業務往來稅務管理規程第四條及上開第五號公報規定，於第八款予以明定： 1.第一目參照前開第五號公報貳7(3)訂定，惟因應公司現況可能對於總經理職位給予不同之職稱，或於該職位之上設置更高之職位（如總

條 文	說 明
（三）營利事業之生產經營活動須由另一營利事業提供專利權、商標權、著作權、秘密方法、專門技術或各種特許權利，始能進行，且該生產經營活動之產值達該營利事業同年度生產經營活動總產值百分之五十以上。 （四）營利事業購進之原物料、商品，其價格及交易條件由另一營利事業控制，且該購進之原物料、商品之金額達該營利事業同年度購進之原物料、商品之總金額百分之五十以上。 （五）營利事業商品之銷售，由另一營利事業控制，且該商品之銷售收入達該營利事業同年度銷售收入總額百分之五十以上。 九、營利事業與其他營利事業簽訂合資或聯合經營契約。 十、其他足資證明營利事業對另一營利事業具有控制能力或在人事、財務、業務經營或管理政策上具有重大影響力之情形。	裁、執行長），爰修正文字，以資適用。 2. 第二目參照公司法第三百六十九條之十二授權訂定之「關係企業合併營業報告書關係企業合併財務報表及關係報告書編製準則」第六條第二項第四款及第五款訂定。 3. 第三目至第五目參照前開大陸管理規程第四條（五）、（六）、（七）之規定，惟酌予提高或增訂百分比規定，以資確認其相互間具控制力，並合理縮小關係企業之認定範圍。 （六）第九款參照財務會計準則第五號公報貳7(4)之規定訂定。 （七）第十款依公司法及財務會計準則公報有關關係企業之認定原則，增列其他情形，以資周延。
（名詞定義） 第四條 本準則用詞定義如下： 一、關係企業：指營利事業相互間有前條從屬或控制關係者。 二、關係人：指前款關係企業或有下列情形之人： （一）營利事業與受其捐贈之金額達實收基金總額三分之一以上之財團法人。 （二）營利事業與其董事、監察人、總經理或與其相當或更高層級職位之人、副總經理、協理及直屬總經理之部門主管。 （三）營利事業與其董事、監察人、總經理或與其相當或更高層級職位之人之配偶。 （四）營利事業與其董事長、總經理或與其相當或更高層級職位之人之二親等以內親屬。 （五）營利事業與其他足資證明對該營利事業具有控制能力或在人事、財務、業務經營或管理政策上具有重大影響力之人。 三、非關係人：指前款以外之人。 四、受控交易：指關係人相互間所從事之交易，且屬	一、第一項規定本準則所使用之各項名詞定義。 （一）第一款規定關係企業之定義。 （二）第二款規定關係人除包括關係企業外，亦包括營利事業及與其具有一定關係之財團法人或個人，並參照財務會計準則第六號公報貳2關係人定義中非屬關係企業之情形（即（四）至（七）），予以明列，並據以定義非關係人及未受控交易，以利可比較對象之決定。 （三）採用常規交易方法時，需以非關係人相互間所從事之未受控交易為受控交易之可比較對象，為期明確，分別於第三款至第五款規範非關係人、受控交易及未受控交易之定義。 （四）本準則規範之常規交易方法，包含以「價格」為基礎及以「利潤」為基礎之方法，爰於第六款規定本準則所稱之交易結果，包括交易價格或利潤 （五）第七款參照OECD稅約範本第九條第一項規定，明定所得稅法第四十三條之一所稱不

條文	說明
第二條第一項或第三項規定之範圍者。 五、未受控交易：指非關係人相互間所從事之交易。 六、交易結果：指交易價格或利潤。 七、不合營業常規或不合交易常規：指交易人相互間，於其商業或財務上所訂定之條件，異於雙方為非關係人所為，致應歸屬於其中一交易人之所得，因該條件而未歸屬於該交易人者。 八、有形資產：指商品、原料、物料、在製品、製成品、副產品、短期投資、有價證券、應收帳款、應收票據、應收債權及其他應收款、固定資產、遞耗資產、長期投資及其他有形資產。 九、無形資產：指營業權、著作權、專利權、商標權、事業名稱、品牌名稱、設計或模型、計畫、秘密方法、營業秘密，或有關工業、商業或科學經驗之資訊或專門知識、各種特許權利、行銷網路、客戶資料及其他具有財產價值之權利。 十、移轉訂價：指營利事業從事受控交易所訂定之價格或利潤。 十一、常規交易方法：指評估受控交易之結果是否符合營業常規或交易常規之方法，或決定受控交易常規交易結果之方法。 　金融控股公司法或企業併購法規定之公司或其子公司與非關係人相互間，有關收入、成本、費用及損益之攤計，不符合交易常規者，於稽徵機關進行調查時，視為關係人，其相互間所從事之交易，視為受控交易。	合營業常規、金融控股公司法第五十條及企業併購法第四十二條所稱不合交易常規之定義。 (六)第八款及第九款參照所得稅法及商業會計法規範之資產、ＯＥＣＤ移轉訂價指導原則第六章及美國內地稅法第四八二條施行細則一‧四八二－四有關無形資產之定義，明定「有形資產」及「無形資產」之定義。 (七)國際間對於關係人相互間從事受控交易之訂價問題，均稱為「移轉訂價」問題（Transfer Pricing Issue）。為與國際接軌，增進跨國企業對於本準則規範內容之瞭解，爰於法規名稱及相關條文中增訂「移轉訂價」之文字，以使我國法規更符合國際潮流與趨勢，並於第十款明列其定義，以資適用。 (八)評估受控交易訂定之價格或利潤是否符合常規，或決定受控交易之常規交易結果時，可依其交易類型，採用適宜之方法，第十一款規定該方法稱為常規交易方法。 二、第二條第二項規定之公司或子公司與非關係人相互間之交易，不符合交易常規者，依金融控股公司法第五十條第一項或企業併購法第四十二條第一項第一款規定，稽徵機關得按交易常規調整，故亦應適用本準則有關關係人及受控交易之查核規定，爰於第二項規定該二者視為關係人，其相互間所從事之交易視為受控交易，以資規範。
（適用之交易類型） 第五條 適用本準則之交易類型如下： 一、有形資產之移轉，包括買賣、交換、贈與或其他安排。 二、有形資產之使用，包括租賃、設定權利、提供他人持有、使用或占有，或其他安排。 三、無形資產之移轉，包括買賣、交換、贈與或其他安排。 四、無形資產之使用，包括授權、再授權、提供他人使用或其他安排。 五、服務之提供，包括行銷、管理、行政、技術、人事、研究與發展、資訊處理、法律、會計或其他服務。 六、資金之使用，包括資金借貸、預付款、暫付款、	參考主要國家移轉訂價法規所列之交易型態，明列適用本準則之交易類型，以資明確。

條　文	說　明
擔保、延期收款或其他安排。 七、其他經財政部核定之交易類型。	
第二章　常規交易原則	
（常規申報及調整原則） 第六條　營利事業於辦理營利事業所得稅結算申報時，應依本準則規定，評估受控交易之結果是否符合常規，或決定受控交易之常規交易結果；稽徵機關進行不合常規移轉訂價之調查及核定時，亦同。	參考ＯＥＣＤ移轉訂價指導原則及主要國家移轉訂價法規採用之常規交易方法，規定營利事業於辦理所得稅結算申報及稽徵機關進行不合常規之移轉訂價查核時，均應依本準則規定評估受控交易之結果是否符合常規，或決定受控交易之常規交易結果。
（徵納雙方應遵循之常規交易原則） 第七條　營利事業與稽徵機關依前條規定評估受控交易之結果是否符合常規，或決定受控交易之常規交易結果時，依下列原則辦理： 一、可比較原則：以非關係人於可比較情況下從事可比較未受控交易之結果為常規交易結果，以評定受控交易之結果是否符合常規。 二、採用最適常規交易方法：按交易類型，依本準則規定，採用最適之常規交易方法，以決定其常規交易結果。 三、按個別交易評價：除適用之常規交易方法另有規定外，以個別交易為基礎，各自適用常規交易方法。但個別交易間有關聯性或連續性者，應合併相關交易適用常規交易方法，以決定其常規交易結果。 四、使用交易當年度資料： 　（一）決定常規交易結果時，以營利事業從事受控交易當年度之資料及同一年度非關係人從事可比較未受控交易之資料為基礎。但有下列情形之一者，得以涵蓋當年度及以前年度之連續多年度交易資料為基礎： 　　1.營利事業所屬產業受商業循環影響。 　　2.交易之有形資產、無形資產及服務受生命週期影響。 　　3.營利事業採用市場占有率策略。 　　4.採用以利潤為基礎之方法決定常規交易結果。 　　5.其他經財政部核定之情形。 　（二）前款交易當年度之資料，如屬第二十	一、參照ＯＥＣＤ移轉訂價指導原則第一章第Ｃ節及美國內地稅法第四八二條施行細則一‧四八二―一規定之常規交易原則，明列徵納雙方採用常規交易方法時，應共同遵循之原則，以期徵納雙方處理原則趨於一致。 二、第一款規定徵納雙方應依可比較原則選定可比較對象，並於第八條規範可比較原則之具體內容。 三、第二款規定決定常規交易結果時，應按交易類型，採用最適方法，並於第九條規範評估其適用性高低之方式。 四、第三款規定個別交易評價原則，但交易相互間有關聯性或連續性者，應合併評價。另以「利潤」為基礎之常規交易方法，如可比較利潤法及利潤分割法，可能係以企業整體、部門或活動為基礎，決定其常規交易結果，故宜依各方法之特別規定辦理，不適用個別交易評價原則，爰於前段增訂除外規定。 五、第四款規定徵納雙方評估受控交易之結果是否符合常規，或決定受控交易之常規交易結果時，可採用之資料年度： 　（一）第一目規定徵納雙方應採用交易當年度資料決定常規交易結果，但遇有商業循環、生命週期、市場占有率策略等特殊情形時，得採多年度資料，以減緩個別年度資料差異性所造成之影響。 　（二）考量營利事業於辦理結算申報時，雖可取得交易當年度其與非關係人所從事之「內部」可比較未受控交易之財務報表資料，但「外部」可比較資料，卻可能因公開資料庫（database）建置時間落後（通常需遲至次年八月以後）而未能及時取得，爰參照美、英、日之實務處理方式，於第二目規定，得

條文	說明
條規定之可比較未受控交易財務報表資料，且為營利事業於辦理交易當年度營利事業所得稅結算申報時未能取得之資料者，營利事業得以可比較未受控交易之連續前三年度平均數代替之；營利事業有前目但書規定情形之一者，得以不涵蓋當年度資料之連續多年度可比較未受控交易資料為基礎。 （三）營利事業依前目規定辦理者，稽徵機關於進行不合常規移轉訂價之調查及核定時，應與營利事業採用相同之原則決定所使用之資料。 五、採用常規交易範圍： （一）所稱常規交易範圍，指二個或二個以上之可比較未受控交易，適用相同之常規交易方法所產生常規交易結果之範圍。可比較未受控交易之資料如未臻完整，致無法確認其與受控交易間之差異，或無法進行調整以消除該等差異對交易結果所產生之影響者，以可比較未受控交易結果之第二十五百分位數至第七十五百分位數之區間為常規交易範圍。 （二）依前款第一目但書規定使用多年度資料者，以可比較未受控交易結果之多年度平均數，依前目規定產生常規交易範圍。 （三）受控交易以前款資料為基礎之交易結果在常規交易範圍之內者，視為符合常規，無需進行調整；其在常規交易範圍之外者，按第一目所有可比較未受控交易結果之中位數或第二目所有多年度平均數之中位數調整受控交易之當年度交易結果。 （四）營利事業與非關係人間之內部可比較未受控交易，如與受控交易具有相當高之可比較程度，且可據以決定受控交易之單一最可信賴常規交易結果時，得以該結果決定受控交易之常規交易結果，不適用前三目之規定。 （五）依前二目調整之結果，將使其在中	以前三年度資料取代當年度資料；至其屬第一目但書規定使用多年度資料之情形者，則准以不涵蓋交易當年度之資料，以因應現實狀況。 （三）營利事業於結算申報時未及取得交易當年度資料者，稽徵機關日後進行移轉訂價查核時，雖因交易當年度之外部可比較資料已建置完成且可取得，惟為使徵納雙方所使用之資料基礎相同，爰參照OECD移轉訂價指導原則第一章第C節之常規交易原則及主要國家實務處理方式，於第三目規定稽徵機關所使用之資料範圍應與營利事業採用之原則相同，以期公平。 六、參考各國實施經驗，除極少數情況外，徵納雙方很難決定單一最可信賴之常規交易結果，爰於第五款規定常規交易範圍之採用、產生及應用方法： （一）第一目至第三目規定以多筆可比較未受控交易之結果產生常規交易範圍，受控交易之交易結果在該範圍之外者，按中位數調整。 （二）舉例說明按可比較未受控交易結果之平均數產生常規交易範圍及按中位數調整之情形：我國境內甲公司銷售貨物予其國外關係配銷商乙公司，稽徵機關於查核甲公司92年度所得稅申報案件時，經評估選定再售價格法為判定甲、乙兩公司之受控交易結果是否符合常規之最適方法。假設90-92年乙公司申報毛利率均為13%，而與乙公司類似之非關係配銷商A、B、C、D90-92年毛利率資料如下： 配銷商90919192平均 稽徵機關依上述所有可比較未受控交易毛利率90-92年之平均數產生常規交易範圍為7.33%-8.67%，由於乙公司相同期間之平均毛利率13%在常規交易範圍之外，稽徵機關爰依所有平均毛利率之中位數8%調整乙公司92年度之毛利率，並據以調增乙公司自甲公司之進貨價格（即調增甲公司之銷貨價格）。 （三）依營利事業與非關係人間之「內部」可比較

配銷商	90	91	92	平均
A	13	3	8	8.00
B	11	13	2	8.67
C	4	7	13	8.00
D	7	9	6	7.33

條文	說明
華民國境內之納稅義務較未調整前為低者，不予調整。 六、分析虧損發生原因：營利事業申報虧損，而其集團全球總利潤為正數者，應分析其虧損發生之原因及其與關係企業相互間之交易結果是否符合常規。 七、收支分別評價：受控交易之交易人一方對他方應收取之價款，與他方對一方應收取之價款，應按交易任一方分別列計收入與支出之交易價格評價。 八、其他經財政部核定之常規交易原則。	未受控交易資料決定受控交易之常規交易結果時，即使僅找到單一筆資料，通常亦具有相當高之可信賴程度，以該結果決定受控交易之常規交易結果，亦屬適當，尚無需依第一目至第三目規定，以多筆可比較資料產生常規交易範圍之方式，決定常規交易結果，爰於第四目規定不適用該三目之規定。 （四）第二條之適用範圍係以規避或減少營利事業在中華民國境內之納稅義務為前提，受控交易按中位數調整之結果，如產生減少其稅負之情形，自不適用之，爰於第五目規定，此種情形，應以受控交易之原結果為準，不適用調整之規定。 七、第六款規定營利事業與其關係企業間之交易如為虧損，而集團全球總利潤卻呈現正數，則應分析其虧損發生之原因及是否依常規原則訂價。 八、第七款規定受控交易雙方如有以收支抵銷之方式洽收價款者，應按其收入與支出各自相關之交易分別評價。 九、為因應國際間移轉訂價原則之發展，於第八款明定財政部得視需要核定增訂常規交易原則，以期周延。
（可比較程度分析） 第八條 前條第一款所稱可比較情況或可比較交易，指相同或類似之情況或交易。決定營利事業與非關係人之情況，或其所從事之受控交易與未受控交易是否相同或類似及其可比較程度時，應考量下列影響價格或利潤之因素： 一、交易標的資產或服務之特性： （一）交易標的為有形資產者，為資產之實體特徵、品質、數量及是否包括無形資產。 （二）交易標的為無形資產者，為交易型態、資產類型、法定享有年數及使用該資產之預期利益。所稱交易型態，如授權或轉讓。 （三）交易標的為服務時，為服務之性質及是否包括無形資產。 二、執行之功能，包括： （一）研究與發展。 （二）產品設計。 （三）採購及原物料管理。	一、第一項規定第七條第一款所稱「可比較」之定義，並明列營利事業與稽徵機關進行可比較程度分析時，應考量之各項因素，俾利可比較對象及最適常規交易方法之決定。 二、第二項規定營利事業與非關係人之情況及其所從事之受控交易與未受控交易間，如存在顯著影響二者價格或利潤之因素，則應進行適當之調整，以消除其差異及提高其可比較程度，並依可比較程度之高低選定可比較對象。 三、第三項規定營利事業與非關係人間所從事之內部未受控交易，如與該營利事業與關係人間所從事之受控交易具有可比較程度，亦為適當之可比較對象，惟決定二者之可比較程度及是否選定前者為可比較對象時，應比照前二項規定辦理。

條　文	說　明
(四)製造、加工、裝配。 (五)行銷、配銷、存貨管理、保證、廣告、產品服務。 (六)運送及倉儲。 (七)經營管理、會計、財務、法律、信用、收款、訓練及人員管理服務。 三、契約條款，包括： (一)報酬收付方式。 (二)交易數量。 (三)售後保證範圍及條件。 (四)更新或修正契約內容之權利。 (五)授權或契約之有效期間、終止及重新協商之權利。 (六)交易雙方間提供附屬或輔助服務之協議。 (七)交貨條件，如起運點交貨或目的地交貨。 (八)授信及付款條件。 四、承擔之風險，包括： (一)市場風險，如成本、需求、價格之變動、存貨水準風險。 (二)研究與發展活動之成敗風險。 (三)財務風險，如外匯匯率、利率變動風險。 (四)信用風險，如授信、收款風險。 (五)產品責任風險。 五、經濟及市場情況，包括： (一)區域市場之相似性。 (二)市場規模及發展潛力。 (三)市場層級，如批發或零售市場。 (四)市場占有率。 (五)市場競爭程度、消費者購買力、交易雙方之其他選擇性。 (六)政府對市場之管理。 (七)產業概況，如新興或夕陽產業。 (八)運輸成本。 六、商業策略，包括： (一)創新及產品開發策略。 (二)避險策略。 (三)市場占有率策略。 七、其他影響可比較程度之因素。 營利事業與非關係人之情況，或其所從事之受	

條文	說明
控交易與未受控交易間，如存在前項各款因素之顯著差異，應就該等差異對可比較未受控交易之價格或利潤所造成之影響進行合理之調整；其經由合理之調整可消除該等差異之影響者，得選定該非關係人及未受控交易為可比較對象。 決定營利事業與非關係人間所從事之未受控交易，與該營利事業與關係人間所從事受控交易之可比較程度及是否選定其為可比較對象時，比照前二項規定辦理。	
（最適常規交易方法之決定） 第九條 營利事業與稽徵機關決定第七條第二款所定最適常規交易方法時，應依受控交易之交易類型，分別適用第十條至第十三條規定，並依下列規定決定之： 一、可比較程度：以營利事業及其所從事之受控交易與可比較對象間之可比較程度決定之。其應考量前條第一項規定之因素，尤應特別考量第十四條第二項、第十五條第二項至第四項、第十六條第四項、第十七條第三項，第十八條第七項及第十九條第二項所應特別考量因素之相似程度。相似程度愈高者，其適用性愈高。 二、資料與假設之品質：以蒐集之資料足夠完整正確且能確認前款因素之差異、依前條第二項規定進行調整以消除該等差異之可能性及適宜性、使用假設之合理性因素決定之。品質愈佳者，其適用性愈高。	一、考量常規交易方法之採用如採依序適用之方式，對於徵納雙方而言，均需耗費鉅額人力及成本於證明各方法之適用順序，為節省稽徵成本及依從成本，爰參照美國內地稅法第四八二條施行細則一．四八二－一規定之最佳方法原則（Best method rule），採用最適常規交易方法原則。 二、決定最適常規交易方法時，應依交易類型，分別適用第十條至第十三條規定之方法，並依營利事業與非關係人及受控交易與未受控交易間之可比較程度（應依第八條規定進行可比較程度分析），及所蒐集資料之完整性及正確性暨所使用假設之合理性高低，決定各方法之適用性。另因各方法均有決定其適用性高低時應特別考量之因素，為臻明確，爰明列相關條項，以利徵納雙方遵循。
第三章 常規交易方法	
（有形資產交易之常規交易方法） 第十條 適用於有形資產移轉及使用之常規交易方法如下： 一、可比較未受控價格法。 二、再售價格法。 三、成本加價法。 四、可比較利潤法。 五、利潤分割法。 六、其他經財政部核定之常規交易方法。	參照ＯＥＣＤ移轉訂價指導原則第二章及美國內地稅法第四八二條施行細則一．四八二－三規定，訂定適用於有形資產交易之常規交易方法。
（無形資產交易之常規交易方法） 第十一條 適用於無形資產移轉及使用之常規交易方法	參照ＯＥＣＤ移轉訂價指導原則第二章及美國內地稅

條文	說明
如下： 一、可比較未受控交易法。 二、可比較利潤法。 三、利潤分割法。 四、其他經財政部核定之常規交易方法。	法第四八二條施行細則一·四八二－三規定，訂定適用於無形資產交易之常規交易方法。
（服務提供之常規交易方法） 第十二條 適用於服務提供之常規交易方法如下： 一、可比較未受控價格法。 二、成本加價法。 三、可比較利潤法。 四、利潤分割法。 五、其他經財政部核定之常規交易方法。	參考OECD移轉訂價指導原則第七章、美國內地稅法第四八二條施行細則一·四八二－二及擬議修正之規定，訂定適用於服務提供之常規交易方法。
（資金使用之常規交易方法） 第十三條 適用於資金使用之常規交易方法如下： 一、可比較未受控價格法。 二、成本加價法。 三、其他經財政部核定之常規交易方法。	美國內地稅法第四八二條施行細則一·四八二－二規定，訂定適用於資金使用之常規交易方法。
（可比較未受控價格法） 第十四條 本準則所定可比較未受控價格法，係以非關係人於可比較情況下，從事有形資產之移轉或使用、服務之提供或資金之使用之可比較未受控交易所收取之價格，為受控交易之常規交易價格。 評估可比較未受控價格法之適用性時，應考量第八條第一項規定之因素，尤應特別考量從事受控交易之營利事業與非關係人之交易標的資產或服務之特性、契約條款及經濟情況之差異，其間如有差異，應就該等差異對常規交易價格之影響進行合理之調整，其無法經由合理之調整以消除該等差異者，應依本準則規定採用其他適合之常規交易方法。	一、本條規範之可比較未受控價格法，係參照OECD移轉訂價指導原則第二章第C節第I小節及美國內地稅法第四八二條施行細則一·四八二－三第（b）項之規定所訂定。 二、第一項規定可比較未受控價格法之定義，以資明確。 三、第二項明列評估可比較未受控價格法適用性之因素，其間如有差異，應進行合理調整，如無法經由調整以消除差異者，應改採其他常規交易方法。
（可比較未受控交易法） 第十五條 本準則所定可比較未受控交易法，係以非關係人於可比較情況下，從事無形資產之移轉或使用之可比較未受控交易所收取之價格，為受控交易之常規交易價格。 評估可比較未受控交易法之適用性時，應考量第八條第一項規定之因素，尤應特別考量從事受控交易之營利事業與非關係人之交易標的之無形資產之可比較程度及二者所處情況之可比較程度。其間如有差異，應就該差異對常規交易價格之影響進行合理之調整，	一、本條規範之可比較未受控交易法，係參照美國內地稅法第四八二條施行細則一·四八二－四第（c）項之規定所訂定。 二、第一項規定可比較未受控交易法之定義，以資明確。 三、第二項規定評估可比較未受控交易法適用性之因素包含無形資產及情況之可比較程度，影響其可比較程度之因素如有差異，應進行合理調整，其無法經由合理調整以消除差異者，應改採其他常規交易方法。

條　文	說　明
其無法經由合理之調整以消除該等差異者，應依本準則規定採用其他適合之常規交易方法。 前項無形資產之可比較程度，應視其是否於相同產業或市場用於類似之產品或製程，及是否有相似之潛在利潤而定。所定潛在利潤，係於考量資本投資及創設費用、承擔之風險及其他相關因素下，依使用或後續移轉無形資產實現之利益所計算之淨現值。 第二項所稱情況之可比較程度，應考量下列因素之差異： 一、移轉條件，包括無形資產之使用權或授權是否具有專屬性、是否有任何使用限制、權利行使有無地區之限制。 二、無形資產於使用市場所處之發展階段，包括是否須政府核准、授權或核發執照。 三、是否擁有無形資產之更新、修改及修正之權利。 四、無形資產之獨特性及其維持獨特性之期間，包括相關國家法律對於該無形資產之保護程度及期間。 五、授權、契約或其他協議之持續期間及終止或協商權利。 六、受讓人承擔之任何經濟及產品責任風險。 七、受讓人與讓與人所執行之功能，包括附屬及支援服務。	四、第三項及第四項明列決定無形資產及情況可比較程度應考量之因素。
（再售價格法） 第十六條　本準則所定再售價格法，係按從事受控交易之營利事業再銷售予非關係人之價格，減除依可比較未受控交易毛利率計算之毛利後之金額，為受控交易之常規交易價格。其計算公式如下： 常規交易價格＝再銷售予非關係人之價格×（１－可比較未受控交易毛利率） 毛利率＝毛利／銷貨淨額 前項所稱再銷售予非關係人之價格，指受控交易標的之有形資產再銷售予非關係人之價格；其無此價格者，以相同之有形資產再銷售時或再銷售前、後，銷售予非關係人之價格為準，但應就第八條第一項規定影響價格	一、本條規範之再售價格法，係參照ＯＥＣＤ移轉訂價指導原則第二章第Ｃ節第Ⅱ小節及美國內地稅法第四八二條施行細則一‧四八二－三第（ｃ）項之規定所訂定。 二、第一項明定再售價格法之定義，並明列其計算公式，以資明確。 二、第二項參照關稅法第三十三條有關進口貨物完稅價格之規定，訂定第一項所稱「再銷售予非關係人之價格」之認定規定。 三、第三項參照美國內地稅法第四八二條施行細則一‧四八二－三第（ｃ）項規定，訂定第一項所稱「可比較未受控交易毛利率」之認定規定。 五、第四項及第五項明列評估再售價格法適用性時應

條文	說明
或利潤之因素，比照同條第二項規定進行合理之調整。 第一項所稱可比較未受控交易毛利率，指該營利事業自非關係人購進同種類有形資產再銷售予非關係人之毛利率；其無此毛利率者，得以執行功能、承擔風險及契約條款類似之其他營利事業自非關係人購進同種類有形資產再銷售予非關係人之毛利率為準。 評估再售價格法之適用性時，應考量第八條第一項規定之因素，尤應特別考量下列影響毛利率之因素： 一、執行之功能，如銷售、行銷、廣告及服務。 二、承擔之風險，如存貨水準及其週轉率及相關風險。 三、契約條款，如保證範圍及條款、交易數量、信用條件、交貨條件。 四、市場情況，如處於批發或零售之市場層級。 五、交易內容是否包含無形資產。 六、成本結構，如機器、設備已使用之年數。 七、商業經驗，如處於開創期或成熟期。 八、管理效率。 九、會計處理之一致性，如成本及存貨評價方法。 營利事業及其所從事之受控交易與可比較對象間，如存在前項因素之差異，應就該等差異對毛利率之影響進行合理之調整，其無法經由合理之調整以消除該等差異者，應依本準則規定採用其他適合之常規交易方法。	特別考量之因素，其間如有差異，應進行合理調整，其無法經由合理調整以消除差異者，應改採其他常規交易方法。
（成本加價法） 第十七條　本準則所定成本加價法，係以自非關係人購進之成本或自行製造之成本，加計依可比較未受控交易成本加價率計算之毛利後之金額，為受控交易之常規交易價格。其計算公式如下： 常規交易價格＝自未受控交易人購進之成本或自行製造之成本×（1＋可比較未受控交易成本加價率） 成本加價率＝毛利／購進之成本或自行製造之成本	一、本條規範之成本加價法，係參照ＯＥＣＤ移轉訂價指導原則第二章第Ｃ節第Ⅲ小節及美國內地稅法第四八二條施行細則一‧四八二－三第(d)項之規定所訂定。 二、第一項明定成本加價法之定義，並明列其計算公式，以資明確。 三、第二項參照前開美國內地稅法之規定，訂定第一項所稱「可比較未受控交易成本加價率」之相關認定規定。 四、第三項及第四項明列採用成本加價法應特別考量

條文	說明
前項所稱可比較未受控交易成本加價率，指從事受控交易之營利事業自非關係人購進或自行製造之同種類有形資產，銷售予非關係人之成本加價率；其無此成本加價率者，得以執行功能、承擔風險及契約條款類似之其他營利事業自非關係人購進或自行製造之同種類有形資產，銷售予非關係人之成本加價率為準。 評估成本加價法之適用性時，應考量第八條第一項規定之因素，尤應特別考量下列影響成本加價率之因素： 一、執行之功能，如製造、加工技術或安裝複雜程度、測試功能。 二、承擔之風險，如市場風險、匯兌風險。 三、契約條款，如保證範圍及條件、交易數量、信用條件及交貨條件。 四、交易內容是否包含無形資產。 五、成本結構，如機器、設備已使用之年數。 六、商業經驗，如處於開創期或成熟期。 七、管理效率。 八、會計處理之一致性，如成本及存貨評價方法。 營利事業及其所從事之受控交易與可比較對象間，如存在前項因素之差異，應就該等差異對成本加價率之影響進行合理之調整，其無法經由合理之調整以消除該等差異者，應依本準則規定採用其他適合之常規交易方法。 前四項規定於服務提供或資金使用之情形準用之。	之因素，其間如有差異，應進行合理調整，其無法經由合理調整以消除差異者，應改採其他常規交易方法。 五、依第十二條及第十三條規定，成本加價法亦適用於服務提供及資金使用之交易類型，爰於第五項明定該二類型之交易準用第一項至第四項規定。
（可比較利潤法） 第十八條 本準則所定可比較利潤法，係以可比較未受控交易於特定年限內之平均利潤率指標為基礎，計算可比較營業利潤，並據以決定受控交易之常規交易結果。 採用可比較利潤法時，依下列步驟辦理： 一、選定受測個體及受測活動；其選定，依第三項規定辦理。 二、選定與受測個體及受測活動相似之可比較未受控交易；其選定，依第七條	一、本條係參照美國內地稅法第四八二條施行細則一·四八二-五之規定所訂定。 二、第一項明定可比較利潤法係以可比較未受控交易於特定年限內之平均利潤率指標所計算之可比較營業利潤，為決定受控交易常規營業利潤之基礎。 三、第二項明定採用可比較利潤法之步驟依序為選定受測個體及受測活動、選定可比較未受控交易、選定利潤率指標、決定可比較未受控交易之平均

條文	說明
第一款及第八條規定辦理。 三、選定利潤率指標；其選定，依第四項至第六項規定辦理。 四、決定可比較未受控交易之平均利潤率。所稱平均利潤率，指第四項任一款規定之分子於特定年限內全部金額之總和，除以同款規定之分母於特定年限內全部金額之總和。所稱特定年限，依第六項第四款規定辦理。 五、以前款平均利潤率指標，依受測個體之受測活動於特定年限內之營業資產、銷貨淨額、營業費用或其他基礎之年平均數，計算可比較營業利潤，並依第七條第五款第一目及第二目規定產生常規交易範圍。 六、受測個體從事受測活動於特定年限內之平均營業利潤在前款常規交易範圍之內者，視為符合常規；在該範圍之外者，按交易當年度所有可比較營業利潤之中位數調整受測個體當年度之營業利潤。其有第六項第四款未能取得交易當年度資料之情形者，按前款所有可比較營業利潤之中位數調整之。 七、以受測個體之常規營業利潤為基礎，決定受測個體以外依本法規定應繳納中華民國所得稅之同一受控交易其他參與人之常規交易結果。 　　受測個體，以受控交易之參與人中，能取得可信賴之可比較未受控交易資料，且於驗證應歸屬於該參與人之營業利潤時所需作之差異調整最少，其調整結果最可信賴者決定之；即應以參與人中複雜度最低，且未擁有高價值無形資產或特有資產，或雖擁有該資產但與可比較未受控交易所擁有之無形資產或特有資產類似之參與人，為最適之受測個體。受測活動，指受測個體參與受控交易可細分至最小且可資辨認之營業活動。 　　可比較利潤法所使用之利潤率指標，包括： 一、營業資產報酬率：以營業淨利為分子、營業資產為分母所計算之比率。 二、營業淨利率：以營業淨利為分子、銷	利潤率、計算可比較營業利潤及產生常規交易範圍、評估受測個體從事受測活動之結果是否符合常規及常規調整等，以資明確。 四、可比較利潤法主要係以受測個體及受測活動為基礎，按可比較非關係人之平均營業利潤計算受測個體從事受測活動之常規營業利潤，故受測個體及受測活動之選定為採用可比較利潤法之關鍵，爰於第三項規定以參與人中最不複雜且未擁有高價值無形資產或特有資產者為受測個體，並以其參與相關交易最細可辨認之營業活動為受測活動，以資適用。 五、第四項及第六項明定本法得採用之利潤率指標及選擇指標時應考量之因素。第五項定義利潤率指標所使用之各項名詞。 六、第七項及第八項明定採用可比較利潤法應特別考量之因素，其間如有差異，應進行合理調整，其無法經由合理調整以消除差異者，應改採其他常規交易方法。

條文	說明
貨淨額為分母所計算之比率。 三、貝里比率：以營業毛利為分子、營業費用為分母所計算之比率。 四、其他經財政部核定之利潤率指標。 前項所稱營業淨利，指營業毛利減除營業費用後之金額，不包括非屬受測活動之所得及與受測個體繼續經營無關之非常損益。所稱營業資產，指受測個體於相關營業活動所使用之資產，包括固定資產及流動資產，但不包括超額現金、短期投資、長期投資、閒置資產及與該營業活動無關之資產。所稱營業費用，不包括非屬經營本業之利息費用、所得稅及與受測活動無關之費用。 第四項利潤率指標之選定，應以受測個體之受測活動為基礎，並考量下列因素： 一、受測個體之活動性質。 二、所取得未受控交易資料之可比較程度及其所使用資料與假設之品質。 三、該指標用以衡量受測個體常規營業利潤之可信賴程度。 四、第二款資料所涵蓋之期間需足以反映可比較未受控交易之合理報酬，其至少應包括交易當年度及前二年度之連續三年度資料。營利事業於辦理交易當年度營利事業所得稅結算申報時，未能取得交易當年度可比較未受控交易資料者，得以不包括當年度之至少連續前三年度資料為基礎。 評估可比較利潤法之適用性時，應考量第八條第一項規定之因素，尤應特別考量受測個體及受測活動與非關係人及其所從事相關活動之下列因素： 一、影響二者間可比較程度之因素，包括執行之功能、承擔之風險、使用之營業資產、相關之營業、交易標的資產或服務之市場、營業規模、位於商業循環或產品循環之階段。 二、成本、費用、所得及資產，於受測活動及其他活動間分攤方式之合理性及適宜性。 三、會計處理之一致性。 受測個體及受測活動，與非關係人及其所從	

條　文	說　明
事之相關活動間，如存在前項因素之差異，應就該等差異對營業利潤之影響進行合理之調整，其無法經由合理之調整以消除該等差異者，應依本準則規定採用其他適合之常規交易方法。	
（利潤分割法） 第十九條　本準則所定利潤分割法，係於受控交易之各參與人所從事之活動高度整合致無法單獨衡量其交易結果時，依各參與人對所有參與人合併營業利潤之貢獻，計算各參與人應分配之營業利潤。合併營業利潤之分配，依下列步驟辦理： 　　一、按例行性貢獻分配例行性利潤： 　　　　（一）以合併營業利潤為基礎，依各參與人從事相關營業活動之例行性貢獻，分配其應得之市場公平報酬。 　　　　（二）所稱例行性貢獻，指非關係人對於相同或類似營業活動之貢獻，其以可資辨識市場公平報酬之營業活動為基礎。 　　　　（三）計算例行性利潤時，應進行功能分析，依各參與人執行之功能、承擔之風險及使用之資產，確認其從事相關營業活動應分配之市場公平報酬。市場公平報酬，得參照前五條規定之方法決定之。 　　二、按對無形資產之貢獻分配剩餘利潤：合併營業利潤減除依前款規定分配予各參與人之例行性利潤後，以其餘額按各參與人於相關營業活動中對於無形資產之貢獻價值，計算其應分配之剩餘利潤。無形資產之貢獻價值，得以外部市場公平報酬，或無形資產之開發及所有相關改良、更新之資本化成本減除適當攤銷後之餘額為衡量標準。 　　評估利潤分割法之適用性時，應考量第八條第一項規定之因素，尤應特別考量下列因素： 　　一、決定例行性貢獻市場公平報酬之方法所應考量之因素，包括執行之功能、承擔之風險及使用之資產。	一、本條規範之利潤分割法，係參照ＯＥＣＤ移轉訂價指導原則第三章第Ｂ節第Ⅰ小節及美國內地稅法第四八二條施行細則一‧四八二－六第(c)(3)項剩餘利潤分割法之規定所訂定，至於可比較利潤分割法因各國實務上較少採用，爰不予列入。 二、第一項規範利潤分割法之定義及分配合併營業利潤之步驟。 三、第二項及第三項規定採用利潤分割法應特別考量之因素，其間如有差異時，應進行合理調整，如無法經由合理調整以消除差異者，應改採其他常規交易方法。

條文	說明
二、成本、費用、所得及資產，於相關營業活動及其他活動間分攤方式之合理性及適宜性。 三、會計處理之一致性。 四、決定各參與人對無形資產之貢獻價值所使用資料及假設之可信賴程度。 受控交易參與人及其所從事之營業活動，與非關係人及其所從事相同或類似之營業活動間，如存在前項第一款至第三款因素之差異，應就該等差異之影響進行合理之調整，其無法經由合理之調整以消除該等差異者，應依本準則規定採用其他適合之常規交易方法。	
（以財務報表資料為基礎） 第二十條 第十六條規定之可比較未受控交易毛利率、第十七條規定之可比較未受控交易成本加價率、第十八條規定之可比較未受控交易之利潤率指標及第十九條規定非關係人之市場公平報酬，以可比較未受控交易之財務報表資料為基礎。評估受控交易之結果是否符合常規，或決定受控交易之常規交易結果時，受控交易應採與可比較未受控交易相同之基礎。	第十六條至第十九條規定之常規交易方法，需採用各項財務比率，考量徵納雙方能共同取得之資料為財務報表資料，爰規範以該資料為基礎，以期一致。
第四章 文據資料	
（申報時應提供之資料） 第二十一條 營利事業於辦理所得稅結算申報時，應依規定格式揭露第四條第一項第一款關係企業或第二款關係人之資料，及其與該等關係企業或關係人相互間交易之資料。	移轉訂價查核制度之國家，大多要求營利事業於申報時自行揭露關係人交易資料，以掌握課稅資訊，爰於本條規範營利事業於結算申報時，應依規定格式（另於結算申報書中訂定）揭露關係人之資料，及其與該等關係人相互間交易之資料，以供參考。
（調查時應提示之文據） 第二十二條 從事受控交易之營利事業，於辦理交易年度之所得稅結算申報時，應備妥下列文據： 一、企業綜覽：包括營運歷史及主要商業活動之說明、影響移轉訂價之經濟、法律及其他因素之分析。 二、組織結構：包括國內、外關係企業結構圖、董事、監察人及經理人名冊及查核年度前後一年異動資料等。 三、受控交易之彙整資料：包括交易類	一、營利事業與關係企業或關係人交易，應與從事未受控交易相同，按常規交易原則訂價，故應依本準則規定進行移轉訂價分析並備妥相關文據資料，稽徵機關進行調查時，亦應配合提供，以證明其交易結果是否符合常規。爰參照OECD移轉訂價指導原則第五章及主要國家之移轉訂價法規，於第一項規定營利事業屬於第二條規定範圍之關係人交易者，於辦理結算申報時即應備妥與移轉訂價有關之文據，並分別於第四項及第五項規定稽徵機關進行調查時，營利事業應依限提供文據，以供查核，且提供之文據應以中文為

條文	說明
型、流程、日期、標的、數量、價格、契約條款及交易標的資產或服務之用途。所稱用途，內容包括供銷售或使用及其效益敘述。 四、移轉訂價報告，至少需包括下列內容： (一)產業及經濟情況分析。 (二)受控交易各參與人之功能及風險分析。 (三)依第七條規定原則辦理之情形。 (四)依第八條規定選定之可比較對象及相關資料。 (五)依第九條第一款規定進行之可比較程度分析。 (六)選定之最適常規交易方法及選定之理由、列入考量之其他常規交易方法及不予採用之理由。 (七)受控交易之其他參與人採用之訂價方法及相關資料。 (八)依最適常規交易方法評估是否符合常規或決定常規交易結果之情形，包括所使用之可比較對象相關資料、為消除第九條第一款規定因素之差異所作之調整、使用之假設、常規交易範圍、是否符合常規之結論及按常規交易結果調整之情形等。 五、公司法第三百六十九條之十二規定之關係報告書、關係企業合併營業報告書等資料。 六、其他與關係人或受控交易有關並影響其訂價之文件。 營利事業與另一營利事業相互間，如因特殊市場或經濟因素所致而有第三條第八款第三目至第五目規定之情形，但確無實質控制或從屬關係者，得於辦理該年度所得稅結算申報前提示足資證明之文件送交該管稽徵機關確認；其經確認者，不適用前項備妥文據之規定。 受控交易之金額在財政部規定標準以下者，得以其他足資證明其訂價	主，以避免徵、納雙方對於資料真義之見解不同而造成歧異。另應與納稅義務人翻譯需耗費成本，爰於第五項後段例外規定如非屬關鍵認定文件，營利事業得經稽徵機關核准提示英文版本。 二、第三條第八款第三目至第五目屬於「實質控制管理」之業務面控制，原則上營利事業相互間符合該等規定者，已具有從屬或控制關係，其相互間之交易，即屬受控交易。惟考量商業交易態樣願多，為兼顧少數特例，如營利事業擔任另一營利事業之總代理，雖符合該條款第四目規定，但係因特殊市場或經濟因素所致，其相互間確無實質從屬或控制關係，如課以備妥第一項規定文據之義務，將增加其稅務行政負擔，爰於第二項特別規定該等營利事業得提示足資證明其無從屬或控制關係之文件（如移轉訂價分析證明其訂價符合常規），送該管稽徵機關認定，其經確認者，不適用第一項規定。 三、考量營利事業製作移轉訂價報告亦需耗費人力及成本，爰參照OECD移轉訂價指導原則之避風港法則（Safe Harbours），於第三項規定受控交易金額在財政部規定標準（如一百萬元）以下者，得以其他較為簡單且可證明其訂價符合常規之文據資料取代移轉訂價報告，以資兼顧。 四、考量本準則生效日前已發生之交易已不及進行事前之移轉訂價分析並備妥相關文件，且交易多具有連續性，年度進行中切割適用亦有困難，爰於第六項規定第一項第四款有關備妥移轉訂價報告之規定，自九十四年度營利事業所得稅結算申報案件開始適用。

條文	說明
結果符合常規交易結果之文據取代第一項第四款規定之移轉訂價報告。 稽徵機關依本準則規定進行調查時，營利事業應於稽徵機關書面調查函送達之日起一個月內提示第一項規定之文據；其因特殊情形，不能於規定期間內提示者，應於期間屆滿前申請延期，延長之期間最長不得超過一個月，並以一次為限。 稽徵機關經審閱營利事業所提示之文據，認為有再提供支持該等文據之必要文件及資料者，營利事業應於一個月內提供。 營利事業依前項規定提供之文據，應附目錄及索引；提供之資料為外文者，應附中文譯本，但經稽徵機關核准提示英文版本者，不在此限。 第一項第四款規定，自九十四年度營利事業所得稅結算申報案件適用之。	
第五章 預先訂價協議	
（申請預先訂價協議之條件及期間） 第二十三條 營利事業與其關係人進行交易，符合下列各款條件者，得由該營利事業依本章規定，向該管稽徵機關申請預先訂價協議，議定其常規交易結果： 一、申請預先訂價協議之交易，其交易總額達新臺幣十億元以上或年度交易金額達新臺幣五億元以上。 二、前三年度無重大逃漏稅情事。 三、已備妥第二十四條第一項第一款至第四款及第六款至第十款規定之文件。 四、已完成第二十四條第一項第五款規定之移轉訂價報告。 五、其他經財政部核定之條件。 　申請預先訂價協議之營利事業（以下簡稱申請人）應於前項第一款交易所涵蓋之第一個會計年度終了前，依規定格式向該管稽徵機關申	一、參照ＯＥＣＤ移轉訂價指導原則第四章第Ｆ節及主要國家移轉訂價制度，增訂預先訂價協議（Advance Pricing Arrangements）之機制，以減少事後查核所引發之爭議及所造成之稅務行政負擔。惟考量進行預先訂價協議，徵、納雙方仍需耗費一定成本及人力，爰於第一項規定申請條件，以符合成本效益。 二、第二項規定申請預先訂價協議之期間，並訂定稽徵機關初審機制（如是否於規定期間內申請、是否符合申請條件等，必要時，亦可請申請人說明，以利決定），以節省徵、納雙方之人力及成本。另經初審同意受理者，申請人應於規定期間內提供相關資料，以利雙方後續協商作業之進行。 三、第三項明定申請書應載明之事項，以利稽徵機關進行初審。 四、第四項明定申請人未於規定期間內提示相關資料者，稽徵機關得否准其申請。

條　文	說　明
請；申請人有數人時，應推派一人申請之。該管稽徵機關收到申請書後，應於一個月內書面通知申請人是否受理，其經同意受理者，應於書面通知送達之日起一個月內提供前項第三款及第四款規定之文件及報告；其不能於規定期間內提供者，得向該管稽徵機關申請延期提供，延長之期間最長不得超過一個月。 前項規定格式應載明下列事項： 一、申請人及其代理人之名稱或姓名、統一編號或身分證字號、住址。 二、委託代理人申請者，應檢附授權書正本。 三、申請預先訂價協議交易之內容概述。 四、申請預先訂價協議交易之交易總額或年度交易金額。 五、是否已備妥第一項第三款及第四款規定之文件及報告。 六、以前年度是否曾經稽徵機關進行不合常規之調查。 七、其他應載明事項。 　申請人未於第二項規定期間內提供相關文件及報告者，該管稽徵機關得否准其預先訂價協議之申請。)	
（申請預先訂價協議應提供之資料） 第二十四條 申請人或其代理人向該管稽徵機關申請預先訂價協議時，應依規定提供下列文件及報告： 一、企業綜覽：包括營運歷史及主要商業活動之說明、影響移轉訂價之經濟、法律及其他因素之分析。 二、國內外關係人結構圖。 三、參與申請預先訂價協議交易之關係人相關資料：包括營運、法律、稅務、財務、會計、經濟等六個層面之分析報告，及申請年度之前三年度所得稅申報書及財務報表。	一、第一項參考主要國家之預先訂價協議制度，並配合第二十二條移轉訂價相關文據之要求，訂定申請人應提供支持其訂價方法之相關文件及報告。 二、第二項規定第一項之文件及報告應以中文為主，以避免徵、納雙方對於資料真義之見解不同而造成歧異。惟應及納稅義務人翻譯需耗費成本，爰例外規定如非屬關鍵認定文件，營利事業得經稽徵機關核准以英文本提示。

條文	說明
四、申請預先訂價協議交易之相關資料： 　(一)參與交易之關係人名稱及其與申請人之關係。 　(二)交易類型、流程、日期、標的、數量、價格、契約條款及交易標的資產或服務之用途。所稱用途，內容包括供銷售或使用及其效益敘述。 　(三)交易涵蓋之期間。 五、移轉訂價報告，其內容除準用第二十二條第一項第四款各目之規定外，另應特別載明下列資料： 　(一)影響訂價之假設條件。 　(二)採用本準則未規定之常規交易方法時，應特別分析並說明該方法較規定之常規交易方法更為適用、更能產生常規交易結果之理由，並檢附足資證明之文件。 　(三)直接影響其訂價方法之重要財務會計處理。 　(四)申請預先訂價協議交易所涉國家與我國之財務會計與稅法間之重大差異，但以足以影響其所採用之常規交易方法之差異為限。 六、申請人與其他關係人進行相同交易或關聯交易之訂價資料。 七、預先訂價協議適用期間內各年度經營效益預測及規劃等。 八、申請當時與國內外業務主管機關間，已發生或討論中與其所採用之訂價方法有關之問題說明或已獲致之結論，或與國外業務主管機關間已簽署之預先訂價協議。 九、可能出現之重複課稅問題，及是否涉及租稅協定國之雙邊或多邊預先訂價協議。 十、其他經稽徵機關要求提示之資料。 　　申請人或其代理人依前項規定提供之文件及報告，應附目錄及索引；提供之資料為外文者，應檢附中文譯本，但經該管稽徵機關核准提供英文版本者，不在此限。	

條文	說明
（重大因素變動通知及協議程序之終止） 第二十五條 預先訂價協議尚未達成協議前，如發生影響預期交易結果之重大因素，申請人或其代理人應於一個月內書面告知該管稽徵機關，並於規定期間內修正前條第一項之文件、報告，送交該管稽徵機關辦理；其未依規定告知或送交修正後之文件、報告者，該管稽徵機關得終止協議程序之進行。	預先訂價協議未完成前，如發生影響交易價格或利潤之重大因素，由於將影響訂價之結果，故規定申請人或其代理人應於一個月內書面告知稽徵機關，並於限期內補送修正後之文件、報告，其未依規定辦理者，稽徵機關得因此而終止協議程序之進行，以期達成合理之協議結果。
（稽徵機關審核評估期間） 第二十六條 稽徵機關應於收到申請人或其代理人所提供第二十四條規定文件及報告之日起一年內，進行審核評估，並作成結論。審核評估時，如有必要，得向申請人或其代理人提出諮詢，或要求其提供補充資料、文件。 稽徵機關因特殊情況而需延長審核評估期間者，應於前項規定期間屆滿前通知申請人或其代理人，延長之期間最長不得超過六個月，必要時，得再延長六個月。但涉及租稅協定之雙邊或多邊預先訂價協議者，不在此限。	一、第一項參酌實施預先訂價協議國家之受理經驗，明定稽徵機關之審核評估期間為收到申請人相關文件及報告之日起一年內，審理期間並得要求申請人補充相關資料，以利審核。 二、第二項明定稽徵機關因特殊情況得延長審理期間六個月，如有必要，尚得延長一次之規定。預先訂價協議如涉及租稅協定之跨國協商，考量時空距離之限制，爰特別規範不受延期之限制。
（預先訂價協議之簽署及適用期間） 第二十七條 稽徵機關應於作成審核評估結論之日起六個月內，與申請人或其代理人就可比較對象及其交易結果、假設條件、訂價原則、計算方法、適用期間及其他主要問題相互討論，並於雙方達成協議後，由申請人或其代理人與該管稽徵機關法定代表人或授權簽署人共同簽署預先訂價協議。預先訂價協議一經簽署，雙方互負履行及遵守之義務。 前項預先訂價協議之適用期間，以申請年度起三年至五年為限。但申請交易之存續期間較短者，以該期間為準。	一、預先訂價協議之結果係徵、納雙方之合意，且應為雙方所共同遵循，爰於第一項規範稽徵機關應於作成審核評估結論之日起六個月內與申請人就主要問題作進一步之溝通，俾利雙方共識之達成。 二、第二項明定預先訂價協議之適用期間。
（預先訂價協議之內容） 第二十八條 預先訂價協議應載明下列內容： 一、協議之相關各方。 二、涉及之關係人交易及期間。 三、影響訂價之假設條件。 四、訂價原則及採用之常規交易方法。 五、協議條款、協議適用期間及效力。	為期稽徵機關作法一致，規定預先訂價協議應載明之內容。

條 文	說 明
六、申請人之義務，包括依第二十九條規定提出年度報告及影響報告、保存第二十四條規定之文件及報告、第三十一條規定影響交易結果之因素變動通知。 七、申請人違反協議內容及條款之處理方式。 八、協議之修訂。 九、解決爭議之方法與途徑。 十、其他應特別載明之內容。	
（預先訂價協議年度報告之提供） 第二十九條 申請人應於適用預先訂價協議各該課稅年度之結算申報期間內，向該管稽徵機關提出執行預先訂價協議之年度報告，並依規定保存第二十四條規定之文件及報告。 　前項年度報告之內容，應包括實際訂價及各參與人之損益情形、依預先訂價協議辦理之情形、影響交易結果之假設條件及因素之變動情形。 　申請人於簽署預先訂價協議之日前，適用預先訂價協議之課稅年度中，已辦理所得稅結算申報者，應於該管稽徵機關規定之期間內，提出預先訂價協議條款對其結算申報內容之影響報告，不適用第一項有關提出年度報告之規定。	一、為掌握營利事業執行預先訂價協議之情況，第一項規定申請人應保留相關資料，並於辦理所得稅結算申報時，併同提出年度執行預先訂價協議之報告，並依規定保存相關文件及報告，以供稽徵機關查核。 二、第二項規定年度報告應包括之內容，以掌控營利事業之執行情形、經營狀況及影響交易價格或利潤之假設條件及因素之變動情形等。 三、營利事業於簽署預先訂價協議之日前，已辦理之結算申報，因係依其原先訂價結果所為之申報，徵納雙方已達成之訂價協議如與該結果不同，應由營利事業提出對其申報內容之影響報告，以供稽徵機關核定參考，爰於第三項定之。
（預先訂價協議之效力） 第三十條 申請人於預先訂價協議適用期間實際進行之交易，符合協議規定並遵守協議條款者，稽徵機關應按協議之常規交易方法及計算結果核定其所得額；其有不符合協議規定或遵守協議條款者，稽徵機關得不依協議條款辦理，並依本準則規定進行調查。 　申請人如有隱瞞重大事項、提供錯誤資訊、涉及詐術或不正當行為，該協議自始無效。	一、第一項明定已達成預先訂價協議者，稽徵機關應按協議決定之常規交易方法及計算結果核定其所得額。營利事業有不符合協議規定或遵守協議條款之情形，稽徵機關得不依協議辦理並得進行調查。 二、第二項規定營利事業提供錯誤資訊、涉及詐術或不正當行為者，已達成之預先訂價協議自始無效。
（影響價格或利潤因素變化時之處理） 第三十一條 申請人於預先訂價協議適用期間，如影響交易結果之因素發生顯著變化，包括關鍵性假設條件改變、交易雙方已非為關係人或依交易契約規定應重新訂價之情形，應於變化之日起一個月內通知該管稽徵機關，該管稽徵機關應依其情節採取必要之措施，包括與營利事業協商修改預先訂價	本條明定影響申請交易價格或利潤之因素發生顯著變化時，營利事業應於規定期間內通知稽徵機關，稽徵機關並應採取必要之措施。

條　文	說　明
協議條款及條件或停止預先訂價協議之適用。	
（預先訂價協議之延長適用） 第三十二條 申請人已確實遵守預先訂價協議之各項條款者，得於適用期間屆滿前，檢附足資證明影響預先訂價協議內容之相關事實與環境未發生實質變化之資料，向該管稽徵機關申請延長適用期間，經該管稽徵機關審核同意者，得再簽署預先訂價協議。但延長之期間，不得超過五年。	依據各國實施移轉訂價制度之經驗，預先訂價協議有助於減少徵、納雙方未來於移轉訂價審查上之爭議，可有效降低稽徵行政成本，是以在申請預先訂價協議之關係人交易事實及環境未發生實質變化之情況下，已確實遵守預先訂價協議各項條款之營利事業應得申請延長適用預先訂價協議，爰增訂相關規定，以資適用。
第六章 調查核定及相關調整	
（調查、核定） 第三十三條 稽徵機關進行營利事業移轉訂價調查時，依下列規定辦理： 　一、營利事業已依第二十二條規定提示文據者，稽徵機關應依本準則規定核定受控交易之常規交易結果，並據以核定相關納稅義務人之所得額。 　二、營利事業未依第二十二條規定提示文據或未能提示者，稽徵機關得依查得之資料，依前款規定核定之。其無查得之資料且營利事業未提示之文據係關係其所得額計算之成本或費用者，稽徵機關得依本法第八十三條及其施行細則第八十一條規定，就該部分相關之營業收入淨額，依同業利潤標準核定其所得額。營利事業拒不提示之文據為關係其所得額之資料、文件者，稽徵機關得依稅捐稽徵法第四十六條規定辦理。	第二十二條規定之文據，係屬影響關係人交易訂價之相關資料及文件，其中移轉訂價報告尤為從事受控交易之營利事業，依本準則規定進行移轉訂價分析，據以評估其訂價是否符合常規之重要關鍵文據，營利事業於辦理結算申報時即應備妥，並於稽徵機關要求提示時，於規定期間內送查，以證明受控交易之價格或利潤符合常規。營利事業已依規定提示文據者，稽徵機關應先依本準則規定核定其所得額，其未提示者，稽徵機關得就查得之受控交易相關資料，依本準則規定核定之；其如因營利事業不揭露、不提示或因商業機密而無法自外界取得資料，且其未提示之文據係關係該營利事業之成本及費用者，依所得稅法施行細則第八十一條規定，稽徵機關得就該部分相關之營業收入淨額，依同業利潤標準核定其所得額。營利事業拒不提示之文據，如屬有關其所得額之資料、文件，稽徵機關得依稅捐稽徵法第四十六條規定處罰。
（短漏報之處理） 第三十四條 從事受控交易之營利事業，應依本法及本準則規定決定其常規交易結果，並據以申報所得額。未依規定辦理致減少納稅義務，經稽徵機關依本法及本準則規定調整並核定相關納稅義務人之所得額者，如有下列具體短漏報情事之一，應依本法第一百十條規定辦理： 　一、受控交易申報之價格，為稽徵機關核定之常規交易價格二倍以上，或	一、關係企業間之交易，應與獨立企業間之交易相同，按常規原則訂價，以正確核計其所得額及應納稅額。其利用相互間之從屬或控制關係，操縱價格，以達減少納稅義務之目的者，已構成短漏報情節，應按所得稅法第一百條規定處罰，此與實施移轉訂價制度之國家，如英國、日本、韓國、澳洲等國，對於移轉訂價案件經查核調整者，均適用一般罰則處罰之情形亦屬一致。惟考量我國現行法令（如財政部69年台財稅字第

條文	說明
為核定之常規交易價格百分之五十以下。 二、受控交易經稽徵機關調整並核定增加之所得額，達營利事業核定全年所得額百分之十以上，且達其核定全年營業收入淨額百分之三以上。 三、營利事業未提示第二十二條第一項第四款規定之移轉訂價報告，且無法提示其他文據證明其訂價結果符合常規交易結果。 四、其他經稽徵機關查得有具體短漏報事證且短漏報金額鉅大。 前項規定，自九十四年度營利事業所得稅結算申報案件適用之。	33041號函、67年台財稅第37378號函）對於類似或相同案件，多於具有具體短漏報情事時，方予處罰，爰明列適用所得稅法第一百十條規定處罰之前提要件為：營利事業未依所得稅法及本準則規定決定其受控交易之常規交易結果，致減少其納稅義務，而經稽徵機關依所得稅法及本準則規定調整並核定其所得額，且有下列具體短漏報情事者： (一)受控交易之價格，如係關係納稅義務人之成本或費用項目，其申報之價格過高，於稽徵機關核定之常規交易價格二倍以上者；或關係納稅義務人之收入項目，其申報之價格過低，為稽徵機關核定之常規交易價格百分之五十以下者，均屬顯著低報所得額之情形，應予處罰。 (二)營利事業經稽徵機關調增之所得額達全年所得額百分之十以上，且達全年營業收入淨額百分之三以上者，亦已構成具體短漏報情事，應予處罰。 (三)稽徵機關如已掌握具體事證，並經查證從事受控交易之營利事業有減少納稅義務之情事，該等營利事業如未進行移轉訂價分析、備妥移轉訂價報告，則已涉及利用從屬或控制關係任意訂價以達減少稅負之目的，如又無法提供其他資料或文件證明其訂價符合常規，則已構成意圖短漏報情事，應予處罰。 (四)參照67年台財稅第37378號函，明列其他經稽徵機關查得有具體短漏報事證且短漏報金額鉅大者，應予處罰之規定。 二、考量前項從事受控交易之營利事業是否構成具體短漏報情事，係以其是否依所得稅法及本準則規定決定其受控交易之常規交易結果為適用要件之一，而本準則有關決定常規交易結果之關鍵規定為該等營利事業是否已依第二十二條第一項第四款規定備妥移轉訂價報告，爰配合該條項款之適用規定，於第二項規定自九十四年度營利事業所得稅結算申報案件開始適用，以期一致。
（交易他方之相對應調整） **第三十五條** 從事受控交易之營利事業，有關收益、成本、費用或損益攤計之交易，經稽徵機關依本準則規定進行調查，並報經財政部或金融控股公司法第五十條規定之主管機關	基於衡平課稅原則，稽徵機關於調整營利事業與計算所得額或應納稅額有關事項時，對於與其交易之國內納稅義務人亦應主動進行相對應之調整，爰規定稽徵機關之相對調整責任。至與交易之他方如為國外納稅

條　文	說　明
核准按營業常規或交易常規調整且經核課確定者，其交易之他方如為依本法規定應繳納中華民國所得稅之納稅義務人，稽徵機關應就該納稅義務人有關之交易事項進行相對之調整。	義務人，因涉及他國課稅主權，宜經由租稅協定，協商他國稅務機關進行相對應之調整。
第七章 附則	
（施行日期） 第三十六條 本準則自發布日施行。	本準則規範之內容，僅係補充所得稅法第四十三條之一、企業併購法第四十二條第一項第一款及金融控股公司法第五十條第一項之規定，爰規定自發布日施行。

附錄二 營利事業所得稅不合常規移轉訂價案件選案查核要點

財政部94.8.2台財稅字第09404540920號

一、為建立營利事業所得稅不合常規移轉訂價案件選案查核制度，特訂定本要點。

二、本要點所稱選案查核，係指就營利事業所得稅結算申報不合常規移轉訂價案件，經由電腦選案依據營利事業所得稅不合常規移轉訂價查核準則（以下簡稱木準則）進行查核。

三、稽徵機關應就每年營利事業所得稅結算申報不合常規移轉訂價案件進行選案查核，選案件數由稽徵機關首長視人力、案件數量及重要性審慎決定。

四、營利事業與關係人間從事交易，其營利事業所得稅結算申報案件有下列情形之一者，得列入選查案件：

(一)申報之毛利率、營業淨利率及純益率低於同業申報。

(二)全球集團企業總利潤為正數，而國內營利事業卻申報虧損，或申報之利潤與集團內其他企業比較顯著偏低。

(三)交易年度及前二年度之連續三年度申報之損益呈不規則鉅幅變動情形。

(四)未依規定格式揭露關係人相互間交易之資料。

(五)未依本準則第六條規定，評估受控交易之結果是否符合常規，或決定受控交易之常規交易結果，且未依本準則第二十二條第一項規定備妥相關文據。

(六)關係人間有形資產之移轉或使用、無形資產之移轉或使用、服務之提供、資金之使用或其他交易，未收取對價或收付之對價不合常規。

(七)稽徵機關進行調查時，未依本準則第二十二條第四項規定提示關係人交易之相關文據者，其以後年度之營利事業所得稅申報案件。

(八)經稽徵機關依本準則調整者,其前後年度之營利事業所得稅申報案件。

(九)與設在免稅或低稅率國家或地區之關係人間業務往來,金額鉅大或交易頻繁。

(十)與享有租稅優惠之關係人間業務往來,金額鉅大或交易頻繁。

(十一)其他以不合常規之安排,規避或減少納稅義務。

五、營利事業與其關係人間之交易,經與稽徵機關簽署預先訂價協議者,得不列入選查案件。惟經發現於適用預先訂價協議之各該課稅年度,有下列情形之一者,仍得列入選查案件:

(一)未依本準則第二十九條規定向稽徵機關提出執行之年度報告或影響報告。

(二)未依規定保存本準則第二十四條規定之文件及報告。

(三)營利事業實際進行之交易,不符合預先訂價協議之規定或不遵守協議條款。

(四)營利事業隱瞞重大事項、提供錯誤資訊、涉及詐術或不正當行為。

附錄三 營利事業申請預先訂價協議作業要點

財政部96.9.21台財稅字第09604543270號

一、為使處理預先訂價協議案件有一致之作業程序，特訂定本要點。

二、稽徵機關為處理預先訂價協議案件，得設立預先訂價協議審議委員會（以下簡稱委員會），其組成成員如下：

（一）委員會置委員七至十五人，由下列人員兼任之：

　　1.局長，並兼任主任委員。

　　2.副局長。

　　3.審查一科科長。

　　4.局長指定之有關人員四至十二人。

（二）委員會由審查一科科長兼任執行秘書，負責相關作業之綜理協調。執行秘書得指派具專業能力之人員組成審核評估小組，並指定其中一人兼任組長，辦理預先訂價協議案件。

三、營利事業與其關係人進行交易，符合營利事業所得稅不合常規移轉訂價查核準則（以下簡稱移轉訂價查核準則）第二十三條第一項規定者，得於同條第二項規定之申請期限，依規定格式填具申請書（格式如附件壹），向該管稽徵機關申請。

四、稽徵機關受理預先訂價協議之處理程序如下：

（一）稽徵機關接獲上述申請後，應由審核評估小組於一個月內通知申請人是否受理，其經同意受理者，應於申請人提供規定之文件及報告後，進行審核評估。

（二）稽徵機關應於收到申請人提供移轉訂價查核準則第二十四條規定之文件及報告之日起一年內進行審核評估，並作成結論。如稽徵機關因情況特殊須延長審核評估期間者，應於前述期間屆滿前通知申請人，延

長之期間不得超過六個月，必要時得再延長六個月。但涉及租稅協定之雙邊或多邊預先訂價協議者，不在此限。

（三）審核評估小組完成審核評估後，應撰寫審核評估報告提委員會審議，如申請人之交易對象涉及其他稽徵機關管轄者，應先洽其他稽徵機關於一個月內提供意見，由審核評估小組併同審查，並將審查結論通知其他稽徵機關；如其他稽徵機關對審查結論有異議者，應於二個星期內提出建議，並由受理之稽徵機關召集會議協商解決。

五、申請人於預先訂價協議尚未達成協議前，如發生影響預期交易價格或利潤之重大因素，未依移轉訂價查核準則第二十五條規定以書面告知該管稽徵機關，並於規定期間內送交修正後之文件、報告者，該管稽徵機關得以書面通知終止協議程序。

六、申請人向該管稽徵機關申請預先訂價協議後，於申請之交易所涵蓋之第一個會計年度結算申報期間屆滿前遷移至其他稽徵機關轄區者，該申請案應由原受理之稽徵機關移送遷移後之該管稽徵機關繼續審查完竣及簽署協議，並將結果副知原受理之稽徵機關；其於申請之交易所涵蓋之第一個會計年度結算申報期間屆滿後遷移至其他稽徵機關轄區者，該申請案應由原受理稽徵機關審查完竣及簽署協議，並將結果副知遷移後之稽徵機關。

七、申請人依移轉訂價查核準則第三十二條規定申請延長適用預先訂價協議之適用期間者，應由該管稽徵機關之審核評估小組進行審核評估，並作成結論。

八、預先訂價協議案件，經提報委員會審議通過者，應將結論作成紀錄簽報局長，由局長或其授權簽署人依移轉訂價查核準則第二十八條規定內容（格式如附件貳），與申請人共同簽署預先訂價協議；如作成無法達成協議之決議，應以書面通知申請人。

九、稽徵機關與申請人於簽署協議後，如就協議內容發生爭議者，應由該管稽徵機關查明事實協商解決；經協商無法解決者，申請人或稽徵機關得向財政部申請協調，如經協調後仍無法接受協調結果，雙方得合意終止本協議。

附件壹

預先訂價協議申請書

編號	

一、申請人資料				

營利事業	名　稱		電　話	
	統一編號 （無統一編號者免填）		傳　真	
	地　址		E-mail	

負責人	姓　名		電　話	
	身分證統一編號 （無身分證統一編號者免填）		傳　真	
	地　址		E-mail	

申請人是否有數人	□ 是	申請人是否為被推派人	□ 是（請檢附其他申請人相關資料） □ 否
	□ 否		

二、代理人資料（請檢附授權書正本；無代理人免填）

名　稱/姓　名		電　話	
統一編號/身分證統一編號		地　址	

三、申請預先訂價協議交易之內容概述（請敘明申請預先訂價協議案件之交易概況）

四、申請案件之適用期間

　　1.自 _____年度至_____年度。

　　2.會計年度採用 □ 曆年制　□非曆年制（年度開始日_____）。

五、申請預先訂價協議交易之交易總額或年度交易金額

　　1.交易總額：新臺幣_____元，交易涵蓋期間自____年度至____年度。

　　2.年度交易金額：新臺幣_____元，交易年度_____年度。

六、申請人之申請條件概況	
1. 本案協議交易之交易總額是否達新臺幣10億元以上或年度交易金額是否達新臺幣5億元以上？	☐ 是 ☐ 否
2. 本案前3年度有無重大逃漏稅情事？	☐ 是 ☐ 否
3. 本案是否已備妥移轉訂價查核準則第24條第1項第1款至第4款規定之文件？	☐ 是 ☐ 否
4. 本案是否已完成移轉訂價查核準則第24條第1項第5款規定之移轉訂價報告？	☐ 有 ☐ 無
5. 本案有無符合其他經財政部核定之條件？	☐ 是 ☐ 否
6. 本案有無與其他關係人進行相同交易或關聯交易之訂價資料？	☐ 有 ☐ 無
7. 本案是否已備妥預先訂價協議適用期間內各年度經營效益預測及規劃等資料？	☐ 是 ☐ 否
8. 本案有無與國內外業務主管機關間，已發生或討論中與其所採用之訂價方法有關之問題說明或已獲致之結論，或與國外業務主管機關間已簽署預先訂價協議？	☐ 有 ☐ 無
9. 本案申請交易是否可能出現重複課稅問題？	☐ 是 ☐ 否
10.本案是否涉及租稅協定國之雙邊或多邊預先訂價協議問題？	☐ 是 ☐ 否
11.申請人之前是否就類似案件申請預先訂價協議？	☐ 是 ☐ 否
12.本案以前年度是否曾經稽徵機關進行不合常規之調查？	☐ 是 ☐ 否
13.其他	

七、簽章與日期

申請人/代理人簽章：

聯絡人姓名：

電話：

日期：中華民國＿＿＿年＿＿＿月＿＿＿日

請將填妥之申請書及相關資料寄至申請人之管轄國稅局。

附件貳

預先訂價協議

（範本）

　　　　　　　　　　　　公司（以下簡稱「甲方」）

立協議書人

　　　　　財政部　　　　　國稅局（以下簡稱「乙方」）

　　本協議係甲乙雙方依據移轉訂價查核準則第五章規定，經協議同意簽署。

第一條：關係人交易對象

　　　　本協議適用於甲方與其關係人＿＿＿＿＿＿＿＿＿＿＿＿＿＿＿＿＿之交易。

第二條：協議適用期間

　　　　　　本協議適用於 ＿＿年 ＿＿月 ＿＿日 至 ＿＿年 ＿＿月 ＿＿日之受控交易。

第三條：受控交易明細資料

　　　　本協議適用之受控交易內容如附件一所載。

第四條：影響訂價之假設條件

　　　　　　本協議決定採用之訂價原則及常規交易方法係基於附件二所載之假設條件。

第五條：訂價原則及常規交易方法

　　　　本協議決定採用之訂價原則及常規交易方法如附件一所載。

第六條：協議條款

　　　　　　本協議係在甲方依移轉訂價查核準則第二十四條規定所提供資料之基礎下，由乙方依移轉訂價查核準則規定審查後，雙方議定之受控交易之常規交易結果。

第七條：甲方應履行之義務

　　一、甲方應依移轉訂價查核準則第二十九條規定，於適用本協議各該課稅年度之結算申報期間內，向乙方提出執行本協議之年度報告，並保存同準則第二十四條規定之文件及報告，年度報告之內容如附件三所載。

　　二、簽署本協議前，適用本協議之課稅年度中，甲方若已辦理所得稅結算申報者，應於乙方規定之期間內，提出本協議條款對其結算申報內容之影響報告。

　　三、甲方於本協議適用期間，如影響交易結果之因素發生顯著變化，包括關鍵性假設條件改變、交易雙方已非為關係人或依交易契約規定應重新訂價之情形，應於變化之日起一個月內通知乙方，並於規定期間內修正移轉訂價查核準則第二十四條第一項規定之文件、報告，送交乙方辦理。乙方應依其情節採取必要措施，包括與甲方協商修改預先訂價協議條款及條件或停止預先訂價協議之適用。

第八條：協議之效力

　　一、本協議之結果經徵納雙方合意，一經簽署，雙方互負履行及遵守之義務。

　　二、甲方於本協議適用期間實際進行之交易，符合本協議規定並遵守本協議條款及內容，乙方

　　　　即應按協議之常規交易方法及計算結果核定其所得額。

　　三、甲方於本協議適用期間實際進行之交易，違反本協議條款及內容，乙方得不依協議條款辦理，並得依移轉訂價查核準則規定進行調查。

　　四、甲方如有隱瞞重大事項、提供錯誤資訊、涉及詐術或不正當行為，本協議自始無效。

第九條：協議之延長適用

　　　　　　甲方已確實遵守本協議之各項條款者，得於適用期間屆滿前，檢附足資證明影響本協議內容之相關事實與環境未發生實質變化之資料，向乙方申請延長適用期間，經乙方審核同意者，得再簽署預先訂價協議。

第十條：爭議之解決

　　　　　　雙方就本協議之內容於適用期間發生爭議，應協商解決；經協商無法解決者，申請人或稽徵機關得向財政部申請協調，如經協調後仍無法接受協調結果，雙方得合意終止本協議。

第十一條：協議之生效、修訂及終止

　　一、　　　本協議自甲方或其代理人與乙方之法定代表人或授權簽署人共同簽署時生效。

　　二、甲方或乙方如因情事變更，得敘明理由，以書面通知對方，提出修訂或終止本協議之請求。

第十二條：其他約定事項
第十三條：本協議未規定事項，悉依移轉訂價查核準則及其他相關規定辦理。

本協議經雙方詳閱上揭條款無訛後，簽名如後，以資共同遵守。本協議書一式二份，由甲乙雙方各執一份為憑。

立協議書人
    甲　　　　方：
    統　一　編　號：
    地　　　　址：
    代　　表　　人：
    身分證統一編號：
    住　　　　址：
    代　　理　　人：
    統一編號或身分證統一編號：
    地（住）址：

    乙　　　　方：財政部　　　　　　國稅局
    法定代表人：
    授權簽署人：
    地　　　　址：

中　華　民　國　　　　年　　　月　　　　日

附件一

本協議之受控交易內容及採用移轉訂價方法

一、　本協議涵蓋之受控交易內容【應載明交易之關係人資訊、所屬交易類型、期間、流程、標的、預計數量、預訂價格、契約條款、交易標的資產或服務之名稱及其用途等。】

二、　本協議採用之移轉訂價方法

（一）　**可比較未受控價格法**

本協議採用可比較未受控價格法，雙方同意對 ＿＿**【對象】**＿＿ 之常規交易價格範圍為＿＿＿＿＿至＿＿＿＿＿。

（二）　**可比較未受控交易法**

本協議採用可比較未受控交易法，雙方同意對 ＿＿**【對象】**＿＿ 之常規交易價格範圍為＿＿＿＿＿至＿＿＿＿＿。

（三）　**再售價格法**

本協議採用再售價格法，有關受控交易價格之認列，雙方同意常規交易之營業毛利率範圍為＿＿＿＿＿％至＿＿＿＿＿％。

（四）　**成本加價法**

本協議採用成本加價法，有關受控交易價格之認列，雙方同意常規交易之成本加價率範圍為＿＿＿＿＿％至 ＿＿＿＿＿％。

（五）　**可比較利潤法-營業資產報酬率**

本協議採用可比較利潤法，所選用之利潤率指標為營業資產報酬率，有關受控交易利潤之認列，雙方同意常規交易之營業資產報酬率（營業淨利與營業資產之比率）範圍為 ＿＿＿＿＿％至＿＿＿＿＿％。

（六）　**可比較利潤法-營業淨利率**

本協議採用可比較利潤法，所選用之利潤率指標為營業淨利率，有關受控交易利潤之認列，雙方同意常規交易之營業淨利率（營業淨利與銷貨淨額之比率）範圍為＿＿＿＿＿％至＿＿＿＿＿％。

（七）　**可比較利潤法-貝里比率**

本協議採用可比較利潤法，所選用之利潤率指標為貝里比率，有關受控交易利潤之認列，雙方同意常規交易之貝里比率（營業毛利與營業費用之比率）範圍為＿＿＿＿＿％至＿＿＿＿＿％。

（八）　**利潤分割法**

本協議採用利潤分割法，納稅義務人應依下列方式分配合併利潤：

（九）　**其他常規交易方法**

本協議採用之常規交易方法，係經財政部核定之＿＿＿＿＿＿＿＿＿法，其常規交易價格或利潤之範圍如下：

附件二

本協議採用之假設條件

本預先訂價協議之基礎，係基於下列假設條件

一、 本協議涵蓋交易所採用之假設條件如下：【產業、經濟情況及市場之情況、交易標的資產或服務之特性、執行之功能、承擔之風險、契約條款、商業策略影響、直接影響其訂價方法之重要財務會計處理、評價方法及交易所涉國家與我國財務會計與稅法間之重大差異（足以影響其所採用常規交易方法之差異為限）等】。

二、 其他應特別載明之內容

附件三

本協議之文據資料及年度報告

一、 **本協議應提示之文據資料如下：**

　　（一） 移轉訂價查核準則第二十四條規定之文件及報告。

　　（二） 其他應提示之文據。

二、 **年度報告應載明下列資料：**

　　（一） 預先訂價協議之關係人結構圖及國內外關係企業組織結構之調整情形。

　　（二） 預先訂價協議之簽訂日期。

　　（三） 預先訂價協議之適用期間。

　　（四） 預先訂價協議如有重新訂定，其重訂前之條款及條件。

　　（五） 預先訂價協議如有修正，其修正前後之內容及有效期間。

　　（六） 本協議之當事人與其他關係人進行相同交易或關聯交易之訂價資料。

　　（七） 影響價格或利潤因素變化通知情形。

　　（八） 實際訂價及各參與人之損益情形。

　　（九） 依預先訂價協議辦理之情形。

　　（十） 影響交易結果之假設條件及因素變動情形。

　　（十一） 其他。

附錄四 移轉訂價之解釋函令

1. 核釋所得稅法第43條之1規定核定「成本及營業費用淨利率」為「營利事業所得稅不合常規移轉訂價查核準則」第18條可比較利潤法所使用之利潤率指標

（財政部97.08.06台財稅第9704541020號）

核定「成本及營業費用淨利率」為營利事業所得稅不合常規移轉訂價查核準則第18條可比較利潤法所使用之利潤率指標。其定義為：以營業淨利為分子，銷貨成本或營業成本與營業費用為分母所計算之比率。

2. 核釋營利事業所得稅不合常規移轉訂價查核準則第18條第5項所稱「超額現金」之定義

（財政部97.1.4台財稅第9604564780號函）

營利事業所得稅不合常規移轉訂價查核準則第18條第5項所稱超額現金，係指現金及約當現金之合計數超過營運資金部分，其總額以不超過營運資金為限。前開營運資金係指流動資產超過流動負債之金額。

財政部指出，依據營利事業所得稅不合常規移轉訂價查核準則第18條之規定，可比較利潤法所使用之利潤率指標，包括營業資產報酬率，亦即以營業淨利為分子，營業資產為分母所計算之比率。所稱營業資產，指受測個體於相關營業活動所使用之資產，包括固定資產及流動資產，但不包括超額現金、短期投資、長期投資、閒置資產及與該營業活動無關之資產。由上開定義可知，超額現金本質上應屬非正常營業活動所需之閒置資金。

財政部進一步指出，我國營利事業所得稅不合常規移轉訂價查核準則第18條有關可比較利潤法之規定，係參照美國內地稅法第482條施行細則1.482-5之規定所訂定。故有關超額現金之定義，係參考美國「APA Study Guide」所列舉之定義，亦即「超額現金」等於現金及約當現金超過所需營運資金之金額。所稱現金及約當現金，參考商

業會計處理準則第15條之規定，係指庫存現金、銀行存款、週轉金、零用金、及隨時可轉換成定額現金且即將到期而利率變動對其價值影響甚少之短期且具高度流動性之投資，不包括已指定用途或依法律或契約受有限制者。至所稱營運資金，係指流動資產超過流動負債之部分。惟基於合理性考量，當營運資金小於（或等於）零時，顯示企業之流動資產不足以（或僅足以）支應流動負債，亦即企業之償債能力及營運資金均不足，此時，應無需考量超額現金之問題。

3. 營利事業自95年度起結算申報書揭露關係人及關係人交易資料之範圍。

（財政部96.1.9台財稅字第09604503530號）

主旨：營利事業自辦理95年度所得稅結算申報起，應依下列規定於結算申報書中揭露關係人及關係人交易之資料：

一、營利事業之全年營業收入淨額及非營業收入合計數（以下簡稱收入總額）在新臺幣3千萬元以上，且有下列情形之一者，應依營利事業所得稅不合常規移轉訂價查核準則（以下簡稱移轉訂價查核準則）第21條規定，揭露符合第二點規定之關係人及關係人交易之資料：

(一)營利事業在中華民國境外有關係人（包括總機構及分支機構）。

(二)營利事業依租稅減免法規享有租稅優惠，或依法申報扣除前5年虧損者。但營利事業依法申報實際抵減當年度營利事業所得稅結算申報應納稅額及前1年度未分配盈餘申報應加徵稅額之金額合計在新臺幣50萬元以下，或依法實際申報扣除之前5年虧損之金額在新臺幣2百萬元以下者，不適用之。所稱租稅減免法規，指當年度營利事業所得稅結算申報租稅減免附冊所列之法規。

(三)前(一)、(二)以外之營利事業，全年收入總額在新臺幣3億元以上。

二、營利事業應揭露之關係人及關係人交易之範圍：

(一)關係企業方面：

符合第一點規定之營利事業與移轉訂價查核準則第4條第1項第1款規定之關係企業 從事交易，且其交易符合下列條件之一者，應依當年度營利事

業所得稅結算申報書格式揭露該等關係企業之資訊及其與該等關係企業所
從事之所有交易之資料：

1、營利事業與同一關係企業之全年交易總額在新臺幣1千2百萬元以上。

2、營利事業與所有關係企業之全年交易總額在新臺幣5千萬元以上。

(二)關係企業以外之關係人方面：

符合第一點規定之營利事業與移轉訂價查核準則第4條第1項第2款規定之
關係企業以外之關係人從事交易，且其交易符合下列條件之一者，應依當
年度營利事業所得稅結算申報書格式揭露該等關係人資訊及其與該等關係
人交易之資料：

1、營利事業與同一關係企業以外之關係人之全年交易總額在新臺幣6百
萬元以上。

2、營利事業與所有關係企業以外之關係人之全年交易總額在新臺幣2千5
百萬元以上。

二、第二點所稱全年交易總額，係不分交易類型，且無論交易所涉為營利事業之
收入或支出，以絕對金額相加之全年總額。其屬資金之使用交易類型者，以營利事業
當年度實際提供或使用資金之金額，按其實際提供或使用該資金之天數加權平均計算
之資金金額，按當年度本部核定定向非金融業借款利率最高標準計算之金額為準。

四、第二點關係企業之認定，於適用移轉訂價查核準則第3條第1款有關間接持有
另一營利事業有表決權之股份或資本額，超過該另一營利事業有表決權之股份總數或
資本總額20%以上規定時，參照財務會計準則第5號公報辦理。

五、營利事業與間接持有或被間接持有關係企業間之受控交易，符合第一點及第
二點揭露規定者，其所有直接或間接持有或被直接或間接持有之關係企業資料(不論相
互間有無受控交易)，均應予以揭露。

4. 資金交易類型，以資金按實際提供天數加權平均計算其受控交易金額

(財政部95.9.6台財稅字第09504544540號)

從事受控交易之營利事業，於計算本部94年12月30日台財稅字第 09404587590號

令第1點第3款規定之全年受控交易總額或第2點規定之同一類型受控交易總額時,其受控交易屬資金之使用交易類型者,依同令第3點規定,係以「資金金額」按當年度本部核定向非金融業借款利率最高標準計算之金額為準。所稱「資金金額」之計算,以營利事業當年度實際提供或使用資金之金額,按其實際提供或使用該資金之天數加權平均計算之。

5. 訂定營利事得以其他文據取代移轉訂價報告之受控交易金額標準

(財政部94.12.30台財稅字第09404587590號)

訂定營利事業所得稅不合常規移轉訂價查核準則(以下簡稱移轉訂價查核準則)第22條第3項規定「得以其他文據取代移轉訂價報告之受控交易金額標準」如下:

一、從事受控交易之營利事業,有下列情形之一者,得依移轉訂價查核準則第22條第3項規定,以其他足資證明其訂價結果符合常規交易結果之文據取代同條第1項第4款規定之移轉訂價報告:

(一)全年營業收入淨額及非營業收入合計數(以下簡稱收入總額)未達新臺幣1億元。

(二)全年收入總額在新臺幣1億元以上,但未達新臺幣3億元,且同時符合下列規定者:

1、未享有租稅減免優惠,且未依法申報扣除前5年虧損。但營利事業依法申報實際抵減當年度營利事業所得稅結算申報應納稅額及前1年度未分配盈餘申報應加徵稅額之金額合計在新臺幣1百萬元以下,或依法實際申報扣除之前5年虧損金額在新臺幣4百萬元以下者,不在此限。

2、金融控股公司或企業併購法規定之公司或其子公司,未有中華民國境外之關係人(包括總機構及分支機構);其他營利事業,未有中華民國境外之關係企業(包括總機構及分支機構)。

(三)不符合(一)、(二)規定,但全年受控交易總額未達新臺幣1億元。

二、從事受控交易之營利事業不符合第一點規定者,應依移轉訂價查核準則規

定，評估其受控交易之結果是否符合常規，並於結算申報時，依同準則第22條第1項第4款規定，備妥移轉訂價報告。但其個別受控交易符合下列規定之一者，如能備妥其他足資證明其訂價結果符合常規交易結果之文據，且於移轉訂價報告中敘明其符合之規定及該文據足資證明之理由後，得視為符合常規，免再就該交易進行個別分析：

(一)受控交易參與人之一為政府機關或公營事業。

(二)受控交易之所有參與人均為中華民國境內未享有租稅減免優惠，且未申報扣除前5年虧損之營利事業。

(三)受控交易屬於營利事業之營業收入或營業成本項目，且其同一類型受控交易之全年交易總額在新臺幣1千萬元以下；其非屬營業收入或營業成本項目之金額標準以二分之一計算。

(四)受控交易屬於中華民國境內未享有租稅減免優惠，且未申報扣除前5年虧損之營利事業之營業收入或營業成本項目，其申報之毛利率在同業利潤標準以上，且其同一類型受控交易之全年交易總額在新臺幣2千萬元以下；其非屬該營利事業之營業收入或營業成本項目，但該營利事業申報之淨利率在同業利潤標準以上者，金額標準以二分之一計算。

(五)受控交易屬於資金之使用交易類型，提供者申報之收入在其提供之資金按當年1月1日臺灣銀行基本放款利率計算之金額以上，且其提供之資金在新臺幣3億元以下；使用者申報之成本或費用在其使用之資金按當年1月1日臺灣銀行基本放款利率計算之金額以下，且其使用之資金在新臺幣3億元以下。

　　三、第一點第二款所稱全年受控交易總額，係不分交易類型，且無論交易所涉為營利事業之收入或支出，以絕對金額相加之全年總額；第二點所稱同一類型全年交易總額，係無論該類型交易所涉為營利事業之收入或支出，以絕對金額相加之全年總額。其屬資金之使用交易類型者，以資金金額按當年度本部核定向非金融業借款利率最高標準計算之金額為準。

　　四、第一點及第二點所稱其他足資證明其訂價結果符合常規交易結果之文據如下：

(一)符合第二點第一款規定者，為該政府機關或公營事業之公開招標文件及資料。

(二)符合第一點或第二點第二款至第四款規定者，為營利事業與非關係人間之內部可比較未受控交易資料；其未有該資料者，得備妥下列文據之一：

1、可比較未受控交易之公開招標文件及資料。

2、營利事業所得稅查核準則第22條第3項規定之時價資料。

3、獨立不動產估價師依法製作之估價報告書或公證機構出具之鑑價報告。

4、受控交易參與人之一為中華民國境外之關係企業，其依所在地國移轉訂價法規作成之移轉訂價報告。但其內容顯與我國移轉訂價法規不符者，應進行適當之修正。

5、其他符合移轉訂價查核準則第7條第1款規定之可比較原則，且足資證明其訂價結果符合常規交易結果之文據。

6. 關係企業間融資利息之查核應依不合常規移轉訂價查核準則辦理

（財政部94.6.9台財稅字第09404540680號函）

主旨：關係企業間融資利息之查核認定，應依「營利事業所得稅不合常規移轉訂價查核準則」規定辦理。說明：旨揭查核準則已於93年12月28日發布施行，營利事業相互間有同準則第3條所定從屬或控制關係者，其相互間資金之使用，如有未收取利息，或約定之利息偏低情形，稽徵機關應依同準則相關規定查核認定之，尚不得逕依「營利事業所得稅查核準則」第36條之1第2項規定，比照前項所定按當年1月1日所適用臺灣銀行之基本放款利率，核定調整利息收入課稅。

7.以可比較利潤法評估受控交易是否符合常規交易之適用原則

（財政部94.6.8台財稅字第09404531640號令）

核釋營利事業採用營利事業所得稅不合常規移轉訂價查核準則第18條規定之可比

較利潤法，評估其受控交易之結果是否符合常規，或決定受控交易之常規交易結果相關規定：

一、營利事業於辦理受控交易當年度之所得稅結算申報時，能取得交易當年度可比較未受控交易利潤率資料，依下列規定辦理（附範例一）：

（一）以受測個體之受測活動於涵蓋當年度及以前年度之至少連續3年度之特定年限內之營業資產、銷貨淨額、營業費用或其他基礎之年平均數，按可比較未受控交易於特定年限內之平均利潤率計算可比較營業利潤，依首揭準則第7條第5款第1目及第2目規定產生常規交易範圍。

（二）受測個體之受測活動於特定年限內之平均營業利潤在常規交易範圍之外者，以其交易當年度之營業資產、銷貨淨額、營業費用或其他基礎為準，按可比較未受控交易於同一年度之利潤率計算之所有可比較營業利潤之中位數調整之；營利事業有首揭準則第7條第4款第1目之1至3及5情形之一者，按可比較未受控交易於特定年限內之平均利潤率計算之所有可比較營業利潤之中位數調整之。但調整結果，營利事業在中華民國境內之納稅義務較未調整前為低者，不予調整。

二、前開營利事業未能取得交易當年度可比較未受控交易利潤率資料者，依下列規定辦理（附範例二）：

（一）以受測個體之受測活動於涵蓋當年度及以前年度之至少連續3年度之特定年限內之營業資產、銷貨淨額、營業費用或其他基礎之年平均數為準，按可比較未受控交易不涵蓋當年度之至少連續前3年度（其年數與受測個體使用之資料年數相同）之平均利潤率計算可比較營業利潤，依首揭準則第7條第5款第1目及第2目規定產生常規交易範圍。

（二）受測個體之受測活動於特定年限之平均營業利潤在常規交易範圍之外者，以其交易當年度之營業資產、銷貨淨額、營業費用或其他基礎為準，按可比較未受控交易不涵蓋當年度之至少連續前3年度平均利潤率計算之所有可比較營業利潤之中位數調整之。但調整之結果，營利事業在中華民國境內之納稅義務較未調整前為低者，不予調整。

範例一

外國A公司製造組裝消費性產品行銷全球，其在我國境內之受控B公司，進口該產品且以A公司品牌在我國配銷。

B公司91年度至93年度資料如下：

損益科目	91年度	92年度	93年度	平均
銷貨淨額	450,000	560,000	550,000	520,000
銷貨成本	333,000	422,400	400,000	385,133
營業費用	80,000	110,000	154,600	114,867
營業淨利	37,000	27,600	-4,600	20,000

研析：

假設稽徵機關在查核B公司93年度所得稅申報時，認為可比較利潤法為適用於本案之最適常規交易方法，而依下列步驟進行查核：

1. 受測個體之選擇：就受控交易之參與人A公司與B公司而言，B公司所從事之配銷活動較為單純，因此，選定以B公司為受測個體，配銷活動為受測活動。

2. 依B公司執行之配銷功能，選定營業淨利率為利潤率指標。

3. 建立常規交易範圍：

　(1)以B公司91年度至93年度平均銷貨淨額為準，按可比較未受控配銷商91年度至93年度平均營業淨利率計算可比較營業利潤：

可比較未受控配銷商	C	D	E	F	G	H	I
91年度至93年度平均營業淨利率(註1)	3.2%	4.5%	4.7%	4.8%	5.0%	6.7%	9.0%
B公司91年度至93年度平均銷貨淨額	520,000	520,000	520,000	520,000	520,000	520,000	520,000
可比較營業利潤(註2)	16,640	23,400	24,440	24,960	26,000	34,840	46,800

　　註：1.平均營業淨利率＝91年度至93年度營業淨利總和/91年度至93年度銷貨淨額總和。

　　　　2.可比較營業利潤＝B公司91年度至93年度平均銷貨淨額×可比較未受控配銷商91年度至93年度平均營業淨利率。

　(2)採用四分位中段區間法，建立常規交易範圍介於23,400元至34,840元。

4. 評估是否符合常規交易：本案B公司93年度為虧損，91年度至93年度平均營業淨利為20,000元，在常規交易範圍之外，視為不符合常規。

5. 不合常規交易之調整方法：

　(1)假設B公司未遇有商業循環、產品週期或採市場占有率策略等特殊情形：

　　① 以B公司93年度銷貨淨額為準，按可比較未受控配銷商93年度營業淨利率計算交易當年度（93年度）所有可比較營業利潤：

可比較未受控配銷商	D	E	C	H	F	I	G
93年度營業淨利率	3%	4%	4.5%	4.7%	5%	5.5%	6%
B公司93年度銷貨淨額	550,000	550,000	550,000	550,000	550,000	550,000	550,000
93年度可比較營業利潤(註)	16,500	22,000	24,750	25,850	27,500	30,250	33,000

　　　註：93年度可比較營業利潤＝B公司93年度銷貨淨額×可比較未受控配銷商93年度平均營業淨利率。

　　② 按上述所有可比較營業利潤之中位數25,850元，調整B公司93年度營業利潤，調整增加數為30,450元（申報虧損數4,600元＋25,850元）。

(2)假設B公司遇有商業循環、產品週期或採市場占有率策略等特殊情形：

①以B公司93年度銷貨淨額為準，按可比較未受控配銷商91年度至93年度平均營業淨利率計算交易當年度（93年度）所有可比較營業利潤：

可比較未受控配銷商	C	D	E	F	G	H	I
91-93年度營業淨利率	3.2%	4.5%	4.7%	4.8%	5.0%	6.7%	9.0%
B公司93年度銷貨淨額	550,000	550,000	550,000	550,000	550,000	550,000	550,000
93年度可比較營業利潤(註)	17,600	24,750	25,850	26,400	27,500	36,850	49,500

註：93年度可比較營業利潤＝B公司93年度銷貨淨額×可比較未受控配銷商91-93年度平均營業淨利率。

②按上述所有可比較營業利潤之中位數26,400元，調整B公司93年度營業利潤，調整增加數為31,000元（申報虧損數4,600元＋26,400元）。

範例二

接範例一，惟B公司辦理93年度所得稅申報時，未能取得可比較未受控配銷商93年度資料。

研析：

1.建立常規交易範圍：

(1)以B公司91年度至93年度平均銷貨淨額為準，按可比較未受控配銷商90年度至92年度平均營業淨利率計算可比較營業利潤：

可比較未受控配銷商	C	E	D	G	F	H	I
90年度至92年度平均營業淨利率(註)	3.5%	4.5%	4.8%	5.2%	5.5%	6.9%	8.8%
B公司91年度至93年度平均銷貨淨額	520,000	520,000	520,000	520,000	520,000	520,000	520,000
93年度可比較營業利潤	18,200	23,400	24,960	27,040	28,600	35,880	45,760

註：因B公司辦理93年度所得稅申報時，未能取得可比較未受控配銷商93年度營業淨利率資料，故平均營業淨利率係以可比較未受控配銷商90年度至92年度平均營業淨利率代替。

(2)採用四分位中段區間法，建立常規交易範圍介於23,400元至35,880元。

2.評估是否符合常規交易：本案B公司93年度為虧損，91年度至93年度平均申報營業利潤為20,000元，在常規交易範圍之外，視為不符合常規。

3.不合常規交易之調整方式

(1)以B公司93年度銷貨淨額為準，按可比較未受控配銷商90年度至92年度平均營業淨利率計算交易當年度（93年度）所有可比較營業利潤：

可比較未受控配銷商	C	E	D	G	F	H	I
90年度至92年度平均營業淨利率	3.5%	4.5%	4.8%	5.2%	5.5%	6.9%	8.8%
B公司93年度銷貨淨額	550,000	550,000	550,000	550,000	550,000	550,000	550,000
93年度可比較營業利潤	19,250	24,750	26,400	28,600	30,250	37,950	48,400

4.按上述所有可比較營業利潤之中位數28,600元，調整B公司93年度營業利潤，調整增加數為33,200元（申報虧損數4,600元＋28,600元）。

8. 關係企業間以低價交易商品應查明有無規避稅負始調整所得

（財政部82.7.31台財稅第821491991號函）

營利事業銷售商品（含未上市公司股票）予其關係企業，如經查明售價顯較時價為低，係屬不合營業常規之安排，應再查明有無規避或減少納稅義務情事，依所得稅法第43條之1規定辦理，尚無營利事業所得稅查核準則第22條規定之適用。

9. 負責人及股東相同之公司間借貸利息支出不當准按營業常規調整

（財政部74.7.23台財稅第19331號函）

主旨：××麵粉公司與○○麥片公司相互間借貸款項之利息收入與利息支出，應准適用所得稅法第43條之1規定，按營業常規予以調整。說明：二、××麵粉公司與○○麥片公司之負責人及股東均屬相同，其於71年度以融資資金轉貸予○○麥片公司，雙方雖收付利息，惟○○麥片公司該年度經核定虧損，××麵粉公司以低於融資成本之利率計收利息收入，顯有不合營業常規之安排，藉以減少納稅義務，應依主旨辦理。

10. 關係企業間免息融資如適用稅率不同仍應作帳外調整分別列報

（財政部72.11.19台財稅第38225號函）

營利事業與其關係企業間相互融資，不計收付利息，如彼此因適用之所得稅級距稅率不同，則有規避或減少納稅義務之可能，受託辦理所得稅查核簽證申報之會計師，應依營業常規同時作帳外調整，分別列報其利息收入及利息費用。

11. 關係企業間之交易價格不合常規可先通知提出說明後再調整售價

（財政部66.11.23台財稅第37931號函）

甲實業公司將以新台幣○○元購進之轎車，於使用未及1年，即按低於購進價格半價以上之價格，售與其關係企業乙建設公司，先通知甲公司提出說明，如其提出之理由經核不足採信，可適用所得稅法第43條之1規定，調整該轎車之售價，並同時調整乙建設公司之購入成本。

12. 關係企業間因融資收付利息如無規避稅負者無須調整所得

（財政部66.4.21台財稅第32585號函）

××紡織公司與○○水泥公司雖為關係企業，惟××紡織公司60年度向○○水泥公司借債所支付之利息，如經該公司及○○水泥公司分別列支利息費用及作為收入課稅後，與各該公司不作為費用及收入列帳所適用之級距稅率並無不同，故就整體而言，並無規避或減少納稅義務情事，應不適用所得稅法第43條之1規定。又○○水泥公司融資予××紡織公司，與股東挪用公司款項情形不同，應不適用營利事業所得稅結算申報查核準則第36條之1之規定。

13. 與國外關係企業間之進銷貨價格不合營業常規者得調整其所得額

（財政部65.11.30台財稅第37935號函）

××公司63年度上半年以每公噸300美元及350美元之外銷價格，出售其產品聚苯乙烯予其關係企業日本××會社香港支店，與當時國內及國際市場每公噸1,000美元左右之價格相差甚鉅（如該公司未提示確實之證明，證明此項外銷價格係屬當時國際市場上正常交易之合理價格者）。依照所得稅法第43條之1規定，自可參照當時××公司63年5、6月外銷相同產品之價格，調整該公司同期間之外銷價格。

14.依據「所得稅法」第43條之1規定，修正營利事業得以其他文據取代移轉訂價報告之受控交易金額標準，自97年度營利事業所得稅結算申報案件開始適用

（財政部971106台財稅第09704555160號）

營利事業所得稅不合常規移轉訂價查核準則（以下簡稱移轉訂價查核準則）第22條第3項有關得以其他文據取代移轉訂價報告之受控交易金額標準之規定修正如下；並自97年度營利事業所得稅結算申報案件開始適用：

一、從事受控交易之營利事業，有下列情形之一者，得依移轉訂價查核準則第22條第3項規定，以其他足資證明其訂價結果符合常規交易結果之文據取代同條第1項第4款規定之移轉訂價報告：

（一）全年營業收入淨額及非營業收入合計數（以下簡稱收入總額）未達新

臺幣3億元。

（二）全年收入總額在新臺幣3億元以上，但未達新臺幣5億元，且同時符合
下列規定者：

    1. 未享有租稅減免優惠，且未依法申報扣除前5年虧損。但營利事業依法
申報實際抵減當年度營利事業所得稅結算申報應納稅額及前1年度未分
配盈餘申報應加徵稅額之金額合計在新臺幣2百萬元以下，或依法實際
申報扣除之前5年虧損金額在新臺幣8百萬元以下者，不在此限。

    2. 金融控股公司或企業併購法規定之公司或其子公司，未與中華民國境外
之關係人（包括總機構及分支機構）交易者；其他營利事業，未與中華
民國境外之關係企業（包括總機構及分支機構）交易者。

（三）不符合（一）、（二）規定，但全年受控交易總額未達新臺幣2億元。

二、從事受控交易之營利事業不符合第一點規定者，應依移轉訂價查核準則規
定，評估其受控交易之結果是否符合常規，並於結算申報時，依同準則第22
條第1項第4款規定，備妥移轉訂價報告。但其個別受控交易符合下列規定之
一者，如能備妥其他足資證明其訂價結果符合常規交易結果之文據，且於移
轉訂價報告中敘明其符合之規定及該文據足資證明之理由後，得視為符合常
規，免再就該交易進行個別分析：

（一）受控交易參與人之一為政府機關或公營事業。

（二）受控交易之所有參與人均為中華民國境內未享有租稅減免優惠，且未申報
扣除前5年虧損之營利事業。

（三）受控交易屬於營利事業之營業收入或營業成本項目，且其同一類型受控交
易之全年交易總額在新臺幣1千萬元以下；其非屬營業收入或營業成本項目
之金額標準以二分之一計算。

（四）受控交易屬於中華民國境內未享有租稅減免優惠，且未申報扣除前5年虧損
之營利事業之營業收入或營業成本項目，其申報之毛利率在同業利潤標準
以上，且其同一類型受控交易之全年交易總額在新臺幣2千萬元以下；其非
屬該營利事業之營業收入或營業成本項目，但該營利事業申報之淨利率在

同業利潤標準以上者，金額標準以二分之一計算。

（五）受控交易屬於資金之使用交易類型，提供者申報之收入在其提供之資金按當年1月1日臺灣銀行基本放款利率計算之金額以上，且其提供之資金在新臺幣3億元以下；使用者申報之成本或費用在其使用之資金按當年1月1日臺灣銀行基本放款利率計算之金額以下，且其使用之資金在新臺幣3億元以下。

三、第一點第三款所稱全年受控交易總額，係不分交易類型，且無論交易所涉為營利事業之收入或支出，以絕對金額相加之全年總額；第二點所稱同一類型全年交易總額，係無論該類型交易所涉為營利事業之收入或支出，以絕對金額相加之全年總額。其屬資金之使用交易類型者，以資金金額按當年度本部核定向非金融業借款利率最高標準計算之金額為準。

四、第一點及第二點所稱其他足資證明其訂價結果符合常規交易結果之文據如下：

（一）符合第二點第一款規定者，為該政府機關或公營事業之公開招標文件及資料。

（二）符合第一點或第二點第二款至第四款規定者，為營利事業與非關係人間之內部可比較未受控交易資料；其無該資料者，得備妥下列文據之一：

1. 可比較未受控交易之公開招標文件及資料。

2. 營利事業所得稅查核準則第22條第3項規定之時價資料。

3. 獨立不動產估價師依法製作之估價報告書或公證機構出具之鑑價報告。

4. 受控交易參與人之一為中華民國境外之關係企業，其依所在地國移轉訂價法規作成之移轉訂價報告。但其內容顯與我國移轉訂價法規不符者，應進行適當之修正。

5. 其他符合移轉訂價查核準則第7條第1款規定之可比較原則，且足資證明其訂價結果符合常規交易結果之文據。

參照：

1. 賦稅署新聞稿（97.11.5.）

2. 修正前（９４１２３０台財稅第０９４０４５８７５９０號）

15.營利事業特定交易對象得免適用移轉訂價查核準則第22條第2項規定

（財政部97.11.7台財稅字第09704555180號）

關係法令：

營利事業所得稅不合常規移轉訂價查核準則 第 二十二 條 第 二 項

主旨：

一、營利事業與公營事業、代理商或經銷商及公平交易法第5條規定之獨占事業等
營利事業相互間，有營利事業所得稅不合常規移轉訂價查核準則第3條第8款
第3目至第5目規定之情形，但確無同條其他款目規定之實質控制或從屬關係
者，其於辦理營利事業所得稅結算申報時，得免適用同準則第22條第1項備妥
文據之規定，並無須依同條第2項規定向稽徵機關申請確認。

二、前揭營利事業辦理營利事業所得稅結算申報時，仍應依營利事業所得稅不合
常規移轉訂價查核準則第21條規定揭露相關交易資料；如經稽徵機關發現其
相互間有以不合營業常規之安排，規避或減少納稅義務情事者，應依所得稅
法第43條之1規定辦理。

附錄五 移轉訂價常用名詞中英文對照表

英文	中文	出現於本書的重要頁碼
advanced pricing agreements (APAs)	預先訂價協議	P42, P71, P89, P213, P219, P244,P271,P317,P329
affiliate	關係企業	P30, P31, P239
anti-avoidance laws	反避稅法規	P63
anti-dumping duties	反傾銷稅	P447
arm's length principle	常規交易原則	P28, P40, P272, P330
arm's length price	常規交易價格	P73, P334
balancing payment	平衡款項	P156
Belgian Coordination Centre	比利時協調中心	P109
Berry ratio	貝里比率法	P88
Brussels definition of value (BDV)	布魯塞爾價值定義	P445
buy-in	買進	P154, P293
buy-out	買斷	P156, P285, P293
centralized support activities	集中內部支援活動	P108
collateral adjustments	相應調整	P268, P277
Committee on Fiscal Affairs (of OECD)	財政事務委員會	P91
comparability	可比較程度	P41
comparables	可比較交易	P115
comparable products	可比較產品	P49
comparable profits method (CPM)	可比較利潤法	P42, P82, P85, P283, P325
comparable uncontrolled price (CUP)	可比較未受控價格法	P74, P226, P237, P326, P334
contemporaneous documents	同期紀錄文件	P43, P118, P277, P308
contract maintenance	委託維修	P111
contract manufacturer	委託製造商	P103
contract research and development	委託研發	P109
contract services	委託服務	P109
contract service providers	委託服務提供者	P109
controlled foreign company (CFC)	受控外國公司	P108
controlled transaction	受控交易	P72, P76
cost accounting method	成本會計法	P133
cost base	成本基礎	P133
cost contribution arrangements (CCA)	成本貢獻安排	P24, P71, P139, P356, P378
cost plus method	成本加價法	P41, P77, P336

royalty	權利金	P356, P457
safe harbour	避風港	P89, P373, P392
sales taxes	銷售稅	P446
self-assessment system	自我評估制	P272
shared service centers	服務共享中心	P138
shareholders' services	股東服務	P59
super-intangible	超級無形資產	P51, P141
swap	融資交換	P68
tax treaty	租稅協定	P68
technical knowhow	專業技術	P52
thin capitalisation	資本弱化	P373
thin capitalisation rule	資本弱化規定	P373
toll and contract manufacturing	來料及進料加工	P405
transaction value	交易價值	P160, P432, P455
transactional net margin method (TNMM)	交易淨利潤法	P42, P71, P79, P82, P85, P114, P325, P335, P336
transactional profit method (TPM)	交易利潤法	P42
transfer pricing	移轉訂價	P27, P69, P73, P127, P175
uncontrolled transaction	未受控交易	P74
unrelated parties	非關係企業（人）	P41, P49
value added taxes	加值稅	P247, P372, P412, P443, P446
year-end adjustment	年終調整	P186

附錄六
Pacific Association of Tax Administrators (PATA) Transfer Pricing Documentation Package[1]

Transfer pricing documentation to be provided by taxpayers

To avoid the imposition of PATA member transfer pricing penalties, the taxpayer needs to maintain and upon request, produce in a timely manner, documentation of sufficient quality so as to accurately and completely describe the transfer pricing analysis conducted by the taxpayer and the efforts to comply with the arm's length principle. The list of documents below is considered to be exhaustive. That is, it includes all documents that the PATA tax administrations view as necessary in order to provide transfer pricing penalty relief under this package. However, it is recognized that in certain instances, some of the documents below would not be needed. For example, where a taxpayer is not involved in a Cost Contribution Arrangement or market share strategy, it follows that the documents relevant to such arrangement or strategy are not needed.

Organizational structure	• Identification of the participants in the related party dealings and their relationship (with a brief history of and any significant changes in the relationship), including associated enterprises whose transactions directly or indirectly affect the pricing of the related party dealings
	• A description of taxpayer's worldwide organizational structure (including an organization chart) covering all associated enterprises engaged in transactions potentially relevant to determining an arm's length price for the documented transactions

---

[1] Last Modified: Friday, 18 November 2005

Nature of the business/ industry and market conditions	• An outline of the business including a relevant recent history of the taxpayer, the industries operated in, the general economic and legal issues affecting the business and industry, and the taxpayer's business lines
	• The corporate business plans to the extent they give an insight into the nature and purpose of the relevant transactions between the associated enterprises
	• A description of internal procedures and controls in place at the time of the related party dealings
	• Analysis of the economic and legal factors that affect the pricing of taxpayer's property and services
	• A description of the structure, intensity and dynamics of the relevant competitive environment(s)
	• A description of intangible property potentially relevant to the pricing of the taxpayer's property or services in the controlled transactions
	• Copies of annual reports and financial statements for the year to which the Package relates and the prior five years
	• Information as to the functions performed, assets employed and risks assumed relevant to the transactions
	• An explanation of capital relationships (e.g., balance and source of debt and equity funding) relevant to the transactions
Controlled transactions	• A description of the controlled transactions that identifies the property or services to which the transaction relates and any intangible rights or property attached thereto, the participants, the scope, timing, frequency of, type, and value of the controlled transactions (including all relevant related party dealings in relevant geographic markets), as well as the currency of the transactions, and the terms and conditions of the transactions and their relationship to the terms and conditions of each other transaction entered into between the participants
	• Identification of internal data relating to the controlled transactions
	• Copies of all relevant inter-company agreements
Assumptions, strategies, policies	• Relevant information regarding business strategies and special circumstances at issue, for example, set-off transactions, market share strategies, distribution channel selection and management strategies that influenced the determination of transfer prices
	• If the taxpayer pursues a market share strategy, documentation demonstrating that appropriate analysis was done prior to implementing the strategy, that the strategy is pursued only for a reasonable period, and that the costs borne by each associated enterprise are proportionate to projected benefits to such enterprise
	• Assumptions and information regarding factors that influenced the setting of prices or the establishment of any pricing policies for the taxpayer and the related party group as a whole

Cost contribution arrangements (CCA)[2]	• A copy of the CCA agreement that is contemporaneous with its formation (and any revision) and any other agreements relating to the application of the CCA between the CCA participants
	• A list of the arrangement's participants, and any other associated enterprises that will benefit from the CCA
	• The extent of the use of CCA property by associated enterprises which are not CCA participants, including the amounts of consideration paid or payable by these non-participants for use of the CCA property
	• A description of the scope of the activities to be undertaken, including any intangible or class of intangibles in existence or intended to be developed
	• A description of each participant's interest in the results of the CCA activities
	• The duration of the arrangement
	• Procedures for and consequences of a participant entering or withdrawing from the agreement (i.e., buy-in and buy-out payments) and for the modification or termination of the agreement
	• The total amount of contributions incurred pursuant to the arrangement
	• The contributions borne by each participant and the form and value of each participant's initial contributions (including research) with a description of how the value of initial and ongoing contributions is determined and how accounting principles are applied
	• A description of the method used to determine each participant's share of the contributions including projections used to estimate benefits, any rationale and assumptions underlying the projections, and an explanation of why that method was selected
	• The consistent accounti ng method used to determine the contributions and benefits (including the method used to translate foreign currencies), and to the extent that the method materially differs from accounting principles accepted in the relevant PATA member's country, an explanation of the material differences
	• Identification of each participant's expected benefits to be derived from the CCA, the extent of the benefits expected, and the formula and projections used for allocating or sharing the expected benefits, and the rationale and assumptions underlying the expected benefits
	• Where material differences arise between projected benefits and actual benefits realized, the assumptions made to project future benefits need to be amended for future years, and the revised assumptions documented
	• Procedures governing balancing payments, e.g. where payments are required to reflect differences between projected benefits and actual benefits realized

---

[2] The current Japanese and Australian tax law does not provide specific treatment for CCA.

Comparability, functional and risk analysis	• Description of the comparables including, for tangible property, its physical features, quality, availability; for services, the nature and extent of the services; and for intangible property, the form of the transaction, the type of intangible, the rights to use the intangible that are assigned, and the anticipated benefits from its use
	• Documentation to support material factors that could affect prices or profits in arm's length dealings
	• For the taxpayer and the comparable, identify the factors taken into account by the taxpayer to evaluate comparability, including the characteristics of the property or service transferred, the functions performed (and the significance of those functions in terms of their frequency, nature and value to the respective parties), the assets employed (taking into consideration their age, market value, location, etc.), the risks assumed (including risks such as market risk, financial risk, and credit risk), the terms and conditions of the contract, the business strategies pursued, the economic circumstances (for example, the geographic location, market size, competitive environment, availability of substitute goods and services, levels of supply and demand, nature and extent of government regulations, and costs of production, etc.), and any other special circumstances
	• Criteria used in the selection of comparables including database screens and economic considerations
	• Identification of any internal comparables
	• Adjustments (and reasons for those adjustments) made to the comparables
	• Aggregation analysis (grouping of transactions for comparability)
	• Supporting transfer pricing methodology or methodologies used, if any
	• If a range is used, documentation supporting the establishment of the range
	• Extension of the analysis over a number of years with reasons for the years chosen, where relevant
Selection of the transfer pricing method	• Description of the method selected and the reasons why it was selected, including, for example, economic analysis and projections relied upon
	• Description of the data and methods considered and the analysis performed to determine the transfer pricing and an explanation of why alternate methods considered were not selected
Application of the transfer pricing method	• Documentation of assumptions and judgments made in the course of determining an arm's length outcome (refer to the comparability, functional and risk analysis section above)
	• Documentation of all calculations made in applying the selected method, and of any adjustment factors, in respect of both the taxpayer and the comparable
	• Appropriate updates of prior year documentation relied upon in the current year to reflect adjustments for any material changes in the relevant facts and circumstances
Background documents	• Documents that provide the foundation for or otherwise support or were referred to in developing the transfer pricing analysis
Index to documents	• General index of documents and a description of the record-keeping system used for cataloging and assessing those documents (required in the United States and encouraged, but not required, by other PATA members). The general index is not required to be prepared contemporaneously.

附錄七 關稅貨價申報書

關 01039

貨 價 申 報 書　　年　月　日

納稅義務人　中文＿＿＿＿＿＿＿＿＿
　　　　　　英文＿＿＿＿＿＿＿＿＿
　　　　　　　（名稱）　　　　　　　　　　（地址）

向＿＿＿＿＿＿＿＿＿＿＿＿＿＿＿＿＿＿＿＿＿＿＿
　　　（輸出國名稱）　　　（出口商名稱及地址）

採購進口

（貨物名稱及數量）　　　　　　　　　　於民國　年　月　日　出口
　　　　　　　　　　　　　　　　　　　　　（國外出口日期）

茲依關稅法令之規定，將本批貨物交易價格有關事項，據實申報如下，如有虛偽，願受處罰。此致

財政部　關稅局＿＿＿＿＿＿分支關所　進口報單第／／／／　號

一、本公司與賣方間之關係（相關項目打「∨」）

( )1.買賣雙方之一為他方之經理人、董事或監察人。
( )2.買賣雙方為同一事業之合夥人。
( )3.買賣雙方具有僱傭關係。
( )4.買賣之一方直接或間接持有或控制他方百分之五以上之表決權股份。
( )5.買賣之一方直接或間接控制他方。
( )6.買賣雙方由第三人直接或間接控制。
( )7.買賣雙方共同直接或間接控制第三人。
( )8.買賣雙方具有配偶或三等親以內之親屬關係。
( )9.無以上任何一種關係。

二、本批交易之條件（相關項目打「∨」或選項，或於下補充說明）

( )1.本公司對本批貨物之使用或處分受有限制。
( )2.本批貨物交易附有條件，致價格無法確定。其條件為：＿＿＿＿
( )3.依交易條件，本公司使用或處分之部分收益應屬賣方，其金額不明確，其條件為：＿＿＿＿
( )4.買賣方具有特殊關係。
　　(1)影響本批貨物之交易價格。
　　(2)不影響本批貨物之交易價格。
( )5.本批貨物係付(1)租賃費、(2)使用費、(3)＿＿＿＿。其金額為：＿＿
( )6.本批貨物無買賣行為，係：(1)寄售

三、各種費用負擔情形

費　用　名　稱	（幣別　）金額	
	發票記載	實際發生
(一)運至輸入口岸之		
(1)運費、裝卸費及搬運費		
(2)保險費		
(3)		
(4)		
(二)由本公司負擔之佣金、手續費、容器及包裝費用		
(三)由本公司無償或減價提供賣方用於生產或銷售本批貨物之下列物品或勞務：		
(1)原材料、零組件或類似品		
(2)工具、鑄模、模型及類似品		
(3)生產所消耗之材料		
(4)在國外之工程、開發、工藝、設計及類似勞務		
(四)依交易條件由本公司支付之專利權及特許權之權利金或報酬		
(五)本公司使用或處分進口貨物實付或應付賣方之金額（即第二項3款之金額）。		
(六)應扣除費用：		
(1)		
(2)		
(3)		
(4)		

納稅義務人負責人印及章	海關審核關員	
	四、離岸價格	
	五、間接支付部分之貨款	
	六、合計　發票價格（條件）	
	實際起岸價格	
	七、如無買賣行為，實付租賃(使用)費	

後記　專業服務，靈活團隊
全國最大稅務專業服務團隊

　　全球高度競爭的市場壓力以及複雜的管理環境，使得組織的租稅管理日趨複雜。資誠稅務諮詢顧問股份有限公司（PricewaterhouseCoopers Taiwan，PwC）擁有400多位具稅務法律專長的專業人員，可因應各類型組織所需之稅務管理諮詢需求，為全國最大的稅務專業服務團隊，我們擁有豐富產業和管理諮詢經驗可協助客戶輕鬆駕馭經濟多變的市場並進行全球稅務管理，且針對客戶需求隨時靈活調整團隊。

　　資誠以國外先進國家為師，率先在台實施財稅專業分工，由稅務法律服務部提供稅務法律服務。鑑於企業經營日漸國際化，企業在全球化過程中所面臨的問題及應進行的稅務管理議題均有很大不同。資誠稅務法律服務部為能服務跨國企業，並期許成為國內首屈一指的稅務思維領先者（Thought Leadership），在過去多年裡汲汲鑽研跨國企業國際租稅管理議題，並針對企業不同產業需求與全球稅務環境變化，不斷精進租稅專業並倡導最新國際稅務管理理念。茲列舉資誠在過去多年積極耕耘於稅務領域的重要紀事如下：

- ・90年代在國內率先提倡跨國企業應重視「國際租稅」議題，並成立國際稅務組提供服務，且定期出版國際租稅要聞報導月刊。
- ・2003年初於我國移轉訂價法規頒布（2004）前，即已出版「移轉訂價」以利企業採取因應策略。
- ・2007年舉辦「智慧財產權稅務及法律管理策略」系列研討會，

　　　　並發表相關調查報告及出版專業書刊以利企業參考。

・2007年推廣「企業稅務管理」理念。

・2008年配合稅務改革，倡議立法制定「綠色稅制」，以推動經
　濟永續發展。

　　由於我們深刻體認客戶的需求與期望，也因為服務不同產業的需
求，而延攬深度與廣度兼具的各國專業人才，因此，我們除宣導企業守
法的稅務管理理念，而且也提供企業策略管理所需的全球稅務諮詢及規
劃服務。

跨國移轉訂價策略及風險管理／財團法人資誠教育基金

會編著-初版..-臺北市：商周編輯顧問，民98.03

面；　公分．

ISBN 978-986-7877-24-6（平裝）

1.租稅 2.稅法 3.跨國企業 4.風險管理

567　　　　　　　　　　　　　97021677

跨國移轉訂價策略及風險管理

作　　　　者：財團法人資誠教育基金會　編著

董　事　長：陳永清

策劃/總編審：吳德豐

審　　　　訂：林東翹、林宜賢、邱文敏

初　　　　版：98年3月25日初版

發　　　　行：商周編輯顧問股份有限公司

地　　　　址：台北市民生東路二段141號4樓

電　　　　話：(02)2505-6789

傳　　　　真：(02)2507-6773

劃　撥　帳　號：18963067

戶　　　　名：商周編輯顧問股份有限公司

定　　　　價：660元

ISBN：978-986-7877-24-6